黄承伟 著

中国式现代化视野下乡村全面振兴

理论基础、创新实践和发展道路

ZHONGGUOSHI
XIANDAIHUA
SHIYE XIA XIANGCUN QUANMIAN ZHENXING

SPM 南方传媒 | 广东人民出版社
·广州·

图书在版编目（CIP）数据

中国式现代化视野下乡村全面振兴：理论基础、创新实践和发展道路 / 黄承伟著 . -- 广州：广东人民出版社，2024. 8. -- ISBN 978-7-218-17689-5

Ⅰ . F320.3

中国国家版本馆 CIP 数据核字第 2024DD1431 号

ZHONGGUOSHI XIANDAIHUA SHIYE XIA XIANGCUN QUANMIAN ZHENXING：LILUN JICHU、CHUANGXIN SHIJIAN HE FAZHAN DAOLU

中国式现代化视野下乡村全面振兴：理论基础、创新实践和发展道路

黄承伟　著

版权所有　翻印必究

出 版 人：肖风华

出版统筹：卢雪华
策划编辑：曾玉寒
责任编辑：李宜励　伍茗欣　廖智聪
责任校对：吴丽平
装帧设计：广大迅风艺术　刘瑞锋
责任技编：吴彦斌

出版发行：广东人民出版社
地　　址：广州市越秀区大沙头四马路 10 号（邮政编码：510199）
电　　话：（020）85716809（总编室）
传　　真：（020）83289585
网　　址：http://www.gdpph.com
印　　刷：广州市岭美文化科技有限公司
开　　本：787mm×1092mm　1/16
印　　张：25　字　数：400 千
版　　次：2024 年 8 月第 1 版
印　　次：2024 年 8 月第 1 次印刷
定　　价：128.00 元

如发现印装质量问题，影响阅读，请与出版社（020-85716849）联系调换。
售书热线：020-87716172

序 言

2024年7月18日中国共产党第二十届中央委员会第三次全体会议通过的《中共中央关于进一步全面深化改革、推进中国式现代化的决定》指出"城乡融合发展是中国式现代化的必然要求",明确"必须统筹新型工业化、新型城镇化和乡村全面振兴",进一步凸显了"乡村全面振兴"在以中国式现代化全面推进强国建设、民族复兴伟业中的重大意义。本书以习近平总书记关于乡村振兴的重要论述为指引,以2024年中央一号文件的政策框架为主线,从理论基础、创新实践、发展道路三个方面,深入、系统地阐述中国式现代化视野下推进乡村全面振兴的理论和实践,生动鲜活、立体式地呈现中国特色乡村振兴道路的丰富发展,通俗易懂、全方位地展示习近平新时代中国特色社会主义思想指导乡村振兴的实践的科学性及其显著成效。全书分三篇、十章,1—2章为理论基础篇,3—8章为实践创新篇(包括分布在各章的九个精选典型案例),9—10章为发展道路篇。本书旨在通过系统性、理论性和实践性的研究,将中国式现代化的宏大叙事与乡村全面振兴的具体领域相结合,探索符合中国国情的乡村振兴道路。期待通过这本书的出版,为推动中国乡村振兴理论体系构建、凝聚全社会支持参与乡村振兴的共识、促进用中国经验提炼中国理论提供有益尝试。本书重点探究以下内容:

本书阐释了中国式现代化时代背景下的乡村振兴理论基础。本书分析了中国式现代化的内涵和特征，以及这一背景下乡村振兴的重要性和紧迫性。通过本书从多个方面阐述中国式现代化理论的科学体系，分析中国式现代化下的乡村振兴道路主要特征，指出：中国式现代化的乡村振兴道路，实际上就是以习近平总书记关于"三农"工作的重要论述和中国式现代化理论为指引，以农业高质高效发展推进农业现代化、以乡村宜居宜业和美建设为中心推进农村现代化、以农民富裕富足为目标推进农民现代化等"三个现代化"的发展目标、进程及成效、实现路径及时代意义等要素组合呈现的乡村发展形态。书中深入解读新时代党的"三农"创新理论和高质量发展、新质生产力等理念，本书为乡村振兴提供了坚实的理论基础。同时，本书还探讨了乡村振兴与城乡融合发展、生态文明建设等的关系，为构建全面、协调、可持续的乡村振兴格局提供了理论支撑。

本书总结了乡村振兴领域相关创新实践案例。书稿中在探讨中国式现代化背景下的乡村振兴时精心挑选了一系列实践案例组成实践案例篇，这些案例涵盖了"千万工程""两个确保""三个提升""融合发展""多轮驱动"以及"党建促新"等多个方面。这些案例不仅展示了党中央在乡村振兴战略实施过程中的精准部署与高效执行，更具体呈现了地方在实践中的创新思路和卓越成果。旨在通过具体实例，生动展现乡村振兴的丰富内涵和广阔前景，为读者提供可借鉴的经验和启示，推动乡村振兴事业的持续深入发展。

本书指出了中国特色乡村振兴道路的基本问题。中国特色乡村振兴道路蕴含许多基本问题，比如道路形成发展的理论框架、夯实振兴基础、统筹推进"三个乡村"、促进融合发展、凝聚振兴合力、创新发展路径、坚持党的领导、中国特色乡村振兴道路的丰富发展，等等，对这些基本问题的系统阐述，对于理解把握中国特色乡村振兴道路的丰富内涵、推进乡村振兴基于实践基础上的理论创新、推动中国乡村振兴理论体系构建、讲好中国式现代化的乡村振兴故事，均具有重要的理论和实践意义。

本书描绘了对未来中国特色乡村振兴道路的展望。新征程上，走好中国特色乡村振兴道路，必须以"国之大者"视野认识乡村振兴，以科学世界观方法论为遵循，深入分析中国发展的新趋势、新环境和新变化及其对乡村振兴提出的新要求、新思路，聚焦中国特色乡村振兴道路的发展方向，加强推进乡村全面振兴的理论实践前沿问题研究。中国特乡村振兴道路的发展要求加快形成城乡融合发展新格局。中国特色乡村振兴道路的丰富发展需要不断完善顶层设计、持续推进基层实践，及时总结各地各部门的理论创新和实践创新。

《中国式现代化视野下乡村全面振兴：理论基础、创新实践和发展道路》作为一部将中国式现代化与乡村全面振兴紧密结合的理论著作，不仅为读者提供了一个全新的视角来审视和理解乡村振兴战略，更在理论和实践层面为乡村发展提供了宝贵的经验和指导。期待本书的出版对于推动中国乡村振兴理论体系构建、凝聚全社会支持参与乡村振兴共识、促进用中国经验提炼中国理论具有积极作用。相信本书能为读者们提供了一个深入探讨乡村振兴问题的平台，有助于形成更加全面、深入、系统的乡村振兴理论体系，有助于激发社会各界对乡村振兴的关注和参与，共同推动乡村的全面振兴和发展。

目录

第一章　时代背景：中国式现代化的宏伟蓝图　／ 1

第二章　科学指南："三农"创新理论、高质量发展理论、共同富裕理论　／ 17

第三章　方法引领："千万工程"　／ 83

第四章　夯实根基："两个确保"　／ 125

第五章　突出重点："三个提升"　／ 156

第六章　统筹推进："融合发展"　／ 209

第七章　凝聚合力："多轮驱动"　／ 250

第八章　强化领导："党建促兴"　／ 291

第九章　道路拓展：中国特色乡村振兴道路的基本问题　／ 326

第十章　文明探索：走好中国特色乡村振兴道路　／ 359

后　记　／ 386

第一章　时代背景：中国式现代化的宏伟蓝图

中国现代化的宏伟蓝图构成了中国式现代化视野下乡村全面振兴的时代背景。习近平总书记强调，概括提出并深入阐述中国式现代化理论，是党的二十大的一个重大理论创新，是科学社会主义的最新重大成果。中国式现代化是我们党领导全国各族人民在长期探索和实践中历经千辛万苦、付出巨大代价取得的重大成果，我们必须倍加珍惜、始终坚持、不断拓展和深化。[①] "从现在起，中国共产党的中心任务就是团结带领全国各族人民全面建成社会主义现代化强国、实现第二个百年奋斗目标，以中国式现代化全面推进中华民族伟大复兴。"[②] 中国式现代化既有各国现代化的共同特征，更有基于自己国情的鲜明特色。党的二十大报告明确概括了中国式现代化是人口规模巨大的现代化、是全体人民共同富裕的现代化、是物质文明和精神文明相协调的现代化、是人与自然和谐共生的现代化、是走和平发展道路的现代化这5个方面的中国特色，深刻揭示了中国式现代化的科学内涵。这既是理论概括，也是实践要求，为全面建成社会主义现代化强国、实现中华民族伟大复兴指明了一条康庄大道。新征程上推进乡村全面振兴，必须走好中国式现代化视野下的乡村振兴道路，以加快农业农村现代化更好推进中国式现代化建设。

[①]《正确理解和大力推进中国式现代化》，《人民日报》2023年2月8日。
[②] 习近平：《高举中国特色社会主义伟大旗帜　为全面建设社会主义现代化国家而团结奋斗——在中国共产党第二十次全国代表大会上的报告》，人民出版社2022年版，第21页。

一、中国式现代化理论的科学体系

中国式现代化理论是一个内涵丰富、思想深邃、逻辑严密、框架清晰、博大精深的科学体系，是马克思主义中国化最新成果，是新时代中国特色社会主义理论体系的重要组成部分。

（一）中国式现代化的思想来源

中国式现代化的理论体系是对中华优秀传统文化的传承弘扬，是社会主义现代化在理论体系构建上的丰富发展。分析中国式现代化理论蕴含着丰富的思想来源，可以概括为三个维度。

首先，从马克思现代化思想中国化时代化看，主要集中体现在以下六个方面：一是蕴含着世界历史的必然性要求，遵循人类社会发展与文明演进的一般规律；二是始终坚守马克思主义的理论内核，正确认识与理解中国与世界的现代化问题；三是实现了与时俱进的自我完善与自我发展；四是这一理论仍处在纵深拓展的阶段，其理论形态也将随之进一步发展；五是习近平新时代中国特色社会主义思想深刻回答了中国式现代化建设的一系列重大理论与实践课题，为中国式现代化理论体系的发展提供了根本理论指南；六是习近平新时代中国特色社会主义思想中蕴含的世界观和方法论，为中国式现代化理论体系的发展明确了基础性的要求，为中国式现代化理论体系的构建提供了正确路径与科学方法。

其次，从马克思主义和中华优秀传统文化结合看，中国式现代化深深植根于中华优秀传统文化，中华优秀传统文化是中国式现代化的中国特色得以成形的文化根基。具体体现在：第一，中华优秀传统文化中蕴含的丰厚思想资源，成为推动中国式现代化发展的文化力量；第二，中国式现代化的实践及其理论体系，成为推动中华优秀传统文化创造性转化与创新性发展的重要实践资源、理论资源；第三，中国式现代化的文化探索，以先进文化为发展方向，以现代化科技手段为载体支撑，以现代文明为宏观追求，不仅在现代化实践的基础上发展着社会主义精神文明，还推动传统文化形成现代化、大众化、生活化的表现样态，更好地适应于现代社会生产、生活、交往、传播的需要，使中华优秀传统文化的创造性转化与创新性发展充满着活力。

再次，中国式现代化超越了历史上开展过的社会主义现代化探索，形成了社会主义现代化的中国样态，使社会主义现代化在21世纪的中国充满生机与活力，服务于全面建设社会主义现代化国家、全面推进中华民族伟大复兴的历史实践。中国式现代化的理论体系，是对社会主义现代化理论体系的丰富和发展、守正与创新，是科学社会主义原则与中国具体实际相结合的产物，成为中国社会主义现代化探索达到一定历史高度的理论标志。

（二）中国式现代化的科学内涵

中国式现代化，是中国共产党领导的社会主义现代化，既有各国现代化的共同特征，更有基于自己国情的中国特色。

第一，中国式现代化是人口规模巨大的现代化。中国有14亿多人口，中国国家整体实现现代化，意味着人口规模超过现有发达国家人口的总和，从这个意义上说，实现中国式现代化的艰巨性和复杂性前所未有，推进现代化的发展途径和具体方式也必然前所未有，而且必然具有自己的特点。这就决定了，在中国式现代化推进进程中，必须始终从国情出发，因地制宜，精准施策，久久为功，而且要始终坚持稳中求进、循序渐进、持续推进。推进中国式现代化关键是把人口众多的优势，转化成人才资源、规模经济、竞争、创新驱动、产业配套等方面的发展优势，走出一条符合中国实际、自立自强、人力资源得到充分发挥的中国式现代化道路。

第二，中国式现代化是全体人民共同富裕的现代化。共同富裕是中国特色社会主义的本质要求，是需要长期奋斗的历史过程。扎实推动共同富裕，一是需要坚持把实现人民对美好生活的向往作为现代化建设的出发点和落脚点，把维护和促进社会公平正义作为着力点，把促进全体人民共同富裕、坚决防止两极分化作为目标导向；二是需要处理好当前与长远、全局与局部、先富与共富、效率与公平、政府与市场之间的辩证关系，确保在循序渐进、稳中求进中实现全体人民的共同富裕。

第三，中国式现代化是物质文明和精神文明相协调的现代化。物质贫困不是社会主义，精神贫乏也不是社会主义，社会主义现代化的根本要求就是实现物质富足、精神富有。为此，只有持续厚植现代化的物质基础，持续夯实人民幸福生活的物质条件，持续大力发展社会主义先进文化、传承中华文明，持续加强理想信念教育，才能够实现促进物的全面丰富和人的全面发展。中国式现代化与西方现代化不同的一个根本点，就是中国式现代化不会因为追求物质文明和物质享受而忽视精神文明的建设。

第四，中国式现代化是人与自然和谐共生的现代化。换言之，中国式现代化的鲜明特点是尊重自然、顺应自然、保护自然，促进人与自然和谐共生。始终坚持可持续发展，坚持节约优先、保护优先、自然恢复为主的方针，像保护眼睛一样保护自然和生态环境，坚定不移走生产发展、生活富裕、生态良好的文明发展道路，实现中华民族永续发展。

第五，中国式现代化是走和平发展道路的现代化。中国不走一些国家通过战争、殖民、掠夺等方式实现现代化的老路，而是坚定站在历史正确的一边、站在人类文明进步的一边，高举和平、发展、合作、共赢旗帜，在坚定维护世界和平与发展中谋求自身发展，又以自身发展更好维护世界和平与发展。

（三）中国式现代化的本质要求

党的二十大报告明确了中国式现代化的本质要求是：坚持中国共产党领导，坚持中国特色社会主义，实现高质量发展，发展全过程人民民主，丰富人民精神世界，实现全体人民共同富裕，促进人与自然和谐共生，推动构建人类命运共同体，创造人类文明新形态。这一本质要求符合人类现代化的一般规律，阐明了中国式现代化的内在规定性，明确了中国式现代化的领导力量、发展道路和根本方向、总体布局和战略要求，以及对人类文明和世界发展的重大意义，是推进中国式现代化的重要遵循。

这里特别强调，中国式现代化是中国共产党领导的社会主义现代化，这是对中国式现代化的定性。党的领导决定中国式现代化的根本性质，党的性质宗旨、初心使命、信仰信念、政策主张决定了中国式现代化是社会主义现代化，而不是别的什么现代化。党的领导确保中国式现代化锚定奋斗目标行稳致远，党坚持把远大理想和阶段性目标统一起来，保证奋斗目标一以贯之，一代一代地接力推进，不断取得举世瞩目的辉煌业绩。党的领导激发建设中国式现代化的强劲动力，党勇于改革创新，不断破除各方面体制机制弊端，为中国式现代化注入不竭动力。党的领导凝聚建设中国式现代化的磅礴力量，党紧紧依靠人民，尊重人民创造精神，汇集全体人民的智慧和力量，推动中国式现代化不断向前发展。

（四）中国式现代化的战略安排

2017年党的十九大对实现第二个百年奋斗目标作出分两个阶段推进的战略安排：2020到2035年，基本实现社会主义现代化；从2035年到本世纪中叶，把我国建设成为富强民主文明和谐美丽的社会主义现代化强国。2020年党的十九届五中全会提出到2035年基本实现社会主义现代化远景目标。

2022年党的二十大报告进一步明确了到2035年我国发展的总体目标，包括"经济实力、科技实力、综合国力大幅跃升，人均国内生产总值迈上新的大台阶，达到中等发达国家水平"等八个方面，并根据形势的变化和认识的深化，对有关表述作出一定调整，如"实现高水平科技自立自强""形成新发展格局""全过程人民民主制度更加健全""建成教育强国、科技强国、人才强国、文化强国、体育强国、健康中国""中等收入群体比重明显提高""农村基本具备现代生活条件""社会保持长期稳定""国家安全体系和能力全面加强"等。未来五年是全面建设社会主义现代化国家开局起步的关键时期，对于实现第二个百年奋斗目标至关重要。这个时期最重要的任务就是要紧紧抓住解决不平衡不充分的发展问题，着力在补短板、强弱项、固底板、扬优势上下功夫。

党的二十大报告围绕着全面建设社会主义现代化国家进行了重点部署，提出解决问题的新思路新举措，就是要在十二个方面有更大的作为：加快构建新发展格局，着力推动高质量发展；实施科教兴国战略，强化现代化建设人才支撑；发展全过程人民民主，保障人民当家作主；坚持全面依法治国，推进法治中国建设；推进文化自信自强，铸就社会主义文化新辉煌；增进民生福祉，提高人民生活品质；推动绿色发展，促进人与自然和谐共生；推进国家安全体系和能力现代化，坚决维护国家安全和社会稳定；实现建军一百年奋斗目标，开创国防和军队现代化新局面；坚持和完善"一国两制"，推进祖国统一；促进世界和平与发展，推动构建人类命运共同体；坚定不移全面从严治党，深入推进新时代党的建设新的伟大工程。

（五）中国式现代化对高质量发展的内在要求

中国式现代化背景下的高质量发展是坚持走中国特色社会主义道路的发展。方向决定道路，道路决定命运。新时代的伟大成就，雄辩地证明了中国特色社会主义道路不仅走得对、走得通，而且走得稳、走得好。实现高质量发展，也要坚定不移地走这条道路，这是符合中国实际、反映人民意愿、适应时代发展要求的道路，要坚持道不变、志不改，坚持把国家和民族的发展放在自己力量的基点上，坚持把中国发展进步的命运牢牢掌握在自己手中。

中国式现代化背景下的高质量发展是实现全体人民共同富裕的发展。全体人民共同富裕的现代化，是中国式现代化的独特标志和本质要求。中国式现代化背景下的高质量发展，是以实现全体人民共同富裕为目标，坚持人民至上，致力于解放、发展和保护生产力，着力解决不平衡不充分的发展问题的发展；是在更高水平上更好满足全体人民日益增长的美好生活需要，实现全体人民生活质量的持续稳步提升，努力让人民群众的获得感、幸福感、安全感更加充实、更有保障、更可持续地发展；是坚决防止资本野蛮生长、无序扩张，扎实推进全体人民共同富裕的发展。

中国式现代化背景下的高质量发展是全面的、系统的发展。中国式现代化是物质文明和精神文明相协调的现代化，高质量发展不仅仅是物质需求，更多地表现为人的全面发展的需求，在民主、法治、公平、正义、安全、环境等方面也都要求全面高质量发展。高质量发展是既要厚植现代化的物质基础，也要夯实人民幸福生活的发展。高质量发展是一个复杂的系统工程，需要多个体系协同配合，其中，党的领导制度体系是政治保证，教育科技人才是基础支撑，国家治理体系和治理能力是制度保障，中国特色社会主义法治体系是法治轨道，多层次的社会保障体系是安全网，现代化经济体系是重要基础。

（六）中国式现代化提供了一种全新的现代化模式

人类走向现代化并不是只有一条路，中国式现代化，打破了"现代化＝西方化"的迷思，展现了不同于西方现代化模式的新图景。

中国式现代化是对西方现代化理论和实践的重大超越。西方资本主义现代化，是建立在资本主义剥削制度基础上的，无法克服生产资料私有制和社会化大生产之间的矛盾。中国式现代化作为科学社会主义的最新成果，坚持社会主义目标和方向，摒弃了以资本为中心的、两极分化的、物质主义膨胀的、对外扩张掠夺的西方现代化老路，打破了只有走资本主义道路才能实现现代化的神话，有效避免了西方现代化的矛盾弊端。中国式现代化蕴含的独特世界观、价值观、历史观、文明观、民主观、生态观等及其伟大实践，是对世界现代化理论和实践的重大创新。

中国式现代化为广大发展中国家提供了全新选择。实现现代化是近代以来世界各国人民孜孜以求的目标，但不少发展中国家由于不顾国情和历史条件，全盘照搬西方模式，结果陷入经济长期停滞、社会政治动荡的困境。中国式现代化坚持从本国实际出发，独立自主制定实现现代化的路线方针政策和战略，坚持依靠本国力量、依靠广大人民群众的辛勤劳动来实现现代化，同时积极学习借鉴一切人类优秀文明成果，尽可能利用一切外部有利条件，始终把国家和民族发展进步的命运牢牢掌握在自己手中。中国式现代化的初步成功和取得的显著成就，为广大发展中国家独立自主迈向现代化、探索现代化道路的多样性提供了全新选择。

二、以加快农业农村现代化更好推进中国式现代化

实践充分证明，中国式现代化既切合中国实际，体现了社会主义建设规律，也体现了人类社会发展规律。其成功实践，不仅为人类现代化提供了新的选择，而且拓展人类文明发展路径、丰富人类文明内涵、为人类文明发展注入新动力、指引人类文明发展的正确方向、深化文明交往的规律性认识，创造了人类文明新形态。

（一）全面推进乡村振兴、实现农业农村现代化是中国式现代化的题中之义

党的二十大闭幕后，习近平总书记在陕西省延安市和河南省安阳市考察时强调，全面建设社会主义现代化国家，最艰巨最繁重的任务仍然在农

村。要全面学习贯彻党的二十大精神,坚持农业农村优先发展,发扬延安精神和红旗渠精神,巩固拓展脱贫攻坚成果,全面推进乡村振兴,为实现农业农村现代化而不懈奋斗。[①]"乡村振兴是包括产业振兴、人才振兴、文化振兴、生态振兴、组织振兴的全面振兴,是'五位一体'总体布局、'四个全面'战略布局在'三农'工作的体现。我们要统筹推进农村经济建设、政治建设、文化建设、社会建设、生态文明建设和党的建设,促进农业全面升级、农村全面进步、农民全面发展。"[②]"没有农业现代化,没有农村繁荣富强,没有农民安居乐业,国家现代化是不完整、不全面、不牢固的。"[③]从中华民族伟大复兴战略全局看,全面推进乡村振兴、实现农业农村现代化是中国式现代化的重要基础;从世界百年未有之大变局看,在中国式现代化进程中,全面推进乡村振兴、实现农业农村现代化发挥"压舱石"作用;从中国式现代化的特征和进程看,全面推进乡村振兴、实现农业农村现代化是中国式现代化的重要一环。

(二)实现人口规模巨大的现代化最关键是体现普惠性

意味着全体人民要共享现代化成果,以加快农业农村现代化、扎实推动乡村共同富裕更好推进中国式现代化建设。"即便我国城镇化率达到百分之七十,农村仍将有四亿多人口。如果在现代化进程中把农村四亿多人落下,到头来'一边是繁荣的城市、一边是凋敝的农村',这不符合我们党的执政宗旨,也不符合社会主义的本质要求。这样的现代化是不可能取

[①]《全面推进乡村振兴 为实现农业农村现代化而不懈奋斗》,《人民日报》2022年10月29日。

[②] 中共中央党史和文献研究院编:《习近平关于"三农"工作论述摘编》,中央文献出版社2019年版,第23页。

[③] 中共中央党史和文献研究院编:《习近平关于"三农"工作论述摘编》,中央文献出版社2019年版,第32页。

得成功的！"① 因此，在人口规模巨大的现代化实践下，乡村全面振兴是中国式现代化的最核心组成部分，也是最重要的底线任务。

人口规模巨大的现代化必须处理好人与自然之间的关系，决定了乡村振兴必须在提高农村居民生活水平的基础上，把乡村产业发展、乡村建设同保护生态环境结合起来，创新发展模式，走自己的生态安全乡村振兴道路。

人口规模巨大的现代化的最大挑战和难题是处理好幅员辽阔、各地发展不平衡造成的城乡差距、地区差距、不同群体之间的差距问题，乡村振兴的根本目标就在于通过全面振兴使广大乡村走上共同富裕的发展道路，通过加快实现农业农村现代化，促进城乡平衡发展，缩小区域、群体差距。人口规模巨大的现代化必然是全国各族人民的现代化，乡村振兴就是要创造条件使居住在农村的各个民族参与到现代化进程中，在实现现代化进程中推动各民族走向共同富裕，不断铸牢中华民族共同体意识。人口规模巨大的现代化必须有效应对人口老龄化，乡村是最薄弱的环节，面临老龄化最严峻的挑战，只有通过乡村振兴进一步完善各项社会保障、社会福利、社区设施建设和家庭结构，才能实现乡村老年人享有幸福的晚年生活。

（三）实现全体人民共同富裕的现代化最关键的是持续增加居民收入

意味着要在高质量发展中促进共同富裕，以高质量乡村全面振兴、加快实现农业农村现代化更好推进中国式现代化。实现全体人民共同富裕，最终要靠发展。只有坚持高质量发展，把"蛋糕"做大做好，才能为共同富裕创造条件。与此同时，坚持完善分配方式、构建分配协调配套的制度体系，持续增加居民收入。乡村振兴，关键是产业要振兴，就业有保障。

---

① 中共中央党史和文献研究院编：《习近平关于"三农"工作论述摘编》，中央文献出版社 2019 年版，第 44 页。

大力发展乡村特色产业，大力发展农村新产业新业态，促进一二三产业融合发展，完善联农带农机制，让农民合理分享全产业链增值收益。

（四）实现物质文明和精神文明相协调的现代化最关键在于促进物的全面丰富和人的全面发展

意味着在现代化建设中物质文明建设和精神文明建设都搞好、国家物质力量和精神力量都增强、全国各族人民物质生活和精神生活都改善，以乡村振兴带动乡风文明促进中国式现代化。新农村文化体系的打造，特色文化的变现是乡村振兴的重要组成部分。实现国家强盛、民族复兴既需要物质文明的积累，也需要精神文明的升华。

全面推进乡村振兴要立足新发展阶段，贯彻新发展理念，构建新发展格局，推动乡村高质量发展，高效实施乡村建设行动方案，为全面建设社会主义现代化国家提供坚实的物质支撑。同时，要切实把精神文明建设各项任务贯穿乡村"五大振兴"、城乡融合发展全过程，不断满足乡村群众日益增长的精神文化需求，传承发展提升我国农耕文明，以乡村文化兴盛之路推进中国式现代化进程。

（五）实现人与自然和谐共生的现代化最关键的是绿色发展

意味着要牢固树立和践行绿水青山就是金山银山的理念，以乡村全面振兴实现人与自然和谐共生推进和拓展中国式现代化。乡村全面振兴要坚持山水林田湖草沙一体化保护和系统治理，建立生态产品价值实现机制，完善生态保护补偿制度。发展绿色低碳产业，深化推进生态产业化、产业生态化发展，加快节能降碳先进技术在乡村振兴中的推广应用，推动形成绿色低碳的乡村生产方式和生活方式，加快新技术应用，发展智慧农业，大力建设数字乡村。牢牢守住18亿亩耕地红线，逐步把永久基本农田全部建成高标准农田。走生产发展、生活富裕、生态良好的乡村文明发展道路。

习近平总书记指出，新时代"三农"工作必须围绕农业农村现代化这个总目标来推进。长期以来，为解决好吃饭问题，我们花了很大精力推进农业现代化，取得了长足进步。相比较而言，农村在基础设施、公共服务、社会治理等方面差距相当大。农村现代化既包括"物"的现代化，也包括"人"的现代化，还包括乡村治理体系和治理能力的现代化。我们要坚持农业现代化和农村现代化一体设计、一并推进，实现农业大国向农业强国跨越。①没有农业农村现代化，就没有整个国家现代化。要举全党全社会之力推动乡村振兴，促进农业高质高效、乡村宜居宜业、农民富裕富足。②以习近平总书记关于"三农"工作的重要论述和中国式现代化理论为指引，以农业高质高效发展推进农业现代化、以乡村宜居宜业建设为中心推进农村现代化、以农民富裕富足为目标推进农民现代化的发展目标、进程及路径，实际上就是中国式现代化的乡村振兴道路的综合呈现。

三、中国式现代化视野下的乡村振兴道路

中国式现代化的乡村振兴道路，实际上就是以习近平总书记关于"三农"工作的重要论述和中国式现代化理论为指引，以农业高质高效发展推进农业现代化、以乡村宜居宜业和美建设为中心推进农村现代化、以农民富裕富足为目标推进农民现代化等"三个现代化"的发展目标、进程及成效、实现路径及时代意义等要素组合呈现的乡村发展形态。

（一）以农业高质高效发展推进农业现代化

我国农业现代化既要符合世界农业发展的一般规律，也要体现出自身

---

① 习近平：《把乡村振兴战略作为新时代"三农"工作总抓手》，《求是》2019年第11期。
② 《坚持把解决好"三农"问题作为全党工作重中之重 促进农业高质高效乡村宜居宜业农民富裕富足》，《人民日报》2020年12月30日。

的本质特征：一是农村土地农民集体所有，决定了推进中国特色农业现代化建设，必须实行以家庭承包经营为基础、统分结合的双层经营体制，始终沿着社会主义道路、共同富裕方向前进。二是人口众多，解决好14亿人口的吃饭问题，始终是最根本的民生问题，是关系国家发展与安全大局的头等大事，必须主要依靠国内生产保障粮食等重要农产品供给。三是农业资源相对稀缺，必须注重提高农业基础设施水平，从而提高资源配置和利用效率。四是我国"大国小农"的基本国情农情，决定了促进小农户与现代农业有机衔接成为农业现代化的首要任务，农业现代化离不开小农户的现代化。五是我国地域广阔是农业现代化模式差异性的决定性因素，由此决定了我国的农业现代化建设，不可能按照一个模式去运行，需要积极探索适合各地区实际情况的实现农业现代化的路子。

新时代十年，我国农业现代化建设为开启全面建设社会主义现代化国家新征程奠定了坚实基础：一是农业综合生产能力进一步夯实，粮食等重要农产品保障水平稳步提升。二是农业供给侧结构性改革深入推进，农业质量和综合效益明显提升。三是农业创新体系加快构建，科技装备水平整体提升。四是新型经营主体发展壮大，农业多种形式适度规模经营水平不断提升。五是乡村富民产业加快发展，产业融合发展水平明显提升。六是农业绿色发展扎实推进，农业生产环境和干净整洁、村美人和的农村生活环境持续改善。七是农村改革和制度创新不断推进，要素活力、发展动力进一步提升。八是打赢脱贫攻坚战，城乡区域协调发展水平持续提升。

但是从全国看，农业发展基础差、底子薄、发展滞后的状况没有根本改变。突出体现在：一是农业设施装备离先进仍有差距，在机播和经济作物的机械化方面还有较大提升空间。二是农业科技支撑力度仍显不足。三是农业经营管理面临诸多挑战。四是在建立现代农业产业体系、生产体系和经营体系方面，不仅是"种植、养殖、加工"，还有休闲旅游、文化体验、健康养老、电子商务等新产业新业态，实现一二三产业融合发展，存在许多明显短板弱项。

（二）以乡村宜居宜业建设为中心推进农村现代化

没有农业农村现代化，中国式现代化是不可能取得成功的，这就决定中国式现代化必须既要推进工业化、信息化、城镇化，也要同步推进农业农村现代化，努力构建工农互促、城乡互补、全面融合、共同繁荣的新型工农城乡关系。

从理论研究和国内外实践看，农村现代化的基本要素至少包括：一是基本生活设施现代化，农村与城市水电气、道路、通信等基本生活设施水平基本相当。二是基本公共服务健全，基本实现县域内城乡公共服务一体化。三是物质生活水平较高，农民与市民收入大体相当。四是生态环境宜居，农村生态环境保护和人居环境整治取得明显效果。五是治理体系完善，以党的基层组织为核心的农村组织体系进一步健全，真正实现自治、法治、德治，乡村社会和谐有序，农民获得感、幸福感、安全感更强。

党的十九大首次提出农村现代化。至今取得的进展集中体现在：一是农村基础设施更加完善，生产生活更加便捷。二是农村人居环境持续改善，乡村更加美丽宜居。三是农村基本公共服务不断完善，民生保障更加有力。

目前，农村现代化面临的主要挑战：一是农村基础设施水平与农民美好生活需要还不匹配。二是与城市相比，部分农村公共服务的便利性、可及性还有比较大差距，品质化程度提高空间还比较大。三是不少乡村还不同程度存在"垃圾围村、污水横流"现象，村容村貌提升空间仍较大。四是传承和弘扬好乡土文化还存在不少短板弱项，体现在居住形态单一、生活习惯过度城市化、文化传统的乡土特色淡化等。五是在不同区域，发展很不平衡，特别是在深化村民自治实践、推动乡村法治建设、提升乡村德治水平、建设平安乡村等方面还需要大力加强。

（三）以农民富裕富足为目标推进农民现代化

实现农民现代化是"以人民为中心"发展理念的具体体现，是实现乡村振兴核心目标的关键，是中国式现代化的重要内容。实现农民现代化内涵主要包括：第一，走向共同富裕是中国特色农民现代化的首要任务。第二，提升现代生活质量是中国特色农民现代化的重要内容。第三，实现人的全面发展是中国特色农民现代化的应有之义。按照农民的现代化是指传统农民转化为现代农民的理解，农民现代化至少包括三个方面：一是文化素质较高；二是现代观念较强；三是生活方式健康。

当前农民现代化的进展主要体现在：一是农民收入水平快速提升。2021年城镇居民人均可支配收入47412元，比2012年增长96.5%；农村居民人均可支配收入18931元，比2012年增长125.7%。2013—2021年，农村居民年均收入增速比城镇居民快1.7个百分点。2021年城乡居民人均可支配收入之比为2.50（农村居民收入=1），比2012年下降0.38，城乡居民收入相对差距持续缩小。[①] 二是高素质农民加快培育。三是农村实用人才队伍进一步壮大。

推进农民现代化主要面临以下挑战：一是"大国小农"是我国的基本国情农情。根据第三次农业普查数据，我国小农户数量占到农业经营主体98%以上，小农户从业人员占农业从业人员90%，小农户经营耕地面积占总耕地面积的70%，全国有2.3亿户农户，户均经营规模7.8亩。[②] 二是农民现代化呈现多样性。三是农民现代化的过程，就是改变农民、提高农民、减少农民的过程，具有长期性、复杂性、艰巨性。即使我国城市化率达到70%，在农村居住的人口仍然有四五亿人。

（四）中国式现代化的乡村振兴道路的丰富发展

党的二十大作出了新时代新征程以中国式现代化推进中华民族伟大复兴的战略部署，走好中国式现代化的乡村振兴道路，是中国式现代化的重

---

① 国家统计局：《居民收入水平较快增长　生活质量取得显著提高——党的十八大以来经济社会发展成就系列报告之十九》，中国政府网2022年10月11日。

② 《全国98%以上的农业经营主体仍是小农户》，新华网2019年3月1日。

要内容和底线任务。中国式现代化的乡村振兴道路的发展方向，就是要以习近平总书记关于"三农"工作的重要论述为指引，有力、有序、有效加快推进农业农村农民现代化进程。

以农业高质高效发展加快农业现代化。一是切实保障粮食等重要农产品安全；二是深化农业供给侧结构性改革；三是强化现代农业的科技支撑；四是优化现代乡村产业体系；五是畅通城乡要素双向流动；六是推进农业高水平对外开放。

大力实施乡村建设行动加快推进农村现代化。一是科学推进乡村规划建设；二是持续提升乡村宜居水平；三是推进县乡村公共服务一体化；四是加强乡村人才队伍建设。

综合施策加快推进农民现代化。集中体现为实施"着力提升"，就是着力提升农民思想政治素质、农民科学文化素质、农民创业创新素质、农民文明文化素质、农民受教育程度、农民身心健康素质、农民经营管理素质、农民法治素质、农民生活水平。

第二章 科学指南："三农"创新理论、高质量发展理论、共同富裕理论

一、新时代党的"三农"创新理论

新时代以来，以习近平同志为核心的党中央，围绕立足新发展阶段、贯彻新发展理念、构建新发展格局带来的新形势，提出的新要求，坚持把解决好"三农"问题作为全党工作重中之重，坚持农业农村优先发展，推进乡村振兴不断取得新成效，基于实践基础的党的"三农"理论创新持续取得新发展，和党的高质量发展理论、共同富裕理论为走好中国特色社会主义乡村振兴道路提供了科学指南。

科学的理论总是与伟大的实践相互激荡、共进同行。

新时代十年的党和国家事业取得历史性成就、发生历史性变革，正是在以习近平同志为核心的党中央坚强领导下，坚持不懈用习近平新时代中国特色社会主义思想这一党的创新理论武装头脑、指导实践、推动工作的必然结果。新时代党的理论创新成果，在脱贫攻坚、乡村振兴领域集中体现为中国特色反贫困理论、全面推进乡村振兴的重要论述、建设农业强国方略的提出与形成。新时代党的"三农"理论创新形成了逻辑严密的思想体系，一系列创新理论的运用、发展及其取得的成就，呈现了丰富的时代价值，蕴含着巨大的世界贡献。

实践没有止境，理论创新也没有止境。把握好习近平新时代中国特色社会主义思想的世界观和方法论，坚持好、运用好贯穿其中的立场观点方

法，继续推进实践基础上的理论创新，是巩固拓展脱贫攻坚成果、加快全面推进乡村振兴、推进农业农村现代化、建设农业强国的必由之路。

（一）新时代从脱贫攻坚到乡村振兴的理论创新

从脱贫攻坚到乡村振兴，是中国新时代新征程上的一件大事。党的二十大报告对全面推进乡村振兴作出新的部署，凸显了从脱贫攻坚到乡村振兴历史性转移在社会主义现代化强国建设进程中的重要性。新时代党从脱贫攻坚到乡村振兴的理论创新，集中体现在三个方面。

一是形成中国特色反贫困理论。这是我国新时代党的"三农"理论创新的重要内容。从理论渊源、历史进程、实践基础看，中国特色反贫困理论是马克思主义反贫困理论的新发展，是中国共产党初心使命的时代呈现，是对中国减贫发展道路的持续完善。这一理论是党在反贫困领域、"三农"工作领域理论创新的集大成，有深厚的思想、实践基础。这一理论是习近平总书记领导全党全国打赢脱贫攻坚战的重大理论成果，是习近平总书记集中全党反贫困智慧形成的科学理论，是习近平总书记长期从事和领导地方反贫困实践、对贫困与反贫困问题深邃思考的理论结晶，是习近平新时代中国特色社会主义思想的重要组成部分。了解脱贫攻坚，就需要了解脱贫攻坚实践形成的理论创新；理解脱贫攻坚的理论创新，就必须理解新中国成立以来党领导人民进行反贫困的历史进程。中国特色反贫困理论内涵丰富，习近平总书记在全国脱贫攻坚总结表彰大会上的重要讲话总结了七个"坚持"，其中的每一个"坚持"都是一个内涵丰富、逻辑严密、实践要求明确、指导性极强的理论体系。中国特色反贫困理论的实践价值体现在巨大的实践成就、重要历史贡献以及重大的政治意义上，为推动世界减贫事业作出了重大贡献，为全球减贫贡献了中国方案和中国智慧，为推动构建人类命运共同体奠定了基础。尽管中国特色反贫困理论完善于脱贫攻坚，但是对于实施乡村振兴战略、推进农业农村现代化、建设农业强国，同样有着科学的指导意义。

二是建立全面推进乡村振兴重要论述的理论体系。 习近平总书记关于全面推进乡村振兴的重要论述的时代背景、理论渊源、实践基础、丰富内涵、精神实质、思维方法、理论品格、实践价值、时代贡献、世界意义，构成了一套思想深邃、逻辑严密、内涵丰富的理论体系，是新时代党的"三农"理论创新的重要内容。习近平总书记在党的十九大提出了作为国家七大战略之一的乡村振兴战略，在党的二十大对全面推进乡村振兴进行了新的战略部署。习近平总书记关于全面推进乡村振兴的重要论述，科学指导实践，基于实践持续创新，形成了日趋完善的科学理论体系。理解和把握这一理论体系的精髓要义、实践要求，需要在习近平新时代中国特色社会主义思想的"十个明确""十四个坚持""十三个方面成就"的理论框架下全面学习、深刻领会。

三是提出建设农业强国的方略。 深刻领会建设农业强国提出的内在逻辑，需要从政治、历史、理论、实践、文明形态等多个维度，系统理解习近平总书记提出建设农业强国的时代背景。建设农业强国方略的丰富内涵集中体现为"六个明确"，就是明确"农业强国是社会主义现代化强国的根基"的战略定位，明确"保障粮食和重要农产品稳定安全供给始终是建设农业强国的头等大事"，明确"全面推进乡村振兴是新时代建设农业强国的重要任务"，明确"依靠科技和改革双轮驱动加快建设农业强国"，明确"农村现代化是建设农业强国的内在要求和必要条件，建设宜居宜业和美乡村是农业强国的应有之义"。这里提出建设宜居宜业和美乡村，实际上就是要求推进乡村振兴必须运用系统观念，要用统筹的办法，而不是"单打一"的方式，稳步推进农村现代化。建设农业强国方略的实践要求充分体现在2023年的中央一号文件中。该文件的九个方面，实际上就是在习近平总书记的建设农业强国方略指引下设计的，文件中的每一项政策举措，都可以在建设农业强国方略中找到相应的遵循。

（二）新时代党的"三农"创新理论体系

新时代以来，党领导"三农"工作取得历史性成就、发生历史性变革，如期打赢人类历史上规模最大的脱贫攻坚战，稳步推进巩固拓展脱贫攻坚成果同乡村振兴有效衔接，农村基础设施、公共服务发生翻天覆地变化，农业产业体系建设加快推进，农业现代化加快形成，粮食和重要农产品供给安全，农村稳定有序。巨大成就表明，指导实践的党的"三农"理论的内涵在创新发展中不断丰富，党的"三农"创新理论体系逐步完善。

1. 中国特色反贫困理论

中国特色反贫困理论的丰富内涵包括坚持党对脱贫攻坚的集中统一领导、坚持以人民为中心的发展思想、坚持精准扶贫方略、坚持发展式扶贫与保障式扶贫并重、坚持构建大扶贫格局、坚持激发贫困群众内生动力、坚持求真务实较真碰硬的作风、坚持携手发展消除人类贫困等八个方面。这八个方面，聚焦我国脱贫攻坚政策体系、工作体系、制度体系，聚焦扶贫领导论、目标论、方法论、道路论、制度论、动力论、作风论、发展论，有着鲜明的理论逻辑、实践逻辑和创新逻辑。

坚持党对脱贫攻坚的集中统一领导。脱贫攻坚，加强党的领导是根本。中国共产党的领导，是打赢脱贫攻坚战的最根本制度保证。习近平总书记反复强调党对脱贫攻坚的领导，越是进行脱贫攻坚战，越是要加强和改善党的领导。解决深度贫困问题，加强组织领导是保证。各级党委和政府要坚决落实党中央决策部署，坚定不移做好脱贫攻坚工作。加强领导是根本，发挥各级党委领导作用，建立并落实脱贫攻坚一把手负责制，实行省市县乡村五级书记一起抓，为脱贫攻坚提供坚强政治保证。习近平总书记亲自指挥、亲自部署、亲自督战，出席中央扶贫开发工作会议，7次主持召开中央扶贫工作座谈会，50多次调研扶贫工作，连续5年审定脱贫攻坚成效考核结果，连续7年在国家扶贫日期间出席重要活动或作出重要指示，连续7年在新年贺词中强调脱贫攻坚，每年在全国两会期间下团组同代表委员共商脱贫攻坚大计，多次回信勉励基层干部群众投身减贫事业。习近平总书记走遍全国14个集中连片特困地区，考察了20多个贫困村，深入贫困家庭访贫问苦，倾听贫困群众意见建议，了解扶贫脱贫需求，极大鼓舞了贫困群众脱贫致富的信心和决心。党中央把减贫摆在治国理政的突出位置，加强顶层设计，强化资源配置，出台了大量文件，明确了目标、路径、支撑政策等。各地各部门增强政治意识、大局意识、核心意识、看齐意识，坚决维护习近平总书记党中央的核心、全党的核心地位，坚决维护党中央权威和集中统一领导，勇于担当作为，以求真务实作风把党中央决策部署落到实处。正是因为坚持党对脱贫攻坚的集中统一领导，我们才形成五级书记抓扶贫、全党动员促攻坚的生动局面；才有效统一思想认识，形成一致行动，推动全党全社会关心贫困群众，为支持贫困地区摆脱贫困提供坚强的政治保证。

坚持以人民为中心的发展思想。扶贫的最终目的是让人民过上好日子。中国共产党成立以来，团结带领人民进行革命、建设和改革，就是要让中华民族站起来、富起来、强起来。党团结带领人民打响脱贫攻坚战，就是要让人民群众过上好日子，实现自由全面发展。习近平总书记多次强调脱贫攻坚要"不负人民"，必须始终坚定人民立场，坚定不移走共同富裕道路，做到"发展为了人民、发展依靠人民、发展成果由人民共享"，使全体人民在共建共享发展中有更多获得感。要把实现好、维护好、发展好最广大人民根本利益作为一切工作的出发点和落脚点，更加自觉地使改革发展成果更多更公平惠及全体人民。在脱贫攻坚实践中，始终坚持扶贫工作的人民立场，通过带领人民"脱贫困，奔小康"，全面改善贫困群众的生活现状，使人民的获得感、幸福感、安全感更有保障；始终坚持扶贫工作的人民导向，脱贫攻坚工作既要解决人民之忧，实现"两不愁三保障"，也要满足人民群众对美好生活的向往，实现人的自由全面发展；始终坚持扶贫成果的人民共享，一切工作都为消除贫困群众致贫因素而精准谋划，为满足贫困群众脱贫需求而精准帮扶，为全体人民共享改革发展成果而精准施策；

始终坚持脱贫成效由人民检验，把群众满意度作为衡量脱贫成效的重要尺度，集中力量解决贫困群众基本民生需求。正是因为坚持以人民为中心的发展思想，党的十八大以来，贫困人口收入水平显著提高，"两不愁三保障"全部实现，贫困地区发展步伐显著加快，脱贫群众精神风貌焕然一新，人民群众获得感、幸福感、安全感显著增强，全体人民在共同富裕道路上向前迈进了一大步。

坚持精准扶贫方略。随着中国扶贫工作进入攻坚阶段，大水漫灌式的扶贫方式已经无法适应形势的要求，必须坚持精准扶贫方略，抓住脱贫攻坚的主要矛盾和关键问题，才能找到"贫根"，对症下药、靶向治疗。精准扶贫基本方略，是中国特色反贫困理论的基本方法，是我们党坚决贯彻实事求是思想路线的必然要求。只有坚持一切从实际出发，具体问题具体分析，一把钥匙开一把锁，才能更好地推动脱贫攻坚向前发展。习近平总书记首次提出精准扶贫方略，反复强调，要因村因户因人施策，因贫困原因施策，因贫困类型施策，对症下药、精准滴灌、靶向治疗，真正发挥拔穷根的作用。在脱贫攻坚伟大实践中，我们坚持精准的科学方法、落实精准的工作要求，推动脱贫攻坚不断取得显著成绩。坚持做到"六个精准"，即扶持对象精准、措施到户精准、项目安排精准、资金使用精准、因村派人（第一书记）精准、脱贫成效精准，为脱贫攻坚实践提供了具体向导。实施"五个一批"工程，即发展生产脱贫一批、易地搬迁脱贫一批、生态补偿脱贫一批、发展教育脱贫一批、社会保障兜底一批，为贫困地区脱贫致富指明了具有针对性、可操作性的路径。解决好"扶持谁、谁来扶、怎么扶、如何退、如何稳"等五个问题，要求打出政策组合拳，真正确保脱贫工作务实、脱贫过程扎实、脱贫结果真实。事实证明，精准扶贫是打赢脱贫攻坚战的制胜法宝。

坚持发展式扶贫与保障式扶贫并重。扶贫与治病一样，单靠"输血"达不到良好效果，需要造血输血协同，发挥两种方式的综合脱贫效应。坚持发展式扶贫与保障式扶贫相结合，是增进人民福祉、促进人的全面发展的必然要求，是解决人民日益增长的美好生活需要和不平衡不充分的发展之间的矛盾的重要途径。习近平总书记多次强调脱贫攻坚要坚持发展的观点，反复强调脱贫攻坚要坚持发展的办法，积极引导和支持所有有劳动能力的贫困人口自力更生、艰苦奋斗，在我国经济正处于高质量发展的时代，依靠自己的双手创造幸福美好的生活。在脱贫攻坚伟大实践中，始终坚持把发展作为解决贫困的根本途径。对贫困地区，想尽一切办法改善发展的条件。通过加大对贫困地区水、电、路、气、网、水利等基础设施建设，以及教育、医疗、卫生等公共服务设施建设的投入力度，改善贫困地区群众的基本生产生活条件。对有劳动能力的贫困人口，想尽一切办法增强贫困地区发展能力。通过产业带动，增强贫困群众的发展能力，帮助他们实现稳定可持续脱贫。对丧失劳动能力的贫困人口和劳动力不足的贫困户，实行政策性兜底保障。这项扶贫政策的基本目标是确保他们不愁吃、不愁穿，有效保障贫困人口的基本生活。事实证明，开发式扶贫方针是中国特色减贫道路的鲜明特征。正是因为坚持发展式扶贫与保障式扶贫并重的方针，贫困群众才告别了溜索桥、天堑变成了通途，告别了苦咸水、喝上了清洁水，告别了四面漏风的泥草屋、住上了宽敞明亮的砖瓦房。事实充分证明，发展是消除贫困、走向富裕最有效的办法，也是创造幸福生活最稳定、最可持续的根本之道。

坚持构建大扶贫格局。扶贫减贫是一项艰巨而复杂的系统工程，不仅仅是贫困地区的事，也是全社会的事，需要动员社会力量的广泛参与，形成扶贫工作的强大合力。中华传统美德强调每个人能够"扶危济困"从而营造良好的社会氛围，凝聚全社会的力量。事实证明，只要充分发挥社会主义集中力量办大事的制度优势，坚持弘扬"扶危济困"的传统美德，把党员干部、贫困群众及全社会的力量团结起来，就一定能啃下脱贫攻坚的"硬骨头"。习近平总书记多次强调扶贫工作要发挥制度优势，要求要善于把党的领导和我国社会主义制度优势转化为社会治理优势，通过构建专项扶贫、行业扶贫、社会扶贫等多方力量、多种举措有机结合和互为支撑的

"三位一体"大扶贫格局,通过充分调动市场、社会力量广泛参与,为脱贫攻坚提供不竭动力保障。在脱贫攻坚中,通过强化中央统筹、省负总责、市县抓落实的工作机制和脱贫攻坚一把手负责制,要求中西部22个省份党政主要负责同志向中央签署脱贫攻坚责任书、立下"军令状",压实领导责任;通过抓好以村党组织为核心的村级组织配套建设,建强村党支部,派驻村干部,加强基层基础工作,把基层党组织建设成为带领群众脱贫致富的坚强战斗堡垒;通过构建政府、社会、市场协同推进,专项扶贫、行业扶贫、社会扶贫互为补充的"三位一体"大扶贫格局,形成跨地区、跨部门、跨单位、全社会共同参与的多元主体的社会扶贫体系,汇聚全社会合力攻坚的磅礴力量;通过完善社会动员机制,搭建社会参与平台,创新社会帮扶方式,形成人人愿为、人人可为、人人能为的社会帮扶格局。中国特色反贫困理论继承发展了马克思主义的"制度论",提出坚持和发展中国特色社会主义制度,充分发挥社会主义集中力量办大事的制度优势,形成了有效的扶贫管理体制和制度体系,在扶贫制度论上实现了创新。

坚持激发贫困群众内生动力。贫困群众既是脱贫攻坚的对象,更是脱贫致富的主体。注重发挥贫困群众主体作用,将贫困地区和贫困群众的主观能动性激发出来,是打赢脱贫攻坚战的前提。只有重视贫困群众主体地位,激发贫困群众内生动力,鼓舞贫困群众脱贫斗志,才能形成脱贫攻坚可持续发展的活力。习近平总书记多次强调扶贫要"志智双扶",强调激发人民群众的内生动力是脱贫攻坚的关键,必须始终坚持为了人民、依靠人民、尊重人民群众的主体地位和首创精神,把蕴藏在人民群众中的智慧和力量激发出来,才能形成促进贫困地区稳定脱贫的内在动力。在脱贫攻坚实践中,通过强化贫困群众的主体意识,让贫困群众在脱贫项目选择、设计、实施、管理、监督、验收、后续管理全过程中的每一个环节都发挥作用,提升贫困群众参与感和获得感,为脱贫攻坚注入强大驱动力。通过扶贫与扶"志"相结合,培育贫困群众自力更生、艰苦奋斗的意识和观念;扶贫与扶"智"相结合,改善贫困地区的办学条件,阻断贫困现象的代际传递。坚持尊重人民首创精神，提高脱贫攻坚的创新动力。脱贫攻坚支持贫困群众自主创新扶贫方式方法，帮助贫困群众主动转变观念，敢闯敢试、敢为人先，想方设法增收致富，不断增强内生发展动力。正是因为坚持激发贫困群众的内生动力，脱贫攻坚战才能有效调动贫困群众的脱贫积极性，奠定从根本上斩断贫困现象代际传递的基础。

坚持求真务实较真碰硬的作风。脱贫攻坚，从严从实是要领。习近平总书记始终坚持对脱贫攻坚从严要求，反复强调扶贫工作必须务实，脱贫过程必须扎实，扶真贫、真扶贫，脱贫结果必须真实。在脱贫攻坚实践中，各级各部门坚持从严要求、真抓实干，把全面从严治党要求贯穿脱贫攻坚全过程和各环节。坚持中央组织对脱贫攻坚开展巡视，建立监督、督导机制。通过经常性的督查巡查，开展扶贫领域腐败和作风问题专项治理，集中力量解决脱贫领域"四个意识"不强、责任落实不到位、工作措施不精准、资金管理使用不规范、工作作风不扎实等突出问题。坚持实行最严格的考核评估制度，提高脱贫实效。通过国家部门考核、省际交叉考核、第三方考核评估等多种方式，严格杜绝虚假脱贫、数字脱贫等现象。对脱贫领域存在的不严不实等问题，严肃问责，倒逼工作落实，确保脱贫结果真实。

坚持携手发展消除人类贫困。贫困是人类社会的顽疾，由贫困衍生出来的饥饿、疾病、社会冲突等一系列难题，依然困扰着许多发展中国家。习近平总书记把消除贫困作为人类共同的使命，号召让我们携起手来，为共建一个没有贫困、共同发展的人类命运共同体而不懈奋斗。中国在致力于自身消除贫困的同时，同世界各国一道携手构建没有贫穷、共同发展的人类命运共同体，如积极推动建立以相互尊重、合作共赢为核心的新型国际减贫合作关系，不断深化减贫领域的交流，为发展中国家消除贫困创造更有利的条件；通过开展南南合作，力所能及地向其他发展中国家提供不附加任何政治条件的援助，分享中国的减贫经验，支持和帮助广大发展中国家特别是最不发达的国家消除贫困。在继承马克思"世界历史理论"的基础上，中国特色反贫困理论，坚持用发展的办法解决人类贫困问题，提出推进构建一个没有贫困的人类命运共同体，为解决人类贫困问题提供了新的理念和思路，在扶贫发展论上形成了创新。

中国特色反贫困理论作出了原创性贡献。从理论维度看，中国特色反贫困理论实现了马克思主义反贫困理论的新飞跃。创新发展了马克思主义反贫困理论关于贫困产生根源、关于贫困表现形式、关于反贫困途径的重要思想。推动了中国特色反贫困理论在新时代的创新发展，如在反贫困的领导力量方面，创新性提出五级书记抓扶贫的领导体制；在反贫困的战略路径方面，创新性提出精准扶贫精准脱贫的反贫困战略路径；在反贫困的实施机制方面，集成式创新形成了一整套完整的中国特色反贫困制度体系。丰富了中国式现代化中体现中国特色的五个特征，推动了中国式现代化理论内涵的新发展。拓展了世界反贫困理论的新视野。如关于脱贫内生动力的理论，拓展了世界反贫困主体的新认识；精准扶贫精准脱贫的实践路径，提供了世界反贫困路径的新选择；既注重解决绝对贫困问题，更强调全体人民的共同富裕，拓展了世界反贫困的新视野。从实践维度看，中国特色反贫困理论的重要内涵——精准扶贫基本方略作出了原创性贡献。一是基于全面落实精准扶贫精准脱贫方略而建立的包括精准识别、精准帮扶、精准退出、稳定脱贫等子体系是具有原创性和普遍价值的反贫困工作体系。二是在反贫困动力上提出构建大扶贫格局与激发内生动力相结合，建立起了政府、社会、市场协同推进的多元扶贫主体，专项扶贫、行业扶贫、社会扶贫等多方力量参与的大扶贫格局。推动构建了注重提升贫困群众自我发展能力的工作体系。三是在反贫困格局上提出构建没有贫困的人类命运共同体。凝聚了深化国际减贫的共识，为全球实现2030年可持续发展议程指明了路径。从战略维度看，中国特色反贫困理论形成了摆脱绝对贫困的战略体系，把脱贫攻坚摆到了治国理政的战略高度。第一，党的十八大以来，习近平总书记站在中华民族伟大复兴的战略高度看待扶贫开发，亲自策划、亲自部署、亲自领导史诗般的脱贫攻坚战，把如期打赢脱贫攻坚战摆在治国理政的突出位置。制定实施了一系列脱贫攻坚战略规划，以脱贫攻坚统揽经济社会发展全局。第二，把超常规集中攻坚作为反贫困的战略举措。打破常规扶贫模式，创新性提出超常规的精准扶贫模式；打破传统体制机制束缚，建立适应集中攻坚的体制机制。第三，把加强党对扶贫工作的全面领导作为反贫困的战略保障。在顶层设计上，坚持党的全面领导是我国脱贫攻坚事业取得成功的根本保障；在具体实践上，强化了对基层党组织的领导，有效发挥基层党组织在带领群众脱贫致富方面的战斗堡垒作用。第四，把扎实推进共同富裕作为反贫困的战略目标。明确夯实走向共同富裕的基础就是要巩固拓展脱贫攻坚成果；明确走向共同富裕的重点就是推进农民农村共同富裕。

中国特色反贫困理论对推进乡村全面振兴具有指导意义。在理念指导方面，提供了人民至上的根本立场。新征程上要坚持推进乡村全面振兴是为了人民的价值导向；坚持推进乡村全面振兴必须依靠人民群众的广泛支持参与；坚持推进乡村全面振兴发展成果必须由广大人民群众来共享。在方法指导方面，提供了精准方法体系。在乡村振兴中坚持目标精准；在乡村振兴中坚持举措精准；在乡村振兴中坚持成效精准。把精准思维、精准方式、精准举措贯穿到乡村全面振兴全过程，落实到"五个振兴"、城乡融合发展的各环节，体现在"两个确保""三个提升""两个强化"的具体工作中。在目标引领方面，明确了以加快农业农村现代化更好推进中国式现代化建设的前进方向。坚持推动乡村全面建设以扎实推进农村现代化；坚持在农业高质量发展以有效推进农业现代化；坚持提升农民综合素质和致富能力以着力推动农民现代化。在实现路径方面，指明了乡村振兴体制机制创新方向。坚持在乡村全面振兴实践中贯穿体制机制的创新；坚持在乡村全面振兴实践中贯穿方式方法的创新；坚持在乡村全面振兴实践中贯穿政策工具的创新。

2. 关于全面推进乡村振兴的重要论述

**实施乡村振兴战略是决胜全面建成小康社会、全面建设社会主义现代化国家的重大历史任务，这是对全面推进乡村振兴的战略定位。乡村振兴作为一项国家重大战略，关系到党和国家的持续稳定发展，关系到国家现代化建设进程，关系到中华民族伟大复兴大业，全面推进乡村振兴必须在历史进程中把握好乡村振兴的战略定位和新的历史方位，提高各个方面的自觉性主动性。

加强党对乡村振兴工作的领导，这是全面推进乡村振兴的根本保障。深入实施乡村振兴战略，必须加强和改善党对"三农"工作的集中统一领导，充分发挥党把方向、谋大局、定政策、促改革的主心骨作用，关键是要提高党全面领导新时代"三农"工作的能力和水平，具体体现为广大各级领导干部、普通干部、驻村帮扶工作队干部、乡村干部等领导和推动乡村振兴工作的能力和水平，体现在抓党建促乡村振兴工作效果上。

加快推进农业现代化，这是全面推进乡村振兴的目标要求。没有农业现代化、没有农村繁荣富强，就没有农民安居乐业，国家的现代化也将是不完整、不全面、不牢固的。因此，农业现代化是乡村振兴的重要任务和重要目标，实现农业现代化必须多措并举、多途径并行，走中国特色农业现代化道路。

发展壮大乡村产业，这是全面推进乡村振兴的重要支柱。发展壮大乡村产业是乡村发展的核心，只有乡村产业发展壮大，实现产业兴旺，乡村才能真正实现发展、实现振兴。

强化乡村振兴人才支撑，这是全面推进乡村振兴的基础。人才是乡村振兴的第一资源，人才振兴是乡村振兴整体布局中的关键，要通过培养人才队伍，创新乡村人才工作体制机制，为乡村振兴奠定坚实的人才基础和保障。

走乡村文化兴盛之路，焕发乡村文明新气象，这是全面推进乡村振兴的深层任务。要推动乡村文化振兴，加强农村思想道德建设和公共文化建设，以社会主义核心价值观为引领，深入挖掘优秀传统农耕文化蕴含的思想观念、人文精神、道德规范，培育挖掘乡土文化人才，弘扬主旋律和社会正气，培育文明乡风、良好家风、淳朴民风，改善农民精神风貌。要加强农村思想道德建设和公共文化建设，培育文明、传承乡风、弘扬优秀传统文化，着力提高乡村社会文明程度，焕发乡村文明新气象。

建设生态宜居和美乡村，这是全面推进乡村振兴的内在要求。要开展农村人居环境整治行动、完善农村公共基础设施、解决农村突出生态环境问题，改进和完善乡村治理体系，建设美丽生态宜居和美乡村。

加强农村基层党组织建设，这是全面推进乡村振兴的政治组织基础。乡村治理中基层党组织具有核心地位，农村基层党组织是实现乡村振兴战略的"主心骨"。在接续全面推进乡村振兴战略中，一定要重视基层党组织的作用，切实加强基层党组织建设，提高基层党组织的政治素质和战斗力，为全面推进乡村振兴提供组织保障。

健全乡村治理体系，加快推进乡村治理体系和治理能力现代化，这是全面推进乡村振兴的关键。要建立健全党委领导、政府负责、社会协同、公众参与、法治保障的现代乡村社会治理体制，确保乡村社会充满活力、安定有序。要加强农村基层基础工作，健全自治、法治、德治相结合的乡村治理体系。乡村振兴要实现"治理有效"的目标，就必须坚持法治为纲、德治为魂、自治为本，不断推进乡村治理能力和水平现代化。

保障和改善农村民生，这是全面推进乡村振兴的兜底性要求。人民群众是社会历史主体。乡村振兴就是要实现广大农民对美好生活的向往。为此，要增加农民收入，加强农村基础设施建设，完善农村医疗社会保障制度，不断搞好农村民生保障和改善工作。

建立健全城乡融合发展体制机制和政策体系，这是全面推进乡村振兴的根本途径。要把乡村振兴战略这篇大文章做好，必须走城乡融合发展之路。要构建新型城乡关系，建立健全城乡融合发展体制机制和政策体系，促进城乡协调发展、融合发展。城镇和乡村是互促互进、共生共存的，能否处理好城乡关系，关乎社会主义现代化建设全局。推进乡村振兴战略、构建新型城乡关系、缩小城乡差距、实现城乡一体化发展，必须建立健全城乡融合发展体制机制和政策体系。理解乡村振兴，不仅要深刻理解"五大振兴"的目标任务、推进要求，也要同时理解"建立健全城乡融合发展体制机制和政策体系"的重要论断。

3. 建设农业强国方略

建设农业强国方略蕴含严密的内在逻辑。从政治逻辑看，要站在政治安全、政治文明建设的高度理解建设农业强国。建设农业强国是夯实党的执政基础的需要，是提升党的执政能力、为人类文明作出更大的贡献的要求。在建设农业强国过程中，要充分体现全过程人民民主、以人民为中心，全过程体现乡村振兴是为农民而兴，乡村建设是为农民而建。以此类推，要从历史逻辑、理论逻辑、实践逻辑、文明形态逻辑等维度理解建设农业强国的内在要求。

建设农业强国方略的丰富内涵。一是战略定位与特征。"强国必先强农，农强方能国强。没有农业强国就没有整个现代化强国；没有农业农村现代化，社会主义现代化就是不全面的。"[①] 二是头等大事。"无论社会现代化程度有多高，14亿多人口的粮食和重要农产品稳定供给始终是头等大事。"[②] 三是重要任务。全面推进乡村振兴在党的二十大上作了全面部署，建设农业强国方略被摆在更加重要的突出位置。四是驱动力量。即依靠科技和改革，体现了党的二十大要求，科技是第一生产力、人才是第一资源、创新是第一动力。五是一体推进。一体推进既是方法，也是理念。从乡村发展、乡村建设、乡村治理到建设宜居宜业和美乡村，体现更为系统的办法和思维在指导实践中的运用。六是坚强保障。就是坚持和加强党的全面领导。

建设农业强国方略的实践要求。建设农业强国的基本方略，不仅蕴含丰富的科学内涵，也提出明确的实践要求：一是抓紧抓好粮食和重要农产品稳产保供，具体要全力抓好粮食生产，加力扩种大豆油料，发展现代设

---

① 习近平：《加快建设农业强国　推进农业农村现代化》，《求是》2023年第6期。
② 习近平：《加快建设农业强国　推进农业农村现代化》，《求是》2023年第6期。

施农业，构建多元化食物供给体系，统筹做好粮食和重要农产品调控。二是加强农业基础设施建设，重点是加强耕地保护和用途管控，加强高标准农田建设，加强水利基础设施建设，强化农业防灾减灾能力建设。三是强化农业科技和装备支撑，需要从推动农业关键核心技术攻关，深入实施种业行动，加快先进农机研发推广，推进农业绿色发展等方面着力。四是巩固拓展脱贫攻坚成果，重点是坚决守住不发生规模性返贫底线，增强脱贫地区和脱贫群众内生发展动力，稳定完善帮扶政策。五是推动乡村产业高质量发展，主要措施包括做大做强农产品加工流通业，加快发展现代乡村服务业，培育乡村新产业新业态，培育壮大县域富民产业。六是拓宽农民增收致富渠道，聚焦促进农民就业增收、促进农业经营增效、赋予农民更加充分的财产权益等方面。七是扎实推进宜居宜业和美乡村建设，重点是加强村庄规划建设，持续加强乡村基础设施建设，扎实推进农村人居环境整治提升，提升基本公共服务能力。八是健全党组织领导的乡村治理体系，强化农村基层党组织政治功能和组织功能，提升乡村治理效能，加强农村精神文明建设。九是强化政策保障和体制机制创新，集中在健全乡村振兴多元投入机制、加强乡村人才队伍建设、推进县域城乡融合发展三个方面精准发力。

内在逻辑、丰富内涵、实践要求三个部分，共同组成了建设农业强国的基本方略。

（三）新时代党的"三农"理论创新的时代价值

新时代以来，在习近平新时代中国特色社会主义思想指引下，党的"三农"理论基于实践持续创新，中国特色反贫困理论日益成熟，全面推进乡村振兴重要论述逐步理论体系化，建设农业强国基本方略的指导作用不断增强，指导实践不断取得新成就，新时代党的"三农"理论创新展现了丰富的时代价值。

1. 指引打赢人类历史上规模最大的脱贫攻坚战

一是历史性解决了绝对贫困问题，全面建成小康社会。这是脱贫攻坚时期要解决的核心问题。进入乡村振兴时期，要解决的是农业、农村和农民的现代化问题。

二是形成了中国特色反贫困理论，丰富了习近平新时代中国特色社会主义思想。中国特色反贫困理论是在脱贫攻坚实践中形成的，全面推进乡村振兴同样需要科学理论的指引。在解决不同时期问题的过程中，必然会形成习近平总书记的相应理论，从而丰富了习近平新时代中国特色社会主义思想，充分呈现出从脱贫攻坚到乡村振兴的时代价值。需要注意的是，乡村振兴不仅具有实现现代化的价值，更具有形成乡村振兴思想的价值，这是由 21 世纪马克思主义发展要求所决定的。

三是深刻改变了脱贫人口的生产生活条件，奠定了脱贫县加快发展的基础。

四是广泛凝聚了社会共识，坚定了"四个自信"。脱贫攻坚战坚定了"四个自信"，更重要的是广泛凝聚了社会共识。社会共识包括许多方面，如中国发展的不平衡性，未来要实现平衡发展和充分发展，必须发挥好东西部协作、各类定点帮扶、统一大市场等作用，凝聚最广泛的社会共识，沿着共同富裕方向前进。

五是改善了党群关系，夯实了党在基层的执政基础。脱贫攻坚显著改善了党群关系，夯实了党在基层的执政基础。同样的，中国共产党领导下的乡村振兴，必然要求夯实党在基层的执政基础。

2. 科学指引完善实施乡村振兴战略的顶层设计

一是确定顶层设计的总体遵循。农业农村现代化是实施乡村振兴战略的总目标，坚持农业农村优先发展是总方针，产业兴旺、生态宜居、乡风文明、治理有效、生活富裕是总要求，建立健全城乡融合发展体制机制和政策体系是制度保障。这实际上为实施乡村振兴战略的顶层设计提供了总体遵循。

二是构建顶层设计的"四梁八柱"。2018年以来,党中央、国务院先后印发了七个以乡村振兴为主题的中央一号文件和《乡村振兴战略规划(2018—2022年)》《中国共产党农村工作条例》,2021年6月《中华人民共和国乡村振兴促进法》生效。这些法规及政策文件,连同《中共中央 国务院关于实现巩固拓展脱贫攻坚成果同乡村振兴有效衔接的指导意见》以及各部门相关配套政策,共同构成实施乡村振兴战略的"四梁八柱",乡村振兴的顶层设计完成。

三是明确实施乡村振兴战略的总目标、总方针、总要求。农业农村现代化是实施乡村振兴战略的总目标,坚持农业农村优先发展是总方针。在国家战略资源优化配置过程中,只有坚持农业农村优先发展,深入实施乡村振兴战略,激活农村各类生产要素,促进农业全面升级、农村全面进步、农民全面发展,全面推动乡村振兴,让农业农村现代化与国家现代化同步,才能够最终实现以中国式现代化全面推进中华民族伟大复兴的百年目标。实施乡村振兴战略的总要求是产业兴旺、生态宜居、乡风文明、治理有效、生活富裕。产业兴旺,是农村发展要有足够的产业支撑;生态宜居,是农村环境优势的体现,主要指农村生态和人居环境质量要不断提高;乡风文明,是乡村振兴过程中对农村精神文明建设的要求,也是乡村振兴的紧迫任务;治理有效,是对基层组织建设的要求,体现乡村治理目标的新导向,强调治理体系与治理能力的改革与提升,注重治理效率和基层农民群众的主动参与,是乡村治理体系与治理能力现代化的具体体现;生活富裕,是农民生活水平不断提升的新标准,也是实施乡村振兴战略的主要目的。这五个方面构成乡村振兴战略实施总要求,也决定了乡村振兴是包括产业、人才、文化、生态、组织振兴的全面振兴。

3. 科学指引巩固拓展脱贫攻坚成果,守住不发生规模性返贫底线

一是明确乡村振兴战略的底线任务。对易返贫致贫人口要加强监测,

做到早发现、早干预、早帮扶。对脱贫地区的产业要进行长期培育和支持，促进内生可持续发展。对易地扶贫搬迁群众要做好后续的扶持工作，通过多渠道促进就业，强化社会管理，推动他们积极融入社会。对脱贫县要"扶上马送一程"，设立相应的发展过渡期，持续保持主要的帮扶政策总体稳定。要坚持和完善驻村第一书记和工作队、东西部协作、对口支援、社会帮扶等相关制度，并根据形势和任务变化不断进行完善。压紧压实各级党委和政府巩固脱贫攻坚成果责任，坚决守住不发生规模性返贫的底线。

二是明确实现底线任务的关键要求。实现底线任务是守护脱贫攻坚成果、确保稳定脱贫的关键。实践层面则涵盖了落实"四个不摘"要求的各项制度设计，也就是过渡期内严格落实"四个不摘"要求：摘帽不摘责任，防止松劲懈怠；摘帽不摘政策，防止急刹车；摘帽不摘帮扶，防止一撤了之；摘帽不摘监管，防止贫困反弹。现有帮扶政策该延续的延续、该优化的优化、该调整的调整，确保政策连续性。继续保持兜底救助类政策的稳定。落实好教育、医疗、住房、饮水等民生保障普惠性政策，根据脱贫人口实际困难给予适度倾斜。优化产业就业等发展类政策。

三是明确实现底线任务是一项系统工程。巩固拓展脱贫攻坚成果是一项复杂的系统工程。把有效应对疫情影响作为重要任务。出台专门政策，从防止返贫监测帮扶、稳岗就业、产业帮扶、项目实施和资金支出、社会帮扶和驻村帮扶等方面着力，降低疫情对返贫风险的影响。把完善防止返贫动态监测帮扶机制作为基础工程。完善程序、标准，加强管理规范，确保应纳尽纳、应扶尽扶，及时帮助监测对象消除返贫风险。把增加脱贫群众收入和壮大集体经济作为防止返贫的根本路径。推动脱贫地区帮扶产业发展，提升产业质量；不断完善利益联结机制，增强产业项目的益贫带贫作用；完善帮扶政策，持续推动脱贫人口稳定就业；持续发展壮大新型村级集体经济。把构建持续提升"三保障"和饮水安全保障水平长效机制作为重要内容。进一步完善动态监测与帮扶机制，明确监测目标群体，提升动态监测质量，完善动态帮扶体系。把国家乡村振兴重点帮扶县和易地搬迁集中安置区作为巩固拓展脱贫攻坚成果的重中之重。对重点帮扶县进行专项规划、专项政策倾斜支持，对集中安置区后续发展加大支持，促进持续发展、稳定融入。把东西部协作、中央单位定点帮扶、民营企业参与作为重要力量。完善优化相关支持政策，提高帮扶成效，搭建共赢平台。把考核评估问题整改和典型引路作为重要手段。以整改为动力，提升工作水平；以示范创建为导向，推动以点带面。

4. 科学指引全面推进乡村振兴落地见效

一是聚焦产业促进乡村发展。首先，把确保粮食安全作为全面推进乡村振兴战略的首要任务。积极推进农业供给侧结构性改革，延伸粮食产业链、提升价值链、打造供应链，不断提高农业质量效益和竞争力，实现粮食安全和现代高效农业相统一。坚持以我为主、立足国内、确保产能、适度进口、科技支撑的国家粮食安全战略，建立全方位的粮食安全保障机制；推动藏粮于地、藏粮于技落实落地；推动粮食减损，树立大食物观。其次，持续推进农村一二三产业融合发展。最后，坚持农业农村绿色发展。加大水土资源保护力度，大力推动农业投入减量增效，多元举措发展生态循环农业，增强农村居民生态意识，完善法律约束体系，建立多渠道投入机制；推行绿色发展方式和生活方式，让生态美起来、环境靓起来，再现山清水秀、天蓝地绿、村美人和的美丽画卷。

二是扎实稳妥推进乡村建设。乡村建设的远景目标是到2035年，城乡基本公共服务均等化基本实现，城乡融合发展体制机制更加完善；农村生态环境根本好转，生态宜居的美丽乡村基本实现。近期（"十四五"时期）的目标是到2025年，乡村建设行动取得明显成效，乡村面貌发生显著变化，乡村发展活力充分激发，乡村文明程度得到新提升，农村发展安全保障更加有力，农民获得感、幸福感、安全感明显提高。乡村建设行动的主要任务包括：第一，强化乡村建设的规划引领，完善县镇村规划布局，合理划分县域村庄类型，统筹谋划村庄发展，充分发挥村民主体作用；第二，改善农村人居环境,因地制宜推进农村厕所革命,梯次推进农村生活污水治理,健全农村生活垃圾处理长效机制,整体提升村容村貌;第三,提升乡村基础设施水平,推动城乡基础设施互联互通,推动城乡客运、供水、能源、环卫、物流等一体化发展;第四,提升乡村公共服务水平,健全公共文化服务体系,增加乡村公共文化产品和服务供给,支持广泛开展群众文化活动,建好管好用好农村网络文化阵地,大力保护利用乡村传统文化。

三是突出实效改进乡村治理。治理有效是乡村社会稳定的有力保障,是乡村全面发展的内在支撑,是农民全面发展的必要条件。完善现代乡村社会治理体制,建立健全党委领导、政府负责、民主协商、社会协同、公众参与、法治保障、科技支撑的现代乡村社会治理体制。健全"三治结合"的乡村治理体系,深化村民自治实践,提升乡村发展活力;推进法治乡村建设,强化乡村法治保障;增强德治引领作用,提升乡风文明水平;坚持"三治结合"的农民主体性,创新"三治结合"的有效载体,完善"三治结合"的运行机制。提升乡镇和乡村为农服务能力,增强乡镇在乡村治理中的作用,把乡镇建成农村的服务中心、经济中心,大力推进提升乡镇和乡村为农服务能力的实践创新。

5. 科学指引中国式现代化的乡村振兴道路发展

一是明确农业农村农民现代化是中国式现代化的重要组成部分。全面推进乡村振兴、加快实现农业农村现代化,是中国式现代化的重要内容和重要支撑。走好中国式现代化的乡村振兴道路,就是以农业高质高效发展推进农业现代化,以乡村宜居宜业建设为中心推进农村现代化,以农民富裕富足为目标推进农民现代化。

二是揭示中国式现代化与乡村振兴道路的内在逻辑。第一,全面推进乡村振兴、实现农业农村现代化是中国式现代化的题中之义。这就意味着推进乡村振兴必须服务于中国式现代化进程。第二,实现人口规模巨大的现代化,必须实现现代化的普惠性。这就意味着全体人民要共享现代化成果,要以乡村共同富裕推进中国式现代化。第三,实现全体人民共同富裕的现代化,必须持续增加居民的收入。这就意味着要在高质量发展中促进共同富裕,以高质量乡村振兴推进中国式现代化。第四,实现物质文明和精神文明相协调的现代化,必须促进物的全面丰富和人的全面发展。这就意味着乡村振兴既要有物质的不断丰富,也要有广大农民精神文明程度的持续提升。第五,实现人与自然和谐共生的现代化,必须促进绿色发展,要以乡村振兴实现人与自然和谐共生推进和拓展中国式现代化。这就意味着乡村振兴要始终贯彻绿色发展理念,厚植并发挥乡村生态优势。

三是明确全面推进乡村振兴是新时代建设农业强国的重要任务。全面推进乡村振兴、加快建设农业强国,是党中央着眼全面建成社会主义现代化强国作出的战略部署。全面推进乡村振兴,必须牢牢守住保障国家粮食安全和不发生规模性返贫"两条底线",统筹推进乡村发展、乡村建设、乡村治理,从深化农村改革、凝聚帮扶力量、促进科技创新、推动城乡融合发展四个方面激发乡村振兴新动能,加强党对乡村振兴的全面领导。

6. 为全球可持续减贫与乡村发展贡献中国智慧中国方案

中国的减贫和发展加快了全球减贫进程。这是中国减贫对世界的直接贡献,大量的数据事实为中国贡献提供了有力支撑。

中国减贫与乡村振兴理论为世界乡村发展贡献了中国智慧和方案。中国地域广大,发展具有多样性,决定了乡村振兴做法、成效呈现多种形态,各种取得成功的乡村振兴形态,都能为全球其他国家提供示范。中国城乡融合发展道路为世界正确处理城乡关系提供了借鉴。城乡关系一直是全球发展面临的问题,即便是发达国家在城乡融合发展上仍存在许多问题,比如乡村应该用怎样的形态来应对越来越严重的老龄化问题,不同发展水平下如何促进城乡融合发展、实现良性互动等,中国的成功探索将为全球不同类型的城乡发展提供路径。

中国高质量乡村振兴是人类文明新形态的重要表征,是人类文明新形态的创新探索，是人类文明发展趋势和前景的重要彰显。中国的减贫和乡村发展都是人类文明新形态的创新探索。从全球看，大部分国家重点关注的是本国如何实现现代化，很少关注整个人类的未来，而中国共产党是具有天下情怀的党，是为全人类谋和平与发展的党，这决定了我们需要从人类终极发展的维度，看待当下所做、能做的事情，中国发展进程都会在人类文明进程中留下一点一滴的印记，最终汇聚成为人类文明的新形态。应该看到，我国一家一户的发展，都是人类发展的一部分，都是在为人类的发展作出贡献。

二、高质量发展理论

进入新时代以来，习近平总书记高瞻远瞩、运筹帷幄，对什么是高质量发展、为什么要高质量发展、怎样实现高质量发展作出一系列理论概括和战略部署，创造性提出一系列新理念、新思想、新战略。从"新常态"到"新发展阶段、新发展理念、新发展格局"，再到"新质生产力"，这些重要论述系统回答了新时代中国发展"怎么看""怎么干"等重大理论和实践问题，构成习近平经济思想的重要内容，标志着我们党对经济发展阶段性特征和规律的认识达到了新的高度，是新时代推动中国高质量发展的思想指引，为新时代新征程上推进乡村全面振兴，为加快农业农村现代化更好推进中国式现代化提供了根本遵循和行动指南。

在以中国式现代化全面推进强国建设、民族复兴伟业的新征程上，只有深刻理解高质量发展的理论意蕴，加强对高质量发展的研究，才能在推进乡村全面振兴实践中更好把党中央关于推动高质量发展的决策部署落到实处。

（一）高质量发展理论形成的历史必然和丰富内涵

党的十九大报告作出"我国经济已由高速增长阶段转向高质量发展

阶段"的科学论断，并围绕"高质量发展"作出了一系列战略部署和重大安排。

1. 高质量发展理论形成的历史必然

党的二十大报告提出："高质量发展是全面建设社会主义现代化国家的首要任务。"[①] 习近平总书记深刻指出："高质量发展，就是能够很好满足人民日益增长的美好生活需要的发展，是体现新发展理念的发展，是创新成为第一动力、协调成为内生特点、绿色成为普遍形态、开放成为必由之路、共享成为根本目的的发展。从供给看，高质量发展应该实现产业体系比较完整，生产组织方式网络化智能化，创新力、需求捕捉力、品牌影响力、核心竞争力强，产品和服务质量高。从需求看，高质量发展应该不断满足人民群众个性化、多样化、不断升级的需求，这种需求又引领供给体系和结构的变化，供给变革又不断催生新的需求。从投入产出看，高质量发展应该不断提高劳动效率、资本效率、土地效率、资源效率、环境效率，不断提升科技进步贡献率，不断提高全要素生产率。从分配看，高质量发展应该实现投资有回报、企业有利润、员工有收入、政府有税收，并且充分反映各自按市场评价的贡献。从宏观经济循环看，高质量发展应该实现生产、流通、分配、消费循环通畅，国民经济重大比例关系和空间布局比较合理，经济发展比较平稳，不出现大的起落。更明确地说，高质量发展，就是从'有没有'转向'好不好'。"[②] 习近平总书记关于高质量发展的重要论述，在全面阐述了什么是高质量发展的同时，系统深刻阐述了高质量发展理论提出、形成、发展的历史必然。

从把握发展规律维度看，高质量发展是为主动适应新发展阶段提供关键之举。正确认识党和人民事业所处的历史方位和发展阶段，是我们党明

---

① 习近平：《高举中国特色社会主义伟大旗帜　为全面建设社会主义现代化国家而团结奋斗——在中国共产党第二十次全国代表大会上的报告》，人民出版社2022年版，第28页。

② 《习近平谈治国理政》第3卷，外文出版社2020年版，第238—239页。

确阶段性中心任务、制定路线方针政策的根本依据，也是我们党领导革命、建设、改革不断取得胜利的重要经验。党的十八大以来，以习近平同志为核心的党中央坚持用马克思主义观察时代、解读时代、把握时代、回应时代和引领时代，创造性地提出"我国经济已由高速增长阶段转向高质量发展阶段"这个关系国内发展全局和影响全球发展走向的重大论断，强调要准确认识我国经济发展的阶段性特征和时代性趋势，立足新发展阶段持之以恒地推动高质量发展，为科学把握我国经济发展的历史方位、历史成就和历史变革提供了根本遵循和重要依据。

从推进路径维度看，高质量发展是为加快构建新发展格局提供有力之策。新时代以来，党中央加强系统部署、顶层设计和整体谋划，提出要在"十四五"时期着力构建新发展格局。构建新发展格局成为事关我国经济社会发展的系统性、宽领域、全局性和深层次变革的战略遵循与原则指导。以习近平同志为核心的党中央坚持把构建新发展格局作为治国理政的重要内容，主要以推动我国经济社会发展动力更加强劲、发展布局更加合理、发展路径更加多元和发展成果更加丰富为目标追求。习近平总书记多次强调，要牢牢把握高质量发展这个首要任务，把贯彻新发展理念、构建新发展格局、促进共同富裕贯穿经济社会发展各方面全过程。

从实现方法维度看，高质量发展为全面贯彻新发展理念提供可行之措。党的十八大以来，以习近平同志为核心的党中央基于世情和国情，提出了事关我国发展全局、发展目标和发展立场深刻变革和全面调整的创新、协调、绿色、开放、共享的新发展理念。新发展理念是着力夯实发展根基、回应发展难题、开辟发展道路、完成发展任务和谋求发展前景的科学性理念。2023年12月11日召开的中央经济工作会议再次强调："必须把坚持高质量发展作为新时代的硬道理，完整、准确、全面贯彻新发展理念，推动经济实现质的有效提升和量的合理增长。"[1]

---

[1] 《中央经济工作会议在北京举行》，《人民日报》2023年12月13日。

2. 高质量发展的理论内涵

高质量发展是发展的更高阶段。2017年10月，习近平总书记在党的十九大报告中指出，我国经济已由高速增长阶段转向高质量发展阶段。经济发展具有鲜明的阶段性。同年12月，在中央经济工作会议上指出，高质量发展，就是从"有没有"转向"好不好"。2020年7月，习近平总书记在中共中央政治局会议上进一步指出，我国已进入高质量发展阶段。① 在高质量发展阶段，我国经济社会发展的基础条件和内外部环境、社会主要矛盾等发生了深刻变化。把高质量发展作为一个发展阶段鲜明提出来，有利于正确认识党和人民事业所处的历史方位，为明确阶段性中心任务、制定正确的路线方针政策提供根本依据。

高质量发展是更好的发展形态。不同的经济体及其所处的不同阶段，发展往往呈现出不同的形态。从经济增长速度看，有的经济体在一定阶段呈现出高速增长的态势，也有中高速、低速增长的态势，有的国家还出现过持续多年的零增长甚至是负增长。从发展动力看，有的经济体主要依靠资源投入，有的主要依靠劳动力规模，有的主要依靠创新驱动，还有的经济体在不同发展阶段呈现出发展动力转换的变化。从收入分配看，有的经济体国民总收入中资本报酬占比较大，有的劳动者报酬占比较大，也有不少经济体在一定发展阶段出现资本报酬占比上升、劳动者报酬占比下降或者与之相反的现象。在高质量发展阶段，我国经济从高速增长转向中高速增长，经济发展方式从规模速度型粗放增长转向质量效率型集约增长，经济结构从增量扩能为主转向调整存量、做优增量并举，经济发展动力从传统增长点转向新的增长点。这些趋势性变化表明，我国经济正在向着形态更高级、分工更复杂、结构更合理的阶段演化。习近平总书记从供给、需求、投入产出、分配、宏观经济循环等方面系统论述了高质量发展阶段呈现的新特征，有利于我国按照高质量的发展形态推动经济的高质量发展。

---

① 《决定召开十九届五中全会》，《人民日报》2020年7月31日。

高质量发展体现新发展理念。在高质量发展这个阶段，在朝着更高水平发展形态转变的过程中，需要与之相适应、相适合的新的科学理念，作为指导发展实践的原则。在深刻总结我国内外部环境变化、系统梳理我国发展中的突出矛盾和问题、深入把握经济社会发展规律的基础上，创新、协调、绿色、开放、共享的新发展理念应运而生。这是高质量发展阶段管总的指导原则和发展思路，系统回答了关于发展的目的、动力、方式、路径等一系列理论和实践问题，推动高质量发展是做好经济工作的根本要求。高质量发展是"十四五"乃至更长时期我国经济社会发展的主题，关系我国社会主义现代化建设全局。发展主题和根本要求也属于发展原则范畴，可看作是对发展理念在一定时期和重点领域的重申和具体化。

高质量发展是重大发展战略的新要求。我国经济由高速增长阶段转向高质量发展阶段，对区域协调发展提出了新的要求。如按照高质量发展的要求，实施创新驱动发展战略，就必须实现高水平科技自立自强；实施乡村振兴战略，就要以产业振兴为关键，提高农业创新力、竞争力、全要素生产率以及质量、效益、整体素质；实施区域重大战略和区域协调发展战略，就要构建优势互补、高质量发展的区域经济布局和国土空间体系；实施新型城镇化战略，就要以人为核心、以提高质量为导向；实施互利共赢的开放战略，就要构建更高水平开放型经济新体制，高质量共建"一带一路"。推动高质量发展，还要以加快构建新发展格局为战略基点，把实施扩大内需战略同深化供给侧结构性改革有机结合起来，促进国内国际双循环良性互动。这些重大发展战略也构成推动高质量发展的具体战略路径。

高质量发展是检验发展成效的标准。进入高质量发展阶段，在向更高水平发展形态演变进程中，以新发展理念引领新的战略行动，最终的成效也要以高质量发展作为标准进行衡量和检验，以更好地与发展阶段相适应，与发展形态相呼应，与发展理念和战略保持一致性。2023年4月，在学习贯彻习近平新时代中国特色社会主义思想主题教育工作会议上，习近平总书记指出，以推动高质量发展的新成效检验主题教育成果。[①] 只有坚持高质量"结果导向"，才能确保经济社会发展不偏向、不打折、不走样，才能教育引导广大党员干部和人民群众胸怀"国之大者"，把质量第一、效益优先作为衡量标准，真抓实干、务求实效、聚焦问题、知难而进。

高质量发展是新征程上的首要任务和中国式现代化本质要求。党的二十大报告指出，从现在起，中国共产党的中心任务就是团结带领全国各族人民全面建成社会主义现代化强国、实现第二个百年奋斗目标，以中国式现代化全面推进中华民族伟大复兴。2023年12月，中央经济工作会议进一步提出，必须把坚持高质量发展作为新时代的硬道理。

3. 高质量发展理论的精髓要义

习近平总书记在2023年3月参加十四届全国人大一次会议江苏代表团审议时，提出了高质量发展的"四个必须"，就是为牢牢把握高质量发展这个首要任务提供了根本遵循，是新征程上推动高质量发展的原则要求。一是以理念引领为先导。推动高质量发展，必须完整、准确、全面贯彻新发展理念，始终以创新、协调、绿色、开放、共享的内在统一来把握发展、衡量发展、推动发展。二是以质量互变为依托。推动高质量发展，必须更好统筹质的有效提升和量的合理增长，始终坚持质量第一、效益优先，大力增强质量意识，视质量为生命，以高质量为追求。三是以改革开放为动力。推动高质量发展，必须坚定不移深化改革开放、深入转变发展方式，以效率变革、动力变革促进质量变革，加快形成可持续的高质量发展体制机制。四是以美好生活为取向。推动高质量发展，必须以满足人民日益增长的美好生活需要为出发点和落脚点，把发展成果不断转化为生活品质，不断增强人民群众的获得感、幸福感、安全感。[②]

高质量发展贯穿各领域、全方位。首先，从领域和行业看，高质量发

---

① 《扎实抓好主题教育　为奋进新征程凝心聚力》，《人民日报》2023年4月4日。

② 《牢牢把握高质量发展这个首要任务》，《人民日报》2023年3月6日。

展是对经济社会发展方方面面的总要求。在经济建设方面,要加快现代化经济体系建设,推动农业、制造业、服务业高质量发展,对民营经济发展提出了更高要求,要推动共建"一带一路"高质量发展等。在政治建设方面,推动高质量发展,必须坚持和加强党的全面领导、坚定不移全面从严治党,深入推进纪检监察工作高质量发展,为实现新时代新征程党的使命任务提供坚强保障等。在文化建设方面,要推动文化产业高质量发展,健全现代文化产业体系和市场体系,推动各类文化市场主体发展壮大,培育新型文化业态和文化消费模式,以高质量文化供给增强人们的文化获得感、幸福感等。在社会建设方面,要促进我国社会保障事业高质量发展、可持续发展,坚持把高质量发展作为各级各类教育的生命线,加快建设高质量教育体系,把人口高质量发展同人民高品质生活紧密结合起来,促进人的全面发展和全体人民共同富裕等。其次,从空间和区域看,高质量发展是所有地区发展都必须贯彻的要求。围绕重点区域,要把京津冀等重大区域发展战略作为推进中国式现代化建设的有效途径,要高标准、高质量建设雄安新区,使长江经济带成为我国生态优先绿色发展主战场、畅通国内国际双循环主动脉、引领经济高质量发展主力军,使粤港澳大湾区成为新发展格局的战略支点、高质量发展的示范地、中国式现代化的引领地,长三角一体化发展战略要紧扣一体化和高质量两个关键词,黄河流域必须走生态保护和高质量发展的路子。围绕省域发展,习近平总书记要求,江苏要在改革创新、推动高质量发展上争当表率,在服务全国构建新发展格局上争做示范,在率先实现社会主义现代化上走在前列;浙江要高质量发展建设共同富裕示范区;江西要努力在加快革命老区高质量发展上作示范,在推动中部地区崛起上勇争先,描绘好新时代江西改革发展新画卷;湖南要在推动高质量发展上闯出新路子;青海要走出一条具有地方特色的高质量发展之路;西藏要奋力谱写雪域高原长治久安和高质量发展新篇章;等等。从东部沿海到中西部地区,从区域重大战略、区域协调发展战略到城市群发展、省域发展,习近平总书记都提出坚持高质量发展的明确要求,并针对区域和省域特点提出推动高质量发展的重点方向。特别是党的二十大以来，习近平总书记每次到地方考察，都突出强调高质量发展这个首要任务。各地区也正在高质量发展理论指引下，结合实际情况，因地制宜、扬长补短，奋力走出适合本地区实际的高质量发展之路。

4. 高质量发展理论的实践要求

新时代以来，习近平总书记对高质量发展的必由之路、战略基点、必然要求等作出了系统阐述，谋划部署了一系列重大战略举措。这些重要论述和重大举措形成了相互协作配合、互为补充支撑的实践要求体系，形成了实现高质量发展的重要路径。

第一，高水平科技自立自强是推动高质量发展的战略先导。推动高质量发展，要坚持以发展新质生产力为重要着力点，紧紧抓住科技创新这个生成新质生产力的重中之重，坚持创新驱动、军民融合，增强高质量发展核心势能。

第二，高标准市场体系和高水平对外开放是推动高质量发展的动力源泉。这就是要求深化要素市场化改革，建设高标准市场体系，加快构建全国统一大市场。要不断扩大高水平对外开放，拓展中国式现代化的发展空间。

第三，构建高竞争力的现代化产业体系和高度协调的区域经济布局是实现高质量发展的重要载体。现代化产业体系是现代化国家的物质技术基础，必须把发展经济的着力点放在实体经济上，为实现第二个百年奋斗目标提供坚强物质支撑。协调发展是制胜要诀，区域经济布局是国家发展目标和战略在空间上的体现，是实现高质量发展的空间载体。

第四，高品质生态环境是实现高质量发展的有力支撑。以高品质生态环境支撑高质量发展，要把加快推进人与自然和谐共生的现代化摆在更加重要的位置。

第五，高品质生活是实现高质量发展的最终目的。要把高质量发展同满足人民美好生活需要紧密结合起来，推动坚持生态优先、推动高质量发展、创造高品质生活有机结合、相得益彰。

第六，高质量发展和高水平安全良性互动是实现高质量发展的根本保障。坚持统筹发展和安全、坚持发展和安全并重，实现高质量发展和高水平安全的良性互动。

（二）以新质生产力推动高质量发展

新质生产力的概念及特征。2023年9月，习近平总书记在黑龙江考察时首次提出"新质生产力"[1]，为新时代新征程加快科技创新、推动高质量发展提供了科学指引。2024年1月31日，中共中央政治局就扎实推进高质量发展进行第十一次集体学习，习近平总书记强调，高质量发展需要新的生产力理论来指导，而新质生产力已经在实践中形成并展示出对高质量发展的强劲推动力、支撑力，需要我们从理论上进行总结、概括，用以指导新的发展实践。概括地说，新质生产力是创新起主导作用，摆脱传统经济增长方式、生产力发展路径，具有高科技、高效能、高质量特征，符合新发展理念的先进生产力质态。它由技术革命性突破、生产要素创新性配置、产业深度转型升级而催生，以劳动者、劳动资料、劳动对象及其优化组合的跃升为基本内涵，以全要素生产率大幅提升为核心标志，特点是创新，关键在质优，本质是先进生产力。[2]

新质生产力理论内涵丰富。第一，科技创新是发展新质生产力的核心要素。必须加强科技创新特别是原创性、颠覆性科技创新，加快实现高水平科技自立自强，培育发展新质生产力的新动能。第二，及时将科技创新成果应用到具体产业和产业链上，改造提升传统产业，培育壮大新兴产业，布局建设未来产业，完善现代化产业体系。第三，科学布局科技创新、产业创新，大力发展数字经济，促进数字经济和实体经济深度融合。第四，

---

[1] 参见《牢牢把握在国家发展大局中的战略定位　奋力开创黑龙江高质量发展新局面》，《人民日报》2023年9月9日。

[2] 《加快发展新质生产力　扎实推进高质量发展》，《人民日报》2024年2月2日。

绿色发展是高质量发展的底色，新质生产力本身就是绿色生产力。牢固树立和践行绿水青山就是金山银山的理念，坚定不移走生态优先、绿色发展之路，做强绿色制造业，发展绿色服务业，壮大绿色能源产业，发展绿色低碳产业和供应链，构建绿色低碳循环经济体系。第五，发展新质生产力，必须进一步全面深化改革，形成与之相适应的新型生产关系。要深化经济体制、科技体制等改革，扩大高水平对外开放，畅通教育、科技、人才的良性循环，完善人才培养、引进、使用、合理流动的工作机制。第六，健全要素参与收入分配机制，激发劳动、知识、技术、管理、资本和数据等生产要素活力，更好体现知识、技术、人才的市场价值，营造鼓励创新、宽容失败的良好氛围。第七，培育壮大新质生产力是一项长期任务和系统工程。我们要坚持系统观念，坚持以实体经济为根基，以科技创新为核心，以产业升级为方向，着力推动劳动者、劳动资料、劳动对象及其优化组合的跃升和质变。

因地制宜发展新质生产力。[①] 一是要坚持分类实施，根据本地的资源禀赋、产业基础、科研条件等，有选择地推动新产业、新模式、新动能发展。二是坚持辩证思维，既要发挥好传统产业对新质生产力的支撑作用，又要注重为传统产业注入创新力量，形成新的活力。三是坚持实事求是，切忌一窝蜂、赶时髦，不要搞未立先破、搞行政强推，还要谨防脱离实际、盲目攀比、任性蛮干等种种不良倾向。四是坚持处理好相关关系，如处理好共性和个性的关系，新兴产业和传统产业的关系，生产力和生产关系的关系。五是坚持多轮驱动新质生产力发展，如注重在推进科技创新上、在推进产业创新上、在推进体制创新上、在加快发展方式创新上、在发挥人才作用上着力。总之，因地制宜发展新质生产力，就是要深入贯彻落实习近平总书记关于发展新质生产力的重要论述，把握本地区在全国大局中的战略定位，立足本地的资源禀赋、产业基础、科研条件，从实际出发、从创

---

① 《因地制宜发展新质生产力》，《人民日报》2024年3月6日。

新入手，先立后破、因地制宜、分类指导，有选择地推动新产业、新模式、新动能发展，用新技术改造提升传统产业，积极促进产业高端化、智能化、绿色化，以发展新质生产力的新作为，推动高质量发展取得新成效，推进中国式现代化取得新进展。

加快发展农业领域的新质生产力。提升乡村产业发展水平，是推进乡村全面振兴的重中之重。而当前，乡村产业的发展依然是以农业为基础，加快农业领域新质生产力发展对加快农业现代化至关重要。农业领域新质生产力是由科技和改革双轮驱动，摆脱主要靠耕地、淡水、化肥、农药等资源要素投入的粗放型外延式发展路径，具有高科技、高效能、高质量、可持续特征，符合新发展理念的先进农业生产力质态。可见，农业领域新质生产力是劳动者从传统农民向高素质农民跃升的农业生产力质态，是劳动资料从常规投入品向新型投入品跃升的农业生产力质态，是劳动对象从常规动植物品种向高产优质耐逆动植物品种跃升的农业生产力质态，是生产要素组合从传统种养业向新产业新业态新模式跃升的农业生产力质态。加快发展农业领域新质生产力，一是注重把传统种养业提质增效、转型升级放在突出位置。二是着力围绕突破耕地等自然条件限制、拓展农业生产空间，培育壮大农业领域新兴产业，布局建设农业领域未来产业。三是把对传统种养业进行现代化改造作为培育新质生产力的重点，注重用现代物质条件装备农业，用现代科学技术改造农业，用现代产业体系提升农业，用现代经营形式推进农业，用现代发展理念引领农业，用培养新型农民发展农业，提高农业水利化、机械化和信息化水平，提高土地产出率、资源利用率和农业劳动生产率，提高农业素质、效益和竞争力。按照这个总体思路，我国农业的现代化改造已取得明显进展。四是在培育壮大农业领域新兴产业、布局建设农业领域未来产业方面积极作为。比如，满足十几亿人口对动物蛋白不断增长的需求，既需要通过挖掘耕地生产饲料粮的潜力、提高饲料报酬率支撑畜牧业发展，也需要开辟新的优质动物蛋白来源。又如，我国已有企业成功利用工业尾气合成饲料级乙醇梭菌蛋白，利用甲醇或乙醇非粮碳源微生物合成牛乳清蛋白。五是践行大食物观、大农业观，大力发展深远海养殖、食用饲用生物制造等农业领域新兴产业，前瞻布局细胞培养肉等农业领域未来产业，国家应把农业领域的新兴产业和未来产业纳入优先支持范围。六是注重通过技术集成尽快形成现实生产力，突出现有农业科技创新成果的集成应用，协同提高农业现实生产力。全面深化农村改革，通过深化农业科技体制改革，提高农业科技创新效能，通过深化农村土地制度、农业经营体制、农业补贴和保险制度、农业投融资制度等领域改革，提高农业生产力诸要素组合效率。

（三）推进乡村全面振兴高质量发展的理论意蕴

推进乡村全面振兴是高质量发展的重要标志，是全面建设社会主义现代化国家的重大历史任务。党在百年奋斗历程中，始终把农业农村农民问题作为关系国计民生的根本性问题。党的十八大以来，党带领全国人民打赢了人类历史上规模最大的脱贫攻坚战。在脱贫攻坚取得全面胜利、第一个百年奋斗目标如期实现后，作出"三农"工作重心从脱贫攻坚历史性转移到全面推进乡村振兴的部署，旨在回应新时代我国人民日益增长的美好生活需要和不平衡不充分的发展之间的矛盾在农村更加突出的现实要求。以习近平同志为核心的党中央从党和国家事业全局出发，着眼于实现"两个一百年"奋斗目标，顺应亿万农民对美好生活的向往，在党的十九大提出实施乡村振兴战略，党的二十大对"全面推进乡村振兴"作出战略部署。这表明，推进乡村全面振兴对于全面建成社会主义现代化强国、实现第二个百年奋斗目标、实现中华民族伟大复兴的中国梦具有划时代的里程碑意义。推进乡村全面振兴是中国特色社会主义道路在农村的创新实践，是习近平新时代中国特色社会主义思想生动实践的重要组成部分，是道路自信、理论自信、制度自信、文化自信的时代体现。从精神实质层面看，推进乡村全面振兴将助力实现马克思主义城乡融合发展思想的中国化时代化，进一步彰显社会主义实现共同富裕的本质要求，更充分体现共同富裕的长期性、全民性、全面性和共建性、共享性，更充分彰显中国共产党"坚持人民至上"的价值立场，从而丰富中国式现代化的乡村振兴道路。

推进乡村全面振兴是建设农业强国的重要战略任务。习近平总书记在党的二十大提出建设农业强国目标，在2022年中央农村工作会议上系统阐述了建设农业强国的基本方略。建设农业强国方略，就其政治逻辑看，只有建设农业强国才能夯实我们党的执政基础，只有建设好农业强国，才能够提升我们党的执政能力，为人类文明作出更大的贡献。因此，在建设农业强国过程中，要充分体现全过程人民民主、以人民为中心，只有这样才能够真正体现乡村振兴是为农民而兴，乡村建设是为农民而建。新时代新征程建设农业强国就是抓好以乡村振兴为重心的"三农"各项工作，可以说，建设农业强国方略赋予了全面推进乡村振兴更全面、更系统、更具有支撑作用的时代使命。

新时代新征程推进乡村全面振兴必须走中国式现代化的乡村振兴道路。2023年2月7日习近平总书记在新进中央委员会的委员、候补委员和省部级主要领导干部学习贯彻习近平新时代中国特色社会主义思想和党的二十大精神研讨班开班式上发表的重要讲话，深入阐述了中国式现代化理论。这次重要讲话对中国式现代化理论体系作了系统阐释，和党的二十大报告一起形成了完整的理论体系。中国式现代化的中国特色、本质要求和重大原则，也即党的二十大报告集中阐述的中国式现代化的内容，就是中国式现代化理论体系的核心内容。这套理论的外延还包含中国式现代化的根本遵循、战略支撑、物质基础、精神基础等方面。习近平总书记关于全面推进乡村振兴的重要论述、建设农业强国方略和中国式现代化理论三个方面构成了全面推进乡村振兴、走中国式现代化道路的理论体系。在此理论指引下，推进乡村全面振兴就是中国式现代化视野下的乡村振兴。推进乡村全面振兴、建设农业强国，需要中国式现代化视野，需要具备中国式现代化的理论思维。

推进中国式现代化视野下乡村振兴的高质量发展是一个系统工程。第一，牢牢守住"两条底线"，即守住保障国家粮食安全底线和守住不发生规模性返贫底线。粮食安全不仅仅是经济问题，更是政治问题。保障粮食和重要农产品稳定安全供给始终是建设农业强国的头等大事，是全面推进乡村振兴的目标和基础。为此，一要强化各级党政机关的政治责任，要从政治的高度看待粮食安全问题；二要落实藏粮于地、藏粮于技、藏粮于储战略；三要调动"两个积极性"，即农民的种粮积极性和地方政府重粮抓粮积极性；四要加快发展农业社会化服务促进种粮综合效益提高；五要树立大食物观，构建多元化食物供给体系，多途径开发食物来源，实现粮食进口来源多元化；六要在确保国家粮食安全的基础上，把提升重要农产品供给保障能力也作为全面推进乡村振兴的首要任务和有力支撑，着力提升大豆和油料产能，着力保障"菜篮子"产品供给，着力统筹做好重要农产品调控，着力推动发展农产品全产业链。"巩固拓展脱贫攻坚成果是全面推进乡村振兴的底线任务，要继续压紧压实责任，把脱贫人口和脱贫地区的帮扶政策衔接好、措施落到位，坚决防止出现整村整乡返贫现象。"[①]首先，要完善监测帮扶机制，夯实确保不出现规模性返贫工作的基础。精准确定监测对象，及时落实社会救助、医疗保障等帮扶措施，强化监测帮扶责任落实。做到早发现、早干预、早帮扶，科学优化监测指标，完善多元监测体系，强化监测能力建设，坚决守住不发生规模性返贫的底线。其次，要推动脱贫地区更多依靠发展来巩固拓展脱贫攻坚成果。加大对脱贫地区区域发展能力提升的政策支持，落实好《关于支持国家乡村振兴重点帮扶县的实施意见》，加快中央财政支持、金融帮扶、土地政策、人才政策、项目支持、生态帮扶、社会帮扶、基础设施建设、公共服务保障等方面的倾斜支持政策落地生效。在保障基础生产生活设施前提下大力发展现代化农业生产设施。构建外部龙头企业与本地新型经营主体协同推进的联农带农机制。以多种手段培育脱贫人口的就业意愿与就业能力。促进易地搬迁

---

① 《锚定建设农业强国目标 切实抓好农业农村工作》，《人民日报》2022年12月25日。

劳动力在安置地充分就业,创新和完善安置点公共服务供给,加强易地搬迁弱劳动力精准帮扶,加快易地搬迁集中安置区的社会融入。再次,要完善稳步提高兜底保障水平确保不出现规模性返贫的兜底性制度安排。不断完善新发展阶段的社会救助内容,持续提升社会救助政策的集成性和综合性,逐步构建社会救助多元主体协同机制,稳步提升社会救助经办机构能力,建立健全社会救助集成化系统等。

  第二,融入构建新发展格局。加快构建以国内大循环为主体、国内国际双循环相互促进的新发展格局,这是党中央明确的重大战略任务,是实现高质量发展的必然要求,全面推进乡村振兴高质量发展必须融入构建新发展格局。首先,着力更充分挖掘农村巨大的内需空间。广大农村的基础条件与乡村现代化的要求不同程度存在差距,这为乡村发展投资提供了巨大的空间。随着收入增加,农村居民消费结构不断升级、生活质量持续提高、消费方式逐步转变,农村消费市场的成熟和农村消费潜力的释放,为新发展格局的国内大循环提供广阔市场空间。大力发展乡村旅游、农业休闲观光、农村康养等新产业、新业态,成为进一步激发城市居民消费需求的动力,从而推动国内大循环畅通。其次,把农村一二三产业融合发展作为目标,通过大力发展高标准农田、现代农业、特色产业、农产品加工业、农村电商、新型服务业、乡村休闲旅游、田园综合体等新产业、新业态,打造农业全产业链、建设现代农业产业园、优势特色产业集群、三产融合发展示范园、农业绿色发展先行区、推进现代农业经营体系建设等,促进农业供给侧质量效益和竞争力的提升,助力构建新发展格局。再次,促进城乡融合发展,着力提高发展的平衡性、协调性、包容性。把优化农村公共基础设施建设作为重点任务,加快建成全民覆盖、普惠共享、城乡一体的基本公共服务体系。通过深化土地制度"三权"分置改革,持续增加农民收入;深化农村集体产权制度改革,增加农民财产性收入,推动更多低收入人群迈入中等收入行列。把公共基础设施建设的重点放在农村,在推进城乡基本公共服务均等化上持续发力,加强普惠性、兜底性、基础性民生建设,把城乡基本公共服务差距缩小到一定区间内。通过破除城乡二元结构的体制性障碍、全面深化农村改革、实施乡村建设行动等举措，健全城乡融合发展体制机制，实现城乡经济社会协调发展。

第三，统筹推进"三个乡村"。一是聚焦产业促进乡村发展。首先，把农村一二三产业融合发展作为农业农村经济转型升级的重要抓手和有效途径。采取优化主导产业选择、强化产业支撑，提升产业链供应链现代化水平、深入推进三产融合，完善利益联结机制、保障农民充分受益，丰富财政资金投入方式、提升财政资金撬动能力等措施，大力推进现代农业产业园建设，培育农业农村经济发展的新动力，不断提高农民收入，促进乡村产业兴旺。其次，着力促进农民就地就近创业就业。不断提升县域基础设施、公共服务，大力发展县域经济和富民产业，系统优化提升产业平台功能，强化支持政策培育返乡创业能人的能力，持续推动农村创业就业，创新拓宽农民就地就近就业创业新途径，强化人力资本支持优化就业服务。二是扎实稳妥推进乡村建设行动。把创新乡村建设推进机制作为重点，充分调动农民参与乡村建设和管护的积极性、主动性、创造性；加强乡村建设行动统筹协调、责任落实、政策支持、要素保障，推动解决政策痛点堵点难点问题，形成推进乡村建设合力；坚持数量服从质量、进度服从实效，求好不求快，以普惠性、基础性、兜底性民生建设为重点，既尽力而为又量力而行。在理念上坚持乡村建设是为农民而建；在目标上坚持从实际出发，不搞齐步走、"一刀切"；在推进上坚持遵循城乡发展建设规律，防止超越发展阶段搞大融资、大拆建、大开发，守住防范化解债务风险底线；在方式上坚持充分体现农村特点，保留具有本土特色和乡土气息的乡村风貌，实现乡村建设与自然生态环境有机融合。做到先规划后建设，继续把公共基础设施建设重点放在农村，要注重保护传统村落，深入开展农村人居环境整治，积极开辟多渠道资金投入，探索政府主导、集体补充、村民参与、社会支持的资金投入机制，保证农村人居环境整治工作的资金需求。三是加强和改进乡村治理。提高农村基层组织建设质量。着力提升农村基层党员干部的战斗力，着力加强农村基层党组织的领导力，着力提高农村基层权力运用的约束力。健全自治、法治、德治相结合的乡村治理体系。解决好乡村治理的行政化与碎片化、村民公共参与过程的差异化、三治样板模式的同质化等问题，进一步完善以党组织统合引领优化基层管理体制，以构建长效激励机制提升村民各阶段公共参与的积极性，因地制宜地探索健全自治、法治、德治相结合乡村治理体系。加强农村精神文明建设。着力解决存在的问题，如农村精神文明建设缺乏有效载体、主体性缺位、建设同质化等；加强党对农村精神文明建设的引领作用；注重农村精神文明建设的人才培养与榜样力量；拓展新时代文明实践中心的载体作用。四是推进更高水平的平安法治乡村建设。从农村社会治安防控体系建设和农村法律服务供给两个方面发力：加快完善农村治安防控体系；加强农村法律服务供给，特别要完善预防性法律制度，坚持和发展新时代"枫桥经验"。健全矛盾纠纷多元化解机制。

第四，扎实推进"三个现代化"。一是以农业高质高效发展推进农业现代化。切实保障粮食等重要农产品安全，深化农业供给侧结构性改革，强化现代农业的科技支撑，优化现代乡村产业体系，畅通城乡要素双向流动，推进农业高水平对外开放。二是以乡村宜居宜业建设为中心推进农村现代化。科学推进乡村规划建设，先规划再建设；大力实施人居环境改造、厕所革命、垃圾处理、污水处理等行动，持续提升乡村宜居水平；加强乡村人才队伍建设；推进县乡村公共服务一体化。三是以农民富裕富足为目标推进农民现代化。实现农民现代化是"以人民为中心"发展理念的具体体现，是实现乡村振兴核心目标的关键，是中国式现代化的重要内容。农民现代化过程具有长期性、艰巨性和复杂性，必须久久为功。从实践要求看，可以从以下方面综合施策，加快推进农民现代化：提升农民思想政治素质、科学文化素质、创业创新素质、文明文化素质、受教育程度、身心健康素质、经营管理素质、法治素质和生活水平。

第五，增强内生发展动力。党的二十大报告指出："巩固拓展脱贫攻坚成果，增强脱贫地区和脱贫群众内生发展动力。"①做好"土特产"这篇大文章。统筹指导各地科学做好"土特产"文章，遵循市场规律，瞄准现代需求，把握目标定位，突出"小而精"，支持以中央财政衔接资金为先导、撬动社会资本共同精准培育"土特产"产业，并引导各地"土特产"均衡布局专业细分市场、特色小众市场。贯彻新发展理念创造新就业。依托数字乡村建设，支持脱贫地区因地制宜培育共享农业、体验农业、创意农业、农商直供、个人定制等农村数字化新产业新业态，为脱贫群众创造更多家门口就业的新机会和新岗位。深化农村改革。创新扶贫项目资产运营管理，推进农村土地制度改革和农村集体产权制度改革，优化脱贫地区营商环境，消除阻碍县域内破除城乡二元结构的体制机制因素，创新制度政策供给。把推进乡村人才振兴摆在更加突出的位置，大力培养一大批乡村发展引路人、产业带头人、政策明白人，畅通城乡人才流动渠道。要建立健全发挥农民主体作用的制度体系。培养培育农民参与意识、技能和能力。

第六，坚持党对农村工作的全面领导。党的领导是任何工作完成、事业发展的最根本性保障要素，和资金、人才、技术、改革不是同一个层次的。习近平总书记一再强调"全面推进乡村振兴，必须健全党领导农村工作的组织体系、制度体系、工作机制，提高新时代党全面领导农村工作的能力和水平"②。实现党的全面领导，一要坚持以人民为中心的发展思想；二要坚持巩固和完善农村基本经营制度，这是我们的根本；三要坚持走中国特色社会主义乡村振兴道路；四要坚持教育引导农民听党话、感党恩、跟党走。在全面推进乡村振兴中实现党的全面领导，要坚持五级书记抓乡村振兴，要把全面从严治党落实到乡村振兴的全过程各环节，要落实好《中国共产党农村工作条例》，要全面实施《中华人民共和国乡村振兴促进法》，要营造好乡村振兴良好氛围。

---

① 习近平：《高举中国特色社会主义伟大旗帜　为全面建设社会主义现代化国家而团结奋斗——在中国共产党第二十次全国代表大会上的报告》，人民出版社2022年版，第31页。

② 习近平：《论"三农"工作》，中央文献出版社2022年版，第17页。

三、共同富裕理论

习近平总书记指出："党的十八大以来，党中央把握发展阶段新变化，把逐步实现全体人民共同富裕摆在更加重要的位置上，推动区域协调发展，采取有力措施保障和改善民生，打赢脱贫攻坚战，全面建成小康社会，为促进共同富裕创造了良好条件。现在，已经到了扎实推动共同富裕的历史阶段。"[1]党的十八大以来，习近平总书记站在新时代坚持和发展中国特色社会主义的战略和全局高度，从历史和现实、理论和实践、国际和国内的结合上，就扎实推动共同富裕发表一系列重要讲话，深刻透彻阐明了促进共同富裕的一系列根本性、方向性问题，作出一系列重要部署，形成了具有很强的思想性、理论性、现实性、指导性的共同富裕理论体系，为逐步实现全体人民共同富裕提供了科学指引。

实现全体人民共同富裕的现代化，最重要的思想基础，就是要深刻领会共同富裕理论的丰富内涵，把握好鼓励勤劳创新致富、坚持基本经济制度、尽力而为量力而行、坚持循序渐进等促进共同富裕的原则。同时，要充分认识到"促进共同富裕，最艰巨最繁重的任务仍然在农村"[2]。必须把促进农民农村共同富裕摆在更加突出位置，准确把握乡村振兴和共同富裕之间的内在逻辑，有力有效推进乡村全面振兴，扎实推动共同富裕。

（一）共同富裕理论的丰富内涵及创新发展

共同富裕，是马克思主义的一个基本目标。中国共产党自成立之日起，就矢志不渝为实现共同富裕而奋斗，让人民群众过上更加幸福的好日子。党的十八大以来，以习近平同志为核心的党中央把握发展阶段新变化，把逐步实现全体人民共同富裕摆在更加重要的位置。习近平总书记发表一系

---

[1] 习近平：《扎实推动共同富裕》，《求是》2021年第20期。
[2] 习近平：《扎实推动共同富裕》，《求是》2021年第20期。

列重要论述、提出一系列重要论断、阐明一系列重要观点，对共同富裕理论作出新阐释，对共同富裕战略作出新部署，形成了共同富裕理论。

1. 共同富裕理论的丰富内涵

（1）实现共同富裕是社会主义的本质要求。

共同富裕是人民群众的共同期盼。摆脱贫困，过上好日子，是从古至今人民群众最诚挚的愿望。新中国成立以来特别是改革开放以来，党领导人民对促进共同富裕进行了积极探索和建设，积累了丰富的实践经验和深厚的物质基础。中国特色社会主义进入新时代，社会主要矛盾发生变化，人民群众对于美好生活的向往更加迫切。"消除贫困、改善民生、逐步实现共同富裕，是社会主义的本质要求，是我们党的重要使命。"[1] "我们推动经济社会发展，归根结底是要实现全体人民共同富裕。新中国成立以来特别是改革开放以来，我们党团结带领人民向着实现共同富裕的目标不懈努力，人民生活水平不断提高。党的十八大以来，我们把脱贫攻坚作为重中之重，使现行标准下农村贫困人口全部脱贫，就是促进全体人民共同富裕的一项重大举措。"[2]

共同富裕是中国式现代化的重要特征。共同富裕体现了中国式现代化新道路的目标要求和实现路径。"共同富裕本身就是社会主义现代化的一个重要目标。我们不能等实现了现代化再来解决共同富裕问题，而是要始终把满足人民对美好生活的新期待作为发展的出发点和落脚点，在实现现代化过程中不断地、逐步地解决好这个问题。"[3] 全体人民共同富裕是中国式现代化的重要特征之一，这个特征使得中国式现代化显著区别于西方资

---

[1] 习近平：《在中央扶贫开发工作会议上的讲话》，中共中央党史和文献研究院编：《十八大以来重要文献选编》（下），中央文献出版社2018年版，第31页。

[2] 习近平：《关于〈中共中央关于制定国民经济和社会发展第十四个五年规划和二〇三五年远景目标的建议〉的说明》，《人民日报》2020年11月4日。

[3] 习近平：《全党必须完整、准确、全面贯彻新发展理念》，《论把握新发展阶段、贯彻新发展理念、构建新发展格局》，中央文献出版社2021年版，第503页。

本主义国家的现代化。"我国现代化是全体人民共同富裕的现代化。共同富裕是中国特色社会主义的本质要求，我国现代化坚持以人民为中心的发展思想，自觉主动解决地区差距、城乡差距、收入分配差距，促进社会公平正义，逐步实现全体人民共同富裕，坚决防止两极分化。"① 中国式现代化是全体人民共同富裕的现代化。

共同富裕是中国特色社会主义的根本原则。推进中国特色社会主义事业必须坚持共同富裕的价值追求、原则导向和实践要求。"中国特色社会主义就是要建设社会主义市场经济、民主政治、先进文化、和谐社会、生态文明，促进人的全面发展，促进社会公平正义，逐步实现全体人民共同富裕。"② 共同富裕是中国特色社会主义的根本原则，所以必须使发展成果更多更公平惠及全体人民，朝着共同富裕方向稳步前进。

（2）坚持走共同富裕道路是实现民族复兴的重要保证。

国家富强、民族振兴都要以人民的权利得到保障、利益得到实现、幸福得到满足为条件。中国式现代化以实现民族复兴为主题，共同富裕作为中国式现代化的题中应有之义，是实现民族复兴的重要保证。

中国梦的本质是国家富强、民族振兴、人民幸福。党的十八大以来，以习近平同志为核心的党中央深入探索中华民族伟大复兴主题，不断推进全体人民共同富裕，取得了举世瞩目的伟大成就。"中国共产党成立后，团结带领人民前仆后继、顽强奋斗，把贫穷落后的旧中国变成日益走向繁荣富强的新中国，中华民族伟大复兴展现出前所未有的光明前景。我们的责任，就是要团结带领全党全国各族人民，接过历史的接力棒，继续为实现中华民族伟大复兴而努力奋斗，使中华民族更加坚强有力地自立于世界

---

① 习近平：《新发展阶段贯彻新发展理念必然要求构建新发展格局》，《论把握新发展阶段、贯彻新发展理念、构建新发展格局》，中央文献出版社2021年版，第9页。

② 习近平：《中国是一个负责任大国》，《论坚持推动构建人类命运共同体》，中央文献出版社2018年版，第273页。

民族之林，为人类作出新的更大的贡献。"①

实现共同富裕是中华民族伟大复兴的生动实践。新时代，中国共产党把促进全体人民共同富裕摆在更加重要的位置，经济实力、科技实力和综合国力不断迈上新的台阶。在新的发展起点上，推动共同富裕具备了更加坚实的物质基础，为实现民族复兴提供了信心和底气。"实现中华民族伟大复兴是一项光荣而艰巨的事业，需要一代又一代中国人共同为之努力。空谈误国，实干兴邦。我们这一代共产党人一定要承前启后、继往开来，把我们的党建设好，团结全体中华儿女把我们国家建设好，把我们民族发展好，继续朝着中华民族伟大复兴的目标奋勇前进。"②

推动共同富裕为实现中华民族伟大复兴凝聚强大力量。中国特色社会主义进入新时代，我国社会主要矛盾发生变化，即为人民日益增长的美好生活需要和不平衡不充分的发展之间的矛盾，这就要求必须坚持以人民为中心的发展思想，不断促进人的全面发展、全体人民共同富裕。推动共同富裕有助于实现人的全面发展，能够激发起人们干事创业的积极性，汇聚起强大的凝聚力。

（3）党的领导是实现全体人民共同富裕的最大优势。

办好中国的事情，关键在党。在应对国内外各种风险和考验的历史进程中，中国共产党始终是全国人民的主心骨和顶梁柱。"中国共产党是中国特色社会主义事业的领导核心，所以必须加强和改善党的领导，充分发挥党总揽全局、协调各方的领导核心作用。"③党的领导是实现全体人民共同富裕的最大优势。通过党的集中统一领导，集中力量办大事，可以更快更好地"落实党中央关于逐步实现全体人民共同富裕的要求，带领群众艰

---

① 习近平：《人民对美好生活的向往，就是我们的奋斗目标》，《习近平谈治国理政》第1卷，外文出版社2018年版，第3—4页。

② 习近平：《实现中华民族伟大复兴是中华民族近代以来最伟大的梦想》，《习近平谈治国理政》第1卷，外文出版社2018年版，第36页。

③ 习近平：《紧紧围绕坚持和发展中国特色社会主义学习宣传贯彻党的十八大精神》，《习近平谈治国理政》第1卷，外文出版社2018年版，第13页。

苦奋斗、勤劳致富，在收入、就业、教育、社保、医保、医药卫生、住房等方面不断取得实实在在的成果"①，一步一个脚印，把宏伟蓝图和重大战略部署变成美好现实，带领全体中国人民迈向共同富裕。

中国共产党的价值追求是实现全体人民的共同富裕。"我们党从成立那天起，就肩负着实现中华民族伟大复兴的历史使命。我们党领导人民进行革命建设改革，就是要让中国人民富裕起来，国家强盛起来，振兴伟大的中华民族。"②中国特色社会主义进入新时代，更加强调"要保持党同人民群众的血肉联系，站稳人民立场，着力解决发展不平衡不充分问题和人民群众急难愁盼问题，不断实现好、维护好、发展好最广大人民根本利益，坚定不移推进共同富裕"③。"各级领导干部要贯彻党的群众路线，牢记党的根本宗旨，想群众之所想，急群众之所急，把所有精力都用在让老百姓过好日子上。"④

中国共产党人的奋斗目标是实现全体人民的共同富裕。"我们追求的发展是造福人民的发展，我们追求的富裕是全体人民共同富裕。改革发展搞得成功不成功，最终的判断标准是人民是不是共同享受到了改革发展成果。"⑤与我国社会主要矛盾的变化相适应，更好满足人民日益增长的美好生活需要，必须把促进全体人民共同富裕作为为人民谋幸福的着力点，不断夯实党长期执政基础。"实现共同富裕不仅是经济问题，而且是关系党的执政基础的重大政治问题。要统筹考虑需要和可能，按照经济社会发展规律循序渐进，自觉主动解决地区差距、城乡差距、收入差距等问题，不

---

① 《年轻干部要提高解决实际问题能力　想干事能干事干成事》，《人民日报》2020年10月11日。

② 习近平：《紧紧围绕坚持和发展中国特色社会主义学习宣传贯彻党的十八大精神》，《习近平谈治国理政》第1卷，外文出版社2018年版，第11—12页。

③ 习近平：《以史为鉴、开创未来　埋头苦干、勇毅前行》，《求是》2022年第1期。

④ 《解放思想开拓创新团结奋斗攻坚克难　加快建设具有世界影响力的中国特色自由贸易港》，《人民日报》2022年4月14日。

⑤ 《中共中央召开党外人士座谈会　习近平主持并发表重要讲话》，《人民日报》2015年10月31日。

断增强人民群众获得感、幸福感、安全感。"[①]

（4）坚持以人民为中心、促进高质量发展的根本价值立场。

人民群众是历史的创造者，是社会物质财富、精神财富的创造者和社会变革的决定性力量。中华民族迎来了从站起来、富起来到强起来的伟大飞跃，就是英雄的中国人民奋斗出来的。"新的征程上，我们必须紧紧依靠人民创造历史，坚持全心全意为人民服务的根本宗旨，站稳人民立场，贯彻党的群众路线，尊重人民首创精神，践行以人民为中心的发展思想，发展全过程人民民主，维护社会公平正义，着力解决发展不平衡不充分问题和人民群众急难愁盼问题，推动人的全面发展、全体人民共同富裕取得更为明显的实质性进展！"[②] 扎实推动共同富裕，就是要保持党同人民群众的血肉联系，站稳人民立场，着力解决发展不平衡不充分问题和人民群众急难愁盼问题，不断实现好、维护好、发展好最广大人民根本利益。

实现共同富裕要一切为了人民、一切依靠人民。"党的一切工作，必须以最广大人民根本利益为最高标准。"[③] 实现共同富裕必须依靠人民，力量来自人民。共同富裕不是平均主义，更不是无差别地在结果上"均贫富"，而是保障所有人都能够获得"致富"的能力。共同富裕的实现需要人人参与、共同奋斗，而非"等、靠、要"。这就决定了我们党必须始终坚持全心全意为人民服务的根本宗旨，坚持党的群众路线，始终牢记江山就是人民、人民就是江山，坚持一切为了人民、一切依靠人民，坚持为人民执政、靠人民执政，坚持发展为了人民、发展依靠人民、发展成果由人民共享，坚定不移走全体人民共同富裕道路。

人的全面发展是共同富裕的价值旨归。实现人的全面发展，是马克思主义追求的根本价值目标，也是共产主义社会的根本特征。人实现自身的

[①] 《深入学习坚决贯彻党的十九届五中全会精神 确保全面建设社会主义现代化国家开好局》，《人民日报》2021年1月12日。

[②] 习近平：《在庆祝中国共产党成立100周年大会上的讲话》，《人民日报》2021年7月2日。

[③] 习近平：《坚持和运用好毛泽东思想的灵魂》，《习近平谈治国理政》第1卷，外文出版社2018年版，第28页。

发展，不仅需要在物质生活上得到满足，还需要在更高层次的精神生活上得到满足。实现人的全面发展，满足人的多重需要是前提。人的发展既是社会发展的内在要求，也是社会发展的最终体现。习近平总书记强调："共同富裕是全体人民的富裕，是人民群众物质生活和精神生活都富裕，不是少数人的富裕，也不是整齐划一的平均主义，要分阶段促进共同富裕。"[①] 共同富裕的全面性，要求在内容上不仅要追求衣食住行等物质上的富裕，还要实现文化、娱乐等精神上的富裕，为的是满足人民日益增长的美好生活需要。

（5）逐步缩小地区之间的发展差距，实现全国经济社会协调发展，最终达到全体人民共同富裕。

推动城乡融合发展是促进共同富裕的实现路径。脱贫攻坚战取得伟大胜利后，新时代新的奋斗目标转变到解决发展不平衡不充分问题、缩小城乡区域发展差距、实现人的全面发展和全体人民共同富裕上来。这就要求在发展中必须把解决好地区差距、城乡差距、收入差距作为全面建设社会主义现代化国家新征程中的重大战略举措。乡村振兴和城乡融合发展是互促互进的，乡村振兴需要城乡资源、要素的流动互通，城乡融合发展亦需要乡村振兴的支持，这二者都有助于推动共同富裕的实现。扩内需、稳投资、搞建设，都需要城乡互动、融合发展。特别是要继续把公共基础设施建设的重点放在农村，短板要加快补上。要在推进城乡基本公共服务均等化上持续发力，注重加强普惠性、兜底性、基础性民生建设。

实现城乡区域协调发展是走共同富裕道路的必然要求。实现城乡区域协调发展，不仅是国土空间均衡布局发展的需要，而且是走共同富裕道路的要求。"没有农村的全面小康和欠发达地区的全面小康，就没有全国的全面小康。要加大统筹城乡发展、统筹区域发展力度，加大对欠发达地区

[①] 《在高质量发展中促进共同富裕 统筹做好重大金融风险防范化解工作》，《人民日报》2021年8月18日。

和农村的扶持力度，促进工业化、信息化、城镇化、农业现代化同步发展，推动城乡发展一体化，逐步缩小城乡区域发展差距，促进城乡区域共同繁荣。"[1]消除城乡对立、促进城乡融合是社会主义现代化建设的终极目标，也是马克思和恩格斯关于共同富裕与实现人的全面自由发展理论的内在要求。"当前，我国常住人口城镇化率已经突破了60%。今后15年是破除城乡二元结构、健全城乡融合发展体制机制的窗口期。要从规划编制、要素配置等方面提出更加明确的要求，强化统筹谋划和顶层设计。提高土地出让收益用于农业农村比例的政策已经出台，各地要抓好落实，不能玩数字游戏。农民进城务工是个大趋势，要把该打开的'城门'打开，促进农业转移人口市民化。农民进城要符合客观规律，保持历史耐心，不要大呼隆推进，更不要受不正确的政绩观所驱动。"[2]

缩小城乡区域发展差距是推动共同富裕的有效之举。党的十九大提出，必须始终让改革发展成果更多更公平惠及全体人民，朝着实现全体人民共同富裕不断迈进。要全面推进乡村振兴，加快农业产业化，盘活农村资产，增加农民财产性收入，使更多农村居民勤劳致富。"要把县域作为城乡融合发展的重要切入点，推进空间布局、产业发展、基础设施等县域统筹，把城乡关系摆布好处理好，一体设计、一并推进。要强化基础设施和公共事业县乡村统筹，加快形成县乡村功能衔接互补的建管格局，推动公共资源在县域内实现优化配置。要赋予县级更多资源整合使用的自主权，强化县城综合服务能力，把乡镇建设成为服务农民的区域中心。"[3]

（6）把扩大中等收入群体规模作为实现共同富裕的重要抓手。

扩大中等收入群体是实现共同富裕的必然要求。"中等收入群体作为

---

[1] 中共中央文献研究室编：《习近平关于协调推进"四个全面"战略布局论述摘编》，中央文献出版社2015年版，第24页。

[2] 习近平：《坚持把解决好"三农"问题作为全党工作重中之重　举全党全社会之力推动乡村振兴》，《求是》2022年第7期。

[3] 习近平：《坚持把解决好"三农"问题作为全党工作重中之重　举全党全社会之力推动乡村振兴》，《求是》2022年第7期。

经济发展的稳定受益者,他们对社会秩序和主流价值观认同感较强,比较理性务实,一般不希望看到既定社会秩序受到破坏,对社会能起到稳定器作用。维护社会和谐稳定、国家长治久安,必须逐步减少低收入群体比重、扩大中等收入群体比重,必须坚持先富帮后富、逐步实现全体人民共同富裕。"[1] 扩大中等收入群体规模是根据经济社会发展的实际情况所采取的举措。中国全面建成小康社会的过程,正是中等收入群体扩大的过程。从让一部分人先富起来到让大部分人进入中等收入群体,是中国经济社会发展实现共同富裕目标的一个新阶段。只有让大部分人进入中等收入群体,才能消除贫富不均,真正藏富于民,跨越"中等收入陷阱",让广大民众真正享受到经济增长的成果,从而对中国经济社会发展形成持续稳定的有力支持。

加大对困难群众精准帮扶力度是推动共同富裕的重中之重。低收入群体是促进共同富裕的重点帮扶保障人群,提高低收入群体收入是实现共同富裕的现实难点。只有推动越来越多的低收入者增收,才能让更多人向中等收入群体流动,最终形成中间大、两头小的"橄榄型"结构,促进社会公平正义,促进人的全面发展,使全体人民朝着共同富裕目标扎实迈进。

发展壮大中等收入群体,有助于增强高质量发展的内生动力。中等收入群体作为社会消费的最大群体,他们有不断提高生活质量的强烈欲望和不断提高生活质量的基本条件,他们稳定上升的收入水平和较高的消费倾向,支撑着消费水平的稳步上升和消费结构的稳步升级。他们消费需求的不断扩大是带动产业结构不断优化升级,进而带动整个国民经济持续增长的主要力量。中等收入群体扩大的"橄榄型"的收入分配结构是社会稳定的重要经济基础,中等收入群体的不断扩大过程,也是经济社会持续稳定发展的过程。

---

[1] 中共中央文文献研究室编:《习近平关于社会主义社会建设论述摘编》,中央文献出版社2017年版,第40—41页。

（7）始终坚持循序渐进实现全体人民共同富裕目标的原则。

促进全体人民共同富裕是一项长期任务。共同富裕是一个长远目标，需要一个过程，不可能一蹴而就，对其长期性、艰巨性、复杂性要有充分估计，办好这件事，等不得，也急不得。"促进全体人民共同富裕是一项长期任务，也是一项现实任务，必须摆在更加重要的位置，脚踏实地，久久为功，向着这个目标作出更加积极有为的努力。"[1]实现共同富裕，要统筹考虑需要和可能，按照经济社会发展规律循序渐进。"要实施更多有温度的举措，落实更多暖民心的行动，用心用情用力解决好人民群众的急难愁盼问题，积极探索共同富裕的实现途径。"[2]

先把"蛋糕"做大，再把"蛋糕"分好。共同富裕是中国特色社会主义的本质要求。实现共同富裕，不是搞平均主义，首先要通过全国人民共同奋斗把"蛋糕"做大做好，然后通过合理的制度安排正确处理增长和分配关系，把"蛋糕"切好分好，让发展成果更多更公平惠及全体人民。这是一个长期的历史过程，需要创造条件、完善制度，稳步朝着这个目标迈进。

深入研究不同阶段的目标，分阶段促进共同富裕。"我总的认为，像全面建成小康社会一样，全体人民共同富裕是一个总体概念，是对全社会而言的，不要分成城市一块、农村一块，或者东部、中部、西部地区各一块，各提各的指标，要从全局上来看。我们要实现14亿人共同富裕，必须脚踏实地、久久为功，不是所有人都同时富裕，也不是所有地区同时达到一个富裕水准，不同人群不仅实现富裕的程度有高有低，时间上也会有先有后，不同地区富裕程度还会存在一定差异，不可能齐头并进。这是一个在动态中向前发展的过程，要持续推动，不断取得成效。"[3]共同富裕不是同步富

---

[1]《完整准确全面贯彻新发展理念　确保"十四五"时期我国发展开好局起好步》，《人民日报》2021年1月30日。

[2]《解放思想开拓创新团结奋斗攻坚克难　加快建设具有世界影响力的中国特色自由贸易港》，《人民日报》2022年4月14日。

[3] 习近平：《扎实推动共同富裕》，《求是》2021年第20期。

裕，也不是同等富裕。不能急于求成，要明确目标，循序渐进分阶段促进共同富裕。党中央明确，到"十四五"末，全体人民共同富裕迈出坚实步伐，居民收入和实际消费水平差距逐步缩小。到2035年，全体人民共同富裕取得更为明显的实质性进展，基本公共服务实现均等化。到本世纪中叶，全体人民共同富裕基本实现，居民收入和实际消费水平差距缩小到合理区间。

（8）各国共享发展成果，建设合作共赢的美丽世界。

只有各国共同发展了，世界才能更好发展。"世界长期发展不可能建立在一批国家越来越富裕而另一批国家却长期贫穷落后的基础之上。只有各国共同发展了，世界才能更好发展。"[1]中国实现现代化的道路，是一条和平发展之路。互利共赢、共同发展，是这条道路的一个鲜明特征。中国不仅致力于实现自身发展，而且注重加强与各国合作共赢，携手为实现共同发展繁荣而努力。在现代化进程中，人类创造了以往时代无法比拟的辉煌文明成果，但也面临着日益增多的严峻挑战。同时，国家间相互依存程度不断增强，风险关联程度也不断加深，单凭一个或几个国家的力量，无法应对现代化进程中的种种问题。"各国在谋求自身发展时，应该积极促进其他国家共同发展，让发展成果更多更好惠及各国人民。"[2]

各国一起发展才是真发展，大家共同富裕才是真富裕。各个国家同住一个地球村，是彼此作用、相互影响的人类命运共同体。中国走和平发展的现代化道路，始终致力于促进世界互利共赢、共同发展。中国不仅希望自己过得好，还希望各国人民共同过上好日子。在公平、开放、合作等理念的指引下，中国坚持把本国利益与各国共同利益结合起来，努力扩大各方利益的汇合点，不断提升发展的内外联动性，在实现自身发展的同时更多惠及其他国家和人民。"中国将继续积极参与全球治理体系变革和建设，

---

[1] 习近平：《顺应时代前进潮流，促进世界和平发展》，《十八大以来重要文献选编》（上），中央文献出版社2014年版，第260页。

[2] 习近平：《弘扬和平共处五项原则　建设合作共赢美好世界——在和平共处五项原则发表60周年纪念大会上的讲话》，人民出版社2014年版，第8—9页。

为世界贡献更多中国智慧、中国方案、中国力量，推动建设持久和平、普遍安全、共同繁荣、开放包容、清洁美丽的世界，让人类命运共同体建设的阳光普照世界！"①

在开放中分享机会和利益、实现互利共赢。中国始终不渝坚持互利共赢、共同发展，保持战略定力，以自身发展为世界提供更多机遇，扩大与世界各国的交流交往，帮助和支持广大发展中国家获得更多发展资源和空间。中国同各方持续推进高质量共建"一带一路"，践行共商共建共享原则，弘扬开放、绿色、廉洁理念，努力实现高标准、惠民生、可持续目标。致力于建设更紧密的卫生合作伙伴关系，更紧密的互联互通伙伴关系，更紧密的绿色发展伙伴关系，更紧密的开放包容伙伴关系，为人类走向共同繁荣作出积极贡献。

2. 共同富裕理论的创新发展贡献

习近平总书记关于共同富裕的重要论述形成了新时代共同富裕理论。新时代共同富裕理论是习近平新时代中国特色社会主义思想的重要组成部分，丰富发展了马克思主义共同富裕思想，在理论层面、战略层面、世界层面作出了创新发展贡献。

（1）在理论层面上的创新发展贡献。

概括了共同富裕新的基本内涵。一是明确提出共同富裕是全体人民的共同富裕。习近平总书记提出"我们推动经济社会发展，归根结底是要实现全体人民共同富裕"②及"共同富裕路上，一个也不能掉队"③。表明共同富裕更加强调"共同"，是全体人民都富裕，并非是少部分人的富裕，充分赋予共同富裕以新的全民性内涵。二是明确提出共同富裕是全面富裕。

---

① 习近平：《在第十三届全国人民代表大会第一次会议上的讲话》，《求是》2020年10期。
② 《习近平谈治国理政》第4卷，外文出版社2022年版，第116页。
③ 中共中央党史和文献研究院、中央"不忘初心、牢记使命"主题教育领导小组办公室编：《习近平关于"不忘初心、牢记使命"论述摘编》，党建读物出版社、中央文献出版社2019年版，第237页。

习近平总书记指出共同富裕"是人民群众物质生活和精神生活都富裕"①，赋予了共同富裕以新的全面性内涵。三是明确提出共同富裕是一个总体概念。习近平总书记指出"全体人民共同富裕是一个总体概念"②，由此要把握好总体概念，正确认识各个地区、不同人群在发展差距、资源禀赋等各方面客观存在的明显差异，要合理调控发展差距与促进各地区、各群体间的共同富裕的推进，赋予了共同富裕新的全局性内涵。

阐述了共同富裕新的基本原则。一是明确提出坚持依靠勤劳创新致富原则。习近平总书记提出"共同富裕要靠勤劳智慧来创造"③，这表明实现共同富裕要靠人民的辛勤劳动与聪明才智。二是明确提出坚持基本经济制度原则。习近平总书记首次把坚持"两个毫不动摇"作为共同富裕的基本原则④。坚持基本经济制度首要的就是要坚持"两个毫不动摇"，这是实现经济社会发展，带动人民就业增收的制度基础，也是让人民群众公平共享发展成果的制度基础。三是明确提出坚持尽力而为量力而行原则。习近平总书记首次提出实现共同富裕要"尽力而为量力而行"⑤，这表明实现共同富裕要发挥主观能动性，避免"躺平"；还要尊重客观规律，防止急于求成、急功近利。四是明确提出坚持循序渐进原则。习近平总书记强调实现共同富裕"等不得，也急不得"⑥，这表明实现共同富裕是当前必须推进的紧迫任务。

明确了共同富裕新的战略目标。一是明确到 2020 年夯实共同富裕的底线根基。我国如期消除了绝对贫困问题，为全体人民走向共同富裕奠定了坚实基础。二是明确提出到"十四五"末，共同富裕迈出坚实步伐。习近

---

① 中共中央党史和文献研究院编：《习近平关于尊重和保障人权论述摘编》，中央文献出版社 2021 年版，第 67 页。
② 《习近平著作选读》第 2 卷，人民出版社 2023 年版，第 506 页。
③ 习近平：《扎实推动共同富裕》，《求是》2021 年第 20 期。
④ 习近平：《扎实推动共同富裕》，《求是》2021 年第 20 期。
⑤ 习近平：《扎实推动共同富裕》，《求是》2021 年第 20 期。
⑥ 习近平：《扎实推动共同富裕》，《求是》2021 年第 20 期。

平总书记指出"现在,已经到了扎实推动共同富裕的历史阶段"①,并强调在推进共同富裕的历史阶段中要更加注重解决农民农村共同富裕问题,为此提出实施乡村振兴战略。三是明确提出到2035年,共同富裕取得更为明显的实质性进展。②四是明确提出到本世纪中叶,共同富裕基本实现。③那时中国是城乡居民将普遍拥有较高的收入、富裕的生活、健全的基本公共服务,全体人民共同富裕基本实现。④

指明了共同富裕新的实现路径。新时代以来,以习近平同志为核心的党中央结合新时代的新变化新要求,创新推进了共同富裕的新路径。一是从高质量发展中做大"蛋糕",为实现共同富裕奠定发展基础。习近平总书记指出"坚持以人民为中心的发展思想,在高质量发展中促进共同富裕"⑤。通过高质量发展提升发展的平衡性、协调性、包容性,让广大人民群众在高质量发展中感受到发展带来的获得感。二是从制度基础层面分好"蛋糕",为实现共同富裕提供制度基础。习近平总书记指出"要坚持公有制为主体、多种所有制经济共同发展,大力发挥公有制经济在促进共同富裕中的重要作用,同时要促进非公有制经济健康发展、非公有制经济人士健康成长"⑥。这为实现共同富裕奠定了坚实的所有制基础;习近平总书记还特别强调分配制度在促进共同富裕中的重要性,提出构建"初次分配、再分配、三次分配协调配套的基础性制度安排"⑦。在分配制度层面为促进共同富裕提供制度安排。三是从实施乡村振兴战略以把握重点,为实现共同富裕提供战略重点。习近平总书记指出"促进共同富裕,最艰巨最繁重

---

① 《习近平著作选读》第2卷,人民出版社2023年版,第500页。
② 习近平:《扎实推动共同富裕》,《求是》2021年第20期。
③ 习近平:《扎实推动共同富裕》,《求是》2021年第20期。
④ 本书编写组编著:《党的二十大报告辅导读本》,人民出版社2022年版,第225页。
⑤ 《习近平谈治国理政》第4卷,外文出版社2022年版,第144页。
⑥ 《习近平谈治国理政》第4卷,外文出版社2022年版,第143页。
⑦ 《习近平谈治国理政》第4卷,外文出版社2022年版,第144页。

的任务仍然在农村。农村共同富裕工作要抓紧"①，这要求在推进共同富裕的进程要把农民、农村共同富裕作为战略重点。

（2）在战略层面上的创新发展贡献。

拓展深化了共同富裕的发展内涵。习近平总书记对共同富裕的科学内涵进行了全新论述，从战略维度拓展深化了共同富裕的理论内涵。一是突出强调共同富裕的主体是全体人民，而不是少数人，凸显人民性。习近平总书记强调共同富裕是全体人民的共同富裕，不是少数人的富裕，也不是贫者愈贫富者愈富的富裕。二是突出强调物质生活与精神生活都富裕，而不仅是物质富裕，凸显全面性。习近平总书记把精神生活富裕提升到同物质生活富裕的同等高度，这是对共同富裕理论内涵的深化发展。三是突出强调实现共同富裕的差异性，而不是同步富裕，凸显全局性。习近平总书记指出"不是所有人都同时富裕，也不是所有地区同时达到一个富裕水准，不同人群不仅实现富裕的程度有高有低，时间上也会有先有后，不同地区富裕程度还会存在一定差距，不可能齐头并进"②。这一论述是立足现实社会的实践基础上得出的，是对共同富裕发展内涵的丰富发展。

创新发展了共同富裕的实践路径。党的十八大以来，习近平总书记秉持人民至上的理念，直面脱贫与共富的现实难题，创新性发展了共同富裕的实践路径。一是多渠道开辟了共同富裕的具体实现路径。习近平总书记提出通过高质量发展促进实现共同富裕，通过城乡融合发展缩小城乡发展差距促进实现共同富裕，通过完善三次分配政策促进实现共同富裕，这些重要渠道是新时代实现共同富裕的路径探索。二是强调通过乡村全面振兴促进共同富裕的战略路径。习近平总书记着眼当前农村发展不充分的社会现实，作出扎实推进共同富裕的最艰巨最繁重的任务仍然在农村的重要论断。具体通过巩固拓展脱贫攻坚成果同乡村振兴有效衔接，以实现守住脱

---

① 习近平：《扎实推动共同富裕》，《求是》2021年第20期。
② 《习近平谈治国理政》第4卷，外文出版社2022年版，第147页。

贫不返贫的底线；畅通城乡要素流动以激活乡村发展新动能，通过补齐乡村建设与发展中存在的短板弱项以实现宜居宜业和美乡村的建设，丰富发展了新时代实现共同富裕的路径探索。

丰富发展了党的共同富裕理论。习近平总书记在继承历届领导人关于共同富裕的探索的基础上，结合新情况新问题丰富发展了党的共同富裕理论。一是对什么是共同富裕的认识上升到新高度。习近平总书记提出共同富裕是全体人民的共同富裕，不是少数人的富裕，也不是整齐划一的富裕，更不是平均主义等论述，这是在新的历史条件下对党的共同富裕理论内涵的丰富发展。二是对为什么要实现共同富裕作出了新论断。习近平总书记从关系党执政根基的高度提出，实现共同富裕不仅是经济问题，而且是关系党的执政基础的重大政治问题；从中国式现代化高度，认为共同富裕是中国式现代化的重要特征，这些重要论述是对中国共产党的共同富裕理论的丰富发展。三是对如何实现共同富裕的认识迈入新阶段。习近平总书记从做大"蛋糕"的视角与分好"蛋糕"的视角对如何实现共同富裕进行了论述，这些重要论述也是对中国共产党的共同富裕理论的丰富发展。

批判超越了西方贫富分化现状。习近平总书记指出："全球最富有的1%人口拥有的财富量超过其余99%人口财富的总和，收入分配不平等、发展空间不平衡令人担忧。"[①] 我国既用脱贫实践如期解决了绝对贫困问题，又在稳步推进共同富裕的历史进程中实现了对西方贫富分化的批判超越。一是坚持以全体人民的共同富裕为中心实现了对西方国家贫富两极分化的实践超越。二是坚持依靠制度推动共同富裕实现了对西方国家贫富两极分化的制度超越。三是坚持党领导下的共同富裕实现了对西方国家贫富两极分化的政治超越。历史与实践证明，中国共产党带领人民正朝着共同富裕的宏伟目标不断迈进，尤其是党的十八大以后，习近平总书记亲自指挥与全面部署打赢了脱贫攻坚战，并擘画了实现共同富裕的战略路径，使全体人

---

① 《习近平谈治国理政》第2卷，外文出版社2017年版，第480页。

民在脱贫基础上稳步走向共同富裕。

（3）在世界层面上的创新发展贡献。

彰显了社会主义制度的优越性，为世界其他国家实现共同富裕提供了新路径。西方反贫困理论从各个层面、多个视角探讨了人们如何陷入贫困以及如何解决贫困的问题，但在现实世界中不仅无法指导贫困者走出贫困境遇，反而造成严重的收入不平等、贫富两极分化的发展现状。我国的成功脱贫与共同富裕的扎实推进，得益于中国共产党领导下的社会主义制度优势得以充分发挥，这为全球其他国家实现共同富裕提供了新路径。一是我国集中力量办大事的制度优势为世界其他国家实现共同富裕提供了制度参考。二是党和政府制定的宏观战略与具体行动规划为世界其他国家实现共同富裕提供了路径选择。习近平总书记站在实现第二个百年奋斗目标的战略高度，制定了扎实推动共同富裕的具体时间表、路线图、实践路径等宏观战略，这些现实而具体的战略举措与行动规划终将在中国共产党的坚强领导下把宏伟蓝图变为现实。

践行了共建人类命运共同体，为其他国家携手消除贫困走向共富提供了新方向。一是我国坚持携手发展、扎实推动共同富裕，实现了对其他国家发展目的论的超越。习近平总书记强调："各国一起发展才是真发展，大家共同富裕才是真富裕。"[1] 我国追求的发展是合作共赢式的发展，并非零和博弈式的发展，并且我国的发展目标是为了广大人民群众能够共建与共享发展成果，以逐步实现全体人民的共同富裕为其发展目标。二是我国坚持共建人类命运共同体为其他国家携手发展提供了新方向。习近平总书记站在全人类共同发展的高度提出携手共建人类命运共同体的发展理念，如"共建'一带一路'将使相关国家760万人摆脱极端贫困、3200万人摆脱中度贫困"[2]。

---

[1] 《习近平外交演讲集》第2卷，中央文献出版社2022年版，第389页。
[2] 中华人民共和国国务院新闻办公室：《人类减贫的中国实践》，人民出版社2021年版，第62页。

彰显了中国共产党的人类情怀，为其他国家消除贫富两极分化提供了中国样板。习近平总书记关于共同富裕的重要论述汲取了中华优秀传统文化中"达则兼济天下"的宏伟抱负，将实现全体人民的共同富裕与世界各国人民的发展命运联系起来，践行着中国共产党兼济天下的人类情怀。一是用实际行动帮扶与支持其他国家实现减贫发展，彰显了中国共产党兼济天下的人类情怀。习近平总书记指出："世界长期发展不可能建立在一批国家越来越富裕而另一批国家却长期贫穷落后的基础之上。"[1] 我国在实现自身发展的同时用实际行动对其他发展中国家提供各种技术指导、项目援助、物资援助等实际帮扶。二是中国减贫成功实践与共富路径的深入探索，为其他国家消除贫富两极分化提供了中国样板。党的十八大以来，习近平总书记亲自指挥与部署，如期消除了困扰中国数千年的绝对贫困，这为实现全人类减贫目标贡献了中国力量；并在脱贫之后制定扎实推动共同富裕的各项战略举措，这为其他国家消除贫富两极分化贡献了中国智慧。

提升了人类文明发展的新高度，为人类文明实现永续繁荣发展贡献了中国智慧。在习近平总书记关于共同富裕的重要论述指引下，赋予其现代文明以新内涵，为人类文明实现永续繁荣发展贡献了中国智慧。一是价值指向是坚持以人民为中心而非资本增值为中心。习近平总书记强调实现共同富裕与实现人的自由全面发展是高度一致的，为此在推进共同富裕的历史进程中，既强调满足人民群众的物质生活方面的富裕，又强调滋养人民群众的精神文化世界，这都有助于推进人的自由全面发展。二是坚持合作共赢交流互鉴而非文明冲突。我们坚持在尊重文明多元性基础上促进"一带一路"沿线人民的脱贫致富。习近平总书记在"一带一路"高峰论坛上指出："我们要积极架设不同文明互学互鉴的桥梁，深入开展教育、科学、文化、体育、旅游、卫生、考古等各领域人文合作，加强议会、政党、民

---

[1] 中共中央文献研究室编：《十八大以来重要文献选编》（上），中央文献出版社2014年版，第260页。

间组织往来，密切妇女、青年、残疾人等群体交流，形成多元互动的人文交流格局。"①

（二）实施乡村振兴战略是实现全体人民共同富裕的必然选择

乡村振兴和共同富裕蕴含着丰富内在逻辑，全面推进乡村振兴，要在共同富裕目标指引下实现高质量发展。乡村振兴是实现共同富裕的基础和必要条件，共同富裕是乡村振兴的指引和落脚点。全面准确把握二者的内在逻辑关系，具有重要的理论和实践意义。

乡村振兴是持续夯实共同富裕基础的必然要求。实施乡村振兴战略，必须牢牢守住保障国家粮食安全和不发生规模性返贫"两条底线"，这和实现共同富裕的基础在内涵、目标、方向等方面具有完全一致性。一方面，巩固脱贫攻坚成果，防止发生规模性返贫，是乡村振兴的首要任务和前提。而共同富裕的前提就是没有贫困，区域之间、群体之间发展差距、收入差距控制在一定范围内。因此，脱贫攻坚任务完成后，党中央明确提出设立5年过渡期，作出实现巩固拓展脱贫攻坚成果同乡村振兴有效衔接的决策部署，目的是要求各地各部门将巩固拓展脱贫攻坚成果放在突出位置，健全乡村振兴领导体制和工作体系，加快推进脱贫地区乡村产业、人才、文化、生态、组织等全面振兴，为实现共同富裕夯实根基。另一方面，粮食安全是国家安全的重要基础，是乡村振兴的首要任务，也是实现共同富裕的重要标志。确保我国粮食安全，中国人的饭碗任何时候都要牢牢端在自己手上，饭碗里主要装中国粮，这是共同富裕的前提。实施乡村振兴战略确保粮食安全，就是为实现共同富裕稳固基础。

乡村振兴是实现高质量发展促进共同富裕的战略选择。加快构建以国内大循环为主体、国内国际双循环相互促进的新发展格局，是党中央明确

---

① 习近平：《齐心开创共建"一带一路"美好未来——在第二届"一带一路"国际合作高峰论坛开幕式上的主旨演讲》，人民出版社 2019 年版，第 6—7 页。

的重大战略任务,是实现高质量发展的必然要求。首先,实施乡村振兴战略将更充分挖掘农村的巨大内需空间。一方面,广大农村的基础条件与乡村现代化的要求不同程度存在差距,这为乡村发展投资提供了巨大空间。另一方面,随着收入增加,农村居民消费结构不断升级、生活质量持续提高、消费方式逐步转变,农村消费市场的成熟和农村消费潜力的释放,为新发展格局的国内大循环提供了广阔市场空间。实施乡村振兴战略,助力6亿左右农民增加收入,会激发广大乡村居民的消费需求,同时乡村旅游、农业休闲观光、农村康养等新产业、新业态不断发展,也会进一步带动城市居民的消费需求。其次,实施乡村振兴战略,把农村一二三产业融合发展作为目标,通过大力发展高标准农田、现代农业、特色产业、农村电商、新型服务业、乡村休闲旅游、田园综合体等新产业、新业态,有利于更好提升农业供给侧质量效益和竞争力;通过农业科技装备的强化和智慧农业的建设,以及高标准农田建设工程、重要农产品生产保护区、特色农产品优势区的建设,为构建新发展格局稳住农业基本盘;通过打造农业全产业链,建设现代农业产业园、优势特色产业集群、三产融合发展示范园、农业绿色发展先行区,推进现代农业经营体系建设等,促进农业供给侧质量效益和竞争力的提升,助力构建新发展格局。再次,乡村振兴有利于突破城乡之间多方面体制机制障碍,促进城乡融合发展。实施乡村振兴战略,坚持农业农村优先发展,推进产业、人才、文化、生态、组织全面振兴,加快农业农村现代化,缩小城乡差距,破除影响城乡畅通的体制机制障碍,正是城乡融合发展、迈向共同富裕的关键步骤。

乡村振兴是缩小发展差距扎实推动共同富裕的必由之路。扎实推动共同富裕,要提高发展的平衡性、协调性、包容性,着力扩大中等收入群体规模,促进基本公共服务均等化,推动农民农村共同富裕。从促进城乡均衡发展维度看,一方面,乡村振兴战略与新型城镇化战略相辅相成,建立资源要素配置向农村地区倾斜的体制机制和政策体系,将有力促进城乡发展差距、区域发展差距的缩小,促进城乡要素双向流动、城乡良性互动格局构建；另一方面，乡村振兴战略着眼于优化农村公共基础设施建设，逐步建成全民覆盖、普惠共享、城乡一体的基本公共服务体系。从促进中等收入群体不断扩大维度看，乡村振兴战略通过深化土地制度"三权"分置改革，持续增加农民收入；深化农村集体产权制度改革，增加农民财产性收入，逐步推动更多低收入人群迈入中等收入行列。从促进基本公共服务均等化维度看，乡村振兴战略把公共基础设施建设的重点放在农村，在推进城乡基本公共服务均等化上持续发力，加强普惠性、兜底性、基础性民生建设。从促进社会团结和社会进步维度看，乡村振兴战略通过破除城乡二元结构的体制性障碍、全面深化农村改革、实施乡村建设行动等手段，健全城乡融合发展体制机制，实现城乡经济社会协调发展。

实施乡村振兴战略、走共同富裕道路，是人类文明新形态的创新探索，是人类文明发展趋势和光明前景的重要彰显。从全球范围看，如何实现农业农村现代化依然是世界现代化进程中始终没有真正完成的发展事业。我国以乡村振兴为抓手，把"三农"工作作为治国理政的重中之重，以农业农村优先发展、城乡融合发展破题农业农村现代化，这是人类国家现代化发展史上的全新探索和伟大成就，为发展中国家走向现代化展示了新路径、新图景。具体来看，乡村振兴为物质文明发展提供重要支撑，构成了共同富裕的物质基础；乡村振兴目的是促进城乡融合发展、促进城乡治理体系和治理能力现代化，落实全过程人民民主，促进政治文明的持续发展；乡村振兴着力传承弘扬优秀传统文化，充分挖掘文化价值繁荣文化产业，坚定中华民族文化自信，促进文化认同，充分呈现共同富裕是人民群众物质生活和精神生活都富裕的人类精神文明新形态；乡村振兴的重要目标就是农民生活富裕美好，基本实现城乡义务教育、医疗卫生、社会保障等基本公共服务均等化，农村居民收入不断增加，城乡居民收入差距和生活水平差距显著缩小，乡村社会文明程度不断提高，加快形成共同富裕的社会形态；乡村振兴以生态文明为指引，推动人与自然和谐共生，在大力发展节约型农业、循环农业、生态农业的同时，推动农村能源结构加快转型，把

"双碳"目标融入乡村振兴方方面面，促进我国农村产业结构、农民生产生活方式加快向绿色化、可持续发展方式转变，走出融经济和环境可持续性于一体的共同富裕绿色发展道路。

推进共同富裕最艰巨最繁重的任务仍然在农村。习近平总书记深刻指出，全面建设社会主义现代化国家，最艰巨最繁重的任务仍然在农村。[①] 对于这一重要论断，可从以下三个方面加以理解。推动农业现代化进程、建设农业强国，是全面建设社会主义现代化国家的内在要求，是扎实推进共同富裕的必然举措。城乡基础设施和公共服务差距大，制约了城乡融合高质量发展、城乡发展差距和城乡居民收入差距的缩小，影响了城乡共同富裕的进程和成色。农村居民收入水平相对较低，城乡之间、农村内部收入差距较大，农村地区消费水平偏低等，是扎实推动农村农民共同富裕面临的突出难题。

在共同富裕目标指引下推进乡村振兴高质量发展。实现全体人民共同富裕是中国式现代化的本质要求，实施乡村振兴战略是实现全体人民共同富裕的必然选择，是新时代做好"三农"工作的总抓手。新征程上，要全面学习贯彻习近平总书记关于"三农"工作的重要论述，加强党对"三农"工作的全面领导，以共同富裕目标为指引，牢牢守住"两条底线"，统筹推进"三个乡村"，激发乡村振兴新动能。

（三）共同富裕理论对推进乡村全面振兴的科学指导

共同富裕是社会主义的本质要求，是中国共产党的初心使命，也是中国开启全面建设社会主义现代化国家新征程治国理政的基本方略。实现共同富裕，必须围绕解决好发展的不平衡不充分问题，既要更加充分地解放和发展生产力，也要更有效、更直接地回应人民群众关切、满足人民对美好生活的需要，使全体人民在中国特色社会主义制度保障下共创日益发达、

---

① 《习近平著作选读》第 1 卷，人民出版社 2023 年版，第 25 页。

领先世界的生产力水平，共享幸福而美好的生活。①从经济维度看，共同富裕不仅要整体经济发展达到一个较高水平，还要求不同群体间的差距得到合理控制与缩小。实现高质量乡村振兴，缓解我国长期的城乡发展不平衡问题，对我国中长期扎实推进共同富裕具有重要作用。②另外，共同富裕不仅体现在经济维度，还包括了城乡在基础设施、公共服务、民生事业等方面发展差距的缩小，要实现共同富裕目标，仅靠农业现代化是不够的，农业农村现代化是迈向共同富裕的要求。③因而，高质量乡村振兴既是共同富裕的重要内容也是推进共同富裕的重要路径。

乡村振兴的总目标是实现农业农村现代化，这是实现共同富裕的先决基础。乡村振兴与共同富裕之间的内在逻辑关系可以从理论、历史、实践与国际四个方面来理解和把握。因此，共同富裕理论从多个维度对推进乡村全面振兴发挥指导作用。

从目标定位上引领乡村振兴。实施乡村振兴战略则是促进区域均衡发展、城乡融合发展、建设新型城乡工农关系的关键。乡村振兴战略关系到亿万农民的权益和福祉，促进农业农村现代化，缩小城乡差距、持续促进农民增收，推进共同富裕迈出坚实步伐，不仅关涉发展的正义性，更关系到现代化建设的质量。推动乡村振兴，促进农民共同富裕，是扩大中等收入群体规模，促进社会结构优化，服务双循环发展格局的关键；是最大限度激活沉睡要素和激发主体创造性、挖掘发展潜能形成发展动能的关键；是实现城乡工农公平高效互补、互动、互促，不断开创发展新局面的关键；是不断体现社会主义制度优越性、不断夯实党的执政基础、凝聚最广泛发展共识，引领全国人民推动伟大事业的关键。这就为如何、为什么推进乡

---

① 参见刘培林、钱滔、黄先海、董雪兵：《共同富裕的内涵、实现路径与测度方法》，《管理世界》2021年第8期。

② 参见李实、陈基平、滕阳川：《共同富裕路上的乡村振兴：问题、挑战与建议》，《兰州大学学报（社会科学版）》2021年第3期。

③ 参见王春光：《迈向共同富裕——农业农村现代化实践行动和路径的社会学思考》，《社会学研究》2021年第2期。

村全面振兴提供了目标指引。

从工作重点上引领乡村振兴。实现共同富裕目标的难点和潜力为乡村振兴工作的焦点、重点指明了方向。一方面，新中国成立以来，中国乡村发展取得了巨大成就，但仍然是中国式现代化建设的最大短板，是推动共同富裕的最大难点。首先，乡村振兴的基础薄弱。中国人均资源有限，农村人力资本建设较为滞后，存在规模较大的低收入群体和特殊困难群体，发展的要素供给、环境约束都逐步凸显，农民增收难度较大。其次，各种要素下乡的渠道还不够畅通。要素聚合产生化学反应的交易成本仍然居高不下，农业产业弱质性质并没有根本性改变。再次，共同富裕的实现基础和实现形式还不够丰富和多元，有效、可推广、可借鉴的模式还比较有限。从国际范围来看，益贫增长、共享发展都是世界性难题，解决这些问题，需要付出更多的智慧和更巨大的努力。另一方面，乡村振兴也是推进共同富裕、提升中国式现代化水平最具潜力的领域。在资源整体匮乏的同时，广大乡村还存在大量沉睡资源、要素还没有被激活，这些要素不仅可以服务于乡村振兴，更能够为中国现代化国家建设提供源源不断的动能，共同富裕起来的乡村、农民能够不断服务于双循环的发展格局。同时，高品位的乡村振兴，与城市文明形成互补互动互促，不仅富裕生活、涵养生活，更能滋润心灵。

共同富裕是高质量实施乡村振兴战略的行动指引。党的十九大明确乡村振兴的总要求是产业兴旺、生态宜居、乡风文明、治理有效、生活富裕。其中，生活富裕是出发点，也是落脚点，是亿万农民对美好生活的期盼。中国特色社会主义乡村振兴道路，必须坚持共同富裕，既是不变初心，也是现实要求。共同富裕必然成为高质量实施乡村振兴的目标指引和行动指南。一方面，要通过探索共同富裕的实现基础、实现机制，不断推进农业农村现代化；通过更有效的发展行动、发展干预，让市场运转起来，让市场有益于社会共同体福祉。共同富裕成为发展的有效方法。另一方面，共同富裕是乡村振兴质量和成色的重要衡量标准。观察乡村振兴成果的好坏，不仅要看其在活跃乡村产业、促进环境改善诸方面的成果，更为重要的落脚点是共同富裕。而且，共同富裕绝不是通过扭曲市场机制来实现超越发展阶段的公平，更不是回到吃大锅饭的状态，而是善用市场机制，用好政府有形之手和市场无形之手，有为政府结合有效市场辅之以友善社会。

共同富裕目标下的乡村振兴需要持续推进全面深化改革。共同富裕目标下的乡村振兴，其实现基础、实现机制只有推进全面深化改革才能建立和完善。比如城乡融合发展必然要求有为政府、有效市场和友善社会的协同推进，其核心仍然是市场机制，重点在于开放、共享，在产权（如资产建设、政府投入等）改革。再比如，城乡互补互动互促的新型关系，需要在不断改革中充分发挥市场机制、金融工具作用，善于借力人工智能和数字乡村，通过政府投入机制改革、利益分享机制改革、要素赋权机制建设、现代公益慈善等创新形式来推动实现。

共同富裕理论指引推进高质量的乡村振兴。共同富裕不仅指收入方面达到一定的平衡水平，还包含着社会上有多少人享有高收入、社会福利和福祉、教育、医疗卫生服务等，以及人们的精神面貌如何。不能仅仅看个人收入是否增长，也要看公共财政收入是否增加，更要看公共财政收入是否用于民生事业、公共服务和基础设施等。[①] 改革开放以来，中国共产党深刻认识到贫穷不是社会主义，打破传统体制束缚，允许一部分人、一部分地区先富起来，推动解放和发展社会生产力。党的十八大以来，党中央把逐步实现全体人民共同富裕摆在更加重要的位置上，打赢脱贫攻坚战，全面建成小康社会，是促进共同富裕的第一阶段。加快农业农村发展，全面推进乡村振兴，是解决人民日益增长的美好生活需要和不平衡不充分的发展之间的矛盾的必然要求，是实现第二个百年奋斗目标的必然要求，是实

---

① 王春光：《迈向共同富裕——农业农村现代化实践行动和路径的社会学思考》，《社会学研究》2021年第2期。

现全体人民共同富裕的必然要求。

共同富裕理论指引以高质量乡村振兴夯实人类命运共同体构建的基础。中国以乡村振兴推进共同富裕，为共建人类命运共同体奠定实践和理论基础。[1] 在实践中，农业是每一个国家发展必不可少的物质基础，农村是每一个国家都不可能舍弃的重要组成部分，农民是每一个国家重要的人民群体。农村和城市共同体的建设是人类命运共同体的重要组成部分，是建成人类命运共同体的基础。中国拥有最广大的农村以及相当数量的农村人口，到21世纪中叶，当中国这个发展中大国实现了共同富裕，形成了以工促农、以城带乡、工农互惠、城乡一体的新型工农城乡关系的时候，意味着世界范围内最大的城市乡村共同体的成功构建，这将带动全人类早日进入人类命运共同体的理想境界。一些拉美国家在第二次世界大战之后学习西方现代化道路时，在经历了经济的迅速增长之后却纷纷陷入增长停滞、社会动荡的"中等收入陷阱"。西方资本主义现代化道路始终难以解决社会收入不公平、人民贫富差距拉大的社会问题，因此使得拉美国家始终难以跨越中等收入陷阱。与之相反，中国共产党坚持走中国特色社会主义道路，坚持在保持经济增长的同时让劳动者分享经济发展成果。中国以乡村振兴推进共同富裕的理论创新为发展中国家提供了新的道路选择，必将成为推动人类命运共同体构建的持续动力。

共同富裕理论引领推进乡村全面振兴促进共同富裕的相关理论议题研究。乡村振兴作为"全体人民共同富裕的必然要求"与"新时代'三农'工作的'总抓手'"，对于实现高质量发展、迈向共同富裕都有着重大的战略意义：一方面，城乡发展差距是造成发展不均衡的关键变量，"缩小城乡差距将对未来实现共同富裕起着重要的决定作用"[2]；另一方面，农业

---

[1] 参见黄承伟：《从脱贫攻坚到乡村振兴的历史性转移——基于理论视野和大历史观的认识与思考》，《华中农业大学学报（社会科学版）》2021年第4期。

[2] 李实、陈基平、滕阳川：《共同富裕路上的乡村振兴：问题、挑战与建议》，《兰州大学学报（社会科学版）》2021年第3期。

农村现代化是高质量发展的重要基础，没有农业农村的现代化，国家的现代化也无从谈起。在实践层面，高质量乡村振兴无疑是迈向共同富裕的关键领域、薄弱环节和重要组成，是实现共同富裕的必要条件。但是，各地发展程度的差异性、阶段性，乡村振兴目标的复杂性、艰巨性以及共同富裕内涵的理想性、丰富性，决定二者在实践中极易受到教条主义或者经验主义的制约。因此，梳理并加强高质量乡村振兴与共同富裕的相关理论议题研究，澄清二者的逻辑关联，拓展理论分析空间，不仅有助于深化对其重大战略意义的理解，也有助于规避实践的偏差以及推动实践的创新。高质量乡村振兴与共同富裕所蕴含的理论议题可以从"为什么""是什么"和"怎么办"三个层面进行分析、理解。一是加强高质量乡村振兴与共同富裕目标的逻辑关联研究。即为什么高质量乡村振兴能够促进共同富裕的实现，二者保持目标一致性的前提条件是什么？包括：高质量乡村振兴与缩小城乡发展差距，高质量乡村振兴与农业、农村、农民现代化发展，高质量乡村振兴与高质量发展的关系，等。二是共同富裕目标下高质量乡村振兴的理论内涵研究。即高质量乡村振兴的本质是什么，其与经济社会发展的其他领域或方面的关系如何？包括：高质量乡村振兴的指标体系，"五大振兴"之间逻辑关系，乡村振兴与城乡融合发展，等。三是高质量乡村振兴促进共同富裕的理论构建。即在现有实践的基础上，如何通过理论的创新来完善实践，提升乡村振兴的质量？如何在机遇与挑战并存的条件下，不断优化政府政策干预的机制，平衡市场配置资源的效率与局限，协调城乡区域共享发展，激发农民发展的潜能都需要通过理论上的不断创新来为实践的创新提供指引。包括：习近平总书记乡村振兴重要论述的理论创新与实践创新，中国共产党领导"三农"工作的历史逻辑、时间逻辑和理论逻辑，国际乡村振兴实践的经验与教训，等。

第三章　方法引领："千万工程"

2023年6月，中央财办、中央农办、农业农村部、国家发展改革委印发了《关于有力有序有效推广浙江"千万工程"经验的指导意见》的通知，要求各地学深悟透"千万工程"经验蕴含的科学方法，并结合实际创造性转化到"三农"工作实践之中，推动农业农村现代化取得实实在在成效。[①]2024年1月，《中共中央　国务院关于学习运用"千村示范、万村整治"工程经验　有力有效推进乡村全面振兴的意见》（2024年中央一号文件）指出："以学习运用'千万工程'经验为引领"，"要学习运用'千万工程'蕴含的发展理念、工作方法和推进机制，把推进乡村全面振兴作为新时代新征程'三农'工作的总抓手，坚持以人民为中心的发展思想，完整、准确、全面贯彻新发展理念，因地制宜、分类施策，循序渐进、久久为功，集中力量抓好办成一批群众可感可及的实事，不断取得实质性进展、阶段性成果"[②]。

自2003年启动的"千村示范、万村整治"工程（简称："千万工程"）是习近平总书记在浙江工作时亲自谋划、亲自部署、亲自推动的一项重大决策。20年来，浙江一张蓝图绘到底，久久为功，持续推进"千万工程"，造就了浙江万千美丽乡村，发展壮大了万千乡村产业，造福万千农民群众，

[①]　《中央财办等部门印发〈关于有力有序有效推广浙江"千万工程"经验的指导意见〉的通知》，中国政府网2023年7月6日。

[②]　《中共中央　国务院关于学习运用"千村示范、万村整治"工程经验有力有效推进乡村全面振兴的意见》，《人民日报》2024年2月4日。

深刻改变了浙江农村的面貌，创造了农业农村现代化的成功经验和实践范例。

浙江"千万工程"经验案例，是贯彻习近平总书记关于"三农"工作的重要论述和战略部署的生动实践载体，充分彰显了习近平总书记以非凡魄力开辟新路的远见卓识和战略眼光，全面展现了人民群众伟大实践同人民领袖伟大思想、伟大情怀相互激荡形成的凝聚力和创造力，充分显示出习近平新时代中国特色社会主义思想在波澜壮阔的社会实践中的巨大指导作用，是帮助党员干部学习贯彻这一重要思想的鲜活教材。充分认识"千万工程"经验案例对全面推进乡村振兴、推动城乡融合发展的重大意义，对坚持以人民为中心的发展思想、促进全体人民共同富裕的重大意义，对以中国式现代化全面推进中华民族伟大复兴的重大意义具有现实迫切性和重要性。

一、以"千万工程"为方法引领的时代特质

"千万工程"已经历时 20 年，成功的实践形成了经验案例。与一般性的典型案例不同，这一经验案例蕴含着多方面的时代特征和多重时代意蕴，全方位展示了这一案例蕴含的科学方法具有引领的特质。

"千万工程"案例及其蕴含的科学方法具有强烈的历史感染力。2003 年 6 月，时任浙江省委书记的习近平同志在广泛深入调查研究基础上，立足浙江省情农情和发展阶段特征，准确把握经济社会发展规律和必然趋势，审时度势，高瞻远瞩，作出了实施"千万工程"的战略决策，提出从全省近 4 万个村庄中选择 1 万个左右的行政村进行全面整治，把其中 1000 个左右的中心村建成全面小康示范村。在浙江工作期间，习近平同志亲自制定了"千万工程"具体实施方案，建立工作机制，亲自出席 2003 年"千万工程"启动会和连续 3 年的"千万工程"现场会并发表重要讲话，为实施"千万

工程"指明了方向。2005年在安吉县余村调研时他提出"绿水青山就是金山银山"的发展理念，把生态建设与"千万工程"更紧密结合起来，美丽乡村建设成为"千万工程"重要目标。担任总书记以来他多次作出重要指示批示，为推进"千万工程"提供了根本遵循。浙江历届省委、省政府按照习近平总书记的战略擘画和重要指示要求，与时俱进持续深化"千万工程"。20年来，整治范围从最初的1万个左右行政村推广到全省所有行政村，内涵从"千村示范、万村整治"引领起步，到"千村精品、万村美丽"深化提升，再到"千村未来、万村共富"迭代升级，强化数字赋能，逐步形成"千村向未来、万村奔共富、城乡促融合、全域创和美"的生动局面。"千万工程"促进了美丽生态、美丽经济、美好生活有机融合，被当地农民群众誉为"继实行家庭联产承包责任制后，党和政府为农民办的最受欢迎、最为受益的一件实事"，被专家学者誉为"在浙江经济变革、社会转型的关键时刻，让列车换道变轨的那个扳手，转动了乡村振兴的车轮"。①

"千万工程"案例及其蕴含的科学方法具有充分的数据和事实支撑。 20年的"千万工程"，成效显著，用事实和数据展现了这一做法经验的科学方法，令人信服。第一，"千万工程"深刻重塑了万千乡村的人居环境。规划保留村生活污水治理覆盖率100%，农村生活垃圾基本实现"零增长""零填埋"，农村卫生厕所全面覆盖，森林覆盖率超过61%，农村人居环境质量居全国前列，成为首个通过国家生态省验收的省份。第二，"千万工程"的实施实际上就是深入推进城乡融合发展的过程。城乡基础设施加快同规同网，最低生活保障实现市域城乡同标，基本公共服务均等化水平全国领先，基本形成了农村"30分钟公共服务圈""20分钟医疗卫生服务圈"，城乡居民收入比从2003年的2.43缩小到2022年的1.90。第三，"千万工程"推动了乡村产业的蓬勃发展。首先是新的业态如休闲农业、农

---

① 专题调研组：《总结推广浙江"千万工程"经验 推动学习贯彻习近平新时代中国特色社会主义思想走深走实》，《求是》2023年第11期。

村电商、文化创意不断涌现,传统产业和新的产业共同带动农民收入持续较快增长,全省农村居民人均可支配收入由2003年5431元提高到2022年37565元(已连续38年居全国第一);其次是村级集体经济年经营性收入50万元以上的行政村占比达51.2%。[1]第四,"千万工程"有效提升了乡村治理效能。以农村基层党组织为核心、村民自治为基础、各类村级组织互动合作的乡村治理机制逐步健全,乡村治理体系和治理能力现代化水平显著提高,农村持续稳定安宁。第五,"千万工程"持续改善了农民精神风貌。推动"物的新农村"向"人的新农村"迈进,全域构建新时代文明实践中心、新时代文明实践所、农村文化礼堂三级阵地,建成一批家风家训馆、村史馆、农民书屋等,陈规陋习得到有效遏制,文明乡风、良好家风、淳朴民风不断形成。第六,"千万工程"在国内外产生广泛影响。各地区认真贯彻习近平总书记重要指示批示精神,结合实际学习借鉴浙江经验,农村人居环境整治提升和乡村建设取得扎实成效。"千万工程"不仅对全国起到了示范效应,在国际上也得到认可,2018年9月荣获联合国"地球卫士奖",为营造和谐宜居的人类家园贡献了中国方案。[2]

"千万工程"案例及其蕴含的科学方法具有多维时代意蕴。从政治维度看,"千万工程"饱含了人民领袖的深厚农民情结和真挚为民情怀,开启了推进乡村全面振兴的先行探索,展现了习近平生态文明思想在乡村的生动实践,形成了促进农民农村共同富裕的重要抓手,成为了彰显我国制度优越性的有力佐证,让我们在生动的实践中更加深刻领悟到"两个确立"的决定性意义和历史必然性。从发展维度看,"千万工程"是中国式现代化道路在浙江省域、"三农"领域的成功实践和典型样板,经过20年的久久为功,其实践成就充分展现出这一经验案例具有强大的时代生命力、实

---

[1] 专题调研组:《总结推广浙江"千万工程"经验 推动学习贯彻习近平新时代中国特色社会主义思想走深走实》,《求是》2023年第11期。

[2] 专题调研组:《总结推广浙江"千万工程"经验 推动学习贯彻习近平新时代中国特色社会主义思想走深走实》,《求是》2023年第11期。

践引领力和深远影响力。浙江的城乡发展成就表明，"千万工程"改变的已不仅仅是乡村的人居环境，而且还触及了乡村发展的方方面面，深刻地改变了乡村的发展理念、产业结构、公共服务、治理方式以及城乡关系；不仅是乡村人居环境整治与改善的乡村建设工程，而且也是惠民工程、民心工程和共富工程，是乡村振兴发展和城乡融合发展的基础性、枢纽性工程。从理论维度看，"千万工程"对于我们回答"为什么建设乡村、建设什么样的乡村、怎样建设乡村"这一时代之问具有重要启示。20年持续发力，"千万工程"造就万千美丽乡村，在深刻改变了浙江农村面貌的同时，丰富发展了实施乡村振兴战略、推进农村人居环境整治、走好人与自然和谐共生的中国式现代化之路的相关理论内涵，也为党的创新理论提供了实践样本和"源头活水"。从国际维度看，"千万工程"在世界上最大的发展中国家实施，在改善农村生态环境的同时促进了经济繁荣，对渴望实现环境保护与经济发展双赢的广大发展中国家具有借鉴意义。时任联合国副秘书长兼环境署执行主任索尔海姆，参观走访浙江村镇后，对绿色发展成果高度赞赏："我在浙江浦江和安吉看到的，就是未来中国的模样，甚至是未来世界的模样。"[①]"千万工程"是中国特色社会主义生态文明建设的典型代表，其取得的重大成效进一步提升了中国生态治理的能力和水平，提高了中国在全球生态治理体系中的影响力，从而对推动全球生态治理体系变革、共同构建地球生命共同体产生积极作用。此外，"千万工程"城乡融合、统筹发展的成功实践，为破解城乡二元结构这一世界难题提供了中国方案。

"千万工程"案例及其蕴含的科学方法向全国推广对于推进乡村全面振兴具有重要的时代价值。第一，贯彻新发展理念是推进乡村全面振兴的基础。"千万工程"成功实践表明，要走生产发展、生活富裕、生态良好的文明发展道路，就必须推动"三农"领域完整准确全面贯彻新发展理念，加快构建新发展格局，着力推动高质量发展，正确处理速度和质量、发展

[①] 《一张蓝图绘到底》，《人民日报》2023年6月25日。

和环保、发展和安全等重大关系，完善政策体系和制度机制。第二，加快城乡融合发展是推进乡村全面振兴的有效途径。"千万工程"坚持统筹城乡发展，有效促进城市基础设施向农村延伸、城市公共服务向农村覆盖、城市现代文明向农村辐射，推动城乡一体化发展，推动农村基本具备现代生活条件，加快形成工农互促、城乡互补、协调发展、共同繁荣的新型工农城乡关系。第三，建设美丽中国是推进乡村全面振兴的目标引领。"千万工程"持续改善农村人居环境，促进生态农业、低碳乡村发展，成为践行习近平生态文明思想的样板和典范。"千万工程"的实践探索历经了不同阶段，各地的基础条件和生态环境也存在差异性，因此，学习"千万工程"需要结合地方实际找准振兴发展路径，因地制宜，分类施策，处理好"山水林田湖草沙"的关系，在生态产业化方面下足功夫。其中，需重点做好以下三项工作：一是加快农业绿色发展，优化产品数字赋能。大力发展绿色生态农业，推动数字赋能绿色农产品的生产和推广工作。二是完善乡村基础设施建设，推动能源低碳转型。在基础设施建设方面，围绕乡村绿色生态产业体系进行优化布局。在能源转型方面，注重能源效率提高和结构升级。创新能源开发模式，鼓励家庭、合作社等参与分布式光伏、光热项目的建设与运营，推动光伏、光热产业与农业、林业、渔业、畜牧业等产业互补融合，打造生态复合工程，助力乡村全面振兴。三是培育壮大生态服务业，强化财政金融保障。厚植乡村自然风光、民俗文化、特色农业等资源优势，形成乡村生态服务业的发展合力，促进一二三产业有机融合。加快开发培育生态农场、休闲民宿、旅游度假等新业态，发展乡村特色体育产业，进一步加强财政金融改革创新对于生态服务业的支撑作用。推动绿色金融、普惠金融赋能生态产品价值转化，促进乡村全面振兴。第四，有力有效是推进乡村全面振兴的必然要求。推广"千万工程"经验，有利于探索扎实推进乡村振兴的实现路径和阶段性任务，优化人力、物力、财力配置，循序渐进建设宜居宜业和美乡村，不断实现农民群众对美好生活的向往，走出了一条迈向农业高质高效、乡村宜居宜业、农民富裕富足的新路子。

二、以"千万工程"为方法引领的丰富内涵

习近平总书记在浙江工作期间对"千万工程"既绘蓝图、明方向，又指路径、教方法，到中央工作后继续给予重要指导。20年来，浙江按照习近平总书记重要指示要求，深入谋划推进、加强实践探索，推动"千万工程"持续向纵深迈进，形成了一系列行之有效、可供各地结合实际借鉴的做法和经验，蕴含了丰富的启示。以"千万工程"为方法引领推进乡村全面振兴，一是要全面总结"千万工程"的基本经验；二是要深刻理解"千万工程"的重要启示。

（一）"千万工程"案例的基本经验

1. 把贯彻绿色发展理念作为底色

"千万工程"把"绿水青山就是金山银山"贯穿全过程各阶段，把村庄整治与绿色生态家园建设紧密结合，同步推进环境整治和生态建设，走生态立村、生态致富的路子。以整治环境"脏乱差"为先手棋，全面推进农村环境"三大革命"，全力推进农业面源污染治理，坚持生态账与发展账一起算，大力创建生态品牌、挖掘人文景观，培育"美丽乡村+"农业、文化、旅游等新业态，推动田园变公园、村庄变景区、农房变客房、村民变股东，持续打通绿水青山就是金山银山的理念转化通道，把"生态优势"变成"民生福利"。

2. 把科学规划引领作为主线

"千万工程"立足不同地形地貌，区分发达地区和欠发达地区、城郊村庄和纯农业村庄，因地制宜，结合地方发展水平、财政承受能力、农民接

受程度开展工作。遵循乡村自身发展规律、体现农村特点、注意乡土味道、保留乡村风貌,构建以县域美丽乡村建设规划为龙头,村庄布局规划、中心村建设规划、农村土地综合整治规划、历史文化村落保护利用规划为基础的"1+4"县域美丽乡村建设规划体系,强化规划刚性约束和执行力,坚持一张蓝图绘到底。

3. 把循序渐进作为最根本的方法

浙江20年来坚持"千万工程"目标不动摇、不折腾,保持工作连续性和政策稳定性,根据不同发展阶段确定整治重点,与时俱进、创新举措,制定针对性解决方案,每5年出台1个行动计划,每个重要阶段出台1个实施意见,从花钱少、见效快的农村垃圾集中处理、村庄环境清洁卫生入手,到改水改厕、村道硬化、绿化亮化,再到产业培育、公共服务完善、数字化改革,先易后难、层层递进,以钉钉子精神推动各项建设任务顺利完成。

4. 把党政主导、多方协同作为最核心的动力

坚持把加强领导作为搞好"千万工程"的关键,建立党政"一把手"亲自抓、分管领导直接抓、一级抓一级、层层抓落实的工作推进机制,每年召开"千万工程"高规格现场会,省市县党政"一把手"参加,营造比学赶超、争先创优浓厚氛围。坚持政府投入引导、农村集体和农民投入相结合、社会力量积极支持的机制,真金白银投入。将农村人居环境整治纳入为群众办实事内容,纳入党政干部绩效考核,强化奖惩激励。突出党政主导、各方协同、分级负责,配优配强村党组织书记、村委会主任,推行干部常态化驻村联户、结对帮扶,实行"网格化管理、组团式服务"。

5. 把坚持群众主体地位作为最鲜明的要求

"千万工程"始终尊重农民主体地位,从农民群众角度思考问题,尊重民意、维护民利、强化民管。始终把增进人民福祉、促进人的全面发展作为出发点和落脚点,在进行决策、推进改革时,坚持"村里的事情大家商

量着办"。始终注重激发农民群众的主人翁意识,广泛动员农民群众参与村级公共事务,推动实现从"要我建设美丽乡村"到"我要建设美丽乡村"的转变。

6. 把塑形铸魂作为最核心的取向

"千万工程"注重推动农村物质文明和精神文明相协调、硬件与软件相结合,大力弘扬社会主义核心价值观,加强法治教育,完善村规民约,持续推动移风易俗,从机制、硬件软件建设上推动变"文化下乡"为"扎根在乡"。结合农村特性传承耕读文化、民间技艺,加强农业文化遗产保护、历史文化村落保护。在未来乡村建设中专门部署智慧文化、智慧教育工作,着力打造乡村网络文化活力高地。

(二)"千万工程"蕴含的重要启示

坚持人民至上立场不断增进民生福祉。20年来,"千万工程"始终把实现人民对美好生活的向往作为出发点和落脚点,想问题办事情坚持群众视角,从农民最关心的事情做起,把一件件民生小事作为一个个着力点,为广大农民带来获得感、幸福感。学习"千万工程"经验,最重要的就是要更加自觉站稳人民立场,强化宗旨意识,想农民之所想,急农民之所急,在共建共享中提高农民群众积极性和创造性。当前就是要紧盯农业农村发展最迫切、农民反映最强烈的实际问题,千方百计拓宽农民增收致富渠道,巩固拓展好脱贫攻坚成果,让农民腰包越来越鼓、日子越过越红火,推动农民农村共同富裕取得更为明显的实质性进展。

坚持以新发展理念统领乡村振兴。"千万工程"的实践及成效证明,只有完整、准确、全面贯彻新发展理念,推进乡村振兴才能理清思路、把握方向、找准着力点。新征程上贯彻落实党的二十大"全面推进乡村振兴"的决策部署,就是要以新发展理念为统领,立足加快构建新发展格局,正确处理速度和质量、发展和环保、发展和安全等重大关系,加强机制创新、要素集成，抓好乡村产业、人才、文化、生态、组织"五个振兴"，实现乡村发展、乡村建设、乡村治理良性互动，实现既保护绿水青山，又带来金山银山。

坚持以系统观念推动城乡融合发展。"千万工程"使城乡关系发生深刻变革的成功实践证明，乡村和城市是发展中的一个有机整体，只有把城市与乡村发展一并系统考虑、统筹协调，特别是要以县域为重要切入点，着力破除妨碍城乡要素平等交换、双向流动的制度壁垒，促进发展要素、各类服务更多下乡，加快形成工农互促、城乡互补、协调发展、共同繁荣的新型工农城乡关系，才能更充分发挥城市对乡村的带动作用和乡村对城市的促进作用，在城乡融合发展中实现乡村全面振兴。

坚持党建引领乡村治理能力持续提升。"千万工程"成功的背后，是乡村治理体系和治理能力现代化的不断提升。其中最重要的启示有三个方面：一是要把调查研究作为作决策、贯彻落实始终。当前就是要持续加强和改进调查研究，围绕学习贯彻党的二十大精神，聚焦推进乡村振兴、实现共同富裕、增进民生福祉等改革发展稳定中的重点难点问题，深入基层、掌握实情、把脉问诊，紧密结合自身实际，谋划实施有针对性的政策举措，不断破解矛盾瓶颈、推动高质量发展。二是必须抓党建促乡村振兴，充分发挥农村基层党组织战斗堡垒作用，充分发挥村党组织书记、村委会主任的带头作用，引导基层党员干部干在先、走在前，团结带领农民群众听党话、感党恩、跟党走。只有坚持以党建引领基层治理，善于发动群众、依靠群众，才能把党的政治优势、组织优势、密切联系群众的优势，不断转化为全面推进乡村振兴的工作优势。三是必须锚定目标真抓实干，一张蓝图绘到底。保持战略定力，改进工作作风，力戒形式主义、官僚主义，一件事情接着一件事情办，一年接着一年干。

上述重要启示，是"千万工程"成功做法经验的提升。领悟这些启示，是各地结合本地实际、因地制宜学习借鉴"千万工程"经验的重要考量。

三、以"千万工程"为方法引领的理论意蕴和实践要求

学习、总结、研究"千万工程"经验案例是一个渐进过程。首先是从其做法总结可以借鉴的经验，基于经验从学理层面提炼案例中蕴含的启示，再进一步就是要从理论层面发现其背后闪耀的思想光芒。"千万工程"是习近平新时代中国特色社会主义思想在"三农"领域、浙江省域的成功实践和典型样板。习近平新时代中国特色社会主义思想指引了"千万工程"的发生发展，同时，"千万工程"也以20年来的长期实践验证了习近平新时代中国特色社会主义思想的前瞻性、真理性。[①] 对"千万工程"蕴含的丰富理论价值的认识和理解，是学习运用推广"千万工程"经验的有力支撑。同时，"千万工程"蕴含了习近平新时代中国特色社会主义思想的世界观方法论，在推进乡村全面振兴中运用好这些世界和方法论是以"千万工程"为方法引领必须把握好的实践要求。

（一）"千万工程"蕴含的理论价值

第一，展现了中国式现代化乡村振兴的价值导向。 人民性是马克思主义最鲜明的品格。全面建成社会主义现代化强国，人民是决定性力量。"千万工程"的成果之所以能够经得起历史的检验，至今依然发挥着重要示范引领作用，关键在于始终坚持尊重广大农民意愿，激发广大农民积极性、主动性、创造性，激活乡村振兴内生动力，让广大农民在乡村振兴中有更多获得感、幸福感、安全感。"千万工程"以把农民群众从"要我建设美丽乡村"变为"我要建设美丽乡村"为目标，建立机制创新路径，充分发挥农民群众的主体作用和首创精神，回答好发展为了谁、依靠谁、发展成果由谁共享等根本问题，夯实了美丽乡村建设、乡村振兴的群众基础和社会基础。"千万工程"迭代升级，"为了人民"始终是价值取向，"依靠人民"

[①] 仲农平：《又一次"农村包围城市"的伟大壮举》，《农民日报》2023年8月30日。

始终是行动路径。"千万工程"实践还证明，乡村是具有自然、社会、经济特征的地域综合体，与城镇共同构成人类活动的主要空间，在满足城乡居民多元化需求、促进经济增长方面发挥着各自不可替代的重要作用。城乡不是彼此对立，而是相辅相成的。"千万工程"基于城市繁荣、农村落后的现实，充分认识到城乡之间的共生关系，以及乡村在现代化进程中的地位和价值，对乡村进行了系统性、全面性塑造，系统回答了为什么建设乡村、怎样建设乡村等问题，从而推动了浙江乡村巨变。全面推进乡村振兴，必须深刻认识新时代新征程乡村的价值和地位，摒弃乡村是负担、是城市附庸等错误认识，在城镇化和乡村振兴互促互生中，全面拓展乡村生产、生活、生态、文化等多重功能，焕发乡村发展新活力。

第二，展现了中国式现代化乡村振兴的理念基础。理念是行动的先导，一定的发展实践都是由一定的发展理念指导的。2005年时任浙江省委书记的习近平同志到安吉县余村调研时，对余村在实施"千万工程"过程中关停严重污染环境、危害农民身心健康的石矿场与水泥厂，发展绿色经济的做法给予高度赞扬，并有感而发提出了"绿水青山就是金山银山"新理念，由此成为指导"千万工程"向美丽乡村建设深化，进而推动生态省和绿色浙江建设的绿色发展新理念。"绿水青山就是金山银山"这一富有哲理又通俗易懂的理念也成为指导中国生态文明建设和绿色发展的核心理念。"千万工程"将可持续发展、绿色发展理念贯穿于各阶段各环节全过程，妥善处理了"金山银山"与"绿水青山"之间的辩证统一关系，使环境保护与经济发展同步，给农民带来了美丽生态、美丽经济和美好生活，进而产生了变革性的力量。浙江深刻践行"两山"理念，源源不断地将生态财富转化为物质财富和精神财富，生态农业、农村电商、生态康养、休闲旅游等新兴业态蓬勃发展，成为实现"绿水青山"向"金山银山"转化的有效途径。"千万工程"实践证明，从"千村示范、万村整治"到"千村精品、万村美丽"，再到"千村未来、万村共富"，新发展理念引领着"千万工程"的内涵之变和实践探索，为新征程上全面推进乡村振兴坚持以创新、协调、绿色、开放、共享的新发展理念统领乡村振兴工作全局提供了理念基础。

第三，展现了中国式现代化乡村振兴的发展道路。这条道路充分体现了中国式现代化的中国特色和本质要求。一是"千万工程"从解决群众反映最强烈的环境脏乱差做起，统筹抓好乡村环境整治与乡风文明培育、产业发展与生态保护、人才振兴与乡村治理等工作；从创建示范村、建设整治村，以点带线、连线成片，再到全域规划、全域建设、全域提升、全域管理，实现美丽乡村建设水平的整体提升走出一条产业、人才、文化、生态、组织全面振兴的发展道路。二是"千万工程"始终坚持农村物质文明和精神文明两手抓，硬件与软件相结合，把改造传统农村与提升农民精神风貌、树立乡村文明新风有机结合起来，将文明村、文化村、民主法治村等建设和美丽乡村建设紧密结合起来，不断提高农民的民主法治意识、科学文化素质和思想道德素质，实现了农村农民由点到面、由表及里的全面发展、全面提升，走出了一条物质文明与精神文明协调发展的道路。三是"千万工程"和美丽乡村持续推进，为广大农民找到了"绿水青山"转化为"金山银山"的增收之道。经营美丽乡村、发展美丽经济、共享幸福生活、增强村民利益共同体意识，依靠共同奋斗建设美丽富饶的共富乡村，走出了美丽乡村与美丽经济互促互进道路。四是"千万工程"始终贯彻以工促农、以城带乡的思想，做到城市基础设施向农村延伸，城市公共服务向农村覆盖，城市现代文明向农村辐射，促进城乡一体化发展，走出了一条统筹城乡发展、缩小城乡差别、推动城乡一体化发展的城乡融合发展道路。五是"千万工程"20年从农村人居环境大整治到美丽乡村大建设，再到乡村振兴大提升，形成了产业兴旺的特色乡村、生态宜居的花园乡村、文化为魂的人文乡村、四治合一的善治乡村、共建共享的共富乡村"五村联建"的联动发展格局，走出一条农业农村现代化一体设计、一并推进，农民共同富裕的发展道路。

第四，展现了中国式现代化乡村振兴的推进路径。一是久久为功。"千万工程"经历了示范引领、深化提升、迭代升级三个大的阶段，每个阶段范围不断拓展、内涵不断丰富，但始终紧盯目标，一以贯之、前后衔接、梯次推进，确保沿着既定轨道持续推进。二是因地制宜。"千万工程"从一开始，就对"示范村"和"整治村"分别提出任务要求。随着工作不断深化，又针对发达和欠发达地区、城郊村庄和传统农区、丘陵山区和海岛渔村等进一步分类细化了整治建设目标和重点。现在浙江以"一统三化九场景"为"未来乡村"建设提出了具体要求，每个场景还有细化的指标体系和操作性的导则手册，形成了因地制宜、差异化推进的办法。三是合力推进。"千万工程"始终坚持强化政府引导作用，调动农民主体和经营主体积极性，很好地处理了政府、市场和农民的关系，形成了"政府主导、农民主体、部门配合、社会资助、企业参与、市场运作"的良性互动机制，为在全面推进乡村振兴加强政府投入和政策引导，深化市场化改革，推动有效市场和有为政府更好结合，实现政企联动、干群互动，政府市场农民等多方力量协同提供了实践范例。四是健全层层抓落实的工作机制。20年来，"千万工程"始终是"一把手"工程，党政"一把手"亲自抓、分管领导直接抓、一级抓一级、层层抓落实，这为抓好"千万工程"提供了根本政治保证。年初把工作任务分解落实到各级各部门，过程中开展常态化明察暗访，年末总结考核、兑现奖惩。按省内最高规格，每年召开"千万工程"高规格现场会，每5年出台1个行动计划及相关政策意见，推动"千万工程"持续深化、层层递进。责任落实、督查考核、激励动员等方面的工作机制不断健全完善，从制度上把各方面的责任真正落实到位。

（二）"千万工程"蕴含的世界观方法论

"千万工程"是习近平新时代中国特色社会主义思想在之江大地的生动实践，背后蕴含着重要的世界观和方法论。党的二十大擘画了以中国式现代化全面推进中华民族伟大复兴的宏伟蓝图。全面建设社会主义现代化国家，最艰巨最繁重的任务仍然在农村。深刻把握"千万工程"所蕴含的世界观、方法论，对于更好地推动宜居宜业和美乡村建设，夯实农业农村现代化的基础，扎实推进中国式现代化的乡村振兴道路具有重要的理论和现实意义。

一是必须坚持人民至上。人民性是马克思主义本质属性，人民至上是马克思主义的政治立场。"千万工程"的生动实践充分证明：人民群众最关心什么，我们党就做什么；人民群众最需要什么，各级党员干部就致力于什么。"千万工程"是收集群众诉求、捕捉群众需求、解决群众痛点、满足群众意愿的典型代表。"千万工程"实施的初心就是为村民谋幸福，就是为了满足村民对美好生活的向往。从污水治理、垃圾处理到农房改造、绿化美化，产业发展，就业创造，收入增加，处处彰显的是人民的生活在向好。

二是必须坚持自信自立。事物总是不断发展变化的，发展是前进的上升的运动，事物的发展是一个过程。"千万工程"实施以来，历届浙江省委始终坚信"千万工程"就是合乎浙江实际、合乎历史发展方向、具有强大生命力的新事物。20年间，"千万工程"从最基本的农村人居环境整治开始，实现了从示范、提升到发展飞跃，在怎样建设美丽乡村的问题上，浙江始终以发展的眼光看待问题，把握时代的脉搏，将一个个成果丰硕的终点变成争取更大胜利的起点，全力打造"千万工程"的升级版。"千万工程"的发展是一任接着一任干、一年接着一年干、一件事接着一件事办所成就的伟大工程，[1] 生动践行了如何坚持自信自立。

三是必须坚持守正创新。"千万工程"本身就是改革的体现和结果，是对浙江农村发展方式、发展路径、发展动能的一次深层次、全方位、整体性的变革重塑，其中如何处理稳和进、立和破、近和远等关系，蕴含着发展理念的变革、政绩观的升华。"千万工程"始终注重"保护促利用、利用强保护"，在坚守根本的同时开拓创新，始终在推进中用改革的办法

---

[1] 肖香龙、马寅杰：《"千万工程"体现的哲学智慧》，《光明日报》2023年6月27日。

解决其中难题，以深化改革促进农业农村现代化。20 年间，浙江省市县每 5 年出台一个实施意见或行动计划，不断创新制度供给，促进了新型工业化、信息化、城镇化与农业农村现代化同步发展。

四是必须坚持问题导向。"千万工程"始终坚持问题导向，坚持从实际出发。"千万工程"是习近平同志到浙江工作后不久，用 118 天时间跑遍 11 个地市，一个村一个村地仔细调研，在充分掌握省情农情的基础上，聚焦污染问题、厕所问题、发展问题等人民群众最为关心的急难愁盼问题而做出的重大决策。浙江在每一个发展阶段，都聚焦不同重点，在 2003 年至 2010 年"千村示范、万村整治"示范引领阶段，聚焦解决村庄环境综合整治问题，推动乡村更加整洁有序；在 2011 年至 2020 年"千村精品、万村美丽"深化提升阶段，聚焦乡村居住条件、环境改善问题，推动乡村更加美丽宜居；在 2021 年至今"千村未来、万村共富"迭代升级阶段，聚焦加快发展、共同富裕问题，形成了"千村向未来、万村奔共富、城乡促融合、全域创和美"的生动局面。"千万工程"始终在发现问题的基础上，科学分析并深入研究问题，灵活运用科学思维方法努力化解矛盾，解决问题。

五是必须坚持系统观念。系统观是马克思主义关于事物普遍联系的基本观点。"千万工程"的实施牵涉到农村工作的方方面面。"千万工程"的实施出发点是改善农村人居环境，但绝不是"头痛医头、脚痛医脚"的机械思维，而是一个涉及经济发展、乡村治理、乡风文明、产业发展、环境美化的立体的、完善的系统思维。"千万工程"是浙江系统性破解"经济发展、环境恶劣"难题的突破口，通过"千万工程"，浙江积累了同时实现主导产业兴旺发达、主体风貌美丽宜居、主题文化繁荣兴盛的宝贵经验，也为乡村产业、人才、文化、生态、组织五大振兴协同推进提供了一条成熟的系统路径。[①]"千万工程"的实践证明，在全面推进乡村振兴中坚持系统观念，必须把握好全局和局部、当前和长远、宏观和微观、主要矛

---

① 肖香龙、马寅杰：《"千万工程"体现的哲学智慧》，《光明日报》2023 年 6 月 27 日。

盾和次要矛盾、特殊和一般的关系，要牢牢掌握统筹推进的科学方法，坚持两手提升软硬件，设施机制同步抓，环境文明互促进。更加注重完善提升乡村基础设施和公共服务配套，推动乡风文明、乡村治理再提升，让农村群众享受到现代化建设新成果。

案例 1

学习运用"千万工程"经验的省级实践
——广东省推动实施"百县千镇万村高质量发展工程"的顶层设计与实践探索

党的十八大以来至2023年，习近平总书记4次视察广东，3次就广东破解城乡二元结构问题、促进城乡区域协调发展提出明确要求、指明前进方向。广东省深刻领会、准确把握习近平总书记关于"三农"工作重要论述和对广东重要讲话、重要指示精神，着眼于推进广东省域农业农村现代化、促进城乡区域协调发展，学习借鉴浙江"千万工程"经验，在历届省委、省政府打下的深厚基础上，抓住县域发力点，创新部署实施"百县千镇万村高质量发展工程"（简称"百千万工程"），完善顶层设计，全域全面有力有序推进实践取得初步成效。广东省的"百千万工程"是学习运用"千万工程"经验的省域实践。

一、广东省"百千万工程"的顶层设计

（一）精确定位目标

这是"百千万工程"顶层设计的出发点和落脚点。"百千万工程"锚定"走在前列"的总目标，将"百千万工程"作为广东全省推动

高质量发展的头号工程，具体定位为：优势塑造工程、结构调整工程、动力增强工程、价值实现工程。

优势塑造工程，就是挖掘广袤县域和广大乡村的建设空间、资源空间、市场空间、承载力空间，塑造新优势、实现大发展。

结构调整工程，就是理顺区域、城乡、工农等深层次关系，推动产业结构更加优化、要素配置更加高效、分配方式更加合理。

动力增强工程，就是破解体制机制障碍，吸引要素、导入项目、活跃经济，构建起县域发展的强大动力系统。

价值实现工程，就是打通绿水青山向金山银山的转化通道，挖掘县镇村的经济价值、生态价值、社会价值、文化价值。

简言之，广东省"百千万工程"是一项以破解城乡二元结构问题为导向，以乡村全面振兴为抓手，以实现农业农村现代化、促进城乡区域协调发展为目标，以"千万工程"理念机制方法为借鉴，在广东落实高质量发展的首要任务和构建新发展格局战略任务中发挥支撑作用的城乡融合、区域平衡高质量发展工程。

（二）高端决策部署

省委全委会决策。 2022年12月8日，省委十三届二次全会审议通过《中共广东省委关于实施"百县千镇万村高质量发展工程"促进城乡区域协调发展的决定》。该决定要求突出县域振兴，高水平谋划推进城乡区域协调发展，实施"百县千镇万村"高质量发展工程，大力推进强县促镇带村，深入推进城乡融合发展，扎实推进城乡面貌改善提升，强化政策机制支撑，发挥好基础设施先导作用，推动城乡区域协调发展向着更高水平和更高质量迈进。

省委经济工作会议部署。 2023年1月3日，省委经济工作会议就实施"百千万工程"进行具体部署，要求建设强富绿美新县域，要坚持工农互促、城乡互补、区域互动，走特色发展、集约发展、绿色发展之路，推动强县联镇带村，让县域进一步强起来、富起来、绿起来、美起来，成长出更多全国百强县。

省委会议推动。2023年1月28日，省委召开全省高质量发展大会，省委、省政府以全省122个县（市、区）、1609个乡镇（街道）、2.65万个行政村（社区）为主体，全面实施"百千万工程"。强调要抓住县域这个重要发力点，更好地统筹县的优势、镇的特色和村的资源，全局性谋划、战略性布局、整体性推进，加快把县镇村发展的短板转化为高质量发展的潜力板，推动城乡区域协调发展向着更高水平和更高质量迈进。进一步明确，"百千万工程"关系到党的二十大战略部署在我省落地生根，关系到全省人民群众对美好生活的新期待，关系到广东在新征程中走在全国前列、创造新的辉煌，其意义之重、涉及之广、影响之远、难度之大非比寻常。2023年2月13日，省委农村工作会议暨全面推进"百县千镇万村高质量发展工程"促进城乡区域协调发展动员大会，立足"抓什么"，把准县镇村高质量发展的重点任务；聚焦"怎么抓"，确保各项工作有力有序向前推进；明确"谁来抓"，形成指挥有力、上下贯通、协同推进的工作格局。

（三）高位推动落实

2023年2月24日，全省推动产业有序转移促进区域协调发展工作会议，围绕实施"百千万工程"大局，在新起点上齐心协力续写产业有序转移新篇章，明确要把握高质量发展要求，把推动产业有序转移作为实施"百千万工程"、促进区域协调发展的重要举措抓好抓实抓落地。考核评估要纳入"百千万工程"统筹安排，既要充分发挥考核指挥棒作用，又尽可能减轻地方和基层负担，真正考出动力、考出活力、考出效果。

2023年5月18日，全省县区党政正职高质量发展能力培训暨"百县千镇万村高质量发展工程"专题培训班，要求各地要把"百千万工程"作为县域加快发展必须抓住的难得机遇，为县（市、区）委书记、县（市、区）长抓县域经济社会发展提供了总抓手。要求围绕"生态""经济""生活"3个关键词，有力有效推进。在生态方面，要统筹环境整治、生态建设和生态致富，研究解决好农村人居环境整治、镇容镇貌改善、县域绿美生态建设等问题。在经济方面，要研究解决好县镇村产业发展的布局、平台、要素保障和营商环境建设等问题，夯实县域产业根基。在生活方面，要研究解决好完善社会治理、提升基本公共服务、增加居民收入、改善基础设施、加强精神文明建设等重大问题和群众急难愁盼等问题。

2023年6月20日，省委十三届三次全会要求深入实施"百千万工程"，在城乡区域协调发展上取得新突破。强调拿出头号工程的力度，形成头号工程的势头，因地制宜、因县施策抓好产业培育，大力发展乡村产业，打造一批产业强县，通过做强县城龙头、做实乡镇节点、建设和美乡村抓好城乡建设，通过推进扩权强县和强县扩权改革、镇街体制改革、农村综合改革、城乡融合发展体制机制改革等抓好改革赋能，全面推进县镇村高质量发展，强化土地、资金、人才等要素保障，更好强县促镇带村，不断缩小城乡区域差距，加快把短板变为潜力板。

2023年7月14日，省"百县千镇万村高质量发展工程"专家咨询座谈会暨专家智库启动仪式在广州举办，把成立专家智库、建立决策咨询机制，作为推动实施"百千万工程"的重要举措。

2023年8月3日，省召开百校联百县助力"百县千镇万村高质量发展工程"行动动员部署会，启动实施"双百行动"，推动校县结对、合作共建，是优势互补、合作共赢的协作。要求把县域所需和高校所能结合起来，找准合作共建结合点，增强合作的针对性、实效性；把项目化推进与重心下移结合起来；把合作共建落到具体项目上、落到驻镇驻村服务上、落到解决难点堵点问题上；把主动作为和协同联动结合起来，县校无缝对接，高校组团紧密合作，各方协同发力，形成乘数效应；把示范探索与久久为功结合起来，在建立机制、探索经验、形成示范上下功夫求实效。

2023年11月6日，全省推进"百县千镇万村高质量发展工程"促进城乡区域协调发展现场会召开，要求大抓产业发展，突出特色发展着力培育县域优势产业，突出融合发展加快构建县域现代产业体系，突出集聚发展加快形成县域产业集群；大抓人居环境建设，答好环境综合整治优先题、风貌管控必答题、美丽圩镇建设加分题、绿化美化基础题；大抓公共服务和社会治理，突出基础设施提能级，突出民生服务提质量，突出社会治理提效能；大抓体制机制改革，"放活"权限、"盘活"资源、"激活"要素；大抓社会力量参与，提升帮扶协作精细化、实效化水平，推动"双百行动"双向奔赴、合作共赢，推进"千企帮千镇、万企兴万村"提质升级，走好新时代党的群众路线。

2023年11月8日，省委书记专题会研究部署"百千万工程"重点任务，包括：中心镇要按照小城市标准规划建设；要把农村电商作为大事来抓；要完善农村建房审批管理制度，为农民建房开通路径；农村道路两旁一定要绿化；农村电网要扩容，确保安全运行，管好线；大力发展乡村旅游，规划建设乡村酒店；做好政策的梳理和宣传贯彻；基础设施建设要适度超前；推动产业有序转移要做好增量的文章；城乡建设政策要保持相对稳定，不能左右摇摆；要用好设计院、高校的力量，把镇村建设规划尽快做出来；鼓励粤东西北县（市）到珠三角地区建设反向飞地；提高县域在全省重点项目投资中的比重；国土、农业、住建等部门的一张图合并在一起；省领导挂钩联系点作为"百千万工程"责任点；"百千万工程"指挥办要建立工作清单，抓好常态化调度。

2023年11月24日，企业助力广东"百千万工程"动员会召开，号召要牢记嘱托、把握机遇，引导企业更加积极主动参与县镇村高质量发展，举全省之力把头号工程一抓到底、抓出实效。要担当作为、协同发展，聚焦县域高质量发展、强化乡镇节点功能、建设和美乡村等重点，创新形式，健全机制，广泛调动各类市场主体力量深度参与"百千万工程"，在此过程中实现自身更好更高质量发展。要加强领导、做细服务，在"聚合力""优服务""强保障"上下足功夫，把广东的"百千万工程"打造成为企业投资兴业的新宝地、各方共享发展成果的新平台。

2023年12月30日，省委十三届四次全会强调统筹推进城乡融合和区域协调发展，推动"百千万工程"建设加力提速。该全会还强调：一是加快城乡融合发展。做强县域特色产业，提升城镇建设能级，打造和美乡村，健全城乡融合体制机制。二是强化区域协同融通。塑造科学空间布局，推动基础设施均衡通达，优化区域联动机制。三是强化陆海统筹联动。优化海洋开发利用，强化港产联动，布局建设海洋发展平台。

2024年2月18日，全省高质量发展大会进一步强调，广东县镇村资源丰富、市场广阔、应用场景众多，要强化科技赋能、强化产业支撑、强化人才引领，以科技创新引领产业提质、建设提级、服务提效，让产业科技创新成为"百千万工程"最强有力的支撑。号召广大企业更加积极主动投身"百千万工程"，金融机构推动金融支持下沉到县、延伸到镇、服务到村，高校"双百行动"为县镇村建设多做实事、贡献智慧，专家智库多建睿智之言、多献务实之策。

二、广东省实施"百千万工程"的做法经验

（一）建立组织指挥体系，强力推进

省委以上率下高位推动。省委先后召开多场高规格会议，全面部署、系统推动"百千万工程"。学习借鉴"五级书记抓乡村振兴"机制，省、市、县三级全部构建由党政主要领导牵头挂帅的"百千万工程"指挥部，全部组建实体化运作的指挥部办公室。（省指挥部由省委书记任总指挥，省长任第一副总指挥，所有的省委常委和所有的副省长为副总指挥，省人大一名副主任和省政协一名副主席任副总指挥，省指挥办主任由省委常委、省委秘书长兼任；各地市指挥办主任由副书记兼任。）全面实行省领导定点联系市县、市领导挂钩镇、县领导联系村，将挂钩联系点作为领导干部责任点，压实县委书记"一线总指挥"、镇党委书记"一线施工队长"、村党组织书记"领头雁"责任，建立起全省推进"百千万工程"的领导力量、工作队伍和责任体系。建立"驾驶舱"式信息化指挥调度平台，全面汇集数据指标，接入各类视频和无人机资源，建成集挂图作战、区域画像、工作推进、指挥调度、实况查看、督办落实等功能于一体的信息综合平台，有效实现调度到县、指挥到村、督查到人。

实施专班抓落实。分别由相关部门牵头成立县域经济、城镇建设、乡村振兴、要素保障、决策咨询、"双百行动"、金融、全域土地综合整治等8个专题实施专班，构建起"党委管总、指挥部主战、职能部门主建"的工作格局。

提高指挥效能。建成集挂图作战、区域画像、工作推进、指挥调度、实况查看、督办落实等功能于一体的"百千万工程"驾驶舱，日常安排无人机采集各地图像，实现调度到县、指挥到村、督查到人。

（二）建立分类施策体系，开展典型引领

坚持典型带动。在全省遴选首批22个典型县（市、区）、110个典型镇、1062个典型村（社区），集中要素、集中资源、集中力量推进，及时总结好的经验做法在全省推广学习。

突出分类指导。将全省65个区和57个县（市）分别划分为创先、进位、消薄三类，引导县域立足资源禀赋、比较优势差异化发展。遵循镇村建设规律，将全省1612个镇（街）划分成城区镇、中心镇、专业镇、特色镇、普通镇5类，将19262个行政村按照集聚提升类、城郊融合类、特色保护类、一般发展类、搬迁撤并类，分别确定发展方向。

加强政策保障。出台《中共广东省委关于实施"百县千镇万村高质量发展工程"促进城乡区域协调发展的决定》，配套制定《实施意见》和《工作方案》，省直部门配套出台了100多项政策，市县两级按照"一县一策"原则制定操作性工作方案，构建起"1+N+X"的政策体系。开展2023年"百千万工程"政策评估，既找现有政策的亮点，也找与外省相比存在的政策差距。

抓牢督导落实。出台"百千万工程"考核评价办法，差异化开展考核评价。制定《省"百千万工程"指挥部领导同志批示件和交办事项督办工作流程》，清单化推进重点任务落实。开展为期6周的"四不两直"专项督查，将"百千万工程"推进落实情况列入省委巡视重要内容。建立科学精准的考核评价体系，既考总量、考增速，更突出前后变化和群众获得感，注重实际成效；对创先、进位、消薄不同类别县（市）和区，设置差异化考核指标，综合运用乡村振兴考核、高质量发展综合绩效考评等考核结果，真正考出压力、考出动力、考出活力。

（三）建立工作推进体系，整体推进。

推动县域经济发展。强化产业兴县、强县富民，进一步增强县（市、区）经济实力、区域竞争力。

抓好乡镇联城带村。统筹35亿元集中建设110个典型镇，示范带动全省打造"干干净净、整整齐齐、长长久久"的美丽圩镇。加快中心镇、专业镇、特色镇建设，112个镇入选2023年全国千强镇，一批"小而美、小而精"的专业镇特色镇不断突破。

持续改善农村人居环境。扎实推进农村厕所、垃圾、污水"三大革命"，2023年底全省农村生活污水治理率达64.7%。在全省确定23个县（市、区）开展农房建设试点，严把规划引导、施工设计、建材应用、乡村工匠等关键环节，推动新建农房把关、既有农房提升、特色农房保护。

建设城乡绿美生态。用好"四旁""五边"推进县镇村绿化美化，建成各类森林乡村、绿美古树乡村、绿美红色乡村共计200余个，掀起全社会爱绿、植绿、护绿热潮。

着力提升公共服务。坚持县域统筹、城乡一体，系统推进交通、水利、电力、网络等基础设施建设，聚焦"一老一小"，统筹推进县镇村养老院、长者饭堂等建设，加快推动县城高中、乡镇"三所学校"高质量建设。开展农村精神文明创建五大行动，新时代文明实践中心（所、站）、公共文化基础设施实现县镇村全覆盖，初步形成"15分钟文化服务和文明实践服务圈"。

（四）建立创新体系，改革赋能。

深化扩权强县、强县扩权改革。出台《县域经济高质量发展体制机制改革方案》，将60项省级行政职权调整由有关地级以上市和县（市、区）实施，将财政省直管县扩围至全省57个县（市），进一步扩大县级资源整合使用自主权。

推动金融支持"百千万工程"落实到县镇村。召开金融支持"百千万工程"推进会，出台专项《实施方案》，设立总规模100亿元的广东省县域经济高质量发展投资基金，农业银行广东分行开展"千人驻镇"，广东农信选派3.32万名金融特派员驻村入户，促进金融力量、金融产品、金融服务下沉到县镇村。

发展壮大新型农村集体经济。各地创新探索，形成了"强镇富村公司""国有企业＋集体企业"共建股权投资基金、"股票田"改革、"整村授信＋"、村集体土地过渡性开发等一批新模式新经验。实施"千名农村职业经理人培训计划"，盘活乡村"沉睡"资源。

深入推进农村土地制度改革。持续抓好农村承包地、宅基地和集体经营性建设用地"三块地"改革，二轮土地延包试点扎实推进，6个国家级宅基地制度改革试点任务取得初步成效。

（五）建立社会动员体系，汇聚合力。

创新帮扶协作关系。建立横向帮扶和纵向帮扶工作机制，珠三角6市横向帮扶协作实现对全省57个县（市）及粤东粤西粤北市辖区全覆盖，156家省有关单位组团纵向帮扶支持57个县（市）及5个重点老区苏区市辖区。

创新实施"双百行动"。召开广东省百校联百县助力"百千万工程"行动动员部署会，组织省内百家高校院所与涉农县（市、区）结对共建，组建"双百行动"乡村产业发展、乡村公共服务、乡村建设规划等三大高校联盟。

创新企业参与动员机制。召开企业助力广东"百千万工程"动员会，广泛动员国企民企深度参与到"百千万工程"。

创新专家智库力量发挥路径。成立省"百千万工程"专家智库，选聘38名各领域专家和12个智库机构，召开专家咨询座谈会，建立决策咨询机制，引导专家学者聚焦广东县镇村开展理论和实践研究。

创新广泛汇聚各方力量形式。开展青年大学生"百千万工程"突击队行动，动员超50万名青年大学生入县下乡。各类媒体广泛宣传发动，省内主流媒体全面聚焦、深度报道，不断凝聚起全社会共同支持参与"百千万工程"的强大力量。

三、广东省实施"百千万工程"的初步启示

广东省"百千万工程"启动实施以来，初步展现了系统性、综合性、引领性的成效和影响。就启示而言，目前主要集中体现在：推进乡村全面振兴，一是要始终坚持城乡融合、区域协调发展的理念，二是要统筹推进县镇村产业发展、镇村建设、公共服务供给、

改革赋能等，三是要加快形成新型城镇化和乡村振兴双轮驱动的良好局面。

一是聚焦产业发展，全面提升县域经济综合实力。坚持强县产业与富民产业相统筹，传统产业与新兴产业相结合，一二三产业相融合，整体推进县镇村产业发展。第一，以产业有序转移为抓手，壮大县域经济。召开全省推动产业有序转移促进区域协调发展工作会议，将产业有序转移作为"百千万工程"的重要内容，在除珠三角地区核心6市外的15个地市布局建设承接产业有序转移主平台，省下达42.5亿元注入资本金、安排1万亩用地指标用于支持主平台建设。第二，以现代化海洋牧场建设为突破口，打造新的经济增长点。充分利用海岸线较长、海洋资源丰富的优势，推动沿海县全力建设现代化海洋牧场，加快深蓝种业、设施装备等关键核心技术攻关，全力打造"蓝色粮仓"。第三，以一二三产业融合发展为关键，加快构建现代乡村产业体系。紧紧抓住"粮头食尾""农头工尾"，大力发展预制菜产业、农产品精深加工业、乡村旅游业，把"乡村魅力"转化为"经济活力"。同时，持续打好"龙头、园区、品牌、配套"四张牌，深入实施农业龙头企业培优工程，推动农业产业园区拓功能、扩规模、增效益，全方位构建具有广东特色的现代乡村产业体系。

二是持续强化人居环境建设，改善群众居住生活空间。以美丽圩镇建设和乡村建设行动为重点，全面提升县镇村人居环境品质。扎实推进农村改厕、生活垃圾和污水处理"三大革命"，将农村生活污水治理纳入省十件民生实事强力推进，因村施策选择治理模式，突出重点区域集中攻坚。抓住农房风貌管控这块硬骨头，从既有农房提升、新建农房把关，到特色农房保护，紧盯规划引导、施工设计、建材应用、乡村工匠等关键环节，强化刚性约束、全面提升乡村风貌，在全省确定23个县（市、区）开展农房建设试点。强化"六乱"整治，印发系列指引图集，推进美丽圩镇"七个一"建设（一个美丽乡镇入口通道、一条美丽示范主街、一片房屋外立面提升样板、一处美丽圩镇客厅、一个干净整洁农贸市场、一条美丽河道、一个绿美生态小公园），乡镇风貌品质得到明显提升。统筹资金集中建设110个典型镇，示范带动全省打造"干干净净、整整齐齐、长长久久"的美丽圩镇。最后，要答好绿化美化基础题。深入实施绿美广东生态建设"六大行动"，开展乡村"四旁""五边"空地植绿增绿，大力推进村庄绿化美化，建成各类森林乡村、绿美古树乡村、绿美红色乡村，绿美广东示范点实现县域全覆盖。

三是提升公共服务和社会治理水平，切实增强群众满意度获得感。加快推进以县城为重要载体的新型城镇化，持续改善县镇村生产生活条件。一方面，突出基础设施提能级。坚持县域统筹、城乡一体，系统推进交通、水利、电力、网络等基础设施建设，优化便民服务、商超文体等设施布局，加快田头仓储保鲜、冷链物流设施建设。尤其是全面部署推动农村电网升级扩容改造，全面推进农村道路提档升级，扎实推动客运公交村村通建设。另一方面，突出民生服务提质量。聚焦"一老一小"，统筹推进县镇村养老院、长者饭堂、幼儿园等基本公共服务设施建设。建好学校、建强医院，加快推动县城高中、乡镇"三所学校"高质量建设，组建紧密型教育联盟和医联体、医共体，全面提升基层公共服务水平和能力。此外，要强化社会治理提效能。强化党建引领，坚持和发展新时代"枫桥经验""浦江经验"，加快建设基层社会治理工作体系。常态化落实村党组织书记在县级组织部门备案管理制度，加强对村党组织书记"三个一肩挑"监督管理。深入推进农村精神文明建设，大力实施习近平新时代中国特色社会主义思想传播工程，开展农村精神文明创建五大行动（村庄清洁行动、农房风貌管控提升行动、乡村文化空间营造提升行动、文旅融合特色村镇建设行动、农村移风易俗深化治理行动），广泛开展文明村镇、星级文明户、文明家庭、最美家庭、书香家庭等评选活动，由表及里、塑形铸魂。

四是深化体制机制改革，激发释放活力潜能。持续深化各领域改革，不断增强县镇村发展动能。首先要"放活"权限。出台《县域经济高质量发展体制机制改革方案》，将60项省级行政职权调整由有关地级以上市和县（市、区）实施，涉及14个省直部门，涵盖投资、用地、交通、环保、文旅等领域一批含金量较高的职权事项。进一步推进省以下财政体制改革，将财政省直管县扩围至全省57个县（市），促进财政资源下沉，让基层有钱干事。其次要"盘活"资源。全力推动金融支持"百千万工程"落实到县镇村，成立省"百千万工程"金融专班，印发实施方案，围绕县域贷款、县域存贷比、涉农贷款、农业保险深度、"广东乡村振兴板"挂牌企业数等定量目标，制定各阶段的金融服务目标，实现省内主要优势特色农产品保险全覆盖。积极探索新型农村集体经济的实现方式，启动实施农村职业经理人试点。最后要"激活"要素。加快推动全域土地综合整治扩面提质，出台全面深入开展全域土地综合整治助力"百千万工程"综合性政策文件。

五是更加广泛动员社会力量参与，形成众人拾柴火焰高的良好局面。集各家所长提升参与实效，构建全社会共同参与工作格局。要动员党政机关力量构建新型帮扶协作机制。借鉴浙江、福建"山海协作"做法，建立起省直组团纵向支持、珠三角与粤东粤西粤北地区横向帮扶协作、市域内帮扶协作的新型帮扶协作机制，推动优势互补、合作共赢。要动员高校力量创新实施"双百行动"。组织省内百家高校院所与109个涉农县（市、区）结对共建，组建"双百行动"乡村产业发展、乡村公共服务、乡村建设规划等三大高校联盟，选派114名高校驻县服务队队长、副队长，达成校地合作清单达800余项。动员企业力量实施企业助力"百千万工程"行动。调动专家力量成立省"百千万工程"专家智库，建立决策咨询机制，助力实现科学高效决策。要广泛调动其他各方力量共同参与。组建166支央企青年突击队开展助力"百千万工程"行动，民主党派积极建言献策，侨助广东高质量发展行动取得积极成效，粤台农业合作持续深化，凝聚起全社会共同支持参与广东城乡区域协调发展的强大力量。

案例 2

河南省信阳市实施乡村振兴"十百千工程"

脱贫攻坚取得全面胜利后，习近平总书记指出："现在，我们的使命就是全面推进乡村振兴，这是'三农'工作重心的历史性转移。"[①]2019年9月，习近平总书记视察信阳市，对信阳市脱贫攻坚、经济社会发展作出重要指示，信阳市坚决贯彻落实习近平总书记的重要指示精神创造了经验。信阳市地处中部，人口密集，经济社会发展具有典型性和代表性，其推进巩固拓展脱贫攻坚成果、推进乡

---

① 习近平：《论"三农"工作》，中央文献出版社2022年，第5页。

村全面振兴的做法经验,对于中、西部地区具有借鉴价值。2021年底以来,信阳市提出并大力实施乡村振兴"十百千万"工程,树样板、立标杆、做示范,引领全市乡村振兴。通过实施和探索,全市规划建设的10个示范区、234个示范引领村、2131个生态宜居村民组,其余都是整治达标村庄,已取得了阶段性成效,初步形成了新村民、新业态、新构架、新体系、新时代的"五新"乡村振兴格局,探索出一套乡村振兴有效路径,为学习运用"千万工程"经验提供了样本和借鉴。

一、信阳市乡村振兴"十百千万"工程由来

2021年8月,为推进全市农村人居环境整治,巩固提升信阳美丽乡村建设成果,信阳市委提出深入开展百村引领、千村示范、万村整治("十百千万"工程)。后来工作重心逐步转到乡村振兴战略上来,在实施过程中逐步修正完善。

按照信阳市委部署,信阳市"十百千万"工程的内容包括:

"十",即每个县(区)连片全域选择2—3个乡镇建设1个乡村振兴示范区。

"百",即示范区外每个乡镇以行政村为单位建设1个示范引领村,示范区内全域乡镇不低于本乡镇行政村总数的10%建设示范引领村(至少建设2个,全市从中选择4个村开展未来乡村试点)。

"千",即示范区外每个乡镇以村民组为单位建设5个生态宜居村民组,示范区内乡镇不低于本乡镇村民组总数的30%建设生态宜居村民组。

"万",即剩余村庄都要建设成人居环境整治达标村庄。

"十百千万"工程具体建设逻辑是,从自然村基础单元出发,

所有的自然村都要做到人居环境整治达标；整治达标效果明显地提升为生态宜居村民组；生态宜居村民组达到100%的行政村，说明基础比较好，按照"五个振兴"的标准进行全面梳理、系统规划、整体提质，打造示范引领村，示范引领村作为标杆模板要循序渐进。示范区内的乡镇要有2个以上示范引领村。2—3个较好的乡镇连片形成一个县区的乡村振兴示范区。

2021年底，全市10个县区共有234个示范引领村、2131个生态宜居村民组，其中示范区内26个全域乡镇中有68个引领村、1176个生态宜居村民组；示范区全域乡镇之外有168个示范引领村、955个生态宜居村。

为了推进"十百千万"工程，2022年4月20日市里成立由市委副书记任牵头领导，市委农办主任、市农业农村局局长任主任，从市农业农村局、乡村振兴局、自然资源和规划局、金融局、农科院抽调6名同志，组成"十百千万"工程工作专班，以专班形式具体负责工程推进。各县（区）也相应成立了工作专班。市里还专门成立了乡村振兴研究院，负责探索、推广乡村振兴信阳案例。

二、信阳市乡村振兴"十百千万"工程的主要进展

信阳市坚持标准化实施、项目化推进、模式化示范、系统化着力，通过两年多的实施和探索，乡村振兴"十百千万"工程取得了阶段性成效。

建立了一套推进乡村全面振兴的标准体系。先后制定了《信阳市乡村振兴三年行动计划（2021—2023年）》《乡村振兴"十百千万"工程工作导则（试行）》（2023年对该导则内容进行适当修订）。为保证工程有序推进，信阳市坚持规划先行，系统化指导各县（区）

编制示范区总体规划和各类专项规划。市委高度重视规划编制情况，专题听取了县（区）关于示范区建设谋划情况汇报，并指导汇报县（区）确定示范区建设发展方向和具体内容。各县（区）邀请国内知名规划设计团队，对示范区进行了规划，分类描绘了示范区、镇区、示范引领村、生态宜居村民组、整治达标村庄振兴蓝图，确保"十百千万"工程能够按标准推进。至2022年底各县（区）均已经完成示范区整体规划，正按照整体规划，系统性推进建设任务。

呈现了一批乡村振兴的示范场景。各县（区）积极探索"投融建运"一体化模式，至2022年底谋划示范区建设项目447个，总投资额451.5亿元。浉河区采取"国有公司＋专业企业"模式，实施了总投资7.6亿元的环湖路提升改造项目。光山县把乡村振兴示范区规划范围分为槐店、文殊2个乡和大苏山森林管理区，共计44个村，包括习近平总书记2019年考察过的司马光油茶园、文殊乡东岳村、红二十五长征的决策地——花山寨等区域，总面积约273平方公里，区域内总人口94633人。规划镇区建设村3个、示范引领村6个、生态宜居村17个、整治达标村18个。坚持把项目建设作为示范区建设的重要引擎，大抓项目，抓大项目，共谋划项目59个，计划投资61.09亿元，至2022年8月已完成投资21.427亿元。其中，谋划万亩油茶标准化示范园等产业发展类项目17个，计划投资19亿元。谋划县人民医院医养结合中心等公共服务类项目16个，计划投资9.547亿元。谋划水系连通及水美乡村工程等生态环保类项目3个，计划投资5.535亿元。谋划农村水环境综合治理等基础设施类项目17个（除交通项目），计划投资24.441亿元。谋划旅游一号公路等交通类项目6个，计划投资2.568亿元。全市2022年示范区建设计划总投资190.2亿元，年底已完成投资181.9

亿元。随着大批项目纷纷落地实施，浉河、罗山、光山等8个示范区交通环线基本形成，汇聚镇区、产业园、示范引领村、旅游景区和服务驿站等串点成线、连线成面的乡村振兴示范带粗具规模。在项目实施过程中，涌现了一大批信阳建设速度，如商城县用时一个多月就完成了110公里环线道路白改黑工程；信阳市乡建博览园用时8个月就完成30套装配式建筑主体建设及附属工程建设任务，实现运营。各县（区）不仅过去的美丽乡村示范点都在提升，还打造了很多新的美丽村庄，尤其是一些特色街区、景观道路，各类微景观纷纷呈现。如固始的竹园小镇、光山南王岗的"乡村会客厅"、息县张庄的孝道廊道、淮滨徐营村的"一宅变四园"、商城金寨村的乡村风貌管控等，一幅幅美丽乡村景色画卷正徐徐展现在人们眼前。

探索了一批因地制宜推进乡村全面振兴的有效路径。一是积极破解难题。如示范区的顶层设计和有效布局；基础设施建设投融建管的方法和边界；乡村建设的方法和标准；公益设施长效管护；如何实现"三变"改革促群众和集体增收等。市乡村振兴指挥部组织相关部门和专家认真研讨，举办论坛，将解决方案或研究成果进行阐述，为全市提供了破解乡村振兴难点的方法和路径。如在《基础设施建设投融建管的方法和边界》问题上，市发展改革委的专家详细讲述了资金来源渠道和争取方式，阐述了用投融建管的理念一体化解决资金、建设、运营、管理问题。息县人民政府之后就创新型提出示范区建设了ABO模式（政府授权+企业融资+运营），采取"以资源换资本、以资本带项目"的方式，一期成功融资7.5亿元，为乡村振兴注入资金。在产权制度改革方面，光山县探索实施产权交易平台，推动了农村产权有序、高效运转。利用产权交易中心平台，把农村资产变资源，把资源变资金，为乡村振兴提供资金支持。二是因地发展产业。各示范区都明确了1个主导产业和1—2个特色产业，都在积极按产业链式发展模式，遵循市场发展规律，科学地进行延链、补链和强链。息县、潢川、淮滨等同正大、北大荒等公司合作，实施了一批"土地整治＋土地托管＋多彩种植"项目，在农业规模化发展、链式发展上作出了很好的示范，信阳振兴乡村公司探索了"公司＋集体经济组织＋农户＋保险公司＋种田能手"的"土地托管"模式，农户基本实现"种地不出钱、托管公司把款垫；种地不下田、全程机械化；经营无风险，还为粮田购保险"的新种植方式。托管种植实现了农户保底收入（与土地流转收入持平）的同时还进行了二次分红。农户相较土地流转增加了二次分红收入，以前的种田大户转为管理人得到了二次分红收入和大田管理劳务收入，村集体得到二次收益分红收入，公司也得到二次分红收益和粮食深加工收益。潢川发展小龙虾产业，建设小龙虾生产线，完善小龙虾产业链，将其"吃干榨净"；罗山亿峰茶叶公司生产"抹茶"，变革了茶叶消费方式，由"喝"改"吃"；商城河凤桥乡观音山近万亩油茶实现茶花间作、茶药套种，有效解决了挂果前空档期土地利用和增收等问题；浉河、平桥、罗山、新县、光山、固始等县（区）立足信阳生态优势，积极探索康养、民宿等乡村产业新业态，叫响了"大别原乡、旅居信阳"民宿品牌。三是推进乡村建设。坚持规划先行，突出特色。各县（区）按照《县区农村建筑风貌导则》，制定和落实控新治旧措施，引导村民依规依图建房，保护乡村自然肌理，彰显村庄特色风貌，防止千村一面。坚持立足需要，有序建设。按照农村逐步基本具备现代生活条件的要求，根据群众意愿和群众生产、生活需要，根据村庄发展定位，确定项目建设的时序和改造标准。目前信阳乡村硬化道路基本入村、入组、入户；房屋整洁有序；特色微景观公园逐年增多，群众文化体育设施越发完善。四是持续改善人居环境。坚持既治"面子"又治"里子"，深入开展"六清"、治理"六乱"，保持"四起来"。以集镇区、中心村庄、乡村旅游区、邻水区和示范区交通环线为重点，率先在"十百千万"工程中高标准实施厕所改造、生活污水和生活垃圾三项重点整治任务。积极引导农户开展生活垃圾干湿分类收集，推进厕所粪污、易腐烂垃圾、有机废弃物就近就地资源化利用。建立人居环境长效管护机制，落实农户合理付费、政府适当补助运行管护经费保障制度。试点推行农村厕所、污水垃圾处理、村庄保洁等一体化运行管护模式。

积累了一套推进乡村全面振兴的有效机制。市建立了项目台账管理、周例会、月调度、月督查、季观摩、信息通报等制度。市委、市政府主要领导和市乡村振兴指挥部的市级领导，经常深入示范区调研，破解工作推进中的难题。专班牵头市领导坚持每周至少召开一次会议，会商解决具体问题。每月会由市委大督查办牵头，对示范区进行集中督查，并跟踪整改到位。各县（区）也探索积累了一些行之有效的工作机制，实行部门和乡村双向发力、一体推进。有的自我加压，主动走出去取"真经"，使其转化为本地乡村发展新动能。有的定期组织辖区观摩，推动示范区建设提质增效。如商城县乡村振兴指挥部实行挂图作战，实行项目督导日报告制度，有效保证了项目的快速推进工作；光山县实施县直单位包乡镇的做法，县直单位与乡镇绑到一块，形成比学赶超的浓厚氛围，在推进项目和探索乡村振兴示范区建设方面有较好的促进作用。

三、信阳市乡村振兴"十百千万"工程的初步启示

信阳市实施"十百千万"工程、示范引领乡村全面振兴的实践，形成了以下六点初步启示。

启示一：坚持标准化实施，持续夯实示范引领的基础。

2021年12月24日，信阳市委、市政府印发《信阳市乡村振兴三年行动计划》，初步明确"十百千万"工程的具体内容，后来在实施过程中又逐步完善。

首先，清晰定义"十百千万"工程。"十"，即每个县（区）连片全域选择2—3个乡镇建设1个乡村振兴示范区；"百"，即每个乡镇以行政村为单位建设1个示范引领村（示范区内乡镇至少建设2个示范引领村）；"千"，即每个乡镇以村民组为单位建设5个生态宜居村民组（示范区内的不少于村民组总数的30%）；"万"，即剩余村庄都要建设成人居环境整治达标村庄。

其次，把建设什么样的示范乡村放在第一位，确保"十百千万"工程能够严格按要求实施，不偏向、不折腾。"十百千万"工程启动之初就专门制定了《信阳市乡村振兴"十百千万"工程工作导则（试行）》，随后根据上级有关政策，结合实施情况及时进行了修订和完善，让乡村干部拿着该导则就知道"干什么、怎么干、干啥样"。

最后，坚持规划先行，严格用该导则来指导各县（区）开展规划编制，各县（区）示范区都及时完成了"十百千万"工程总体规划和各类专项规划的编制，由市里统一组织专家对规划进行技术审查，确保了示范区建设严格按乡村振兴要求和标准实施。

启示二：坚持项目化推动，精准把握示范引领的关键。

乡村振兴要实现，"十百千万"工程要落地，离不开项目支撑。

为此，全市坚持项目为王，将各方资源向"十百千万"工程积聚，动员市、县、乡、村科学谋划、实施和储备了一大批乡村振兴项目，全市共谋划示范区建设项目986个，总投资额1122.9亿元。其中2022年全市示范区建设计划投资190.2亿元，当年完成投资181.9亿元；2023年全市示范区建设计划投资204亿元，截至2023年7月底，已完成投资142.7亿元，占比69.9%。随着大批项目纷纷落地实施，全市10个示范区交通环线提升改造基本完成，交通环线将集镇区、产业园、示范村庄、旅游景点和服务驿站等串点成线、连线成片，形成了各具特色的乡村振兴示范带。全市不仅过去的美丽乡村示范点都在提升，还打造了很多新的美丽村庄、特色街区和乡村微景观，为全域乡村游打下了基础。

启示三：坚持模式化示范，不断拓宽示范引领的途径。

在产业发展方面，要求各示范区产业要体现"1+N"，即"主导产业+特色产业"发展模式，培育1—2个在全省叫得响、拿得出手的单项"冠军"；体现产业链式发展、数字化、规模化等现代农业发展方向；体现发展壮大新型集体经济、联农带农等。市里首先明确弱筋小麦、优质稻米、茶叶、油茶、畜禽、水产为全市涉农主导产业，红薯、花生、油菜、蔬菜、食用菌、中药材为全市涉农特色产业。各示范区都结合实际选准了产业主攻方向，制作了产业链发展图谱，科学地进行延链、补链和强链。全市已成功招引了一批大型农业企业和平台公司，在示范区实施了一大批"土地整治+土地托管+多彩种植"项目，在农业规模化发展、链式发展上作出了很好的示范，为乡村产业发展培育了龙头、注入了活力。

在乡村建设方面，要求每个县（区）必须有一个咨询团队，帮助一次性把一体化项目包装好；必须有一个平台公司，把"投融资"问题解决好；必须有一个运营团队，把建设的村庄运营好，真正坚持把"投融建运"一体化思维贯穿于示范区建设工作始终。各示范区建设项目大部分都在向支持产业发展和有利于形成农文旅等新产业的方向布局，都编制了《乡村建筑风貌管控导则》，并积极推广平桥乡建经验，在实施建设中培养出一大批自己的建设队伍和能工巧匠，推进乡村建设产业化。

在农村人居环境整治方面，坚持整治"六乱"、开展"六清"、治"面子"，全域实施垃圾处理、污水治理、厕所改造三项重点任务治"里子"的思路，提出"一支队伍抓人居环境整治、一个标准推人居环境整治、一套机制管人居环境整治"的要求，各县（区）都制定了《示范区人居环境综合整治整体解决方案》并积极推进。目前，新县已经探索出了闭环整治模式。

在乡村治理方面，坚持在组织架构上破题，按照"规范分工、上下对应"的思路，构建"王"字形治理架构。在事权匹配上破局，按照"不动体制动机制"的思路，推动一支队伍管执法、政务服务就近办和县乡协同事项联办三项改革，实现人员下沉、职权下放、服务下移。在治理活动上聚焦发力，按照"规范、减负、参与、有效"的思路，明确要求乡村重点开展"五星"支部创建和"三零"创建两项活动，扭住"三星文明户"评选和"饺子宴"两个小抓手，推进乡村治理标准化、具体化。

启示四：坚持专业化指导，因地制宜用好示范引领的方法。

开展大调研活动。围绕"十百千万"工程建设过程中的堵点和难点，市、县、乡干部经常深入到"十百千万"工程涉及的乡、村开展专题调研和蹲点调研，帮助基层及时发现问题、解决问题。如市委主要领导亲自带领市乡村振兴指挥部的全体人员到光山县进行为期2天的蹲点调研，提出要突破乡村振兴"五个难题"。市直有关部门和市乡村振兴发展研究院积极研讨，提出了解决方案，及时在全市乡村振兴读书会上进行了解读和培训，为全市提供了破解乡村振兴难点的方法和路径。

实施大培训行动。全市将2023年作为乡村振兴"培训年"，要求市直相关部门、县、乡、村和有条件的企业都制订年度培训计划，整合各方面的培训资源，采取请进来和走出去、以会代训和现场观摩相结合的方式，层层对涉农干部、返乡成功人士、各类新型经营主体和新型农民进行培训。市里每月组织一期"4+1"乡村振兴交流汇报会，由一线的乡镇党委书记和县区农业农村局局长谈乡村振兴的具体做法和思考，让全市的干部既会用乡村振兴的语言讲，又会用乡村振兴的思维干。

引入专家团队指导。2023年7月开始聘请省内外5所高校专家，组成5个专家调研指导小组，在对全市10个乡村振兴示范区进行全面调研的基础上，优先选择10个示范引领村［每县（区）1个］，从规划、建设到运营，定点对其进行全程跟踪指导，为市内外提供乡村振兴精品示范。

启示五：坚持梯次化推进，积极创新示范引领的推进机制。

在空间上，以村民组为基础单元，所有的村民组首先做到人居环境整治达标，整治达标效果明显的村民组提升为生态宜居村民组。生态宜居村民组达到100%的行政村，再按照"五个振兴"的标准进行全面梳理、系统规划、整体提质，打造示范引领村。示范引领村有2个以上、生态宜居村民组达到30%的2—3个乡镇连片建成乡村振兴示范区。在时间上，提出"十百千万"工程"一年打基础、二年建成、三年提质"。在任务上，提出"三个突出、三个同步"，即突出抓好示范区建设、同步推进"十百千万"工程；突出抓好乡村建设，同步推进乡村发展、乡村建设、乡村治理；突出抓好乡村产业，同步推进产业、人才、文化、生态、组织振兴。

启示六：坚持系统化着力，为示范引领提供全方位保障。

为了推进"十百千万"工程，市、县专门成立"十百千万"工程工作专班，具体负责工程推进；成立市乡村振兴发展研究院，负责探索、总结、推广乡村振兴信阳案例；建立项目台账管理、周例会、月调度、月督查、季观摩、年考评等制度；出台干部激励、产业扶持等一系列政策措施，逐步完善了乡村振兴政策体系，不断地激活乡村各种资源要素，为乡村振兴注入活力。

（根据信阳市乡村振兴局提供资料整理）

第四章　夯实根基："两个确保"

强国必先强农，农强方能国强。农业强国是社会主义现代化强国的根基，加快农业强国建设是新时代新征程我们党做好"三农"工作的战略部署，保障粮食和重要农产品稳定安全供给始终是建设农业强国的头等大事。新时代新征程建设农业强国，当前要抓好乡村振兴，而巩固拓展脱贫攻坚成果是全面推进乡村振兴的底线任务。"要继续压紧压实责任，发挥好防止返贫监测帮扶机制预警响应作用，把脱贫人口和脱贫地区的帮扶政策衔接好、措施落到位，实现平稳过渡，坚决防止出现整村整乡返贫现象。"[①]2024年中央一号文件再次明确，做好当前和今后一个时期"三农"工作，必须以确保国家粮食安全、确保不发生规模性返贫为底线，并对做到"两个确保"作出部署。推进乡村全面振兴必须以"两个确保"夯实根基。

一、"两个确保"的政治逻辑

"各级党委和政府务必把粮食安全这一'国之大者'扛在肩头。"[②]这一重要论断和相关重要论述，深刻阐明了确保粮食安全的极端重要性及其内在的政治逻辑。习近平总书记指出："我们的饭碗应该主要装中国粮。立足国内基本解决我国人民吃饭问题，是由我国的基本国情决定的，也是我

[①] 习近平：《加快建设农业强国　推进农业农村现代化》，《求是》2023年第6期。
[②] 习近平：《加快建设农业强国　推进农业农村现代化》，《求是》2023年第6期。

们一以贯之的大政方针。一个国家只有立足粮食基本自给,才能掌握粮食安全主动权,进而才能掌握经济社会发展这个大局。靠别人解决吃饭问题是靠不住的。如果口粮依赖进口,我们就会被别人牵着鼻子走。""粮食问题不能只从经济上看,必须从政治上看,保障国家粮食安全是实现经济发展、社会稳定、国家安全的重要基础。"[1]"保障粮食等重要农产品供给安全,是'三农'工作头等大事。在粮食安全问题上千万不可掉以轻心。要确保谷物基本自给、口粮绝对安全,确保中国人的饭碗牢牢端在自己手中。"[2]"粮食安全是'国之大者'。悠悠万事,吃饭为大。民以食为天。实施乡村振兴战略,必须把确保重要农产品特别是粮食供给作为首要任务,把提高农业综合生产能力放在更加突出的位置,把'藏粮于地、藏粮于技'真正落实到位。"[3]

　　防止返贫是中国共产党执政能力的生动体现,是实现巩固脱贫攻坚成果有效衔接乡村振兴的思想基础,是实现从脱贫攻坚到乡村振兴的历史性转移关键。在脱贫攻坚取得胜利后,党中央作出全面推进乡村振兴的部署,明确这是"三农"工作重心的历史性转移,[4] 要求必须把脱贫摘帽作为新生活、新奋斗的起点,在巩固拓展脱贫攻坚成果的基础上,切实做好同乡村振兴的有效衔接,接续推进脱贫地区经济社会发展和群众生活改善。[5] 2021年,中央设立了5年脱贫攻坚过渡期,推动巩固拓展脱贫攻坚成果同乡村振兴有效衔接。[6] 脱贫攻坚主要解决农村贫困问题,全面推进乡村振兴需要城乡互动、融合发展,连接脱贫攻坚与乡村振兴两个阶段的关键是防止返

---

[1] 习近平:《论"三农"工作》中央文献出版社2022年版,第74页。
[2] 习近平:《论"三农"工作》中央文献出版社2022年版,第301页。
[3] 习近平:《论"三农"工作》中央文献出版社2022年版,第330页。
[4] 习近平:《论"三农"工作》,中央文献出版社2022年版,第5页。
[5] 注:脱贫地区是指经脱贫攻坚战脱贫摘帽的原832个贫困县,本书所指的欠发达地区,就是指这832个脱贫县,文章中的脱贫地区等同于欠发达地区。
[6]《中共中央、国务院关于实现巩固拓展脱贫攻坚成果同乡村振兴有效衔接的意见》,《人民日报》2021年3月23日。

贫。防止返贫、巩固拓展脱贫攻坚成果有效衔接乡村振兴、全面推进乡村振兴是一个有机联系的整体，是一个不断演进的动态过程，是脱贫地区实现高质量发展促进共同富裕的战略选择和必然路径。"要切实做好巩固拓展脱贫攻坚成果同乡村振兴有效衔接各项工作，让脱贫基础更加稳固、成效更可持续"[①]。过渡期以来，在习近平总书记关于坚决守住不发生规模性返贫的重要论述指引下，各地各部门坚决贯彻落实党中央、国务院对实现巩固拓展脱贫攻坚成果同乡村振兴有效衔接作出的决策部署，在牢牢守住不发生规模性返贫的底线的基础上，脱贫地区可持续脱贫能力不断增强，乡村振兴全面推进。

二、确保粮食安全的政策体系与实践

悠悠万事，吃饭为大。自古以来，粮食安全就是治国理政的头等大事。确保粮食安全是一项复杂的系统工程，必须建立、完善并持续强化的政策体系，推动实践创新、提升粮食安全供给的能力。

（一）全面落实粮食安全党政同责，坚持稳面积、增单产两手发力

粮食安全不仅仅是经济问题，更是政治问题。无农不稳，无粮则乱。民为国基，谷为民命。从国内来看，我国人口众多，只有拥有充足安全的食物，人们的生活才有安全感，经济快速增长和社会和谐稳定才有根基；从国际来看，只有把中国人的饭碗牢牢端在自己手中，才能在国际竞争中不至于受制于人。只有把牢粮食安全主动权，才能把稳强国复兴主动权。粮食安全始终是最基础、最重要、最根本的安全，直接关系到生命安全、

---

① 习近平：《在全国脱贫攻坚总结表彰大会上的讲话》，《人民日报》2021年2月26日。

生存安全甚至政权安全。粮食安全是国家的命脉，没有粮食安全就不可能实现独立和自主，更不能维护国家安全。习近平总书记始终把粮食安全摆在大局全局中来谋划，反复强调，要求各级领导干部要算好粮食安全的政治账，指出"衡量一个地方领导干部得不得力、合不合格，可不仅仅看GDP、能不能抓上几个项目，更主要看是否按照党中央要求，完整、准确、全面贯彻新发展理念，局部服从整体，把粮食安全这类党中央交办的大事要事办好办妥"，并强调："粮食安全党政同责要求很明确，现在关键是要严格考核，督促各地真正把责任扛起来"。[①]

保障粮食安全，坚持稳定粮食播种面积、大面积提高单产同时发力，不断提升粮食综合生产能力。 稳面积，就是要牢牢守住18亿亩耕地红线，严格耕地用途管制，加强对非传统耕地资源开发利用。采取综合性政策举措让主产区、主销区、产销平衡区共同扛稳粮食安全责任。建立健全相关机制，进一步明确产销区在保障粮食安全中承担的责任，切实落实粮食安全党政同责，从而遏制住产销平衡区与主销区的粮食自给能力有所下降的趋势，逐步纠正粮食生产与耕地资源、生产潜力之间存在偏离的现象。2024年中央一号文件对"探索建立粮食产销区省际横向利益补偿机制"作出部署，这将有利于进一步缓解产销之间利益倒挂问题，也有利于促进粮食产业链、供应链、价值链在粮食主产区集聚和协同发展，实现粮食产业增值对粮食主产区的反哺，同时缓解保障粮食安全对跨区粮食流通体系存在的过度依赖。增单产，就是把粮食增产的重心放到大面积提高单产上，目前，我国部分重要粮食作物的单产与世界先进水平仍有较大差距，玉米、大豆单产还有较大提升空间。"去年，聚焦大豆、玉米两大作物，我国启动实施粮油等主要作物大面积单产提升行动，初见成效。重点县大豆、玉米亩产分别提高19.9公斤、72.6公斤，对增产贡献率超73%，带动全国粮食亩产提高2.9公斤。"[②] 总的看，受耕地和水资源约束，我国依靠扩大面

---

① 习近平：《加快建设农业强国　推进农业农村现代化》，《求是》2023年第6期。
② 郁静娴：《如何推动粮油作物大面积单产提升》，《人民日报》2024年4月5日。

积增加粮食产量的空间较为有限，产能提升的主要途径是依靠农业科技进步提高单产。2024年中央一号文件部署"扎实推进新一轮千亿斤粮食产能提升行动、实施粮食单产提升工程"，具体就是"瞄准单产这一关键变量，将持续集成一批绿色高产高效技术模式、推广一批增产增效关键技术、挖掘一批大面积整建制高产典型，全环节、全过程挖掘粮油单产潜力，加快形成'多技术集成、大面积普及'均衡增产的格局"[1]。主要举措包括：抓重点区域。聚焦大豆、玉米、小麦、油菜四个作物，在粮油主产县整建制推进，持续深入推进大面积提高单产。抓示范带动。围绕整建制推进县和重点作物，突出"主导品种、主推技术、主力机型"，组织开展技术培训、指导服务等。抓技术落地。组建专家团队和科技小分队，盯紧重要农时节点，分环节、分类型开展调研指导。国家有关部门将统筹安排粮食单产提升工程、绿色高产高效行动、粮油规模种植主体单产提升行动等资金，支持各地开展大面积单产提升。同时，整合农业农村系统力量开展大协作、大攻关，集聚资源、集中力量推动各项措施落地见效。

（二）树立大农业观、大食物观，构建多元化食物供给体系

解决吃饭问题要树立大食物观。就是要从传统狭义的谷物、豆类和薯类等"口粮观"，拓展到与粮食消费具有直接替代性的肉蛋奶、蔬果油糖茶等重要农产品及食品。2013年的中央经济工作会议提出"坚持数量质量并重，更加注重农产品质量和食品安全"；2015年的中央农村工作会议提出，要树立大农业观、大食物观，推动粮经饲统筹、农林牧渔结合、种养加一体、一二三产业融合发展；2016年的中央一号文件将"树立大食物观"作为推动农业供给侧结构性改革的重要内容。2024年全国两会期间，习近平总书记又一次强调"大食物观"，指出要树立大食物观，从更好满足人民美好生活需要出发，掌握人民群众食物结构变化趋势，在确保粮食供给的同时，

---

[1] 郁静娴：《如何推动粮油作物大面积单产提升》，《人民日报》2024年4月5日。

保障肉类、蔬菜、水果、水产品等各类食物有效供给，缺了哪样也不行。因此，保障国家粮食安全，要顺应新时代的要求，树立大食物观下，端牢中国人的饭碗，应包括粮食和重要农产品的数量保障、产品质量保障及营养安全保障。

大食物观为确保粮食安全打开了思路、拓宽了路径。"'吃饭'不仅仅是消费粮食，肉蛋奶、果菜鱼、菌菇笋等样样都是美食。耕地以外，我国还有 40 多亿亩林地、近 40 亿亩草地和大量的江河湖海等资源。"① 在战略策略上，要从保障粮食安全向保障粮食和重要农产品供给安全转变，重点是调整粮食与畜产品、口粮与饲料粮和饲草的生产结构，按照城乡居民食用消费需求标准，合理控制普通口粮的粮食生产规模，同时促进特色品质口粮以及肉、奶及饲料粮、果蔬等重要农产品的生产；要处理好粮食生产"保产量"与"优结构"的关系，从单一强调"保产量"向"保产量"与"优结构"相协调转变，以保障居民消费升级对高品质、差异化粮食及粮食制品的增长性需求。② 习近平总书记指出："要构建多元化食物供给体系，在保护好生态环境前提下，从耕地资源向整个国土资源拓展，从传统农作物和畜禽资源向更丰富的生物资源拓展，向森林、草原、江河湖海要食物，向植物动物微生物要热量、要蛋白，多途径开发食物来源。设施农业大有可为，要发展日光温室、植物工厂和集约化畜禽养殖，推进陆基和深远海养殖渔场建设，拓宽农业生产空间领域。"③ 进一步指明了树立大食物观，构建多元化食物供给体系，为确保国家粮食安全提供了行动指南。

（三）严格落实耕地保护制度，加强农业基础设施建设

耕地是粮食生产的命根子。从数量看，2023 年全国耕地总量连续第三

---

① 习近平：《加快建设农业强国 推进农业农村现代化》，《求是》2023 年第 6 期。
② 刘长全、苑鹏：《推动"三个"转变，构建国家粮食安全发展新的格局》，《光明日报》2022 年 5 月 11 日。
③ 习近平：《加快建设农业强国 推进农业农村现代化》，《求是》2023 年第 6 期。

年净增加，完成新建和改造提升高标准农田8611万亩；从质量看，我国耕地质量总体进入持续改善、稳中有升的阶段。但也要清醒认识到，我国人均耕地数量少、质量总体不高、后备资源不足，耕地保护任重道远。

中央一号文件提出严格落实耕地保护制度，强调"健全耕地数量、质量、生态'三位一体'保护制度体系"[①]。首先要保数量，就是要严格落实新一轮国土空间规划明确的耕地和永久基本农田保护任务，改革完善耕地占补平衡制度，坚持"以补定占"，将省域内稳定利用耕地净增加量作为下年度非农建设允许占用耕地规模上限，用"长牙齿"的硬措施守住18亿亩耕地红线。其次要提质量，以高标准农田建设为抓手提升耕地质量，优先把东北黑土地区、平原地区、具备水利灌溉条件地区的耕地建成高标准农田，适当提高中央和省级投资补助水平，取消各地对产粮大县资金的配套要求，强化高标准农田建设全过程监管，确保建一块、成一块。同时，健全补充耕地质量验收制度，加大黑土地保护工程推进力度，实施耕地有机质提升行动。最后要管用途，就是要坚决整治乱占、破坏耕地违法行为，严厉打击非法占用农用地犯罪和耕地非法取土，持续整治"大棚房"。分类稳妥开展违规占用耕地整改复耕，细化明确耕地"非粮化"整改范围，合理安排恢复时序。因地制宜推进撂荒地利用，宜粮则粮、宜经则经，对确无人耕种的，支持农村集体经济组织多途径种好用好。此外，还需开展盐碱地综合利用。我国有大约15亿亩盐碱地，其中至少有5亿亩具有综合开发潜力，需加大力度开展盐碱耕地改良治理，推动提升盐碱耕地综合利用水平。

（四）构建现代农业经营体系，强化农业社会化服务

构建现代农业经营体系。 2024年中央一号文件聚焦解决"谁来种地"问题，以小农户为基础、新型农业经营主体为重点、社会化服务为支撑，

---

① 《有力有效推进乡村全面振兴》（政策解读·中央一号文件），《人民日报》2024年2月6日。

加快打造适应现代农业发展的高素质生产经营队伍。提升家庭农场和农民合作社生产经营水平，增强服务带动小农户能力。加强农业社会化服务平台和标准体系建设，聚焦农业生产关键薄弱环节和小农户，拓展服务领域和模式。支持农村集体经济组织提供生产、劳务等居间服务。[①] 大力推动现代农业经营体系构建，一方面是适应现代农业发展趋势的需要，也是由我国大国小农的基本国情农情所决定，更是通过支持发展新型农业经营主体，另一方面加强农业社会化服务体系建设，把分散小农户与统一大市场联结起来，在农村人口老龄化背景下解决好"谁来种地"问题的必然选择。

强化农业社会化服务。 农业社会化服务为小农户提供专业化、科学化、高效化服务，有效解决了怎么种好地、土地细碎化、生产成本高等问题。农民合作社、家庭农场等各类主体，是新品种、新技术、新农机的应用者和推广者。新型农业经营主体在粮油等主要作物大面积单产提升、促进技术集成组装应用和在地熟化推广中发挥了骨干作用。各地在支持新型农业经营主体开展农业社会化服务实践探索中形成了许多可以借鉴的模式。

（五）强化农业科技支撑，加大核心技术攻关力度

农业现代化的关键在科技进步和创新。 近年来我国农业科技和装备支撑稳步增强，短板农机装备取得突破，现代农业建设扎实推进，至2023年底农业科技进步贡献率超过63%，与此同时，面对各类风险挑战，现在比以往任何时候都更加需要重视和依靠农业科技创新。2024年中央一号文件对强化农业科技支撑作出具体部署，从战略布局、种业振兴再到农机装备、农技推广，要求加快推进种业振兴行动，完善联合研发和应用协作机制，加大种源关键核心技术攻关，加快选育推广生产急需的自主优良品种；开

[①] 《中共中央 国务院关于学习运用"千村示范、万村整治"工程经验有力有效推进乡村全面振兴的意见》，《人民日报》2024年2月4日。

展重大品种研发推广应用一体化试点；推动生物育种产业化扩面提速；大力实施农机装备补短板行动，完善农机购置与应用补贴政策，开辟急需适用农机鉴定的"绿色通道"。对于如何让好技术农民用得上、得实惠，一号文件对加强基层农技推广体系条件建设进行部署，要求立足实际、精准施策，强化公益性服务功能、强化农业科技人才培养使用、加快培养农林水利类紧缺专业人才，打通科技进村入户"最后一公里"。

农业科技支撑要以农业关键核心技术攻关为引领。习近平总书记指出："以产业急需为导向，聚焦底盘技术、核心种源、关键农机装备、合成药物、耕地质量、农业节水等领域，发挥新型举国体制优势，整合各级各类优势科研资源，强化企业科技创新主体地位，构建梯次分明、分工协作、适度竞争的农业科技创新体系。"[①]比如在种子方面，优良品种对粮食增单产的贡献是巨大的，也有很大发展潜力，这就需强化种业创新和优良品种选育推广，进一步发挥新品种增产潜力。要全面落实"种业振兴行动方案"，加快创新以龙头企业为主体的育繁推一体化的商业化育种模式，继续修订完善专利法，加强对基因技术、人工智能、大数据等新兴领域的知识产权保护，发挥好知识产权保护对种业原始创新的促进作用。

（六）抓好灾后恢复重建，全面提升农业防灾减灾救灾能力

牢牢掌握抗灾主动权。据气象部门预计，2024年我国气象年景总体偏差，极端天气气候事件偏多，涝重于旱，区域性阶段性洪涝灾害明显。这就决定了从中央到地方，有关部门要在应对气象灾害和生物灾害两方面做足准备。在应对气象灾害方面，要根据气候趋势，提前研判部署，加强预警监测智能化水平，进一步提升监测时效性和准确性。在防生物灾害方面，要建立贯通国家—省—市—县的农作物病虫害监测预警网络平台，实现病虫监测调查信息一体化监测、标准化采集、网络化传输。

---

① 习近平：《加快建设农业强国　推进农业农村现代化》，《求是》2023年第6期。

各地为减轻灾害损失，组建常态化农机应急作业服务队、成立区域农机社会化服务中心、建设区域农业应急救灾中心等，有效提升了农机手应急作业技能水平和农机装备水平，逐步形成覆盖粮食生产乡镇、作业能力强的农机抗灾救灾应急作业服务体系，值得总结推广。大力提升设施农业、智慧农业水平，健全农业防灾减灾救灾长效机制。

三、确保不发生规模性返贫的关键与路径

作为世界上最大的发展中国家，中国一直是世界减贫事业的积极倡导者和有力推动者。党的二十大报告指出："我们坚持精准扶贫、尽锐出战，打赢了人类历史上规模最大的脱贫攻坚战，全国八百三十二个贫困县全部摘帽，近一亿农村贫困人口实现脱贫，九百六十多万贫困人口实现易地搬迁，历史性地解决了绝对贫困问题，为全球减贫事业作出了重大贡献。"[①]脱贫攻坚的历史性成就为实现全面建成小康社会作出了关键性贡献，贫困地区农村基础设施显著改善，"四通"覆盖面不断扩大，社会事业长足进步，文化教育卫生资源逐渐丰富，人民吃穿不愁，上学难、就医难、居住难以及吃水难、行路难、用电难、通信难等问题得到历史性解决。广大脱贫群众激发了奋发向上的精气神，社会主义核心价值观得到广泛传播，文明新风得到广泛弘扬，脱贫致富热情高涨，主人翁意识显著提升，现代观念不断增强，文明新风广泛弘扬。作为世界上最大的发展中国家，中国实现了快速发展与大规模减贫同步、经济转型与消除绝对贫困同步，如期全面完成脱贫攻坚目标任务，大大加快了全球减贫进程，谱写了人类反贫困历史新篇章。

[①] 习近平：《高举中国特色社会主义伟大旗帜，为全面建设社会主义现代化国家而团结奋斗——在中国共产党第二十次全国代表大会上的报告》，人民出版社2022年版，第7—8页。

打赢脱贫攻坚战后，国家印发《中共中央、国务院关于实现巩固拓展脱贫攻坚成果同乡村振兴有效衔接的意见》，对巩固拓展脱贫攻坚成果，防止返贫，实现持续稳定脱贫作出部署和安排。各地区各部门认真落实党中央、国务院决策部署，统筹疫情防控和经济社会发展，健全落实防止返贫动态监测和帮扶机制，强化易地扶贫搬迁后续扶持，加强脱贫劳动力就业帮扶，脱贫县农村居民收入实现较快增长，消费水平继续提高，脱贫攻坚重要机制、重大政策、重点工作平稳过渡。在牢牢守住不发生规模性返贫的基础上，脱贫县农村居民生活水平稳步提升，乡村产业蓬勃发展，农村道路、供水、电网等基础设施提档升级，农村教育、医疗等基本公共服务水平提标扩面，农村人居环境整治工作全面推开，乡村治理能力逐步增强。三年来的实践及成效充分证明，中国欠发达地区持续稳定脱贫机制科学有效，积累了宝贵经验。

坚持以习近平总书记关于可持续脱贫、防止返贫的重要论述为根本遵循。习近平总书记高度重视脱贫的可持续性。在全国脱贫攻坚总结表彰大会上他专门强调，要切实做好巩固拓展脱贫攻坚成果同乡村振兴有效衔接各项工作，让脱贫基础更加稳固、成效更可持续。此外，他在不同场合多次就巩固拓展脱贫攻坚成果，防止规模性返贫发表重要讲话、作出重要指示批示。明确了防返贫监测和帮扶工作的方向和思路，提出对易返贫致贫人口要加强监测，做到早发现、早干预、早帮扶。要健全防止返贫动态监测和帮扶机制，对易返贫致贫人口实施常态化监测；重点监测收入水平变化和"两不愁三保障"巩固情况，继续精准施策。

坚持以贯彻落实国家有关决策部署作为工作抓手。2020年12月，《中共中央、国务院关于实现巩固拓展脱贫攻坚成果同乡村振兴有效衔接的意见》印发。该意见着重从建立健全持续稳定脱贫长效机制方面，对巩固拓展脱贫攻坚成果进行部署；重点指出不仅要防止出现规模性返贫，还要通过巩固拓展脱贫攻坚成果不断强化欠发达地区稳定脱贫能力。2021年5月，中央农村工作领导小组印发了《关于健全防止返贫动态监测和帮扶机制的指导意见》，提出健全防止返贫动态监测和帮扶机制是从制度上预防和解决返贫问题、增强欠发达地区持续稳定脱贫能力和巩固拓展脱贫攻坚成果的有效举措，并提出有关具体措施；明确了防止返贫监测的对象、内容、方式、范围以及持续稳定脱贫的支持措施和有关的组织保障。

坚持持续发挥中国特色脱贫攻坚制度体系的作用。在脱贫攻坚进程中形成的中国特色脱贫攻坚制度体系，经过脱贫攻坚的实践证明，是科学、行之有效的。其中，中央统筹、省负总责、市县抓落实的管理机制，五级书记抓扶贫的主体责任机制，针对多维致贫因素、形成政策"组合拳"精准施策的减贫机制，确保扶贫投入力度与打赢脱贫攻坚战要求相适应的资源投入机制，发挥社会主义制度集中力量办大事优势的社会动员机制，确保真扶贫、扶真贫、真脱贫的考核机制与督查机制等制度成果，为脱贫攻坚时期解决绝对贫困问题和过渡期实现持续稳定脱贫，提供了有力制度保障。

坚持强化优化防止返贫监测帮扶。一是提高动态监测时效。因地制宜及时调整防止返贫监测范围，适时开展集中排查，压紧压实防止返贫工作责任，确保应纳尽纳、应扶尽扶。推动防止返贫监测与低收入人口动态监测信息共享，强化筛查预警。二是提高行业帮扶的精准度和有效性。建立防止返贫动态监测和帮扶部门会商工作机制，不断加强制度设计，优化政策供给，明确部门分工，形成工作合力；各行业部门按照"发现一户、监测一户、帮扶一户、动态清零一户"的要求，不断完善监测对象主动发现快速响应机制；建立农户自主申报、基层干部排查、部门筛查预警的响应机制；将防止返贫动态监测和帮扶工作成效作为行业部门巩固拓展脱贫攻坚成果的重要内容，纳入实绩考核范围，强化考核结果运用；构建监测对象动态管理机制，推动监测工作做实做细。抓紧研究推动防止返贫帮扶政策和农村低收入人口常态化帮扶政策衔接并轨。

坚持推动帮扶产业发展强化产业帮扶。制定分类推进脱贫地区帮扶产业高质量发展指导意见，通过支持市场前景广、链条较完备的帮扶产业，研发新技术新产品，推进产销精准衔接，打响区域公用品牌，促进融合发展，巩固一批；采取支持资源有支撑、发展有基础的帮扶产业，加快补上农业基础设施短板，升级田头保鲜、冷链物流等设施，促进加工增值等措施，升级一批；通过推动采取租金减免、就业奖补、金融信贷等措施，支持暂时出现经营困难或发展停滞的帮扶产业纾困等途径，盘活一批；及时调整一批发展难以为继的帮扶产业，妥善解决遗留问题，立足实际规划发展新产业。同时，做好帮扶产业及项目资产运行监测工作，组织开展帮扶项目资产状况评估，建立健全资产管理机制，符合条件的纳入农村集体资产统一管理。

坚持把促进脱贫人口稳岗就业摆在重要位置。一是深入开展防止返贫就业攻坚行动，发挥好东西部劳务协作、就业帮扶车间、公益岗位等作用，稳定脱贫劳动力就业规模，让有劳动能力的脱贫人口有稳定的就业岗位。二是积极拓宽外出就业渠道，比如继续推进"雨露计划+"就业促进行动、乡村工匠"双百双千"培育工程，鼓励各地组建区域劳务协作联盟，培育脱贫地区特色劳务品牌。再比如，采取措施加强就业帮扶车间运行监测，引导具备产业升级条件的帮扶车间发展为中小企业，统筹用好乡村公益性岗位，扩大以工代赈规模，促进就地就近就业。三是实施国家乡村振兴重点帮扶县和大型易地扶贫搬迁安置区就业帮扶专项行动。

坚持把激发持续稳定脱贫的内生动力作为重要任务。一是持续拓展就业渠道，提高劳动技能，稳岗就业促进持续稳定脱贫。近年来行业部门持续把务工就业作为持续稳定脱贫的重点领域，持续出台各类支持政策，取得明显效果。如实施"家政兴农"行动，推动家政扶贫供需对接平台对接全国防返贫监测信息系统，帮助存在返贫风险、曾从事家政服务的人员就业；依托全国防返贫监测信息系统对脱贫人口、易地扶贫搬迁群众等重点人群就业状态分类实施动态监测，优化提升就业服务；继续加强就业帮扶车间等就业载体建设、用好乡村公益性岗位、强化劳务协作。二是通过产业发展增强内生动力，如持续推进乡村特色产业发展，持续健全风险防范机制，鼓励脱贫户发展自种自养项目，强化构建"带得准""带得稳"的紧密型利益联结机制，注重产业生产经营技能培训，规避产业风险等。部分地区还探索出"防贫保"的商业保险补充模式，为发展特色产业的村和脱贫户以及带动主体提供保险保障。三是强化金融和保险支持，提供增强内生动力的外部保障。如过渡期内保持主要金融帮扶政策总体稳定，加大对易返贫致贫人口的信贷投放，继续做好小额信贷工作、创新信贷服务方式等。另一方面，通过促进脱贫人口融入产业发展、创新开展产业带动贷款、支持脱贫地区县域产业发展、强化各类保险支持等方式，支持在脱贫地区培育发展县域支柱产业和优势特色产业，为脱贫人口自主发展产业提供良好环境；充分发挥经营主体的带动作用，促进小农户和现代农业发展有机衔接；对带动脱贫人口较多的产业增加信贷投放，鼓励在脱贫地区探索发展防止返贫险。四是持续加强易地扶贫搬迁后续扶持，促进易地扶贫搬迁脱贫人口稳定就业，推动后续产业可持续发展，加快补齐安置区基础设施建设短板。五是强化乡村治理，广泛开展农村精神文明建设主题活动，通过教育引导促进内生发展动力增强。对自强不息、稳定脱贫的监测对象，探索给予物质奖励和精神激励，进一步激发其内生动力；积极推进乡风文明建设，持续发挥村规民约作用，倡导赡养老人、扶养残疾人、关爱留守妇女儿童等良好社会风尚。总之，帮扶脱贫地区和脱贫群众不能光靠"输血"，重在增强"造血"能力，更多依靠自己努力富裕起来。要落实对乡村振兴重点帮扶县、易地搬迁集中安置区等重点地区的财政、金融、土地、人才等支持政策，努力在改善发展条件、提升发展能力上下功夫，推动建立欠发达地区常态化帮扶机制。

坚持织牢织密兜底保障夯实防止返贫基础。一是巩固拓展义务教育控辍保学成果，精准资助农村家庭经济困难学生，提高普惠性学前教育质量，巩固拓展义务教育办学条件成果。二是建立防范化解因病返贫致贫长效机制，完善医疗保障政策，整体提升农村医疗保障和健康管理水平。三是继续实施重点对象农村危房改造项目，健全完善易返贫致贫户等重点对象住房安全动态监测机制。四是落实农村饮水安全的普惠性政策，巩固拓展已建农村供水工程成果，不断提升农村供水保障水平。全面推进落实农村供水保障地方主体责任，加强集中式饮用水水源地保护，建立健全水费收缴和财政补助机制。五是针对特殊困难群体、无劳动力或弱劳动力人口，各地加强保持社会救助兜底保障政策总体稳定的基础上，加强低收入人口动态监测，完善分层分类的社会救助体系，适度拓宽社会救助范围，创新服务方式，提升服务水平，切实做到应保尽保、应救尽救、应兜尽兜，减少返贫风险和新致贫风险，不断增强困难群众获得感、幸福感、安全感。

我国防止返贫、建立欠发达地区持续稳定脱贫机制取得显著成效。首先，牢牢守住了不发生规模性返贫的底线，总体实现了易返贫致贫人口的动态清零。通过坚持预防性措施和事后帮扶相结合，精准分析返贫致贫原因，采取有针对性的帮扶措施，基本实现了易返贫致贫人口的动态清零。"两不愁三保障"和饮水安全成果得到巩固。多措并举保障帮扶成效，"两不愁三保障"和饮水安全成果得以稳固，没有出现规模性返贫的情况。其次，有效克服了诸多不利因素影响，可持续脱贫能力经受住了多重考验。通过持续不断的努力，对脱贫人口、易返贫致贫人群持续开展思想宣传工作，增强自我发展意识，转变"等、靠、要"思想，树立自立、自强和竞争等意识，降低其贫困脆弱性，易返贫致贫人口抵御风险的能力得以增强，自主脱贫的能力得到提升。特别是近几年，有效克服新冠肺炎疫情对脱贫攻坚成果的影响，不仅能够迅速地识别出受到新冠肺炎疫情影响的易返贫致贫人群，也通过精准帮扶，缓解了疫情的影响，防止了部分群体因疫返贫。经受住了对国内外经济形势和新冠肺炎疫情的双重考验。如2022年，脱贫地区农民人均可支配收入达到15111元，增长7.5%；脱贫人口人均纯收入达到14342元，同比增长14.3%。最后，构建了规范化和常态化的持续脱贫体制机制。一是建立了预警监测机制提前预判返贫风险。防止返贫预警监测机制的建立做到了"未返先防"，提前预判返贫影响因素和易返贫致贫人群。二是建立了分类帮扶机制"精准"阻断返贫路径。对风险单一的，实施单项措施，防止陷入福利陷阱；对风险复杂多样的，因户施策落实综合性帮扶；对有劳动能力的，坚持开发式帮扶方针，促进稳定增收；对无劳动能力或部分丧失劳动能力且无法通过产业就业获得稳定收入的，纳入农村低保或特困人员救助供养范围，做好兜底保障；对内生动力不足的，持续扶志扶智，激发内生动力，增强发展能力。三是建立了防止返贫的市场化机制丰富返贫应对手段，激发内生动力发育。当前防止返贫治理在政府主导的基础上，充分发挥了市场机制的作用。以市场化手段构建产业帮扶长效机制，加强农村互联网运营性项目建设，充分发挥市场化保险在返贫治理中的作用。四是基本实现了对重点人群的精准监测。搭建了全国大集中的数据平台，对易返贫致贫人口、脱贫不稳定人口、边缘易致贫人口、突发严重困难人口进行了精准标注；建立了科学合理的监测帮扶工作流程，大致包括监测信息收集、入户核查核实、部门信息比对、村乡评议初审、县级审定公告、帮扶政策落实、风险消除标注等；在全国防返贫监测信息平台的基础上，各地区基本完成了防止返贫监测对象的信息采集工作。

我国守住不发生规模性返贫的成功实践提供了重要启示。第一，坚持科学理论指引是基础。习近平总书记关于扶贫工作的重要论述包含着关于反贫困的一系列富有规律性的基本理念、基本理论和基本方法，赋予了中国反贫困的新内涵、新特征和新路径，开辟了中国解决贫困问题的新时代。在脱贫攻坚目标任务实现后，为2020年后的防止返贫工作指明了道路，回答了防止返贫的价值取向、政治保证、制度支撑、实践路径、动力源泉、社会基础和作风保障等一系列重大问题，成为建立防止返贫监测和帮扶机制的科学思想指引。在习近平扶贫工作重要论述指引下，中国逐步建立起一整套行之有效的防止返贫的政策体系、工作体系、制度体系和机制模式，不断丰富完善中国欠发达地区的防止返贫监测和帮扶机制，为解决复杂多元的返贫问题提供了一整套科学的理论方法和路径遵循，确保了返贫治理实践的前进方向。第二，坚持中国共产党的集中统一领导是根本。中国共产党的领导，是中国特色社会主义最本质的特征，是中国特色社会主义制度的最大优势，是中国能够打赢脱贫攻坚战的最根本制度保证，也是持续稳定脱贫机制成功建立和有效发挥作用的决定性因素。正是因为坚持党对防止返贫工作的集中统一领导，才有效统一思想认识，形成一致行动，推动全党全社会关心易返贫群体，为解决绝对贫困问题，构建防止返贫监测和帮扶机制、巩固拓展脱贫攻坚成果提供坚强的政治保证。第三，坚持精准方略是路径。"精准"是习近平总书记关于扶贫工作重要论述的重大创新和核心要义。精准扶贫是被历史和实践检验的正确解决贫困问题的科学方略，也为持续稳定脱贫提供了基本工作理念。把精准思维和方法贯穿于贫困治理的全过程，是防止返贫、持续稳定脱贫的重要方法。持续稳定脱贫机制只有体现"精准"原则，才能确保重点脱贫人群的防止返贫治理能够做到对象精准、措施精准、项目精准、资金使用精准、派人精准、成效精准。第四，坚持多部门协作机制是关键。各部门通力协作，这是做好持续稳定脱贫工作的重要前提。具体落实中，各地党委农村工作领导小组牵头抓总，各级乡村振兴部门履行工作专责，相关部门根据职责做好信息预警、数据信息共享共用和行业帮扶，共同开展部门筛查预警和监测帮扶，共同推动持续稳定脱贫政策举措落地落实。第五，坚持实践创新是动力。为了确保能够持续稳定脱贫，中央和地方两个层面都做了大量的实践探索和制度创新。中央的每一次探索和创新，都是反贫困理论和实践的巨大进步。地方的探索和创新，以因地制宜方式，有力有效推动了持续稳定脱贫机制发展。如"防贫保险"、监测预警机制和大数据平台等创新手段，都是来源于基层的创新实践。第六，坚持政府主导与社会参与结合是保障。守住不发生规模性返贫底线、实现欠发达地区持续稳定脱贫是一项艰巨而复杂的系统工程，不仅仅是政府的事，也是全社会的事，需要动员社会力量的广泛参与。持续稳定脱贫，需要更充分发挥政府、市场和社会的作用，强化政府责任，引导市场、社会协同发力，鼓励先富帮后富、守望相助。

需要继续发挥东西部协作、对口支援、中央单位定点帮扶等制度优势，动员社会力量积极参与，创新工作举措，对监测对象持续开展帮扶，形成防止返贫致贫的强大合力，确保持续稳定脱贫机制的长效性和有效性。

案例 3

构筑综合性防止返贫体系的广西实践

广西壮族自治区坚持以习近平新时代中国特色社会主义思想为指导，全面贯彻落实党的二十大和二十届二中全会精神，认真学习贯彻习近平总书记关于"三农"工作的重要论述，深入贯彻落实习近平总书记对广西重大方略要求，坚决贯彻落实党中央、国务院重大决策部署，始终把做好巩固拓展脱贫攻坚成果同乡村振兴有效衔接工作作为立区之本和首要任务，牢牢守住不发生规模性返贫底线，不断推动全区巩固拓展脱贫攻坚成果、乡村全面振兴取得新进展新成效。

一、坚决守住不发生规模性返贫底线

1. 强化防止返贫动态监测和帮扶。

一是完善一套防止返贫监测帮扶工作机制。调整确定我区2023年防止返贫监测范围为7500元。修订印发我区工作操作指南，修订完善全国首份数据信息采集管理办法。

二是全面推行"两化"（线上网络化、线下网格化）工作新模式。优化拓展广西信息平台功能，推行监测对象"无纸化审批"和自动生成电子台账，围绕"三环节一提升"，实行统一化信息比对、智能化措施匹配、智慧化核查方法，实现全流程标准化、信息

化、智能化管理；聚焦县乡村三级，进一步压紧压实责任，创新实施"4+2+2"（四级网格长＋二级网格员＋二级防返贫监测专员）网格化管理，建立1.2万余名村级防返贫监测信息员、3.15万余名防返贫监测网格员队伍，常态化开展风险排查、识别纳入、实施帮扶、动态管理。

三是科学组织"四个专项行动"。不断健全部门信息数据共享比对机制，定期开展数据比对分析筛查风险，先后组织开展集中排查、数据质量提升、重点排查、信息动态管理"四个专项行动"，结合主题教育对全区脱贫群众进行"大回访"，及时将有返贫致贫风险的农户纳入监测。

四是分类落实帮扶措施。组织67.85万名各级干部结对帮扶脱贫户和防止返贫监测对象，精准落实帮扶政策措施并跟踪监测，对有劳动能力（含弱劳力和半劳力）的监测户至少落实一项开发式帮扶措施。脱贫群众获得感和满意度持续提升。

五是创新开展"全覆盖"宣传培训。组织各县实施防止返贫监测帮扶政策"明白纸""两个全覆盖"工程，同时制作了群众喜闻乐见的短视频和宣传海报，提高了政策知晓率。

六是防范化解因灾返贫致贫风险。积极应对干旱、洪涝等自然灾害影响，加强排查监测，对受灾后生活陷入严重困难的群众，通过"绿色通道"先行救助并落实帮扶措施，从政策、资金项目和物资等方面支持受灾群众快速恢复生产生活。

2. 巩固提升"三保障"和饮水安全保障水平。

一是巩固提升教育保障成果。严格落实"双线四包"和联控联保工作责任，组织开展"大家访"189万人次，对疑似辍学适龄儿童开展"大劝返"，严格落实特殊教育和送教上门政策，确保全区脱贫户义务教育阶段适龄学生失学辍学人数保持"动态清零"。全面落实各项学生资助政策，下达义务教育阶段家庭经济困难学生生活补助资金19.39亿元。

二是巩固提升医疗保障和健康帮扶成果。建立全过程防范因病致贫返贫监测预警，继续落实基本医保参保资助渐退、大病保险倾斜支持、医疗救助兜底保障等政策，确保全区脱贫人口和监测对象应保尽保。继续实行"先诊疗后付费"，实施大病专项救治，截至2023年11月底，累计救治30种大病患者18.43万人次，累计救治率达99.93%；脱贫人口和监测对象家庭医生签约率达99.98%，四种重点慢性病签约率达100%。加强村卫生室和医疗队伍建设，投入资金1.86亿元支持33个脱贫县的医疗卫生机构建设，全区乡村医疗服务"空白点"保持"动态清零"。

三是巩固提升住房保障成果。健全农村低收入群体住房安全保障长效机制，加强农村住房安全状况动态巡查、动态监测，全年发现新增危房3139户均已落实管控措施并及时消除隐患。大力推进农村危房改造，对改造的房屋实行全过程专业指导和监督管理，全区2023年度任务3946户提前竣工，户均补助率、开竣工率和资金拨付率排名全国第1位，工作成效得到住建部高度肯定。

四是巩固提升饮水安全成果。常态化开展农村供水全面排查，实行农村供水风险隐患动态监测，因旱等导致的31.2万人供水临时反复问题有效解决。筹措落实资金31.52亿元，大力推进大石山区农村饮水安全工程提升攻坚行动，加快规模化供水工程建设和小型供水工程标准化建设改造，深入推进水质提升行动，全年共建成农村供水工程2353个，提升了371.7万人的供水保障水平；加大维修养护工作力度，实施维修养护项目覆盖服务人口160万人，加建农村家庭水柜1.58万个，相关工作在水利部"水利保障有效衔接工作会议"上做经验交流。

五是抓好农村低收入人口帮扶。加强防止返贫监测和社会救助数据共享比对，健全完善低收入人口动态监测信息平台建设，加快构建覆盖全面、分层分类、综合高效的社会救助体系，强化"应保尽保"实效性。截至12月底，全区共纳入农村低保对象242.8万人（纳入低保的脱贫人口和监测对象分别为135.19万人、35.29万人）、农村特困救助供养人员24.17万人（纳入特困供养的脱贫人口和监测对象分别为7.18万人、1.52万人），实施临时救助11.91万人次，有效保障困难群众基本生活。

二、持续增强脱贫群众内生发展动力

1. 千方百计推动脱贫群众持续稳定增收。

持续落实促进脱贫人口增收三年行动，进一步强化产业支撑带动，扩大就业创业渠道，突出兜底保障作用，强化开发式帮扶措施，用活乡村资源资产，推动各行业部门在生产经营净收入、工资性收入、转移性收入等方面完善增收政策，提高增收实效。加强监测分析，聚焦低收入户、收入存在下降风险户和易地搬迁脱贫户等重点群体，指导各地逐户制定针对性帮扶措施，实施"一户一策"精准帮扶。规范脱贫人口收入信息动态管理工作程序，严把收入采集关、计算关、核实关，严格落实"端正导向、入户采集、本人确认、成员知晓、签字建档"等"5步采集法"，确保收入数据真实可靠、群众认可。2023年全区脱贫人口人均纯收入16914元，同比增长12.5%；收入不增反降脱贫人口占比2.9%，比2022年下降1.9个百分点；收入在1万元以下脱贫人口人数17.5万，较上年减少73.6

万。脱贫地区农村居民人均可支配收入增速高于全国和全区农民平均增速。

2. 加快脱贫地区帮扶产业发展。

一是实施脱贫地区特色产业提升行动。2023年投入产业发展的中央和自治区财政衔接资金分别为75.41亿元、37.376亿元，占比分别为61.48%、56.69%，重点支持补上技术、设施、营销等短板。加大到户产业帮扶力度，累计发放产业以奖代补资金30.67亿元，受益脱贫人口（含监测对象）151.59万人次，产业帮扶覆盖率保持在90%以上；新增发放脱贫人口小额信贷78.59亿元，同比增长57.3%，惠及16.34万户脱贫户。二是健全产业联农带农机制。完善订单收购、吸纳务工、土地流转、技术培训等10种具体联农带农方式，开展获得涉农资金扶持但未落实联农带农的经营主体"清零"行动，深入开展新型农业经营主体提升行动，全区共培育483家自治区级以上农业产业化重点龙头企业（国家级49家）、305个农业产业化联合体、12.33万个家庭农场、6.26万个农民专业合作社。实施发展壮大村级集体经济项目提质增效行动，统筹中央和自治区财政资金9亿元，扶持1477个村实施新型农村集体经济项目，全区村集体经济总收入比2022年总收入增长3.17%。三是开展产业项目帮扶专项行动。在主题教育中创新开展产业项目帮扶提升专项行动，对全区使用扶贫资金帮扶资金产业项目进行全面排查，并根据项目发展情况实行动态管理，按照"四个一批"思路，分类帮扶提升产业项目发展水平，推进产业项目持续发挥良好效益。

3. 多措并举促进脱贫人口稳岗就业。

一是深入实施防止返贫就业攻坚行动。健全区外区内劳务协作机制，提升劳务输出组织化程度；抓好返乡回流人员等重点人群跟踪监测，"一对一"落实就业帮扶，全面落实就业帮扶政策，全力稳存量、扩增量。截至2023年底，全区脱贫人口务工规模293.47万人，完成国家下达任务的109.42%；全区发放跨省就业一次性交通补助4.72亿元、县域内稳定就业劳务补助4.79亿元，惠及脱贫人口153.82万人次，同比增长17.82%；落实企业吸纳脱贫人口就业税费减免政策，全区企业吸纳脱贫人口就业减免税费金额8817.82万元。二是拓宽就地就近就业渠道。规范乡村公益性岗位开发和管理，分类扶持就业帮扶车间健康发展，探索推广"企业+就业帮扶车间"模式。全区乡村公益性岗位共安置脱贫人口27.02万人，是2020年底规模的110.23%；4281家帮扶车间吸纳脱贫人口6.2万人，与2020年底相比分别增长14.04%、32.91%，数量排全国前列。三是着力提升就业质量。打造"八桂系列"劳务品牌，深入实施"雨露计划+"就业促进行动和乡村工匠"双百双千"培育工程，开展订单式培训，不断提升脱贫人口就业技能水平，促进更高水平就业。全区雨露计划毕业生就业（含升学、参军）率95.42%；共培育认定乡村工匠825名；累计开展农村劳动力补贴性职业技能培训14.49万人次。我区先后承办全国脱贫人口稳岗就业工作推进会、全国人社帮扶助力推进乡村振兴交流观摩会，并在会上作经验交流发言，在全国脱贫人口稳岗就业工作视频会作经验交流发言。

三、持续夯实重点地区发展基础

1. 倾斜支持乡村振兴重点帮扶县。

一是健全帮扶机制。建立健全自治区省级领导联系帮扶乡村振兴重点帮扶县（脱贫县）乡村振兴重点村（脱贫村）、自治区党政领导联系包抓国家乡村振兴重点帮扶县制度，定期下沉调研督导。二是强化政策支持。印发《2023乡村振兴重点帮扶县支持政策落实任务清单》，明确从14个方面80余条措施给予重点帮扶县财政、金融等方面的倾斜支持。33个国家脱贫县（含20个国家重点帮扶县）每县专项安排600亩新增建设用地指标，用于本地区巩固拓展脱贫攻坚成果和乡村振兴用地需要。三是用好帮扶资源。用好"组团式"帮扶机制助力脱贫地区发展，选派医疗、教育和科技3支帮扶队伍共680名帮扶人才（其中教育、医疗、科技人才分别为333、140、197名）到20个国家乡村振兴重点帮扶县开展"组团式"帮扶工作；推动教育帮扶团队培训本地教师6.4万人次；深圳市龙岗区中心医院选派到靖西市人民医院担任院长的钟宏在中组部"组团式"帮扶工作座谈会上作典型发言；推动科技特派团成立产业组92个，指导完成科技示范基地立牌95个。继续组织实施乡村振兴村级协理员专项计划，在2022年已经招用4930名协理员基础上，2023年新招用2530名村级协理员，实现44个乡村振兴重点帮扶县行政村全覆盖。四是加快县域发展。向20个国家重点帮扶县安排2023年度中央和自治区衔接资金73.99亿元，占总安排衔接资金的39.23%；统筹整合使用涉农资金77.76亿元，争取中央预算内投资资金9.35亿元、乡村振兴补助资金8.56亿元支持20个国家重点帮扶县基础设施、产业发展、易地搬迁后续扶持、乡村发展等项目建设；实施补短板促振兴项目0.72万个。持续深化对脱贫地区的金融支持，2023年20个国家重点帮扶县贷款余额2217亿元，同比增长16.63%，高于全区各项贷款增速5.11个百分点。

2.不断强化易地搬迁后续扶持。

一是拓宽搬迁群众增收渠道。深入推进巩固易地搬迁脱贫攻坚成果和搬迁群众就业帮扶专项行动,提高就业创业质量,因地制宜发展后续产业,推动搬迁群众稳得住、有就业、逐步能致富。截至2023年12月底,共安排财政衔接资金15.66亿元实施安置区后续扶持项目593个;全区有劳动能力且有就业意愿的易地搬迁家庭15.92万户均实现一户至少一人就业。二是提升社区综合治理水平。完善安置区基础配套设施和公共服务,分类推进大型易地搬迁安置区及其他在县城和重点镇的安置区融入新型城镇化,全区800人以上安置点全部设立"农事城办"服务中心。三是深化安置区民族团结进步创建。我区搬迁人口中72.42%是少数民族,我们坚持以铸牢中华民族共同体意识为主线,统筹推进易地搬迁后续扶持和集中安置点民族团结进步示范创建工作,开展中华优秀传统文化进安置点活动,实行"新市民"团结交融行动,提升各族搬迁群众互嵌式居住水平。隆安县震东社区等14个安置点所在社区被评为自治区民族团结进步示范单位;《广西坚持"四个突出"着眼打造搬迁安置点少数民族团结融合"四个先行示范"》《广西壮族自治区南丹县"五治融合"打造瑶乡民族团结社区》等经验做法分别获得国家层面推广;贺州市易地扶贫搬迁后续扶持工作成效明显,获国家发展改革委通报表扬;河池市在全国易地扶贫搬迁后续扶持工作现场会上做了典型经验交流。

3. 深入推进"万企兴万村"行动。

自治区将"万企兴万村"行动纳入《政府工作报告》进行重点部署,成立自治区"万企兴万村"行动领导小组,深入实施"万企兴万村"行动倾斜支持乡村振兴重点帮扶县专项行动和"民营企业进边疆"行动,先后举办粤企入桂助力乡村振兴现场推进会、广西"民营企业进边疆"产业合作洽谈会,召开广西民营企业助力乡村振兴重点帮扶县暨2023年"万企兴万村"行动现场推进会，积极引导区内外企业到脱贫地区、民族地区、边境地区投资，推动县域经济发展、助力乡村振兴。2023年底广西已有2.78万多家民营企业参与"万企兴万村"行动，企业参与数居全国第二；实施乡村振兴项目3.3万多个，惠及1.07万多个村，投入资金超400亿元；引导44家自治区工商联执常委企业与自治区44个重点帮扶县重点村结对共建，13376家民营企业在44个重点帮扶县的5443个行政村实施兴村项目。同时，我们按照国家部署，积极主动协调对接42名全国工商联企业家执委联系广西20个国家乡村振兴重点帮扶县，已有38家全国工商联执委企业到广西20个国家乡村振兴重点帮扶县调研、建立联系帮扶关系。

（根据广西自治区乡村振兴局提供资料整理）

案例 4

河北省威县建立健全防止返贫监测和帮扶机制的探索

脱贫攻坚取得全面胜利以来，威县把防止返贫作为乡村振兴的重要任务，聚焦重点，创新举措，不断完善制度机制，建立了一套科学精准的防止返贫工作体系。威县在脱贫摘帽后，把防贫防返贫作为巩固脱贫攻坚成果、实施乡村振兴、全面建成小康社会的总抓手，构建"1+1+4+4"精准防贫长效机制，消除贫困存量、控制贫困增量、杜绝返贫数量，防范贫困人口新增风险。

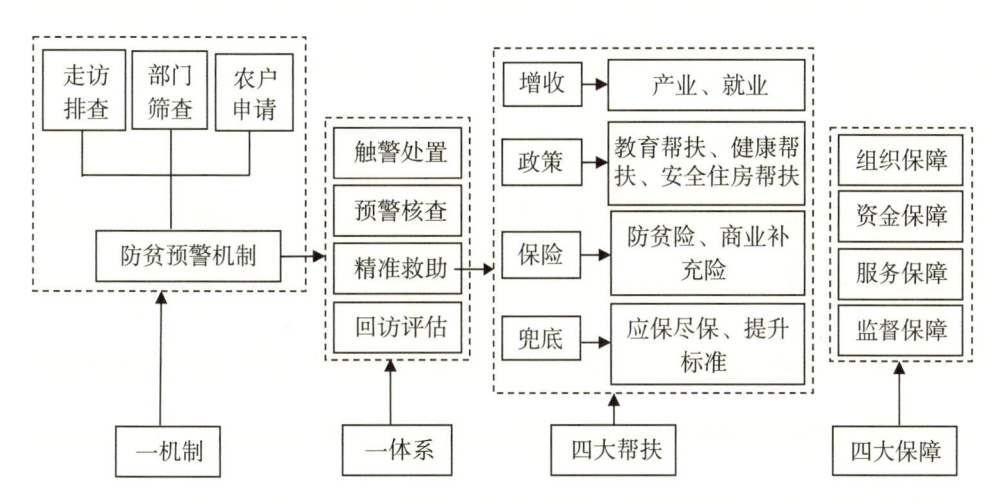

威县"1+1+4+4"精准防贫长效机制

一、"一机制"：健全预警机制，筑牢安全屏障

威县按照人均可支配收入低于当年度国家扶贫标准1.5倍（2021年10月后按照6600元标准），构建了预警排查、自主申报和行业部门数据筛查的县、乡、村三级立体化防贫监测预警体系，对因病、因学、因残、因灾、因意外、支出骤增和收入骤减等实际情况影响基本生活家庭的全面排查，并实施预警日报告制度，做到早发现，早预警，早救助。具体如下：①走访排查。乡村预警员由村"两委"干部、驻村工作队员、党员和乡贤等人员兼任，3000余名预警员实现全区域覆盖。预警员通过平时走访，实时了解情况，发现有致贫返贫风险的农户，及时按程序上报县防贫中心。②部门筛查。县医保、教育、公安、残联、应急管理等部门，针对因病、因学、因灾、因意外、因疫情等致贫返贫因素，在日常工作中发现可能触警人员，及时报告并推送相关信息到县防贫中心。③农户申请。加大防贫宣传，明确防贫标准，农村人口凡认为自己家庭状况达到预警标准的，向所在乡（镇）村预警员申请，或直接

向县防贫中心提出救助申请。按照规定程序,经"数据比对、村评议、乡审核、县录入"纳入县防贫监测。

二、"一体系":完善救助体系,实施闭环管理

威县成立县防贫中心,统筹协调全县防贫防返贫工作;16个乡镇设立防贫工作站,522个村设防贫预警联络点。①触警处置。县防贫中心及时收集预警信息,并将预警信息分发至相关乡镇和县直相关部门进行核查。②预警核查。相关乡镇和县直部门,对预警对象是否达到救助条件进行核查;乡村干部对涉及预警信息进行实地核查,相关单位对有无车辆、商品房、财政供养人员、工商执照等进行比对审核,并及时反馈至县防贫中心。符合救助条件的,分类施策;不符合救助条件的,告知理由。③精准救助。县防贫中心及时协调相关部门,对预警对象分类实施救助。涉及部门将救助措施、救助结果等信息,及时反馈县防贫中心。④回访评估。县防贫中心组织乡镇或村,通过电话回访、实地走访等方式,对救助对象的致贫返贫风险消除情况进行回访,评估风险消除效果,并填写回访信息。对经过各项救助后仍存在致贫风险的,跟踪评估再研究,采取一户一议,根据需要对农户实施再救助,直至风险消除。比如,农户在出现防贫预警并审核通过救助后,可享受到基本医疗保险、大病救助、医疗救助、商业保险(防贫保险和商业补充险)和长期护理险以及基金救助等。

三、"四大帮扶":强化综合施策,建构政策体系

1. 通过产业、就业双渠道实现农户稳定增收。

进一步完善提升金鸡、金牛、白羽、根力多、威梨"五大资产收益模式业";创新推广"政府+金融+科研+龙头+园区(合作

社）＋农户"产业发展模式，形成"一乡一业、一村（多村）一品"产业布局。强化内力提升，突出抓好技能培训；支持发展扶贫车间，吸纳群众就近就业。

2．紧抓教育帮扶、健康帮扶、安全住房帮扶政策。

（1）教育帮扶。一是强化控辍保学。严格执行"七长"责任制，实行"双线控辍"，层层签订"控辍保学"目标责任状，将"控辍保学"目标细化到乡、到村、到校、到班，落实到人，实现失学辍学"零新增""零反弹"。二是落实补助政策。资助不同阶段脱贫子女、为家庭条件不好的子女办理助学贷款。同时，将学生营养改善计划纳入全县"民生工程"，做到"应助尽助""应贷尽贷""应补尽补"，不让一名孩子"因贫失学"。三是提升教育基础。投资改善中小学办学条件，推动教育资源向乡村倾斜，完善教师与校长有序交流机制。（2）健康帮扶。保持健康扶贫主要政策连续稳定，聚焦重点人群、重点疾病，强化预警和救助，继续保持健康医疗四个全覆盖。一是"三重保障"脱贫人口全覆盖。继续落实脱贫人口基本医保、大病保险、医疗救助"三重保障"，实现对脱贫人口全额、全覆盖资助；将30种大病专项救治人群扩大至所有大病住院患者；持续保持脱贫人口市域内住院政策范围内报销比例不低于90%。二是便民政策实现脱贫人口全覆盖。深入落实"先诊疗后付费、一站式结算"等便民服务，一站式就医、先诊疗后付费政策实现县域医疗机构全覆盖、住院患者全覆盖；进一步简化门诊慢性病认定程序，创新家庭医生签约服务电子化，实现对家庭医生签约履约服务实时监督，家庭医生签约率、履约率均实现100%。三是因病返贫致贫监测实现救助县域农户全覆盖。将农户住院医疗费用支出纳入监测，克服低保系统不能推送的弊端，发挥乡村干部和驻村工作队作用，按月排查农户住院就医医疗情况，对因高额医疗费用支出导致家庭基本生活出现严重困难的进行监测，启动预警，根据困难情况，开展后续帮扶。四是医疗体系提升全覆盖。县医院、中医院正在创建三级医院，4家乡镇卫生院达到省级推荐标准；建成标准化村卫生室577个，并配齐乡村医生，消除村卫生室和村医"空白点"。（3）安全住房帮扶。保持既有住房安全政策稳定连续，对全县农村房屋进行全面评测。出台《农村住房安全动态监测机制》《威县2021年农村危房改造工作实施方案》等文件，健全动态监测和日常巡查相结合工作机制，做到精准动态掌握农村人群住房现状。

3. 实施保险防贫工程，确保突发意外可救助。

县财政每年投入500余万元，创新实施边缘户"防贫险"、已脱户商业补充险、扶贫产业"三险联保"等，构筑脱贫致富的风险防范屏障，通过保险保障降低了防贫对象就学、就医负担和灾害等损失。

4. 充分发挥社会救助兜底保障作用，有效保障困难群众基本生活。一是应保尽保。建立低保标准动态调整机制，简化优化审核确认程序，充分发挥主动发现机制作用，提高社会救助时效性。二是提升标准。将农村低保最低生活保障标准提高到4836元，农村特困人员分散供养标准提高到6288元，集中供养标准提高到7020元，有效改善脱贫人口生活条件。

四、"四大保障"：夯实基层基础，提供坚强支撑

威县在巩固脱贫攻坚成果工作中，始终坚持"四个不摘"，建立威县防贫防返贫工作领导小组，制定出台"一方案六机制"（即1个《威县精准防贫实施方案》，县人社局、卫健局、住建局、民

政局、教育局、医保局印发的 6 个防贫防返贫工作机制)、《关于建立健全脱贫防贫长效机制的实施意见》《防贫防返贫月考核办法》等文件，完善防贫政策体系，把脱贫防贫工作纳入脱贫攻坚成效考核范围，严格考核评估。财政专项扶贫资金持续增加，统筹整合、打捆使用各类资金 6.15 亿元用于扶贫开发，支出率 100%。同时，强化督查推进脱贫防贫责任落实、政策落实、工作落实，压实防贫责任。同时，持续开展"群众有困难、党员第一个到"等活动，充分发挥乡村两级干部、驻村工作队和帮扶责任人作用，让脱贫防贫政策家喻户晓，让救助对象接受便捷高效的帮扶服务。

第五章　突出重点："三个提升"

习近平总书记指出："要提升乡村产业发展水平、乡村建设水平、乡村治理水平，强化农民增收举措，推进乡村全面振兴不断取得实质性进展、阶段性成果。"[①]2024年中央一号文件明确，提升乡村产业发展、乡村建设、乡村治理水平，是推进乡村全面振兴的重点任务，并对"三个提升"作出系统部署，要求从各地实际和农民需求出发，集中力量抓好办成一批群众可感可及的实事，建设宜居宜业和美乡村。

一、提升乡村发展水平

产业是乡村振兴之基、富民之本、致富之源。产业兴旺是解决农村一切问题的前提[②]。乡村"五个振兴"，产业振兴排在第一位。发展乡村产业、提升乡村产业发展水平，是实现乡村振兴的根本所在，是解决我国当前农业经营效益低、农村居民增收难、乡村建设发展滞后等问题的基础和前提，是解决数亿农民富裕问题、实现乡村全面振兴的根本所在。

提升乡村产业发展水平，一是围绕抓好乡村产业发展，把"土特产"

[①]《中央农村工作会议在京召开　习近平对"三农"工作作出重要指示》，《人民日报》2023年12月21日。
[②] 中央农村工作领导小组办公室：《习近平关于"三农"工作的重要论述学习读本》，人民出版社、中国农业出版社2023年版，第64页。

三个字琢磨透，坚持产业兴农、质量兴农、绿色兴农，把农业建成现代化大产业。二是充分挖掘农业多种功能、乡村多元价值，推动农产品加工业优化升级，高质量发展农村流通，大力培育新产业新业态，促进产业融合，加快构建粮经饲统筹、农林牧渔并举、产加销贯通、农文旅融合的现代乡村产业体系，打造乡村经济新的增长极。三是统筹抓好现代农业产业园、优势特色产业集群、农业产业强镇等各类平台载体建设，集成政策、集合要素、集中服务，充分发挥其辐射带动作用，着重提高区域内产业集聚发展能力，通过平台载体提档升级促进产业提质增效。四是把完善利益联结贯穿乡村产业发展始终。发展乡村产业根本目的是让农民增收致富，不能富了老板、穷了老乡。要强化产业发展联农带农，促进企业和农户在产业链上优势互补、分工合作，把新型农业经营主体和涉农企业扶持政策与带动农户增收挂钩，让广大农民更多参与产业发展、分享增值收益。加强资本下乡全过程监管，有效防范和纠正投资经营中的不当行为。[①]

（一）提升乡村产业发展水平的行动纲领

习近平总书记高度重视产业振兴，多次考察乡村产业发展，多次在重要场合发表重要讲话，就乡村振兴中的产业如何振兴、怎么振兴等一系列问题作出重要指示、提出明确要求，为乡村产业发展指明了前进方向，提供了根本遵循、行动纲领。

1. 提升乡村产业发展水平是推进乡村全面振兴的基础

"产业是发展的根基，产业兴旺，乡亲们收入才能稳定增长。"[②]"没有产业的农村，难聚人气，更谈不上留住人才，农民增收路子拓不宽，文化活动很难开展起来。"[③] 实践表明，提升乡村产业发展水平的重要作用具

[①] 中央农村工作领导小组办公室：《有力有效推进乡村全面振兴》，《求是》2024年第2期。
[②] 习近平：《论"三农"工作》，中央文献出版社2022年版，第47页。
[③] 习近平：《加快建设农业强国 推进农业农村现代化》，《求是》2023年第6期。

体体现在以下方面：（1）发展产业是巩固拓展脱贫攻坚成果的治本之策。产业发展具有连片（整村或整乡甚至整县）富民增收作用，乡村产业发展是农民特别是脱贫人口稳定的收入来源，也是就业机会增加的重要渠道，发展产业对于夯实防止返贫基础、坚决守住不发生规模性返贫具有根本性、基础性作用。（2）发展乡村产业是促进农村，特别是脱贫地区持续发展、推动乡村全面振兴的重要举措。（3）产业发展是农民增加就业、增加收入的主要途径。产业发展带动乡村集聚要素、汇聚人气、增强活力，奠定乡村全面振兴的基础。（4）发展乡村产业是缩小城乡和区域收入差距、实现共同富裕最直接最有效的办法，是畅通国内大循环、构建新发展格局的重要推动。我国低收入人口多数在农村，基础设施和公共服务短板主要在农村。推进乡村产业发展、提升乡村产业发展水平，既能扩大有效投资，又能增加农村消费，可以为扩大内需、畅通内循环提供强劲动力。

2. 提升乡村产业发展水平的根本方法是做好"土特产"这篇大文章

发挥优势，发展特色产业。"突出地域特点，体现当地风情。要跳出本地看本地，打造为广大消费者所认可、能形成竞争优势的特色，如因地制宜打造苹果村、木耳乡、黄花镇等。"[①] "从全国面上看，乡村产业发展还处于初级阶段，主要问题是规模小、布局散、链条短，品种、品质、品牌水平都还比较低，一些地方产业同质化比较突出。要适应城乡居民消费需求，顺应产业发展规律，立足当地特色资源，拓展乡村多种功能，向广度深度进军，推动乡村产业发展壮大。"[②]

拓展乡村多重功能，发展新产业新业态。"要善于分析新的市场环境、新的技术条件，用好新的营销手段，打开视野来用好当地资源，注重开发农业产业新功能、农村生态新价值，如发展生态旅游、民俗文化、休闲观

---

① 习近平：《加快建设农业强国 推进农业农村现代化》，《求是》2023年第6期。
② 习近平：《论"三农"工作》，中央文献出版社2022年版，第11页。

光等。"① "发展乡村旅游、休闲农业、文化体验、健康养老、电子商务等新产业新业态,既要有速度,更要高质量,实现健康可持续。"②

推进产业融合,延长产业链价值链。"要延长农产品产业链,发展农产品加工、保鲜储藏、运输销售等,形成一定规模,把农产品增值收益留在农村、留给农民。"③ "现在,发展乡村产业,不像过去就是种几亩地、养几头猪,有条件的要通过全产业链拓展产业增值增效空间,创造更多就业增收机会。要积极发展农产品加工业,优化产业布局,推动农村由卖原字号向卖制成品转变,把增值收益更多留在县域。"④ "要依托农业农村特色资源,向开发农业多种功能、挖掘乡村多元价值要效益,向一二三产业融合发展要效益,强龙头、补链条、兴业态、树品牌,推动乡村产业全链条升级,增强市场竞争力和可持续发展能力。"⑤

落实产业帮扶政策,促进乡村产业发展。"部分地区还存在产业发展基础不牢、联农带农机制不够持续稳固、产业配套支持政策落实不够精准有效等问题,不利于特色产业发展壮大和脱贫群众稳定增收。各地区各部门要严格贯彻落实乡村振兴责任制,针对存在的问题,采取有效举措抓整改,扎扎实实推进乡村振兴各项任务落实。"⑥

3. 提升乡村产业发展水平的价值取向是让农民有活干、有钱赚

"很多地方农业产业升级过程中,往往规模越来越大、用工越来越少、农户参与程度越来越低,这是市场自发作用的结果。但是,我们要把握好度,不能忘了农民这一头,要完善利益联结机制,通过'资源变资产、资金变股金、农民变股东',尽可能让农民参与进来。要形成企业和农户产业链

---

① 习近平:《加快建设农业强国 推进农业农村现代化》,《求是》2023年第6期。
② 习近平:《论"三农"工作》,中央文献出版社2022年版,第11页。
③ 习近平:《加快建设农业强国 推进农业农村现代化》,《求是》2023年第6期。
④ 习近平:《论"三农"工作》,中央文献出版社2022年版,第11页。
⑤ 习近平:《加快建设农业强国 推进农业农村现代化》,《求是》2023年第6期。
⑥ 习近平:《加快建设农业强国 推进农业农村现代化》,《求是》2023年第6期。

上优势互补、分工合作的格局，农户能干的尽量让农户干，企业干自己擅长的事，让农民更多分享产业增值收益。"① 这些重要论述，提升乡村产业发展水平，必须贯彻以人民为中心的发展思想，必须始终突出农民的主体地位，必须着力完善联农带农机制、把保障农民利益放在第一位。避免把农民土地拿走了，企业赚了钱，却跟农民没关系或关系不大等现象。

4. 提升乡村产业发展水平需要不断完善支持政策体系

党的十九大提出乡村振兴战略以来，在习近平总书记关于产业振兴重要论述指引下，促进产业兴旺的政策体系初步形成。在《中华人民共和国乡村振兴促进法》《乡村振兴战略规划（2018—2022年）》中对产业振兴有专门规定和原则要求，《全国乡村特色产业发展规划（2020—2025年）》《关于推动脱贫地区特色产业可持续发展的指导意见》《中央财政衔接推进乡村振兴补助资金管理办法》《全面推进乡村振兴加快农业农村现代化的意见》等政策文件，都对发展特色产业、促进产业融合发展、完善联农益农机制提出明确要求。

（二）提升乡村产业发展水平的战略重点与推进路径

从2018年开始，党中央每年一号文件都是以实施乡村振兴战略为主题，均对发展乡村产业进行专题部署。各地各部门以习近平总书记关于乡村产业发展的重要论述为指引，坚决贯彻落实中央部署，持续激发乡村资源要素活力，持续培育乡村产业经营主体，持续提升农村就业创业质量，持续建设集聚融合发展平台，取得的明显效果集中体现在：乡村产业发展加快、农文旅深度融合发展、农村电商蓬勃发展、乡村特色产业传承发展等成效，彰显地域特色和乡村价值的产业体系加快构建，农产品初加工、精深加工、综合利用协调发展，农村一二三产业深度融合，休闲观光、农村电商等新

---

① 习近平：《论"三农"工作》，中央文献出版社2022年版，第12页。

产业新业态蓬勃发展，农村创新创业活力不断激发。[①]

以中央一号文件为主体，国家每年对推进产业振兴的政策措施、工作重点作出具体安排，逐步健全提升乡村产业发展水平的路径和策略体系，走出了一条具有中国特色的乡村产业发展道路。

1. 提升农业发展质量，培育乡村发展新动能

这是2018年中央一号文件关于乡村产业发展的主题。

这一年，文件强调，乡村振兴，以产业兴旺为重点。必须坚持质量兴农、绿色兴农，以农业供给侧结构性改革为主线，加快构建现代农业产业体系、生产体系、经营体系，提高农业创新力、竞争力和全要素生产率，加快实现由农业大国向农业强国转变。[②]

具体推进路径包括：夯实农业生产能力基础；实施质量兴农战略，包括实施产业兴村强县行动、实施兴林富民行动；构建农村一二三产业融合发展体系，主要是实施农产品加工业提升行动，实施休闲农业和乡村旅游精品工程；构建农业对外开放新格局，重点实施特色优势农产品出口提升行动；统筹兼顾培育新型农业经营主体和扶持小农户，采取有针对性的措施，把小农生产引入现代农业发展轨道，促进小农户和现代农业发展有机衔接。

2. 发展壮大乡村产业，拓宽农民增收渠道

这是2019年中央一号文件关于乡村产业发展的主题。

这一年，提升乡村产业发展水平重点实施以下策略：

一是加快发展乡村特色产业，因地制宜发展多样性特色农业，支持建设一批特色农产品优势区，健全特色农产品质量标准体系，创响一批特色产品品牌。

---

① 参见国家发展改革委举行新闻发布会介绍《乡村振兴战略规划（2018—2022年）》实施进展情况，国家发展和改革委员会官网。

② 《中共中央 国务院关于实施乡村振兴战略的意见》，《人民日报》2018年2月5日。

二是大力发展现代农产品加工业，支持发展适合家庭农场和农民合作社经营的农产品初加工，培育农业产业化龙头企业和联合体，推进现代农业产业园、农村产业融合发展示范园、农业产业强镇建设，健全农村一二三产业融合发展利益联结机制，让农民更多分享产业增值收益。

三是发展乡村新型服务业，支持发展农业生产性服务，充分发挥乡村资源、生态和文化优势，发展适应城乡居民需要的产业，加强乡村旅游基础设施建设，改善卫生、交通、信息、邮政等公共服务设施。

四是实施数字乡村战略，实施"互联网+"农产品出村进城工程，全面推进信息进村入户，依托"互联网+"推动公共服务向农村延伸。

五是促进农村劳动力转移就业，促进农村劳动力多渠道转移就业和增收，增加农民就地就近就业岗位，加快农业转移人口市民化，推进城镇基本公共服务常住人口全覆盖。

六是支持乡村创新创业，支持建立多种形式的创业支撑服务平台，完善乡村创新创业支持服务体系，鼓励地方设立乡村就业创业引导基金，加强创新创业孵化平台建设，支持创建一批返乡创业园，支持发展小微企业。[①]

3. 发展富民乡村产业

这是2020年中央一号文件关于乡村产业发展的主题。

这一年，文件明确推进乡村产业发展水平提升的推进路径，包括：

——支持各地立足资源优势打造各具特色的农业全产业链，建立健全农民分享产业链增值收益机制，形成有竞争力的产业集群，推动农村一二三产业融合发展。

——加快建设国家、省、市、县现代农业产业园，支持农村产业融合发展示范园建设，办好农村"双创"基地。

——重点培育家庭农场、农民合作社等新型农业经营主体，培育农业

---

① 《中共中央 国务院关于坚持农业农村优先发展，做好"三农"工作的若干意见》，《人民日报》2019年2月20日。

产业化联合体，通过多种方式，将小农户融入农业产业链。

——继续调整优化农业结构，打造地方知名农产品品牌，增加优质绿色农产品供给。

——有效开发农村市场，加强村级电商服务站点建设，推动农产品进城、工业品下乡双向流通。

——强化全过程农产品质量安全和食品安全监管。

——引导和鼓励工商资本下乡。

——制定农业及相关产业统计分类并加强统计核算，全面准确反映农业生产、加工、物流、营销、服务等全产业链价值。[①]

4. 构建现代乡村产业体系

这是 2021 年中央一号文件关于乡村产业发展的主题。

这一年，文件明确提升乡村产业发展水平的推进路径是：

——依托乡村特色优势资源，打造农业全产业链，把产业链主体留在县城，让农民更多分享产业增值收益。

——加快健全现代农业全产业链标准体系，推动新型农业经营主体按标生产，培育农业龙头企业标准"领跑者"。立足县域布局特色农产品产地初加工和精深加工，建设现代农业产业园、农业产业强镇、优势特色产业集群。

——推进公益性农产品市场和农产品流通骨干网络建设。开发休闲农业和乡村旅游精品线路，完善配套设施。推进农村一二三产业融合发展示范园和科技示范园区建设。

——把农业现代化示范区作为推进农业现代化的重要抓手，围绕提高农业产业体系、生产体系、经营体系现代化水平，建立指标体系，加强资源整合、政策集成，以县（市、区）为单位开展创建，到 2025 年创建 500

---

① 《中共中央 国务院关于抓好"三农"领域重点工作确保如期实现全面小康的意见》，《人民日报》2020 年 2 月 6 日。

个左右示范区，形成梯次推进农业现代化的格局。创建现代林业产业示范区。

——组织开展"万企兴万村"行动。稳步推进反映全产业链价值的农业及相关产业统计核算。①

5. 聚焦产业促进乡村发展

这是2022年中央一号文件关于乡村产业发展的主题。

这一年，文件部署实施以下路径推进产业振兴、提升乡村产业发展水平：

一是持续推进农村一二三产业融合发展。鼓励各地拓展农业多种功能、挖掘乡村多元价值，重点发展农产品加工、乡村休闲旅游、农村电商等产业。支持农业大县聚焦农产品加工业，引导企业到产地发展粮油加工、食品制造。推进现代农业产业园和农业产业强镇建设，培育优势特色产业集群，继续支持创建一批国家农村产业融合发展示范园。实施乡村休闲旅游提升计划。支持农民直接经营或参与经营的乡村民宿、农家乐特色村（点）发展。实施"数商兴农"工程，推进电子商务进乡村。开展农业品种培优、品质提升、品牌打造和标准化生产提升行动，加快落实保障和规范农村一二三产业融合发展用地政策。

二是大力发展县域富民产业。支持大中城市疏解产业向县域延伸，引导产业有序梯度转移。大力发展比较优势明显、带动农业农村能力强、就业容量大的产业，强化产业链与创新链融合，促进产业向园区集中、龙头企业做强做大。

三是加强县域商业体系建设。实施县域商业建设行动，促进农村消费扩容提质升级，实施"快递进村"工程，促进农村客货邮融合发展，加快实施"互联网+"农产品出村进城工程，推动冷链物流服务网络向农村延伸，

---

① 《中共中央 国务院关于全面推进乡村振兴 加快农业农村现代化的意见》，《人民日报》2021年2月22日。

支持供销合作社开展县域流通服务网络建设提升行动。

四是促进农民就地就近就业创业。实施县域农民工市民化质量提升行动，推进返乡入乡创业园建设，大力开展适合农民工就业的技能培训和新职业新业态培训，合理引导灵活就业农民工按规定参加职工基本医疗保险和城镇职工基本养老保险。

五是推进农业农村绿色发展。建设国家农业绿色发展先行区，开展水系连通及水美乡村建设，实施生态保护修复重大工程，落实第三轮草原生态保护补助奖励政策，探索建立碳汇产品价值实现机制，实施生物多样性保护重大工程。[①]

6. 推动乡村产业高质量发展

这是2023年中央一号文件关于乡村产业发展的主题。

这一年，推进乡村产业发展的策略主要包括：

一是做大做强农产品加工流通业。实施农产品加工业提升行动，在粮食和重要农产品主产区统筹布局建设农产品加工产业园，完善农产品流通骨干网络，支持建设产地冷链集配中心，确保农产品物流畅通。

二是加快发展现代乡村服务业。全面推进县域商业体系建设，发展乡村生活服务，鼓励有条件的地区开展新能源汽车和绿色智能家电下乡。

三是培育乡村新产业新业态。继续支持创建农业产业强镇、现代农业产业园、优势特色产业集群。支持国家农村产业融合发展示范园建设，深入推进农业现代化示范区建设，实施文化产业赋能乡村振兴战略，实施乡村休闲旅游精品工程，深入实施"数商兴农"和"互联网+"农产品出村进城工程，提升净菜、中央厨房等产业标准化和规范化水平，培育发展预制菜产业。

四是培育壮大县域富民产业。完善县乡村产业空间布局，提升县城产

---

① 《中共中央 国务院关于做好二〇二二年全面推进乡村振兴重点工作的意见》，《人民日报》2022年2月23日。

业承载和配套服务功能,增强重点镇集聚功能。引导劳动密集型产业向中西部地区、向县域梯度转移。①

7. 提升乡村产业发展水平

这是2024年中央一号文件对提升乡村产业发展水平的部署。

文件从以下四个方面明确了提升乡村产业发展水平的推进路径:

一是促进农村一二三产业融合发展。坚持产业兴农、质量兴农、绿色兴农,加快构建现代乡村产业体系,把农业建成现代化大产业。鼓励各地因地制宜大力发展特色产业。实施乡村文旅深度融合工程。优化实施农村产业融合发展项目,培育农业产业化联合体。

二是推动农产品加工业优化升级。推进农产品生产和初加工、精深加工协同发展,推进农产品加工设施改造提升,支持东北地区发展大豆等农产品全产业链加工,打造食品和饲料产业集群。支持粮食和重要农产品主产区建设加工产业园。

三是推动农村流通高质量发展。深入推进县域商业体系建设,健全县乡村物流配送体系,促进农村客货邮融合发展,大力发展共同配送。推进农产品批发市场转型升级。优化农产品冷链物流体系建设。实施农村电商高质量发展工程。加强农村流通领域市场监管。

四是强化农民增收举措。实施农民增收促进行动,持续壮大乡村富民产业。强化产业发展联农带农,健全新型农业经营主体和涉农企业扶持政策与带动农户增收挂钩机制。促进农村劳动力多渠道就业,开展农民工服务保障专项行动,加强农民工就业动态监测。加强拖欠农民工工资源头预防和风险预警,加强农民工职业技能培训,积极推广以工代赈,鼓励以出租、合作开发、入股经营等方式盘活利用农村资源资产,增加农民财产性收入。②

---

① 《中共中央 国务院关于做好二〇二三年全面推进乡村振兴重点工作的意见》,《人民日报》2023年2月14日。

② 《中共中央 国务院关于学习运用"千村示范、万村整治"工程经验有力有效推进乡村全面振兴的意见》,《人民日报》2024年2月4日。

(三）提升乡村产业发展的实践成效与问题挑战

2023年，国家乡村振兴局中国扶贫发展中心联合课题组对中西部8省（区）20个县（市、区）开展了乡村产业发展专题调研，调研组通过实地调研，整理了数百名基层干部及产业园区、产业基地及帮扶企业、合作社、大户、农户等代表意见建议。

调研结果表明，各地把发展乡村产业，促进脱贫人口持续稳定增收放在巩固拓展脱贫攻坚成果突出位置，在沿用脱贫攻坚做法的基础上，帮扶政策不摘、支持力度不减，产业发展各相关领域正逐步提档升级，发展成效主要体现在：一是乡村产业发展思路清晰、模式逐步完善。坚持把产业发展作为重中之重，在更高层次上吸纳集聚科技、土地、资本、人才、信息等现代生产要素，有效推动产业发展。二是乡村产业基础设施配套日臻完善。各地立足资源优势，持续推进产业园区、高标准农田、高效节水灌溉工程等产业基础设施建设，乡村产业基础设施配套短板正逐渐补齐。三是乡村产业新型经营主体数量稳步增加。各地积极培育壮大农业龙头企业、农民专业合作社、种养大户、家庭农场等各类生产经营主体，成效显著。四是乡村产业联农带农机制效果持续显现。各地不断完善联农带农机制，将农户嵌入产业链条各环节，更多脱贫户已共享产业发展红利。五是乡村产业产销对接保持顺畅。各地积极搭建线上线下产销对接平台，创新销售机制，构建起稳定的农产品销售渠道，农产品销售困难问题有效缓解。六是乡村产业发展科技支撑更加有力。各地积极引进和培育产业科技人才，注重科技成果运用，科技助力乡村产业振兴作用持续得到发挥。

调研发现，虽然各地乡村产业发展基础不断夯实、取得了积极成效，但也发现，乡村产业发展仍存在一些共性的风险和挑战：一是乡村产业基础设施仍不够健全，制约了特色产业发展。二是乡村产业链条短，同质化程度高，市场竞争力总体有限。三是乡村产业抵御风险能力不强，削弱农户增收稳定性。四是资金、土地等要素保障压力大，影响后续项目稳定推进。

五是乡村产业技术人才仍然短缺，制约特色产业提档升级。

（四）提升乡村产业发展水平的总体思路与具体对策

据统计，2023年我国新建50个国家现代农业产业园、40个优势特色产业集群、200个农业产业强镇，有力推动乡村产业提档升级。[①]2024年中央一号文件强调提升乡村产业发展水平，在促进农村一二三产业融合发展、推动农产品加工业优化升级、推动农村流通高质量发展和强化农民增收举措等方面进行了具体部署。从实践看，各地把着力点放在强龙头、补链条、兴业态、树品牌，做好"土特产"这篇大文章，推动乡村产业全链条升级上，在探索提升乡村产业发展水平的实践中，逐步呈现出以下思路性趋势与具体对策。

1. 提升乡村产业发展水平需要进一步增强优质供给，发挥产业融合乘数效应，把农业建成现代化大产业

近年来，乡村产业步入发展快车道，一批乡土特色品牌竞相涌现，农文旅融合加速推进。从各地实践看，进一步将资源优势转化为产业优势，提升农产品发展的规模和品牌效应，还有很大的空间。一方面，乡村产业的产品、产业体系发展中，还比较普遍存在优质产品少、品牌影响力弱、部分特色产业链不完整、供应链联结不紧密等短板。这就为顺应消费需求变化趋势、加快品种培优和品质提升、增强优质农产品供给、减少同质化竞争提供了发展方向、空间和重点。另一方面，把农业建成现代化大产业是农业现代化的必由之路，提升乡村产业发展水平，就要引导不同环节的各类主体强化分工合作，打造产业化联合体，构建从田头到餐桌的高效协同机制，提升供应链的效率和稳定性，从而促进产业融合乘数效应的释放，为因地制宜培育和发展新业态注入更多的活力。

---

① 郁静娴：《强优势、补短板，各地探索提升乡村产业发展水平，做好"土特产"这篇大文章》，《人民日报》2024年3月22日。

2. 提升乡村产业发展水平需要进一步延长农业产业链价值链，持续提高产业韧性和市场竞争力

"一产往后延，二产两头连，三产走精端"，农产品加工业对于延长农业产业链价值链、提高产业韧性和市场竞争力具有重要作用。2023年，我国规模以上农产品加工业企业超过9万家，全行业营收达20.3万亿元，农产品加工业正逐渐成为国民经济最具活力的支柱产业之一。从国际经验看，农业现代化国家农产品加工转化率超过85%，而我国农产品加工副产物的60%以上未得到综合利用，农产品加工业产值与农业总产值比为2.59∶1。[①]

需要采取的具体推进策略：一是强化统筹规划，补齐产购储加销各环节农业服务短板，构建一批科技水平高、生产加工能力强、上中下游相互承接的优势产业体系，着力推动农产品加工业优化升级。二是强化农产品加工广度、深度，推动农产品多元化开发、多环节增值。实践证明，利用规模效应、集聚效应有助于吸引资金和技术，把加工企业车间建在主产区，把以初级农产品为主的供给和农产品深加工及服务滞后之间矛盾统筹起来解决，拓展农产品加工产业链、价值链，提升农产品加工副产物综合利用效率。

3. 提升乡村产业发展水平需要进一步完善强化联农带农机制和实现形式，把农产品增值收益更多留在农村、留给农民

2024年中央一号文件把强化农民增收举措摆在突出位置，强化产业发展联农带农正是一条重要的增收途径。近年来，各地在产业发展中创新机制，形成订单合同、入股分红、技术服务、务工就业等多元化利益联结形式。但总体上看，不少产业经营主体与农民仍停留在土地流转、产品购销等松散的联结关系上，个别地方忽视市场规律、追求"短平快"，以高租金、高分红等诱导农民盲目开展规模种养的现象仍然存在。解决这些问题，需要综合施策。

---

① 郁静娴：《强优势、补短板，各地探索提升乡村产业发展水平，做好"土特产"这篇大文章》，《人民日报》2024年3月22日。

首先,要将乡村产业扶持政策与带动农户增收挂钩,为农民提供多元灵活的收益分配选择和共享共赢的产业参与机制,比如把产业链更多环节留在当地,为青年农民提供全产业链创业就业机会,为老年农民和留守妇女创造更多的灵活就业岗位等。

其次,要提供面向乡村的全面发展平台,比如通过组建行业协会、联合体、联盟等,提供技能培训、产销对接、创业孵化等服务,把有创业意愿的农民培育成乡村产业振兴的骨干力量。总的就是要建立松紧有度、持续稳固、互惠共赢、共同发展的联农益农机制,有助于激发农民参与的内生动力,推动乡村产业高质量发展。

4. 提升乡村产业发展水平需要立足做好"土特产"这篇大文章,推动乡村产业全链条升级

关键就是要打好特色牌,真正把特色资源变为特色产业。一是要立足一方水土,开发乡土资源,不断补上产加销各环节的短板,推动乡村产业高质量发展。比如,加快特色品种和新型农机研发,完善采后处理、加工,建设冷链物流体系、农产品产地市场等,让土特产种得好,更运得出、销得畅。二是要不断挖掘农业多种功能,顺应市场需求,推动乡村产业与深加工、文化、体育、旅游、康养等深度融合,促进农村一二三产业融合发展。三是要擦亮农业品牌。着力培育龙头企业,积极发展品牌农业、电商直播等新产业新业态,坚持市场导向,培育出市场知名度较高的农业品牌。四是要坚持政府主导,健全农业品牌保护机制,维护好区域公用品牌,凝聚合力闯市场。五是不断完善利益链接机制,提供就业岗位、加大技能培训,鼓励返乡创业,调动广大农民积极性、主动性、创造性,把产业增值收益更多留给农民。

5. 提升乡村产业发展水平需要不断拓展农业多种功能和提升乡村多元价值

首先,要以拓展农业多功能为导向,做大做强农产品加工业,夯实农

业食品保障功能。一是围绕市场需求，培育推广适合加工的专用品种，引导各类市场主体按照品种培优、品质提升、品牌打造和标准化生产要求合理安排生产经营，打造优质绿色安全农产品生产基地。二是扶持农民合作社和家庭农（牧）场重点发展初加工，引导大型农业企业、食品企业加快发展精深加工，培育"原料基地＋中央厨房＋物流配送（餐饮门店、商超销售）"以及"中央厨房＋餐饮门店（连锁店、社区网点、终端客户）"等模式，构建高效的加工体系。三是引导农产品加工企业攻克技术瓶颈，打造共性技术研发平台和创新联合体，创制信息化、智能化、工程化加工装备，集成加工技术成果。四是引导企业与农户等共创企业品牌，培育一批特色产品品牌。五是围绕县域农业主导产业，引导县域农业产业化龙头企业牵头组建集农业研发、育种、生产、加工、储运、销售、品牌、体验、消费、服务等环节于一体的农业产业化联合体，打造农业全产业链。引导有条件的头部企业，搭建全产业链数字平台。

其次，要以提升乡村多元价值为导向，大力发展乡村休闲旅游业，拓展农业生态涵养、休闲体验、文化传承等功能，凸显乡村的经济、生态、社会和文化价值，带动农民增收和促进乡村全面振兴。一是保护生态资源和乡土文化。二是发掘生态涵养产品。三是培育乡村文化产品。四是打造乡村休闲体验产品。五是提升乡村休闲旅游水平。六是实施乡村休闲旅游精品工程。

最后，要发挥农业产业化龙头企业的示范带动作用，推动农业多种功能拓展。一是围绕制约农业农村现代化发展的"卡脖子"技术或短板领域，做强一批具有自主创新能力的科技领军型龙头企业。二是围绕粮棉油糖、肉蛋奶、种业等关系国计民生的重要行业，做强一批具有国际影响力的头部龙头企业。三是围绕果蔬茶等满足消费者多样需求的特色农产品领域，做优一批引领行业发展的骨干企业。四是围绕粮食生产功能区、重要农产品生产保护区、特色农产品优势区和脱贫地区，做大一批联农带农紧密的区域性龙头企业。

6. 提升乡村产业发展水平需要坚持系统观念，统筹把握并处理好相关关系

一是政府和市场的关系。坚持两手发力，推动有效市场和有为政府更好结合。既要使市场在资源配置中起决定性作用，在乡村产业选择和培育、推动生产要素顺畅流动等方面遵循市场原则，又要着力克服农业弱质性，在产业培育、生态价值实现、降低交易成本等方面的市场基础性制度建设上更好发挥政府作用。充分挖掘比较优势，依托农业农村特色资源，做好"土特产"文章，因地制宜提升乡村产业发展水平。

二是粮食丰收和农民增收的关系。坚持大农业观、大食物观，在稳定粮食种植面积的同时，通过科技创新提升粮食单产，加快产业融合，培育农业产业化联合体，建立有效利益联结机制，挖掘乡村多元价值，最大限度促进农民增收。优化现有种粮补贴政策，健全农民种粮收益保障机制，建立粮食安全保障贡献与种粮农民收入之间的正向联系，持续提升农民种粮积极性。

三是产业振兴和城乡融合的关系。城乡融合发展是做好乡村振兴这篇大文章的必由之路。以县域为纽带，以乡村特色资源为基础，推动城乡一二三产业融合发展，厚植乡村产业体系发展基础，提升乡村产业的收益率。以乡村产业振兴推动城乡融合发展，促进要素双向流动，加强乡村基础设施、公共服务设施建设，形成城乡融合发展新格局。

四是产业振兴和文化振兴的关系。乡村全面振兴是农业多种功能、乡村多元价值实现的过程。传承与创新乡村文化，提升乡村文化价值，正是精准务实培育乡村产业的重要途径。要以文化发展赋能乡村产业振兴，统筹优秀传统乡土文化保护传承和创新发展，充分挖掘、收集、整理乡村特色文化资源，保护好村落传统风貌，特别是推动文化产业人才、资金、项目下乡，助力乡村消费新场景、新业态涌现，挖掘提升乡村人文价值，增强乡村审美韵味，丰富农民精神文化生活，焕发乡村文明新气象，培育乡

村发展新动能。

五是产业振兴和生态振兴的关系。推动乡村产业振兴，既要关注产业发展，又要统筹产业发展和环境保护。要加强农村生态文明建设，围绕乡村生态资源优势，推进生态产业化、产业生态化，加快生态资源自然价值增值和生态资本增值，发挥乡村绿色生活方式的引导教育功能，厚植乡村生态振兴根基。

案例 5

创新联农带农机制
提升乡村产业发展水平的山阳探索

山阳位于陕西东南部、商洛市西部，是典型的"八山一水一分田"土石山区县、革命老区县。县域面积3535平方公里，辖18个镇（办）244个村（社）。2021年底总人口46万人，脱贫人口3.01万户10.39万人，监测对象1606户5407人，已消除风险863户3124人。2022年全县生产总值179.77亿元，城乡居民人均可支配收入28027元。2021年该县经营主体联农带农、参与产业发展的农户较上年分别增加3.7万户、3.31万户，增幅达到36.6%、53.2%。该县坚持问题导向，聚焦破解帮扶项目联农带农机制不健全、带动责任落实不到位、带动方式比较单一、带动效果不够明显等难题，探索形成"四抓四带"机制，为群众持续稳定增收奠定了坚实基础。山阳探索形成的"四抓四带"联农带农机制，有效促进了农民增收，为提升乡村产业发展水平提供了借鉴。

一、抓排查分类，确保"带得准"

结合动态监测与帮扶，依托大数据监测平台，发挥村"四支队伍"和4966名基层网格员作用，开展常态化全农户排查。紧盯农民增收和联农带农，逐户排查研判，结合实际情况和群众意愿科学分类，因户制定联带政策和措施，推行"人盯人+"防返贫机制，实行"一户一码"、网格化管理，做到摸清底数、心中有数。按劳动能力分，对有劳动能力的采取发展产业、强化就业创业等方式带动持续增收，对弱劳动能力的采取就地就近务工、开发乡村公益岗位等方式实现稳定增收，对无劳动能力的采取兜底保障、收益分红等方式确保收入达标。按发展意愿分，对有就业意愿的，县域内由园区企业、产业基地、社区工厂、帮扶车间等主体带动，县外依托劳务公司、村级就业服务保障站等有组织的劳务输出。对有发展产业意愿的，通过政策奖补、技术服务、金融支持、保险托底等方式予以扶持。特别是对脱贫户、监测对象，缺项目的帮助选准发展项目，落实联带主体；缺资金的落实富民贷、产业贷等；缺技术的选派技术人员，"一对一""点对点"上门服务；缺销路的线上线下同步帮销代销。2021年通过产业就业及收益分红等因户因人精准联带，联结带动脱贫户、监测对象2.64万户，户均年增收3000元以上。

二、抓利益联结，确保"带得稳"

一是产业联农。坚持"长抓药果短抓菌、集中规模抓畜禽、因地制宜抓特色"，按照有产业规划、有政策扶持、有主体带动、有技术服务、有公用品牌、有销售渠道、有保险兜底、有专人负责的"八有"措施，大力发展粮药菌果畜茶"6+X"特色产业，培育发展高质量庭院经济，推动产业规模和效益连年提升，累计发展中药材59.06万亩、食用菌8060万袋、林果133.99万亩、畜禽养殖535万头（只）、茶叶18.93万亩、中华蜂7.8万箱，带动9.53万农户，户均年增收3000元。2022年投入支持产业发展资金达2.4亿元，较2021年增加22.4%，中央财政衔接资金用于产业发展的比例超过70%。发挥资金对产业发展和农户参与产业项目增收的引领拉动作用，坚持"一村一品""一户一业"，培育形成了一批专业村、特色镇，其中"药材+林果"村116个，"食用菌村""畜牧养殖村"76个，"茶叶村""特色种植村"48个，以特色庭院"五小经济"为主的"挂面村""粉皮村""粉条村""蜂蜜村""魔芋村"39个，"旅游村"18个，建筑专业村5个，家政村6个，农旅小镇2个，促进了群众持续快速增收。

二是主体联户。推行龙头企业、农民合作社、能人大户"三大带动"，实行"龙头企业＋农民合作社＋能人大户＋农户"模式，将农户与经营主体利益紧密联结，在产业链上优势互补、分工协作。龙头企业"抓两端带中间"，负责"前端"种苗供应、技术服务和"后端"产品回收、加工、销售，指导农户做好中间生产管理环节，最大限度降低发展产业风险，实现在生产经营中稳定增收。2022年和丰阳光、德润康、络亿等龙头企业带动2.68万农户发展产业，实现了企业发展和农户增收双赢，也带动了特色产业集群发展。农民合作社"抓一品带一村"，上店子社区朝安手工挂面、枫树村枫树茶业等677个合作社，聚焦一村一品，实行统一技术标准、统一生产管理、统一产品回收、统一加工包装、统一品牌销售"五统一"，打造省级以上示范合作社15个，创建国家级"一村一品"示范镇1个、示范村3个，带动3.01万农户加入合作社。能人大户"作示范带着干"，全县2030个能人大户通过利益捆绑合伙干、社会化服务帮扶干、手把手教着干，带动1.54万农户跟随加入，共同发展。十里铺街道王庄村返乡能人张治飞，自主发展香菇种植产业获益，通过向农户提供技术培训、托管服务和订单生产等方式，吸纳王庄、磨沟里两个村305户农户参与发展，发展庭院香菇种植18万袋，户均年增收2000元以上。

三是园区联村。按照"地域相邻、产业相近、优势互补、互利共赢"原则，走出了一条园区带动村集体经济发展和农民群众增收之路。至2022年11月全县244个村集体经济收入全部达到5万元以上，其中10万元以上的达到161个。对资源相对集中、产业基础较好的村，采取资源合作、资金入股、资产配股等模式，把村集体经济组织与农业园区连接在一起，实现生产经营挣现金、入股分红得股金、就近务工领薪金、土地流转拿租金。对立地条件差、发展动力不足等"无业可扶"的村，按照区域协作、飞地合作模式，采取村集体异地参与工业园区建设，或整合村集体经济资金在工业园区购置及建设厂房、商铺门面、仓储设施等物业项目，集中管理、长期租赁、收益归村，构建以工带农、借力发展新局面。山阳县统筹整合苏陕协作和财政衔接资金2.98亿元，投入山阳省级高新技术开发区，建设标准化厂房23万平方米，作为扶贫资产确权到112个村，通过招商引进迈思普、瑞裕电子、雷博光电等12家劳动密集型企业入驻，"无中生有"建成了产值15亿元的电子信息产业园，每年收取厂房租金1350万元，每个村年分红8万元以上，更重要的是带动5218户脱贫群众就地就近就业。对自然风光优美、临近旅游景区的村，依托7个3A以上景区，充分挖掘村域旅游、文化、农产品等资源，围绕"吃、住、行、游、购、娱"等要素，采取独资经营、合资经营、合作经营、转让承包等方式，每个"旅游村"成立1个农旅公司，打造农旅、文旅融合产业园区，发展壮大集体经济，让农户端稳生态碗、吃上旅游饭，让绿水青山变成金山银山。

法官镇法官庙村依托"秦岭原乡"田园风光，村农旅公司经营茶庄、村史馆、民俗村、农家乐、写生基地等项目，村集体年增收20万元以上，实现了景美、村强、民富有机统一。

四是**资产联股**。对经营性扶贫项目资产，按照确权到村到户、量化入股、收益分红"三步走"，采取自主经营、联建联营、业务托管、股份合作、招标出租等方式与经营主体合作，优先联带监测对象和脱贫群众，优先支持脱贫村和集体经济薄弱村发展。至2022年底，形成经营性扶贫资产1015个12.93亿元、公益性资产2445个21.68亿元全部确权到村，7.86亿元资产通过联股联营或出租托管，实现稳定收益。

三、抓政策支撑，确保"带得实"

一是**强化产业就业扶持政策**。先后制定《山阳县巩固拓展脱贫攻坚成果同乡村振兴有效衔接期间到户产业发展扶持办法》《山阳县经营主体联农带农扶持办法》《山阳县脱贫人口稳岗就业扶持办法》等3个扶持办法，以及《山阳县加快高质量庭院经济发展实施意见》等政策性文件，对农户发展产业、稳岗就业，以及带动农户增收的经营主体予以扶持。

二是**强化财政金融支持政策**。在财政奖补方面，2022年对发展小种植、小养殖且收入4000元以上的农户每户奖补2000元，对发展小商贩、小吃摊点、小型作坊等业态且连续经营3个月以上的每户奖补2000元，2022年已发放奖补资金1000余万元。在金融支持方面，出台《山阳县乡村振兴金融扶持办法》，加强政银企协同协作，全面加大产业贷、小额信贷、富民贷、农业保险等政策性金融投入力度，2022年以来，产业贷余额6000万元，新增富民贷2006万元，新增小额信贷 1501 户 6792 万元，各类贴息 960 万元；缴纳政策性农业保险保费 752.99 万元，已赔付 293 笔 236.1 万元，实现脱贫户、监测对象应保尽保。

三是强化人才培育政策。坚持"本土培育＋外引归雁"相结合，实施"十百千"产业带头人培育工程，出台《山阳县高素质农民培训工作实施方案》《山阳县农业领域土专家评选办法》，2022 年依托国家科技特派团、省市"三区"人才、县人才服务团等技术力量，为每个产业组建一支技术服务队，开展技术实训 102 期 7438 人次、"致富带头人"培训 18 期 748 人次；组织企业技术人员、"土专家""田秀才"成立技术服务小分队，分片区、常态化入户跟踪服务，开展培训指导 2.6 万次。做实返乡创业品牌，出台《山阳县推动返乡创业助力乡村振兴实施意见》《山阳县"千名人才创新创业"实施方案》《山阳县返乡人才领办发展产业项目扶持奖励办法》，扎实开展"迎老乡、回故乡、建家乡"活动，2022 年回引山阳籍在外成功人士 103 名，创办就业帮扶基地、社区工厂（帮扶车间）146 个，实现了每个脱贫村至少有 1 家企业结对帮扶，带动 5158 名群众人均增收 2.5 万元。

四是强化营销帮扶政策。制定《山阳县消费帮扶奖励补贴办法》，每年安排 1000 万元电子商务发展专项资金和 500 万元农产品展销实体奖补资金，加快构建线上线下、产地直供、消费帮扶"三位一体"营销体系。线上发挥电商中心组织作用，在"扶贫 832"平台及淘宝、京东等各大电商平台设立山阳扶贫特产馆 8 个，销售农产品 6900 万元，同比增长 8.1%，通过抖音等平台开直播 42 场次，带货 600 余万元，同比增长 12.5%；线下持续提升帮扶超市、专营店和超市专柜运营管理水平，组织电商企业成立山阳农产品展销中心,在中国钢研集团、南京永辉超市、华润苏果等设立山阳特产展销店或销售专柜200个,年销售农产品1.8亿元。山阳家金核桃线上开设淘宝旗舰店,线下与中石化合作纳入易捷统采、与山阳特产馆合作对外零销,海苔桃仁、核桃乳等产品备受欢迎,1—10月实现产值12.28亿元。

四、抓机制创新,确保"带得久"

一是建立专班推进机制。成立巩固拓展脱贫攻坚成果同乡村振兴有效衔接领导小组,设立防返贫监测指挥中心,下设联农带农工作组,实行专人负责、专班推进,建立任务清单、问题清单、责任清单,制订年度工作计划和整改提升方案,抓点示范、推广典型模式,及时研究解决难点堵点问题。推行每个产业一个工作组推进、一名县级领导主抓、一套政策扶持、一张责任清单落实、一个以上龙头企业带动"五个一"机制,通过政策引领、金融支持、企业带动、农户参与,合力推进特色产业发展壮大。

二是前置审核机制。对需要使用各级财政衔接资金、财政涉农整合资金、东西部协作资金、定点帮扶资金等支持的经营性项目,将联农带农机制作为前提条件,严格落实前置审核制度,未建立联农带农机制项目,不得纳入项目库,不得使用相关财政资金。已形成的经营性扶贫项目资产,未建立联农带农机制的必须及时补充完善。对财政衔接资金投资建设规模小、技术门槛低、前期工作简单、受惠对象直接的农村小型工程项目,优先采取以工代赈方式实施,优先支持村级组织和农民工匠带头人依规承建,优先吸纳监测对象、脱贫群众劳动力务工就业,目前中央财政衔接资金支持的采取以工代赈方式实施项目,劳务报酬发放金额占比达到22%。

> 三是督查考评机制。把联农带农机制建设和落实情况纳入巩固拓展脱贫攻坚成果同乡村振兴有效衔接考核评估和资金绩效评价范围，创新推行观摩推进、擂台比赛、奖补激励"三个机制"，实行"周研判、周调度、半月观摩"，开展"晒成绩、争一流、夺红旗"活动，每月对镇办、部门重点任务推进情况汇总排名，工作推进快、成效好的予以重奖，帮带不严不实、工作成效差的严肃追责问责，树立用事实说话、以实绩论英雄的鲜明导向。
>
> （根据山阳县乡村振兴局提供资料整理）

二、提升乡村建设水平

加强乡村建设是党的使命决定的。人民对美好生活的向往，就是我们党的奋斗目标。与农民群众日益增长的美好生活需要相比，我国农村基础设施和公共服务还存在一些突出短板和薄弱环节。乡村建设是农村居民过上现代文明生活的必然要求，是全面推进乡村振兴、实现农村现代化的重要任务，是国家现代化建设的重要内容。2022年中共中央办公厅、国务院办公厅印发《乡村建设行动实施方案》，对进入新发展阶段国家乡村建设的总体要求、重点任务、推进机制、政策支持和要素保障、组织领导等提出了明确要求。[①]党的二十大报告提出统筹乡村基础设施和公共服务布局，建设宜居宜业和美乡村。2024年中央一号文件再次强调，乡村建设是推进乡村全面振兴的重要内容，并对提升乡村建设水平作出部署。

（一）推进乡村建设的根本遵循

习近平总书记高度重视乡村建设，对建设怎样的乡村、怎样建设乡村

---

① 参见《中办国办印发〈乡村建设行动实施方案〉》，《人民日报》2022年5月24日。

提出了一系列新论断新思想，作出了一系列重要指示批示和决策部署，为扎实推进乡村建设提供了根本遵循，明确了乡村建设的原则方法、实践要求。

明确乡村建设的战略定位。"今后一个时期，是我国乡村形态快速演变的阶段。建设什么样的乡村、怎样建设乡村，是摆在我们面前的一个重要课题。"①"农村现代化是建设农业强国的内在要求和必要条件，建设宜居宜业和美乡村是农业强国的应有之义。农业因人类定居而兴，村落因农事活动而聚，乡村不仅是农业生产的空间载体，也是广大农民生于斯长于斯的家园故土。"②"当前，扩内需、稳投资、搞建设，不能只盯着城镇。农村这块欠账还很多，投资空间很大。这几年，农村基础设施有了明显改善，但往村覆盖、往户延伸还存在明显薄弱环节。"③"这些年，乡村建设取得一定成效，但农村基础设施仍不完善，公共服务水平不高，欠账还很多。"④

明确乡村建设的目标任务。"要瞄准'农村基本具备现代生活条件'的目标，组织实施好乡村建设行动，特别是要加快防疫、养老、教育、医疗等方面的公共服务设施建设，提高乡村基础设施完备度、公共服务便利度、人居环境舒适度，让农民就地过上现代文明生活。"⑤这就要求乡村建设要持续推动农村公共基础设施往村覆盖、往户延伸，加强农村交通物流网络建设，稳步提升农村基本公共服务水平，改善农村义务教育基本办学条件，加强乡村医疗卫生设施和服务能力建设，完善农村养老服务设施，扩大村级综合服务覆盖面，持续改善农村人居环境，扎实推进农村厕所革命，加快推进农村生活污水治理，全面提升农村生活垃圾治理水平等。

明确乡村建设的原则方法。一是坚持遵循发展规律。"乡村建设要遵循城乡发展建设规律，做到先规划后建设。"⑥这就要求要切实把村庄规划

---

① 习近平：《论"三农"工作》，中央文献出版社2022年版，第14页。
② 习近平：《加快建设农业强国　推进农业农村现代化》，《求是》2023年第6期。
③ 习近平：《论"三农"工作》，中央文献出版社2022年版，第14页。
④ 习近平：《加快建设农业强国　推进农业农村现代化》，《求是》2023年第6期。
⑤ 习近平：《加快建设农业强国　推进农业农村现代化》，《求是》2023年第6期。
⑥ 习近平：《论"三农"工作》，中央文献出版社2022年版，第15页。

做在前面，对我国城镇化趋势、城乡格局变化进行研判，合理确定村庄布局分类，优化提升乡村空间布局，统筹安排各类资源，引导农民建设新家园。二是坚持乡村建设的农民主体地位。"乡村建设是为农民而建，要健全自下而上、农民参与的实施机制，多听群众意见，照顾农民感受。"① 这就要求工作实践中做到乡村建设为了农民、依靠农民，建设成果由农民共享。要把选择权交给农民，农民积极地抓紧干、带着干，意愿不强甚至不愿意的等农民想通再干，想不通就不干。把农民满意作为衡量标准，不断增强农民群众对乡村建设的认同感。三是坚持科学推进。"乡村建设要充分考虑财力可持续和农民可接受，坚持数量服从质量、进度服从实效，集中力量先抓好普惠性、基础性、兜底性民生建设，优先建设既方便生活又促进生产的项目，标准可以有高有低，但不能缺门漏项。各地村庄格局风貌是历史上顺应地理、气候、人文条件延续而成的，要敬畏历史、敬畏文化、敬畏生态，留住乡风乡韵乡愁。"② 这就要求乡村建设看得准的先干起来，看不准的可以等一等。要注重保护传统村落和乡村特色风貌，切忌盲目大拆大建，贪大求洋，超越发展阶段、违背农民意愿，搞大规模村庄撤并。要加强分类指导，不要一刀切、搞运动。四是坚持稳扎稳打、久久为功。"我在浙江工作时就是从'千村示范、万村整治'抓起，历届省委和省政府一张蓝图干到底，十多年的努力让乡村面貌发生了大变化。"③ 这就要求乡村建设要把握好工作的时度效，一件事接着一件事办，一年接着一年干，不能急于求成。

（二）乡村建设的顶层设计持续完善

从党的十九届五中全会提出实施乡村建设行动至今，中央出台相关文件不断完善乡村建设的顶层设计。2021 年以来，每年中央一号文件对实施乡村

---

① 习近平：《加快建设农业强国　推进农业农村现代化》，《求是》2023 年第 6 期。
② 习近平：《加快建设农业强国　推进农业农村现代化》，《求是》2023 年第 6 期。
③ 习近平：《论"三农"工作》，中央文献出版社 2022 年版，第 15 页。

建设行动作出了具体部署。2022年5月，中办、国办印发《乡村建设行动实施方案》，对扎实推进乡村建设行动、进一步提升乡村宜居宜业水平进行了部署，标志着乡村建设的顶层设计完成。2024年，中央一号文件对"提升乡村建设水平"进行新的部署。

2022年印发的《乡村建设行动实施方案》是指导新征程上乡村建设工作的纲领性文件。方案进一步明确了乡村建设建什么、怎么建、建成什么样，指导乡村建设行动扎实稳妥推进，有助于推动确立乡村建设导向。方案将创新乡村建设推进机制作为重点，旨在充分调动农民参与乡村建设和管护的积极性、主动性、创造性，防止脱离群众想当然、拍脑袋决策，自上而下下任务、定指标，有助于推动健全乡村建设的实施机制。方案对加强乡村建设行动统筹协调、责任落实、政策支持、要素保障等提出了明确要求，推动打通政策痛点堵点难点，形成推进乡村建设合力，有助于推动乡村建设政策集成要素集聚。方案明确乡村建设的总体要求是：实施乡村建设行动，必须坚持数量服从质量、进度服从实效，求好不求快，以普惠性、基础性、兜底性民生建设为重点，既尽力而为又量力而行。在理念上坚持乡村建设是为农民而建，在目标上坚持从实际出发，在推进上坚持遵循城乡发展建设规律，在方式上坚持充分体现农村特点。方案明确乡村建设的重点是：改善农村生产生活条件，水平、标准、档次可以因地而异、高低有别，重点是保障基本功能，解决突出问题。方案围绕加强农村基础设施和公共服务体系建设，提出了12项重点任务，概括起来就是"183"行动："1"，就是制定一个规划，确保一张蓝图绘到底；"8"，就是实施"八大工程"，加强农村重点领域基础设施建设，分别是：推进道路、供水、能源、物流、信息化、综合服务、农房、农村人居环境八个方面基础设施建设；"3"，就是健全实施农村基本公共服务提升行动、加强农村基层组织建设、深入推进农村精神文明建设三个体系，改善农村公共服务和乡村治理。该方案围绕强化乡村建设"人、地、钱"要素保障，提出了一揽子政策支持措施，包括投入保障、用地保障、人才保障。《乡村建设行动实施方案》还从责任落实、项目管理、农民参与、运行管护等方面提出乡村建设实施机制，确保乡村建设行动落地见效。①

2024年中央一号文件指出，这些年，乡村建设取得重要进展，但农村基础设施和公共服务欠账还很多。该中央一号文件还明确要围绕"农村基本具备现代生活条件"的目标，从各地实际和农民需求出发，抓住普及普惠的事，干一件成一件，不断提高乡村基础设施完备度、公共服务便利度、人居环境舒适度。文件部署了提升乡村建设水平的政策措施"组合"：一是加强乡村规划引领。重点是适应乡村人口变化趋势，优化村庄布局、产业结构、公共服务配置，避免在空心村无效投入，造成浪费。编制村庄规划要注重实效性、可操作性和执行约束力，确保真正有需要、能落地、真管用，不能为编而编，防止规划变成"纸上画画、墙上挂挂"。二是推进农村基础设施和公共服务补短板。坚持问题导向，统筹推进农村水、电、路、气、房、信息等基础设施建设，完善教育、医疗、养老等农村公共服务体系，先解决"有没有"的问题，再解决"好不好"的问题。乡村建设要注意保护传统村落和乡村特色风貌，不能盲目照搬城镇建设的模式，把乡风乡韵搞没了。三是深入推进农村人居环境整治提升。把改善人居环境与发展生产、富裕农民结合起来，因地制宜推进生活污水垃圾治理和农村改厕，完善农民参与和长效管护机制。四是加强农村生态文明建设。践行绿水青山就是金山银山的理念，持续打好农业农村污染治理攻坚战，一体化推进乡村生态保护修复，推动乡村生产生活方式绿色转型，不断擦亮乡村绿色本底。五是促进县域城乡融合发展。现阶段，农村人口向城镇集中仍是大趋势，要统筹新型城镇化和乡村全面振兴，把县域作为城乡融合的重要切入点，提升县城综合承载能力和治理能力，促进县乡村功能衔接互补、资源要素优化配置。②

---

① 高云才：《扎实稳妥推进乡村建设行动——中央农办负责人就〈乡村建设行动实施方案〉答记者问》，《人民日报》2022年5月24日。

② 中央农村工作领导小组办公室：《有力有效推进乡村全面振兴》，《求是》2024年第2期。

（三）乡村建设的成效与挑战

1. 乡村建设的成效与挑战并存

根据清华大学建筑学院课题组 2022 年对全国范围内 28 个省、81 个样本县、783 个村庄、15 万份村民进行问卷调研，党的十九大部署实施乡村振兴战略以来，我国在乡村基础设施建设、人居环境整治、基本公共服务提升等方面取得了较大进展，部分地区农民就地过上了现代文明生活。调查显示，乡村建设成效与挑战并存，具体体现在：

一是基础设施不断完备，但往村覆盖、往户延伸仍需加强。调研发现乡村基本实现道路硬化、集中供水、稳定供电、物流寄递、网络通信的全覆盖，超过 93% 的自然村实现集中供水，村民普遍反映农房供电稳定，68.5% 的受访村民表示 15 分钟内能到达快递点。但基础设施入户率仍存在不足，如入户道路硬化率不足 85%，宽带入户率仅 59.9%。另外，设施质量有待提升，如认为村内道路质量好或者较好的村民仅占 48.7%，农房内能够稳定供水、极少出现问题的仅占 45.1%。

二是人居环境持续改善，但距宜居舒适要求还有较大差距。调研发现农房及配套设施建设不断加强，卫生厕所、垃圾收运、危房整治、风貌保护等工作扎实推进，农村卫生户厕普及率超过 70%，农村生活垃圾收运处置的自然村占近 95%，绝大多数村庄实现干净整洁有序，涌现出一大批特色突出、乡村风貌浓郁的村庄。但人居环境整治的覆盖度仍有欠缺，如有污水处理的自然村占比仅为 28%，实施垃圾分类的自然村仅 23.1%，对生活污水处理、村内河流水质、村庄垃圾治理、村落整体环境的满意度分别为 46.3%、42.3%、59.2% 和 57.5%，均不及六成。另外，许多设施运营管理不足，如行政村公厕有专人管护的占比仅 53.2%。

三是公共服务有效提升，但城乡均等化水平仍然不高。调研发现农村教育、医疗等公共服务基本实现全覆盖，绝大多数行政村配置卫生室，部分省份村级养老设施行政村覆盖率超过 60%，乡村治理效能不断进步。但许多设施离满足村民对美好生活需要仍有差距，如 15 分钟生活圈内幼儿园和小学覆盖率分别为 55.4% 和 55.5%，半数以上乡村没有养老设施，许多设施服务质量较差。较多村卫生室运行不稳定，村民对村卫生室的医疗服务质量满意度仅为 56.1%，超过八成村民认为村内养老服务设施使用率不高或一般。村民的基层参与意愿也普遍不足，仅 31.7% 的村民表示会积极参与村集体活动。

课题组认为，存在上述问题主要有以下几方面原因：一是东中西部区域差异。受经济水平影响，东部地区优于中西部地区和东北地区。二是不同任务间协同难度大。三是农民参与乡村建设机制不顺畅。四是村庄规划对乡村建设的引领性不强。

2. 乡村建设成效和推进需求呈现明显的地域差异性

国家乡村振兴局中国扶贫发展中心联合中国人民大学、中国农业大学、华中师范大学和国家统计局民调中心，2022 年在全国 20 个省份的 20 个县中选取 200 个村 2506 户开展实地调查综合显示，乡村建设成效明显，农户满意度较高，仅有 27.8% 的调查户认为乡村建设各方面都需要改善，乡村建设的成果得到广大农户的普遍认可。其中，调查户最认可"农村基层组织建设"和"农村社会平安稳定"。调查户认为群众对村庄事务参与程度、村内风气、村干部工作三项内容需要改善比例均低于 20.0%；调查户最期盼改善的是"子女教育"和"看病就医"。家庭中有子女的全部调查户（1647 户）认为最需要改善的项目是"子女教育"，比例达到 41.2%；其次是"看病就医"，调查户需求比例为 40.7%。调查户改善意愿最迫切的区域是"东部"。东部调查户认为乡村建设各方面需要改善的比例最高，达 53.5%，比全部调查户均值高出 25.7 个百分点。初步分析，一方面，西部地区在脱贫攻坚期享受了多项政策支持，生产生活面貌得到显著改善，群众满意度高。另一方面，东部地区调查户受教育程度较高，眼界相对更宽，对乡村建设和发展也会有更高的标准和更高的追求。此外，东部地区乡村发展基础条件较好，近年来发展变化程度不明显，农户感受家乡变化不深，希望家乡快速发展的意愿更强烈。

调查结果显示，群众对乡村建设需求呈现多样性、复杂性和地域差异性，集中体现在以下九个方面：（1）调查户认为最需要改善的是村务公开，推动村级事务公开化、透明化是提高农户对村级组织满意度的关键所在。（2）调查户认为最需要改善的是人情往来负担，农村不良风气得到改善，但"人情债"仍然是调查户家中的沉重负担。（3）调查户最希望村干部带领村民发展产业，打通百姓致富渠道，推动乡村产业振兴。（4）调查户普遍认为，农村教育基础设施、硬件配套日趋完善，但软件缺失依然严重，其中提高农村教师专业化水平，推动教育均衡发展是调查户最迫切的需求。（5）减轻就医负担，加大医保报销疾病覆盖种类，不断提高基本医疗卫生服务的公平性、可及性是所有调查户的心声，且经济越发达的地区对提升医疗服务水平、提高医疗报销比例需求越强烈，同时期待根据农民实际就医需求调整优化医疗保障政策、推动改革红利扩面增效。（6）村庄环境需求区域间差异较大，东北地区垃圾清运工作成效良好，调查户满意度高；污水处理是中西部地区调查户最希望补齐的突出短板，东部和东北地区则特别需要开展村庄保洁，提升村庄环境品质。（7）中西部希望加快便利农民生产生活、夯实农村产业发展的基础设施建设，此外，网络设施的建设也是信息化时代农户的现实需求。（8）农户对购物、金融服务的需求普遍提升，加快快递进村、推进电商服务、强化出行便民服务均是满足群众需求，打通基层服务农户"最后一公里"的重点任务。（9）调查户期待通过加大农村公共文体设施建设、丰富农户文化娱乐和体育健身活动，充实日常生活和闲暇时光，为农村文化建设注入新的活力。

联合课题组基于调查结果认为，在推进乡村振兴行动的政策支持和要素保障方面仍存在诸多短板，体现在：乡村建设行动绩效考核目标和内容不清晰，缺乏以多部门沟通协调为基础的整体统筹推进机制，村庄分类设定模糊、可操作性不强，缺乏村庄规划编制指导，乡村建设受到空间的限制，乡村建设人才队伍力量不足，公共基础设施长效管护机制建立存在多重挑战等。

（四）提升乡村建设水平的理念创新和实践创新

习近平总书记在党的二十大报告中提出，建设宜居宜业和美乡村。这是以习近平同志为核心的党中央准确把握我国农村历史发展趋势、顺应农民群众对美好生活向往、着眼广大农村地区以中国式现代化全面推进中华民族伟大复兴而作出的重大战略部署，2024年中央一号文件进一步明确要提升乡村建设水平。扎实推进乡村建设，为新时代新征程实施乡村建设行动指明了方向。不断提升乡村建设水平，必须创新思路、路径、方法，逐步构建完善乡村建设政策体系与机制保障。

1. 创新乡村建设思路

一是分区施策。在东部与区域中心城市地区，主要靠城乡融合与中心城市辐射带动，着力推进城乡基础设施一体化建设、城乡公共服务融合建设、城乡生态环境共保共治。在中部和东北地区，主要靠县域统筹与县城乡镇服务承载，加快县城建设补短板、强弱项，全县域统筹县镇村庄农房及各项基础设施与公共服务设施建设。在西部与特殊类型地区，主要靠保护底线管控和补偿机制完善，加大纵向转移支付力度、推进横向生态保护补偿、完善市场化多元化生态补偿参与、建立生态产品价值实现机制等。

二是分类指引。以乡村振兴示范县、重点帮扶县创建工作为抓手，分类构建乡村建设重点指引体系。

三是分型建设。把城郊融合类村庄纳入县城和镇规划，集聚提升类村庄在原有居民点基础上整治提升，特色保护类村庄形成特色资源保护与村庄发展的良性互促，拆迁撤并类村庄主要在尊重农民意愿的基础上做好迁入地的规划建设等。

2. 创新乡村建设路径

重点是构建县域统筹推进乡村建设路径。

第一，县域内统筹推进交通畅通工程，主要是优化提升县域多层次公路网络体系，提升农村公路安全保障能力和服务水平。

第二，县域内统筹推进农村防汛抗旱和供水保障工程，主要是加强县域农村防汛抗旱设施覆盖、提升防汛抗旱能力，加强水源保护与供水工程建设、保障农村供水。

第三，县域内统筹推进乡村清洁能源建设工程，主要是县域统筹保障乡村能源供给，发展乡村清洁能源。

第四，县域内统筹推进仓储保鲜冷链物流设施建设工程，主要是加强乡村农产品仓储保鲜冷链体系的县域覆盖，构建县域乡村商贸物流配送体系。

第五，县域内统筹推进数字乡村建设发展工程，主要是建设县域乡村信息基础设施，发展智慧农业，推进乡村管理服务数字化。

第六，县域内统筹推进农村基本公共服务体系，主要是构建、完善普惠教育体系、医疗卫生体系、养老助残体系。

第七，县域内统筹推进基层组织与精神文明服务体系，主要是加强思想政治引领、加强农村基层组织建设、推进乡村文化设施建设、加强乡村文化传承与文化产业建设、开展农村精神文明创建。

3. 创新乡村建设方法

重点是瞄准农村基本具备现代生活条件目标，以普惠性、基础性、兜底性民生建设为重点，稳步有序推动乡村建设重点工程实施。

以2023年为例，国家有关部门明确乡村建设重点主要聚焦在以下方面：

——强化乡村建设规划和标准引领，重点抓好加快村庄规划编制、明确村庄建设标准。

——实施农村道路畅通工程，重点是深入实施新一轮农村公路建设和改造、提升农村公路安全水平、加强农村公路管理养护、提高农村运输服务质量。

——实施农村防汛抗旱和供水保障工程，重点抓好推进农村防汛抗旱工程建设、推进农村供水工程建设。

——实施乡村清洁能源建设工程，重点抓好巩固提升农村电力保障水平、持续推进农村可再生能源开发利用、稳妥有序推进北方农村地区清洁取暖。

——实施农产品仓储保鲜冷链物流设施建设工程，重点抓好推进农产品仓储保鲜冷链设施建设、加强农产品供应链体系建设、提升供销合作社县域流通服务网络、推进县域商业建设行动、加强农村寄递物流体系建设、推进农村客货邮融合发展、优化农村邮政普遍服务。

——实施数字乡村建设发展工程，重点抓好建设农业农村大数据体系、发展智慧农业、实施"数商兴农"行动、提高乡村建设和治理数字化水平、推进乡村管理服务数字化、提升乡村地名信息服务能力、强化数字乡村建设宣传引导。

——实施村级综合服务能力提升工程，重点抓好健全完善村级综合服务功能、提升农村综合服务社发展质量。实施农房质量安全提升工程，重点抓好强化农房质量安全保障、加强传统村落保护。

——实施农村人居环境整治提升五年行动，重点抓好持续推进农村人居环境整治提升、扎实推进农村厕所革命、加大农村生活污水治理力度、提升农村生活垃圾治理水平、整体提升村容村貌。

——实施农村基本公共服务提升行动，包括提高乡村教育质量、发展涉农职业教育和乡村继续教育、提升乡村医疗卫生基本公共服务能力、着力补齐农村养老服务短板、完善殡葬领域管理服务、加快基层未成年人保护工作网络建设。

——加强农村基层组织建设，主要是加强换届后乡村两级班子建设、派强用好驻村第一书记和工作队、深入推进村级组织建设、压实县乡党委主体责任。

——深入推进农村精神文明建设，重点抓好强化教育引导、大力推进农村地区移风易俗。

4. 创新乡村建设机制

一是创新责任落实机制。建立条块结合的专项任务责任制，按照一项任务、一个推进方案的要求，行业主管部门牵头制定专项推进方案，各地细化措施抓好落实，强化政策衔接协调，形成合力。

二是创新项目管理机制。建立项目库管理制度，在县一级普遍建立乡村建设相关项目库，优先纳入、优先安排群众需求强烈、短板突出、兼顾农业生产和农民生活条件改善的项目，结合实际制定"负面清单"。优化项目实施流程，小型村庄建设项目可按规定实行简易审批，农民投资投劳项目可以采取直接补助、以奖代补等方式推进建设。

三是创新农民参与机制。农民是乡村生产生活的主体，搞乡村建设关键是要把农民组织动员起来，建立自下而上、村民自治、农民参与的实施机制。健全党组织领导的村民自治机制，充分发挥村民委员会、村务监督委员会、农村集体经济组织作用，引导农民全程参与乡村建设，保障农民的知情权、参与权、表达权、监督权。

四是创新运行管护机制。以清单形式明确村庄公共基础设施管护主体、管护责任、管护方式、管护经费来源等，建立公示制度。推行"门前三包"、受益农民认领、组建使用者协会等农民自管方式，引导农民参与管护。[①]

三、提升乡村治理水平

提升乡村治理水平是乡村全面振兴的重要内容和重要保障。中央要求，提升乡村治理水平必须坚持党建引领、大抓基层鲜明导向，深入推进抓党建促乡村振兴，加强和改进乡村治理，不断提高乡村善治水平。一是建好建强

---

① 高云才：《扎实稳妥推进乡村建设行动——中央农办负责人就〈乡村建设行动实施方案〉答记者问》，《人民日报》2022年5月24日。

农村基层党组织。强化县级党委抓乡促村责任，健全村党组织领导的村级组织体系。加强村干部队伍建设，健全选育管用机制，优化驻村第一书记和工作队选派管理。健全基层职责清单和事务清单，持续为基层减负赋能，推动解决"小马拉大车"等基层治理问题。着力提升农村基层党组织的组织力引领力凝聚力，持续夯实党的群众基础和执政根基，推动全面深化农村改革的发展稳定。二是健全党组织领导下自治、法治、德治相结合的乡村治理体系。强化县乡村三级治理体系功能，进一步完善推广积分制、清单制、数字化、接诉即办等务实管用的治理方式，坚持和发展新时代"枫桥经验"，完善矛盾纠纷源头预防、排查预警、多元化解机制。三是改进创新农村精神文明建设。推动城市优质文化向乡村延伸覆盖，加强乡村优秀传统文化保护传承和创新发展，创新移风易俗抓手载体，发挥村民自治作用，强化村规民约激励约束功能，持续推进高额彩礼、大操大办、散埋乱葬等突出问题综合治理。

（一）提升乡村治理水平的行动指南

习近平总书记的重要论述阐明了改进和加强乡村治理的重大意义。"基础不牢，地动山摇。农村工作千头万绪，抓好农村基层组织建设是关键。"[1]"乡村振兴不能只盯着经济发展，还必须强化农村基层党组织建设，重视农民思想道德教育，重视法治建设，健全乡村治理体系，深化村民自治实践，有效发挥村规民约、家教家风作用，培育文明乡风、良好家风、淳朴民风。"[2]

习近平总书记的重要论述指明了加强和改进乡村治理的目标任务。"乡村不仅要塑形，更要铸魂。"[3]"要完善党组织领导的自治、法治、德治相

---

[1] 中共中央党史和文献研究院编：《习近平关于"三农"工作论述摘编》，人民出版社2019年版，第185页。

[2] 《把提高农业综合生产能力放在更加突出的位置　在推动社会保障事业高质量发展上持续用力》，《人民日报》2022年3月7日。

[3] 习近平：《论"三农"工作》，中央文献出版社2022年版，第12页。

结合的乡村治理体系，让农村既充满活力又稳定有序。"①"要坚持大抓基层的鲜明导向，推动治理和服务重心下移、资源下沉，推动乡镇赋权扩能、整合力量、提升能力，确保接得住、用得好。"②

习近平总书记的重要论述明确了加强和改进乡村治理的原则方法。"要深化党组织领导的村民自治实践，创新乡村治理抓手载体，完善推广积分制、清单制、数字化、接诉即办等务实管用的治理方式。"③"农村精神文明建设要同传承优秀农耕文化结合起来，同农民群众日用而不觉的共同价值理念结合起来，弘扬敦亲睦邻、守望相助、诚信重礼的乡风民风。要加强法治教育，引导农民办事依法、遇事找法、解决问题用法、化解矛盾靠法。农村移风易俗重在常抓不懈，找准实际推动的具体办法，创新用好村规民约等手段，倡导性和约束性措施并举，绵绵用力，成风化俗，坚持下去，一定能见到好的效果。"④

党中央、国务院持续完善加强和改进乡村治理的顶层设计。2018年中央一号文件《中共中央 国务院关于实施乡村振兴战略的意见》就乡村组织振兴进行了部署：加强农村基层党组织建设，深化村民自治实践，建设法治乡村，提升乡村德治水平，建设平安乡村。⑤随后，各地各部门首先把培育优化乡村振兴的组织力量作为组织振兴的根本举措。着力提升乡镇党委统筹能力，把熟悉农村、热爱农村、长期扎根农村基层一线的人员提拔进入乡镇领导班子，促使班子整体活力和战斗力显著增强。着力提升村级党组织治理能力，把"强村"作为基层基础建设的重点，不断夯实战斗堡垒，真正使农村基层党组织说话有人听、办事有人跟。积极探索退休党员干部到村担任村党组织书记、第一书记的有效途径。着力提升党对农村组织的

---

① 习近平：《加快建设农业强国 推进农业农村现代化》，《求是》2023年第6期。
② 习近平：《加快建设农业强国 推进农业农村现代化》，《求是》2023年第6期。
③ 习近平：《加快建设农业强国 推进农业农村现代化》，《求是》2023年第6期。
④ 习近平：《加快建设农业强国 推进农业农村现代化》，《求是》2023年第6期。
⑤ 《中共中央 国务院关于实施乡村振兴战略的意见》，《人民日报》2018年2月5日。

引领能力。其次把组织振兴融入加强基层治理体系和治理能力现代化建设进程中。各地不断创新基层"党建+治理"的工作模式，完善"综治中心+网格化+信息化"治理体系，不断提高基层治理社会化、法治化、智能化、专业化水平。2019年6月11日，中共中央办公厅、国务院办公厅印发《关于加强和改进乡村治理的指导意见》，对全国乡村治理工作作了全面部署安排，标志了加强和改进乡村治理工作顶层设计的完善。该指导意见明确了乡村治理6方面17项重点任务。一是关于健全完善乡村治理的体制机制。重点是完善村党组织领导乡村治理的体制机制，发挥党员在乡村治理中的先锋模范作用，规范村级组织工作事务。二是增强基层自治能力。重点是增强村民自治组织能力，丰富村民议事协商形式，进一步完善党务、村务、财务"三公开"制度，实现公开经常化、制度化和规范化。三是大力加强农村精神文明建设。重点是积极培育和践行社会主义核心价值观，实施乡风文明培育行动，发挥道德模范引领作用，加强农村文化引领。四是大力推进乡村法治建设和综合治理。重点是推进法治乡村建设，加强平安乡村建设，健全乡村矛盾纠纷调处化解机制，加大基层小微权力腐败惩治力度，加强农村法律服务供给。五是引导推动多方主体参与乡村治理。加强妇联、团支部等组织建设，充分发挥其联系群众、团结群众、组织群众参与民主管理和民主监督的作用。积极发挥服务性、公益性、互助性社区社会组织作用。拓宽农村社工人才来源，加强农村社会工作专业人才队伍建设，着力做好老年人、残疾人、青少年、特殊困难群体等重点对象服务工作。探索以政府购买服务等方式，支持农村社会工作和志愿服务发展。六是提升乡镇和村为农服务能力。充分发挥乡镇服务农村和农民的作用，加强乡镇政府公共服务职能，加大乡镇基本公共服务投入，使乡镇成为为农服务的龙头。大力推进农村社区综合服务设施建设，推动各级投放的公共服务资源以乡镇、村党组织为主渠道落实。[①]

---

① 参见《加强和改进乡村治理》，《人民日报》2019年6月24日。

（二）推进乡村治理水平提升的成效与挑战

各地各部门贯彻落实党中央关于改进和加强乡村治理的决策部署。不少地方创新基层治理体制机制，注重发挥党员的先锋模范作用，带动群众继承和弘扬中华民族传统美德。乡村振兴成效促进乡村治理开创了新局面。党委领导、政府负责、社会协同、公众参与、法治保障的现代乡村社会治理体制建立健全，充满活力、和谐有序的善治乡村加快形成。农村基层党组织战斗堡垒作用进一步加强，村党组织书记兼任村委会主任比例达到95.6%。农村移风易俗进一步深化，村规民约实现全覆盖。农村土地制度、集体产权制度等重大改革持续深化，乡村发展内生动力不断增强。①

总体看，当前提升乡村治理水平面临的突出矛盾和问题主要是：（1）许多农村出现空心化、农民老龄化现象，维护好农村留守儿童、留守妇女、留守老年人的合法权益是一件大事；农村利益主体社会阶层日趋多元化，各类组织、活动和诉求明显增多。（2）农村教育、文化、医疗卫生、社会保障等社会事业发展滞后，基础设施不完善，人居环境不适应；农村治安状况不容乐观，一些地方违法犯罪活动仍然不少，罪恶势力活动时有发生，邪教和利用宗教进行非法活动仍然存在。（3）一些地方干群关系紧张，侵害农民合法权益的事件时有发生；一些地方基层民主管理制度不健全，农村基层党组织软弱涣散，公共管理和社会服务能力不强。②

（三）提升乡村治理水平的推进路径

1. 提高农村基层组织建设质量，这是乡村治理水平提升的基础

在全面推进乡村振兴进程中，农村基层组织的重要作用集中体现在：重构乡村社会秩序、统筹协调外来流入资源、组织村民良性参与社会治理、

---

① 参见黄承伟：《新时代乡村振兴战略的全面推进》，《人民论坛》2022年第24期。
② 中央农村工作领导小组办公室：《习近平关于"三农"工作的重要论述学习读本》，人民出版社、中国农业出版社2023年版，第100—101页。

带领农村居民幸福生活。

党的十九大提出实施乡村振兴战略以来，国家制定出台一系列旨在提高农村基层组织建设质量的政策文件，意在顶层设计上为乡村善治提供支撑。农村基层组织将成熟的社会关系网络、丰富的社会治理经验、优势的政治资源一并融入到乡村振兴实践中，为全面推进乡村振兴提供了稳定的社会基础，具体发挥着促进资源整合、推动利益整合、实现价值整合的功能。

针对提高农村基层组织建设质量面临农村基层干部能力水平不够高、农村基层党组织建设不够强、农村基层权力使用有效监督不够有效等现实问题，需要着重从提升农村基层党员干部的战斗力、加强农村基层党组织的领导力、提高农村基层权力运用的约束力三个方面促进农村基层组织建设质量的持续提升。

2. 坚持农民主体地位，这是乡村治理水平提升的核心

总的要求是，充分尊重农民意愿，切实发挥农民在乡村治理中的主体作用，调动亿万农民参与治理的积极性、主动性、创造性，维护农民群众根本利益，不断增强农民群众在乡村治理中的主人翁意识。

要坚持群众路线，牢固树立为民服务的思想，强化服务理念和服务意识。找准焦点，从农民群众最关心最迫切的突出问题入手开展乡村治理，满足农民群众的现实需要。要以农民群众满意度作为衡量乡村治理成效的根本依据。

3. 健全县乡村三级治理体系功能，这是乡村治理水平提升的关键

健全县乡村三级治理体系功能是全面推进乡村振兴的必然要求，是解决乡村治理现实问题的迫切需要，是促进县域内城乡融合的重要载体和实现乡村治理体系和治理能力现代化的关键抓手。

针对当前我国县乡村三级治理体系功能定位不精准、权责不对等、联动不顺畅等问题，借鉴各地探索的县乡村三级治理新模式和新方法，进一步优化县乡村各级治理功能、全面提高乡村治理效能，需要从以下方面着

力：一是加强县级统筹协调，强化抓乡促村职能。主要是建立健全县级领导体制，增强县级统筹协调能力、理顺乡村治理运行机制，完善乡村治理工作体系、发挥党建引领作用，推进市县财政体制改革、落实乡村治理资金保障。二是推动乡镇增权增能，发挥承上启下作用。主要是健全乡村治理工作机制、推进乡镇管理体制改革，开展乡镇干部教育培训、提升乡镇政府服务能力，加强乡镇干部队伍建设、充实乡村治理骨干力量，推动乡镇财政体制改革、提高乡镇经费保障水平。三是健全村级组织体系，提升具体执行效能。主要是发挥村党组织作用、打造坚强的战斗堡垒，用好群众自治组织、健全三治融合的乡村治理体系，全面实施清单管理、实现减负增效目标，引导社会力量参与，坚持人民主体地位。四是加强县乡村三级治理联动，提升乡村善治水平。主要是立足职责功能定位、合理界定权责关系，理顺资源配置机制、推进治理资源下沉，搭建联动指挥体系、健全闭环管理机制，畅通信息交互渠道、促进治理数据共享。

4. 健全自治、法治、德治相结合的乡村治理体系，这是乡村治理水平提升的保障

健全党组织领导的自治、法治、德治相结合的乡村治理体系，实现了治理主体的多元化，促进了治理结构的合理化，推进了治理规则的现代化。2022年中央一号文件《中共中央　国务院关于做好二〇二二年全面推进乡村振兴重点工作的意见》明确指出，"健全党组织领导的自治、法治、德治相结合的乡村治理体系，推行网格化管理、数字化赋能、精细化服务"[①]，进一步彰显了新时期乡村自治、法治、德治相结合治理体系中党组织的领导性，以及乡村治理体系中网格化、数字化、精细化的新特征。

针对目前健全自治、法治、德治相结合乡村治理体系存在乡村治理的行政化与碎片化、村民公共参与过程的差异化、三治样板模式的同质化等

---

① 《中共中央　国务院关于做好二〇二二年全面推进乡村振兴重点工作的意见》，《人民日报》2022年2月23日。

问题，需要从以下方面下功夫：一是以党组织统合引领优化基层管理体制；二是以构建长效激励机制提升村民各阶段公共参与的积极性；三是因地制宜地探索健全自治、法治、德治相结合的乡村治理体系；四是积极利用云计算、大数据、区块链等最新的数字化手段拓宽村民参与乡村治理的渠道，促使多元主体更加深入地参与乡村治理，进一步激活农民的主观能动性和创新性；五是建立乡村治理工作协同运行机制。党委农村工作部门要发挥牵头抓总，组织、宣传、政法、民政、司法行政、公安等相关部门按照各自职责，强化政策、资源和力量配备，加强工作指导，做好协同配合，形成工作合力。

5. 加强农村精神文明建设，这是乡村治理水平提升的难点

加强农村精神文明建设是推动乡村文化振兴的动力源泉，是满足农民群众对美好生活向往的必然要求。中国共产党历来重视农村精神文明建设，党的十九大提出乡村振兴战略以来，加强农村精神文明建设取得了积极新成效：一是提升了农民群众的精神面貌；二是促进了农村优秀传统文化的不断传承与发展；三是实现了新时代实践文明中心试点工作的提质增效。

当前，农村精神文明建设面临的新问题主要有：一是农村精神文明建设的载体困境；二是农村精神文明建设的主体困境，特别是农村社会的流动性导致加强精神文明建设的主体缺位，而留守群体作为加强农村精神文明建设的实践主体，在一定程度上存在留守妇女与老人缺乏参与积极性、留守儿童缺乏认知等困境；三是农村精神文明建设的同质化困境。解决上述困境，一是要加强党对农村精神文明建设的引领作用，二是要注重农村精神文明建设的人才培养与榜样力量；三是要拓展新时代文明实践中心的载体作用。

6. 推进更高水平的平安法治乡村建设，这是乡村治理水平提升的目标

推进更高水平的平安法治乡村建设是全面推进乡村振兴的重要环节。平安是老百姓解决温饱后的第一需求，是极重要的民生，也是最基本的发

展环境。推进平安法治乡村建设既是推进平安中国、法治中国建设的重要组成，同时也是全面推进乡村振兴战略实施的关键目标和底线任务。围绕平安法治乡村的目标，乡村治理应在农村社会治安防控体系建设和农村法律服务供给两个方面发力：首先是加快完善农村治安防控体系，提升老百姓安全感；其次是加强农村法律服务供给，推进法治乡村建设，特别是要完善预防性法律制度，坚持和发展新时代"枫桥经验"。

案例 6

美好环境与幸福生活共同缔造
——湖北省麻城市提升乡村建设、乡村治理水平的创新实践

如何在乡村建设、乡村治理中充分调动各方特别是农民的积极性，构建政府、市场、社会协同发力的工作格局，是全面推进乡村振兴的一个关键。2017年以来，湖北省麻城市抢抓住建部定点帮扶机遇，在全省率先开展"美好环境与幸福生活共同缔造"活动，取得了良好成效，创造了乡村建设、乡村治理的典型经验。本专题调研报告主要呈现了麻城市的具体做法及其启示意义。

一、实践探索

麻城市的共同缔造是以城乡社区为基本单元，以改善群众身边、房前屋后人居环境的实事小事为切入点，以建立和完善全覆盖的基层党组织为核心，以构建"纵向到底、横向到边、共建共治共享"的城乡社会治理体系为目标。按照试点先行、分步实施的思路，麻城市发动群众决策共谋、发展共建、建设共管、效果共评、成果共享，激发人民群众的积极性、主动性、创造性。

（一）决策共谋，凝聚民意

麻城市积极拓展交流渠道，搭建沟通平台，广泛动员村民出谋划策。

一是以思想转变为前提，引导群众共谋。针对试点前期部分群众存在观望、抵触等情绪，通过理论研讨、专题培训、现场观摩等方式，开展"三会一讲"（场子会、院子会、户主会、讲身边故事），掀起共同缔造的头脑风暴，凝聚共同缔造的广泛共识。

二是以"1+1+1+N"为载体，带领群众共谋。麻城市组建以党组织为核心，党员牵头、群众参与的村民议事会、道德评议会、红白理事会、矛盾调解会、发展理事会和安全联防队"五会一队"等自治组织2700多个。落实"组织＋党员＋群众"的紧密联系机制，让每名群众都有党员联系，每名群众都进入自治组织，每个组织都参与共同缔造。

三是以需求为导向，激发群众共谋。村"两委"和规划团队一起，通过逐户走访、问卷调查等方式，充分摸清群众需求；采取简易模型和村民推演方案等办法，征求群众意见；运用在设计图纸上扎红蓝双色大头针的方式，了解村民满意度。

（二）发展共建，凝聚民力

麻城注重组织群众、宣传群众、发动群众，调动群众参与共同缔造的积极性和主动性。

一是村支部发动群众建。对于村内道路、池塘驳岸、公厕建设等难度不大的项目，村党支部发动群众，组织村里的泥瓦匠、电工、木工、有劳力村民成立半专业施工装修队伍，主动投工投劳整治房前屋后，珍惜用心用力共建的劳动成果。

二是党员带头包户建。充分发挥党员先锋模范作用，推行共产党员户挂牌和党员包户制度，每名党员联系5—10户普通群众，让党员"亮身份、亮承诺、亮家训"，划分党员责任区，设立党员示范岗。

三是村民理事会协助建。发挥乡贤、致富能手、乡村医生、退休教师、离任干部等理事会成员的威望优势，让他们协助村党支部做群众工作。

四是村民主动参与建。以改善群众身边、房前屋后人居环境的实事、小事为切入点，发动群众主动建设。对于农房院落绿化美化等简易项目，动员村民自筹资金、自主选择、自行栽种，建设小菜园、小药园、小果园、小花园、小游园等"五小园"。以3—5户为一个单元，连户村民出工出力，就地取材，建设连户污水处理等基础设施。

(三) 建设共管，凝聚民智

麻城市强化全生命周期理念，管好共同缔造成果。

一是基层组织用力管。切实发挥基层党组织领导作用，把基层组织的合力凝聚起来，全市19个乡镇街道政务服务中心、452个村（社区）党群服务中心互联互通，266项政务服务高频事项全部下放，城区207个小区实现党组织、业委会、物业服务、矛盾调处"四个全覆盖"。

二是市场主体专业管。对基层组织和群众做不好的事情，聘请市场主体，由专业的团队做专业的事。

三是热心群众主动管。发动热心群众主动参与村级事务管理、公共区域卫生管理和矛盾纠纷化解。

（四）效果共评，凝聚民声

麻城市创新评价机制，激发内生动力。

一是创新设立爱心超市。在全市所有村设立爱心超市，村里通过开展"六讲六比"（讲发展、比收入；讲大局、比奉献；讲文明、比节俭；讲学习、比先进；讲卫生、比清洁；讲团结、比和睦）获取"爱心积分"，凭"积分"可到"爱心超市"兑换相应积分的物品。

二是创新评比方式。创新评选孝善之星，倡导以孝善为荣，以孝善为美，以孝善为德，以孝善为要，连续多年开展"孝善之星"评选，共评选出孝亲之星、孝民之星等十大类"孝善之星"160余名。

三是创新奖惩激励约束。组织群众对共同缔造项目进行全方位、多层次评价，既评项目实施效果，又评项目相关各方表现。开展"小手拉大手"活动，利用周末时间组织中小学生开展环境评比活动，用孩子的纯真打出公平分数，督促激励群众养成爱护环境、讲究卫生的良好习惯。

（五）成果共享，凝聚民心

麻城通过开展共同缔造试点，人居环境改善，基础设施完善，人民群众的幸福感、获得感、满足感得到显著提升。

一是共享美好环境。尊重群众意愿，发挥特色资源优势，集政府、群众、市场主体等多方治理，挖掘红色文化、民族风情、古城文化等，建成产业强村，十佳村委会、文明村镇，实现"村居变景区，田园变公园"。

二是共享基层治理。村民自治为基，依托村民议事会、村务监委会、民事调解委员会、红白理事会等提升村民自治参与度；基层法治为本，加强行政执法队伍建设，把乡村治理各项工作纳入法治化轨道；倡导德治为先，深入挖掘乡村社会中的道德力量，共同协定村规民约。

三是共享公共服务。实现县乡村职能部门互联互通，将政务服务高频事项全部下放到村，行政审批、公共服务和社会管理"一站式"办理，让群众只进一个门，事情都办成。

四是共享经济发展。村"两委"通过民主决策，将集体土地、资产以入股、租赁等方式交由市场主体经营，推行"党组织+龙头企业+合作社+农户"发展模式，做好"接二连三"文章。

五是共享文明建设。推进优秀传统文化创造性转化和创新性发展。组织开展社会主义核心价值观进农家、优秀传统文化进农家、科技教育卫生进农家和新时代文明实践、青莲村居建设等活动，大力革除陈规陋习，弘扬文明新风正气。

二、做法经验

麻城市的共同缔造践行的是以人民为中心的发展思想，传承的是我们党密切联系人民群众的工作作风，探索的是构建共建共治共享社会治理新格局的生动实践，增强的是人民群众的获得感、幸福感、安全感。从麻城的共同缔造实践来看，我们可以总结出以下经验启示：

（一）创建县乡村三级联动机制

麻城市在推动共同缔造的过程中，致力于推动县乡村三级联动，以城乡社区为基本单元构建了"纵向到底，横向到边"的基层组织和治理体系，实现政府治理、社会调节和村民自治的有机衔接和良性互动。麻城市县乡村三级联动机制的创建，主要从两大部分入手：一是划分县乡村的权力边界。县级层面的主要职能是组织领导、制定目标、出台政策、整合资源、搭建平台、强化激励和监督督导，目的在于凝聚共识，确定行动规范，形成共同缔造的合力，同时加强基础设施和配套过程的建设；乡镇一级的主要职能是引导村庄编制规划，制定具体实施方案，学习宣传县级政策，发动群众参与；村一级的主要职能在于摸清底数，明晰村民需求，建立各种自治组织，协调各种关系和处理各类矛盾，引导村民将项目目标内化，配合乡镇一级具体实施项目。二是构建县乡村三级联动机制。通过成立县乡村三级共同缔造领导小组，出台政策文件，确立共同缔造推进机制；按照行业部门政策共享、工作进度按时报送、建设数据信息共享、特殊信息即时报送等原则建立信息共享机制；建立健全城乡环境建设和整治项目及共同缔造活动开展情况的评价标准和评价机制；按照"先动手不空手""干得好的给得多"的原则，建立"以奖代补"激励机制。同时，为保障上述机制的有效、规范运行，麻城市建立督导督查机制，确保联动机制在各个关键环节发挥作用，有效推进了美好环境和幸福生活的共同缔造工作。

（二）贯彻践行新时代党的群众路线

习近平总书记指出："群众路线是我们党的生命线和根本工作路线，是我们党永葆青春活力和战斗力的重要传家宝。"[①]新时代的群众路线有新的特点。一是新群众，群众的主体意识、利益意识、权利意识增强；二是新问题，群众工作对象更加多元化，群众工作内容更加多样化，群众工作环境更加复杂化；三是新要求，需要通过多种载体、方式来做好群众工作。麻城市的共同缔造，对于新时代党的群众路线的贯彻践行，体现在规划、建设的全程，坚持问题

---

① 习近平：《论坚持人民当家作主》，中央文献出版社2021年版，第48页。

导向，重点针对乡村建设实践中规划、建设、管理等方面难题，积极探索群众深度参与的实现路径。一是针对此前农房建设杂乱无序的实际，从规划入手，坚持规划先行，不规划不建设，坚决革除随意建、任性建的陋习，由志愿者和专家团队带着群众一起谈需求、画蓝图，分期分批编制村庄建设规划，为乡村建设树立"先规划、后建设"的规矩，努力破解乡村建设无序难题。二是针对农村环境脏乱差这一困扰基层多年的治理难题，以人居环境整治为突破口，以激发群众内生动力为关键，以群众投工投劳为主要方式，聚力打好环境整治攻坚战。三是面对乡村建设点多面广、缺人缺钱的最大实际，鼓励村集体和群众"先干起来"，着力改变"等靠要"的被动局面，探索出门前"四清"自己干、庭前屋后一起干、湾里大事大家干的村民参与共建三种模式。通过树立群众的观念，践行新时代党的群众路线，切实把群众和政府的关系从"你和我"变为"我们"，变"要我做"为"我要做"、变"靠政府"为"靠大家"，实现让发展惠及群众、让生态促进经济、让服务覆盖城乡、让参与铸就和谐、让城市更加美丽。

（三）不断推进基层治理现代化的体制机制创新

2020年7月，习近平总书记在吉林考察时指出："一个国家治理体系和治理能力的现代化水平很大程度上体现在基层。基础不牢，地动山摇。要不断夯实基层社会治理这个根基。"[①]2021年4月28日，《中共中央 国务院关于加强基层治理体系和治理能力现代化建设的意见》强调："基层治理是国家治理的基石，统筹推进乡镇（街道）和城乡社区治理，是实现国家治理体系和治理能力现代化的基础工

---

① 《充满希望的田野 大有可为的热土》，《人民日报》2020年7月26日。

程。"基层社会治理不是空洞的,需要从具体的事情和问题着手,找到切入点,让基层社会治理创新取得扎扎实实的成效。麻城市共同缔造是基层社会治理创新的产物。它虽然是从整治人居环境入手,但不是简单地解决美好环境的具体问题,而是要改变原有的社会治理,改变社会治理的体制机制,改变体制机制背后的"人的观念"。具体表现在:一是重心下移,基层治理重心和相应资源分配机制的改变,实现了权随事走,费随事转;二是实行政府的自我革命,实现简约化治理,简化整合各类行政手续,优化合并会议文件,让基层干部有更多的精力用于基层治理;三是改变了资源分配机制,推行以奖代补,根据基层社会治理的成效分配资源,充分调动和激发基层和人民群众参与的积极性。

三、思考启示

党的十九届四中全会提出"要建设人人有责、人人尽责、人人享有的社会治理共同体"。共同缔造是建设社会治理共同体的重要方式。调研发现,湖北省麻城市"美好环境与幸福生活共同缔造"的实践探索取得了较好效果,形成了具有一定借鉴意义的成功经验。但同时由于其试点的特性,也给我们留下了较多的思考空间。

(一)进一步发挥农民主体性作用

在麻城共同缔造过程中,在一定程度上调动了农民的参与积极性,但总体看依然存在过分倚重外力,农民主体性意识发挥不足等问题。共同缔造需要尊重农民的自主意愿,与农民需求相一致,这需要以培养农民良好的生产生活习惯养成为基础,否则,政府投入再多,也只能起到事倍功半的效果。在具体的实践中,应允许并鼓励各地各村因地制宜,创新适合农民需求表达和生产生活习惯养成的实践机制。由此，共同缔造不仅仅作为政府行政任务，而是与广大农民切身利益直接相关的大事，更是作为提升农村社会治理能力和水平的重要抓手。

（二）进一步提升基层党组织的组织力

习近平总书记在党的十九大报告中指出："要以提升组织力为重点，突出政治功能，把企业、农村、机关、学校、科研院所、街道社区、社会组织等基层党组织建设成为宣传党的主张、贯彻党的决定、领导基层治理、团结动员群众、推动改革发展的坚强战斗堡垒。"[1] 共同缔造，农民参与是关键。作为一项关系农村生产发展、农民生产方式、生活习性、文化心态等多方面改变的系统工程，共同缔造既需要硬件投入，又需要注重软件投入。当前，通过提升基层党组织的组织力，提升农民组织化程度，形成村社集体合力，仍是激发农民主体意识和参与积极性的有效途径，是软件投入的重要方面。一方面，提升基层党组织的组织力，核心在于选好基层党组织，特别是村级党组织的带头人。受客观因素影响，留守群体是当前农村建设发展的主力军。因此，如何在这一现实情境下选好带头人留住带头人是提升基层党组织组织力的核心。麻城市共同缔造试点的成功，与优秀的村委带头人息息相关。当前，湖北省允许优秀村支书在履职一定任期的前提下参加乡镇公务员或事业编的考试，这一政策吸引了一部分优秀青年回乡担任村支书，但同时造成了这一群体的流失。因此，建议建立这一群体留编留任机制，优秀村支书考入公务员或事业编后，在保证其相关编制和待遇的前提下，继续留任村支书职位。另一方面，农民的组织化是提升组织力的关键。

---

[1] 《习近平著作选读》第2卷，人民出版社2023年版，第53页。

相对于城市社会，农村"熟人社会"中注重人情、面子和集体荣誉的社会特点并没有发生实质性改变。因此，应该在强化村级组织尤其是村级党组织建设的同时，开拓工作思路，鼓励各村结合自身特点，充分调动契合农村社会特点的各种治理资源，提升农民组织化程度。

（三）构建有效参与的体制机制

十八届三中全会提出创新社会治理体制，党的十九届四中全会提出"要建设人人有责、人人尽责、人人享有的社会治理共同体"。这就意味着社会治理是一个系统工程，过往的社会治理体制尚存在诸多障碍，最突出的问题是单一的政府治理缺乏社会有效参与。在麻城的共同缔造中，依然存在政府主导过强、社会参与缺失的问题。回乡能人是乡村振兴中不可忽视的主体力量，当前麻城市共同缔造中能人的参与大多限于捐钱捐物，因此需要结合各地实际，建立回乡能人数据库，构建投资礼遇机制、参事议事机制、协商共治机制、监事机制等，将回乡能人作为基层治理体系的重要力量，充分发挥他们参与乡村社会治理的独特作用，参与共同缔造，助推乡村振兴，助力基层治理。

（根据中国乡村振兴发展中心调研报告改写）

第六章　统筹推进："融合发展"

"要把乡村振兴战略这篇大文章做好，必须走城乡融合发展之路。"[①]党的十七大以来，我国城乡发展不平衡，农村发展不充分，城乡发展的现实差距依然存在，并且城乡居民间的收入差距呈现逐步拉大的趋势。党的十八大后，习近平对加快城乡融合与协调发展进行了一系列的重要部署，努力加快完善城乡一体化发展的体制机制，促进城乡要素平等交换和公共资源均衡配置，形成经济、政治、文化、社会、生态"五位一体"的新型城乡融合机制。2023年中央一号文件要求："健全城乡融合发展体制机制和政策体系，畅通城乡要素流动。"对"推进县域城乡融合发展"进行一系列部署。[②]2024年中央一号文件提出"统筹新型城镇化和乡村全面振兴，提升县城综合承载能力和治理能力，促进县乡村功能衔接互补、资源要素优化配置。"[③]具体部署了"促进县域内融合发展"途径和举措。

一、以城乡融合发展推进乡村全面振兴的根本遵循

习近平总书记关于城乡融合发展的重要论述是形成了思想深邃、逻辑

[①] 中共中央党史和文献研究院编：《习近平关于"三农"工作论述摘编》，中央文献出版社2019年版，第45页。

[②] 《中共中央　国务院关于做好二〇二三年全面推进乡村振兴重点工作的意见（二〇二三年一月二日）》，《人民日报》2023年2月14日。

[③] 《中共中央　国务院关于学习运用"千村示范、万村整治"工程经验有力有效推进乡村全面振兴的意见》，《人民日报》2024年2月4日。

严密的理论体系，具有丰富的内涵，为促进城乡融合发展提供了根本遵循。

深刻阐述科学统筹城乡规划建设、发挥县域在城乡空间融合中的支撑作用以及促进大中小城市与小城镇可持续发展的理论内涵和实践要求。习近平总书记指出："空间结构，有大尺度的国土空间结构，也有小尺度的城镇用地结构。要按照促进生产空间集约高效、生活空间宜居适度、生态空间山清水秀的总体要求，结合化解产能过剩、环境整治、存量土地再开发，形成生产、生活、生态空间的合理结构。"①"要完善规划体制，通盘考虑城乡发展规划编制。"②"乡村建设要遵循城乡发展建设规律，做到先规划后建设。"③这些论述都指出，促进城乡融合发展，必须科学统筹城乡建设布局规划，持续优化城乡空间，为促进城乡空间融合发展指明了方向。"要打破城乡分割的规划格局，建立城乡一体化、县域一盘棋的规划管理和实施体制"④的论述，强调了县域规划管理的重要作用；"要把县域作为城乡融合发展的重要切入点""赋予县级更多资源整合使用的自主权"⑤的要求，强调了县域管理赋权以及县城辐射带动作用的重要性。

深刻阐述促进城乡要素合理配置是实现城乡融合发展的关键。乡村振兴的最终目标是迈向共同富裕，重要的途径是城乡融合发展，为实现这一目标，加快推进城乡融合发展，关键要打通城乡发展的壁垒，实现城乡人口、技术、资本、信息等优质资源要素在城乡之间自由、合理流动。习近平总书记从健全农业转移人口市民化机制、建立城市人才入乡激励机制、

---

① 中共中央文献研究室：《十八大以来重要文献选编》（上），中央文献出版社 2014 年版，第 597 页。

② 中共中央党史和文献研究院编：《习近平关于"三农"工作论述摘编》，中央文献出版社 2019 年版，第 35 页。

③ 习近平：《坚持把解决好"三农"问题作为全党工作重中之重 举全党全社会之力推动乡村振兴》，《求是》2022 年第 7 期。

④ 中共中央党史和文献研究院编：《习近平关于"三农"工作论述摘编》，中央文献出版社 2019 年版，第 31 页。

⑤ 习近平：《坚持把解决好"三农"问题作为全党工作重中之重 举全党全社会之力推动乡村振兴》，《求是》2022 年第 7 期。

构建城乡统一的土地管理制度、深度推进农村宅基地制度改革、建立集体经营性建设用地入市制度以及建立工商资本与科技成果下乡的促进与转化机制方面作出了一系列重要论述。这些重要论述为建立健全城乡统一的户籍管理制度、建立城市人才入乡激励机制、构建城乡统一的土地管理制度、完善乡村金融服务体系、建立工商资本与科技成果下乡的促进与转化机制提供了遵循。

深刻阐述实现城乡基本公共服务普惠共享的着力方向和重点。习近平总书记指出："要推进城乡公共文化服务体系一体建设，优化城乡文化资源配置，完善农村文化基础设施网络，增加农村公共文化服务总量供给，缩小城乡公共文化服务差距"。[1] 党的十八大报告中提到"加快完善城乡发展一体化体制机制，着力在城乡规划、基础设施、公共服务等方面推进一体化"[2]。党的十九大报告中再次提到"履行好政府再分配调节职能，加快推进基本公共服务均等化，缩小收入分配差距"[3]。

深刻阐述推进城乡基础设施一体化发展的重点路径。习近平总书记在这方面的重要论述，重点强调要加快完善城乡基础设施建设，尤其是强调要着力健全相关制度机制，包括建立城乡基础设施一体化规划机制、健全城乡基础设施一体化建设机制、建立城乡基础设施一体化管护机制。这些重要论述为推进城乡之间的融合发展提供了指引。

深刻论述加强农村人居环境综合整治的重大要求。早在2003年，时任浙江省委书记的习近平同志就十分重视农村人居环境整治和改善工作，曾部署推动实施"千村示范、万村整治"工程，为推进农村人居环境整治工作提供了丰富的实践经验。在城乡社会融合发展过程中，习近平总书记将

---

[1] 《习近平谈治国理政》第4卷，外文出版社2022年版，第311页。
[2] 中共中央文献研究室：《十八大以来重要文献选编》（上），中央文献出版社2014年版，第19页。
[3] 中共中央党史和文献研究院编：《十九大以来重要文献选编》（上），中央文献出版社2019年版，第33页。

人居环境整治工作作为乡村建设的重要方向，重点关注了城乡环境卫生整洁、农村厕所革命、村容村貌整治、农业农村污染治理与生态优先绿色发展等方面。如"要继承和发扬爱国卫生运动优良传统，发挥群众工作的政治优势和组织优势，持续开展城乡环境卫生整洁行动，加大农村人居环境治理力度，建设健康、宜居、美丽家园"①。"乡村振兴了，环境变好了，乡村生活也越来越好了。要继续完善农村公共基础设施，改善农村人居环境，重点做好垃圾污水治理、厕所革命、村容村貌提升，把乡村建设得更加美丽。"②"厕所问题不是小事情，是城乡文明建设的重要方面，不但景区、城市要抓，农村也要抓，要把这项工作作为乡村振兴战略的一项具体工作来推进，努力补齐这块影响群众生活品质的短板。"③"人不负青山，青山定不负人。绿水青山既是自然财富，又是经济财富。希望乡亲们坚定不移走生态优先绿色发展之路，因茶致富，因茶兴业，脱贫奔小康。"④"要继续打好污染防治攻坚战，把碳达峰、碳中和纳入经济社会发展和生态文明建设整体布局，建立健全绿色低碳循环发展的经济体系，推动经济社会发展全面绿色转型。"⑤

深刻阐述促进乡村经济多元化发展与农民收入持续增长的重要举措。习近平总书记就促进乡村经济多元化发展与农民收入持续增长，围绕完善农业支持保护制度、农业农村现代化、培育新产业新业态、大力发展县域富民产业以及促进农民收入持续增长五个方面进行了重要部署，为城乡经济融合发展起到了纲领性指导作用。关于完善农业支持保护制度，"要

---

① 《习近平谈治国理政》第2卷，外文出版社2017年版，第372页。
② 《牢记初心使命贯彻以人民为中心发展思想 把祖国北部边疆风景线打造得更加亮丽》，《人民日报》2019年7月17日。
③ 《坚持不懈推进"厕所革命" 努力补齐影响群众生活品质短板》，《人民日报》2017年11月28日。
④ 《扎实做好"六稳"工作落实"六保"任务 奋力谱写陕西新时代追赶超越新篇章》，《人民日报》2020年4月24日。
⑤ 《习近平在广西考察时强调解放思想深化改革凝心聚力担当实干 建设新时代中国特色社会主义壮美广西》，《人民日报》2021年4月28日。

完善农业支持保护制度,继续把农业农村作为一般公共预算优先保障领域"①;关于推进农业农村现代化建设,"中国现代化离不开农业现代化,农业现代化关键在科技、在人才;要把发展农业科技放在更加突出的位置,大力推进农业机械化、智能化,给农业现代化插上科技的翅膀"②;关于建立新产业新业态培育机制,"适应城乡居民需求新变化,休闲农业乡村旅游蓬勃兴起,农村一二三产业融合发展模式不断丰富创新,为农村创新创业开辟了新天地,为农民就业增收打开了新空间。要抓农村新产业新业态,推动农产品加工业优化升级,把现代信息技术引入农业产加销各个环节,发展乡村休闲旅游、文化体验、养生养老、农村电商等,鼓励在乡村地区兴办环境友好型企业,实现乡村经济多元化";③关于加大力度发展县域富民产业,"要聚焦产业促进乡村发展,深入推进农村一二三产业融合,大力发展县域富民产业,推进农业农村绿色发展,让农民更多分享产业增值收益"④;关于健全农民收入持续增长的体制机制,"农业农村工作,说一千、道一万,增加农民收入是关键。要加快构建促进农民持续较快增收的长效政策机制,让广大农民都尽快富裕起来"⑤。

二、以县域为重点统筹推进乡村全面振兴

1800 年,全球人口不足 2% 生活在城市,1900 年这一比例增长到

---

① 习近平:《坚持把解决好"三农"问题作为全党工作重中之重 举全党全社会之力推动乡村振兴》,《求是》2022 年第 7 期。

② 《解放思想锐意进取深化改革破解矛盾 以新气象新担当新作为推进东北振兴》,《人民日报》2018 年 9 月 29 日。

③ 中共中央党史和文献研究院编:《习近平关于"三农"工作论述摘编》,中央文献出版社 2019 年版,第 100 页。

④ 《中央农村工作会议在京召开 习近平对做好"三农"工作作出重要指示 李克强提出要求》,《人民日报》2021 年 12 月 27 日。

⑤ 中共中央党史和文献研究院编:《习近平关于"三农"工作论述摘编》,中央文献出版社 2019 年版,第 150—151 页。

15%，至 2000 年全球 60 亿人口中有近半数是城市人口。城乡空间和社会构造的剧烈分异与重组，无疑是全球社会两百年间最深刻的变化之一。同时，也构成了了解许多国家追寻现代化探索历程的重要视角。其根本启示在于，成功的现代化建基于城乡之间健康可持续的互动、互补、互促关系之上。中国要走出城乡二元经济社会分离的结构，必须建立健全城乡融合发展的体制机制和政策体系，塑造新型城乡工农关系。

（一）以城乡融合发展统筹推进乡村全面振兴具有必然性

促进城乡融合发展，是从根本上解决好"三农"问题，实现乡村振兴总目标总要求的必由之路。县域作为城乡融合的接合面，连接着"城"和"乡"，是城乡要素交换、聚合的基本场景，也是健全城乡融合发展体制机制和政策体系的重点。县一级是否能够通过全面深化改革的办法，破除各方面瓶颈因素，很大程度上决定着城乡间资本、技术、劳动力、土地等资源和要素的流动是否活跃、是否科学合理，以及是否公平且可持续。

以促进县域内城乡融合发展为重点统筹推进乡村全面振兴，具有多层面的意义。首先，"县"是城与乡的接合面，是建立健全城乡融合发展的体制机制和政策体系的关键环节，实践证明，壮大县域经济才能带动乡村发展，统筹城乡才能科学推进乡村建设。此外，乡村治理是县域治理体系整体的组成部分，而且乡村治理体系和治理能力现代化取决于县域系统改革和整体设计。其次，县是执政兴国的一线指挥部，是国家行政体系的末梢组织，是贯彻落实党的施政理念、中央的顶层设计的前线地带。乡村振兴重大战略部署及各项政策举措，落实在县域、落实靠县域。以县域为重点推进乡村振兴，契合新时代城乡发展规律和"三农"工作规律，是中国特色社会主义乡村振兴道路的内在规定性。

（二）城乡融合发展是推进乡村全面振兴的根本方法

从历史上看，中国农村改革的起点是告别人民公社体制，改革的进程则是逐步走出计划经济时代形成的城乡二元经济社会格局。从土地经营制度改革、农产品流通体制改革，到户籍制度改革、财政投入体制改革、金融体制改革等等重大涉农改革事项，核心逻辑在于顺应亿万农民期盼和农业农村现代化建设规律，重塑城乡工农关系格局。进入新千年，以"少取、多予、放活"为核心，进入了统筹推进城乡经济社会发展、逐步建立城乡一体化发展格局的历史阶段。历史经验表明，解决好"三农"问题、实现乡村振兴"总目标""总要求"的根本路径，就在于坚持农业农村优先发展总方针，持续推进破除城乡二元经济社会格局的各项改革，建立和完善城乡融合发展的体制机制与政策体系。

党的十九大以来，以习近平同志为核心的党中央提出建立工农互促、城乡互补、协调发展、共同繁荣的新型城乡工农关系，部署和实施乡村振兴战略，标志着"三农"工作进入一个全新的历史时期。实现乡村振兴的总目标和总要求，切实推进"五大振兴"，需要坚持城乡融合发展的认识和实践取向，从城乡生命共同体、城乡发展共同体的视角看待城乡关系，通过城乡间要素的公平合理配置，不断提升发展质量，增强城乡发展的协调性、互补性、互促性，让发展的成果更加公平地惠及城乡，逐步实现共同富裕。实践层面来看，乡村产业兴旺是国内大循环、国内国际双循环的有机组成部分，城乡消费革命和国内国际大市场是带动乡村产业发展的动力源泉，城乡居民对美好生活向往可以从品类丰富、品质可靠的乡村的产品和服务得到不断满足；建设美丽乡村是生态宜居的重要内容，能够为"美丽经济"提供生态支撑，从而实现乡村生态宜居满足乡村人对乡村生活环境和生活品质的期盼；乡风文明、治理有效则是推进农村和农民现代化的重要路径和方法，是守护乡土家园的精神和制度力量；同时，只有扎实推进城乡融合发展，才能不断促进乡村生活富裕，不断缩小城乡差距、区域差距，逐步实现共同富裕。可见，城乡融合发展是推进乡村全面振兴的根本途径。在推进乡村全面实践中，要通过全面深化改革的办法，充分发挥市场在资源配置中的基础性地位，不断推动城乡间人才、资金、技术等要素合理流动，公平配置；正确运用好政府有形之手，在坚守粮食安全和不发生规模性返贫底线基础上，通过科学规划、重点投入、深化改革，提供好各类保障城乡融合发展的公共产品，促进城乡基础设施互联互通，持续促进公共服务均等化。

（三）县域是实现"城乡融合发展"的关键场景

郡县治，天下安。中国有着2500多年的县制历史，在整个国家治理体系中，县域始终是重要的单元。帝制王朝的国家权力以郡县为轴线展开，统御四方，维系运转；如兵丁徭役、赋税钱粮、涵养教化等各项国家事务都是以县制为基础施行。

新中国成立之初，为实现赶超式现代化的目标，自上而下建立了高度统一的单位体制。城市社会以单位制为骨架组织起来，广大的乡村地带则建立了政经、政社高度合一的人民公社体制，城乡之间形成二元经济社会格局，从而实现汲取乡村资源支持城市和工业优先发展。

改革以来，取消人民公社体制，县域重新回到乡村发展和乡村治理的中心。19世纪90年代开始，农村改革极大地解放了农村生产力，乡镇企业、乡村工业化得到快速发展，县域经济逐渐繁荣，部分农民实现了"离土不离乡、进厂不进城"的就近就地就业，生产生活状态发生巨大变化，农民收入明显改善。

新千年以来，党中央高度重视打破城乡二元经济社会格局，在从统筹城乡经济社会发展到城乡一体化发展的理念指引下，逐步破解"三农"问题，通过实施一揽子惠农政策和改革举措，为农民减负增收和乡村经济社会全面发展提供了制度支撑。

新时代以来，习近平总书记反复强调要建立新型城乡工农关系，构建城乡融合发展的体制机制和政策体系，并将其作为实现乡村振兴总目标、总要求的关键。

总之，从理论上看，经过百年求索，中国共产党对中国特色社会主义现代化国家建设过程中如何处理好城乡关系这一根本问题的认识更加成熟，对城乡发展规律的认识更加深刻。从实践上看，县域是城市与乡村的"结合地带"，是构建城乡融合发展体制机制和政策体系的"关键环节"。县域工作的成效如何，直接关系到乡村振兴总目标、总要求能否落实落地。县域连接着"城"和"乡"，是城乡要素交换、聚合的基本场景。推进城乡融合发展重点在县域，全面深化改革，破除各方面瓶颈因素，促进城乡间资本、技术、劳动力、土地等资源和要素的流动，实现县域内城乡融合发展，是推进乡村全面振兴的不竭动力和有力支撑。

（四）县域是国家乡村振兴工作体系的重要一环

国家乡村振兴战略各项政策部署，需要通过各市县结合实际落实落细。一是要"底子清"，即对于县域城乡发展与乡村振兴的基础、机遇和短板有全面、准确的认识；二是要"路径明"，即找准发展的目标和路径，科学布局城乡改革与发展，统筹县域新型城镇化和乡村振兴工作；三是要"落实好"，即坚持习近平新时代中国特色社会主义思想指引，将中央各项决策部署不折不扣结合实际落实到位；四是要"活力强"，即不等不靠，激发内在动能，把外部支持和内生发展有机结合。上述任务的落实，关键在于全面加强党的领导，以乡村全面振兴统揽县域经济社会发展全局，在思想认识、组织体系、工作体系上，将党的领导贯穿全过程，从而提供有力政治组织保障。

三、以县域内城乡融合发展推进乡村全面振兴的基本问题

夯实基础：坚守两条底线、巩固拓展衔接一体化推进。一是要守住不发生规模性返贫的底线。脱贫攻坚和乡村振兴都是为了回应人民对美好生活的向往，取得的成就必须要巩固得住，在巩固的基础上实现工作重心和

制度体系的衔接和转换,之后再朝向更加美好的生活迈进,逐步实现共同富裕。二是要发挥好农业压舱石作用,守护耕地保护红线,坚守粮食安全底线,为中华民族伟大复兴提供基础和支撑。

抓住关键:抢抓发展机遇、壮大县域经济。壮大县域经济是促进农业农村发展的有效路径和方法。近年来,县域经济发展则面临着巨大机遇,一是中国城市化率在2012年已经超过50%,城市、工业部门对农业领域的反哺和带动能力明显增强,城市工商业资本、金融资本、先进技术等要素向农业农村流动并且呈现出加速趋势;二是2008年以来,东部沿海地区产业向中西部地区转移,在国家区域均衡发展、城乡均衡发展战略的引领下,吸引产业转移、发展区域间协作、区域城市间协作成为推动县域经济快速发展的重要动力;三是逐渐崛起的城市中产阶层、富裕阶层所带动的消费革命,为乡村产业发展提供了规模巨大的市场需要;四是国家政策高度重视县域发展和县域新型城镇化,不断加大对县域发展的政策支持;五是各地密集部署和实施一系列省域内均衡发展战略,以中心城市、副中心城市带动区域发展,基础设施、产业、要素资源在"区域城市"的范围内更活跃地流动。

发展路径:统筹规划布局、实现城乡贯通。城乡融合发展的重要内容,就是实现城乡基础设施和基本公共服务互联互通。总的是要破除城乡分离、城乡分治的旧式思维,统筹规划,合理布局城乡经济社会基础设施。一是乡村建设要与乡村发展统筹考虑,水、电、路、网、讯等经济基础设施,在促进城乡基础设施互联互通过程中,要与农业现代化(含三产融合)、乡村工业化、数字乡村建设等统筹考虑,从而为乡村产业振兴提供基础设施支撑。二是要与县域城乡人口流动趋势相契合,教育、医疗、养老等社会基础设施建设,在保基本、守护"三保障"目标的同时,要与城镇和村庄规划紧密结合,顺应县域内人口流动和空间分布的趋势,并具有适度的前瞻性,适度引导人口在城乡间的合理流动。三是要统筹"县—乡—村"三级服务体系和服务能力建设,提升县级教育、医疗、养老服务能力,特别是龙头机构的服务和辐射带动能力。

凝聚合力：深化县域改革，盘活各类资源。 壮大县域经济重点在产业发展，而深化县域改革则是最为关键的一招。总体而言，深化县域改革的主要事项集中在人、地、钱、事四个方面。在"人"的方面，要激发干部队伍干事热情，不断提升干部队伍推动县域高质量发展促进乡村全面振兴的本领；要强化驻村工作队伍、村干部队伍的建设和管理，培养和造就一批"懂农业、爱农村、爱农民"的"三农"干部；要加强人力资本建设，建设与县域经济发展需求相匹配的技术人才队伍和专业人才队伍，特别是不断提升低收入人口的技能水平，促进其就业增收；要不断激发内生动力，摆脱等靠要的思想，成为发展的主动参与者。在"地"的方面，重点深化"农用地"改革，在切实扛起粮食安全责任前提下，通过放活经营权，发展适度规模经营；稳妥推进"宅基地"改革，盘活存量资源，科学编制规划，为县域新型城镇化、产业发展提供用地支持，同时合理分配土地增值收益，将增值收益主要部分用于乡村振兴和统筹推进经济社会协调发展；要进一步规范"集体经营性建设用地"出让、租赁、入股，发展壮大新型集体经济，支持乡村公共服务。在"钱"的方面，要用好财政手段、金融手段、引导社会力量，保障好县一级统筹使用涉农资金的权限、完善县域普惠金融体系和社会信用体系、完善要素产权制度搭建公平交易平台等。在"事"的方面，重点改革服务县域发展的事项，如营商环境建设、经济基础设施规划与建设、利益联结机制建设等。

价值导向：坚持人民至上，提升治理能力。 发展为了人民、发展依靠人民，从脱贫攻坚到乡村振兴，变的是阶段和目标，不变的是初心和使命。以县域内城乡融合发展统筹推进乡村全面振兴，一切工作的出发点是人民的需要。人民是发展的目的，同时是发展的主体。具体工作上，一是要建设服务型政府、完善"县—乡—村"三级服务体系提升服务能力；二是要完善治理体系提升治理能力，改革政府涉民服务事项服务效率，提升便民性；三是在乡村基层治理体系建设中加强党建引领，完善"三治合一"的治理体系。

案例 7

以县域内城乡融合发展
统筹推进乡村全面振兴的兰考实践

兰考县2002年、2011年分别被列为国家级贫困县、被确定为大别山连片特困地区重点县。2014年兰考县作为习近平总书记党的群众路线教育实践活动联系点，总书记两次亲临兰考，对兰考脱贫攻坚和县域发展发表重要讲话，提出殷切期望，兰考县委县政府向总书记立下了"三年脱贫、七年小康"的军令状。2017年2月经河南省政府批准，兰考县脱贫摘帽，成为全国率先摘帽的县。成功实现脱贫摘帽以后，兰考坚持思想上不松懈、政策上不松劲，继续以稳定脱贫奔小康统揽经济社会发展全局，探索出"一条主线统揽全局、两个重点夯实基础、三个落实稳定脱贫、四个强化提升本领、五个衔接深入推进"的"12345"工作思路和方法，接续推进巩固拓展脱贫成果、提升脱贫质量，做好脱贫攻坚与乡村振兴有效衔接。2021年起，兰考牢记习近平总书记"要再接再厉，一定不要忘记焦裕禄精神"的教导和嘱托，在县域综合改革创新、城乡融合发展、脱贫地区共同富裕中走在前作示范，坚持以习近平新时代中国特色社会主义思想为引领这条主线，全面深入践行"三起来"重要论述，坚持以乡村振兴统揽县域经济社会发展全局，坚守县域乡村振兴粮食安全和巩固脱贫成果两项底线任务，抓好县域经济高质量发展带动乡村发展、统筹城乡科学推进乡村建设、县乡村联动系统提升乡村治理三项重点工作，完善党建引领再加强、县域改革再深化、精神力量永传承三大保障机制，形成了县域乡村振兴的"一二三三"模式，为以县域内城乡融合发展推进乡村全面振兴提供了可学可借鉴的经验蓝本。

一、夯实城乡融合发展与乡村振兴的基础：守住不发生规模性返贫和粮食安全底线

（一）守住不发生规模性返贫的底线

坚决守住不发生规模性返贫的底线就是巩固拓展脱贫攻坚成果的基本要求，巩固拓展脱贫攻坚成果是兑现执政党庄严承诺的必然要求、是精准方略的自然延伸、是有序推进县域脱贫攻坚制度体系与乡村振兴制度体系平稳转化的前提条件、是实现乡村振兴的重要基础。2017年，兰考县实现脱贫目标，进入巩固拓展脱贫攻坚成果同乡村振兴衔接阶段。

1. 巩固拓展脱贫攻坚成果多管齐下。

一是严格落实"四个不摘"，通过脱贫不脱责任，明确怎么做；通过脱贫不脱政策，明确做什么；通过脱贫不脱帮扶，明确谁来做；通过脱贫不脱监管，明确怎么做好。

二是以党建引领成果拓展。发展产业、实施就业帮扶、激发内生动力、推动乡风文明等举措建立稳固脱贫体系。

三是探索"151"工作模式。即利用一个系统加强贫困监测、通过"夯实基础、落实政策、发展产业、帮扶就业、扶贫扶志"五项内容落实细化各项政策措施、组建一支队伍全面验收脱贫质量。

2. 稳定脱贫奔小康探索建立"12345"工作模式。

一条主线统揽全局。坚持在三个方面落实以脱贫攻坚统揽经济社会发展全局，就是在"两不愁三保障"方面提升脱贫质量，防止返贫现象发生，确保全部全面脱贫；强化"书记县长负总责，四大班子齐上阵"的工作机制，完善"支部连支部"帮扶组织架构，强

化行业扶贫部门和乡镇专职扶贫力量；以县域治理"三起来"为引领，坚持农业农村优先发展，强链补链增强产业带动能力，改善人民生活水平。

两个重点夯实基础。聚焦产业和就业两个重点内容。在实践中探索出"龙头企业做两端，农民群众干中间，普惠金融惠全链"的带贫增收模式，实行订单农业型产业与能人带动型产业相结合的方式，确保每户至少拥有两项以上增收产业，稳定脱贫人口的收入；探索"外出务工、产业体系就业、乡镇产业园就近就业、居家灵活就业、公益性岗位就业"五种就业模式，带动有就业能力、就业意愿以及就业条件的家庭实现就业促脱贫稳脱贫。

三个落实稳定脱贫。围绕责任落实、政策落实与工作落实，做到"四不摘"，持续做好各项工作。

四个强化提升能力。强化基层基础、强化人才培育、强化谋划规划、强化金融服务能力等方式，全面提升基层扶贫干部的攻坚能力。

五个衔接深入推进。围绕"产业兴旺、生态宜居、乡风文明、治理有效、生活富裕"总要求，在打好脱贫攻坚战的基础上，推进巩固拓展脱贫攻坚成果同乡村振兴的深入衔接。

3. 完善有效衔接乡村振兴机制。

进一步优化工作机制。主要是从强化县级工作推进机制以及强化驻村帮扶机制、分包帮扶机制等方面优化提升工作机制。

进一步夯实基层基础。主要是从提升基层党组织组织力，全面加强村两委班子建设，规范村级党群服务中心建设以及完善基层治理，增强党建引领作用。

进一步拓展动态监测。通过"信息+脚板"的方式弥补信息化监测的缺陷，找准"八类群体"并进行聚焦帮扶，真正落实"两不愁三保障"。

进一步精准帮扶政策。通过优化帮扶政策，强化技能培训，注重智志帮扶等措施实现政策帮扶再精准。

进一步加强扶贫项目资产管理和监督。通过成立县级扶贫资产管理工作领导小组，并由纪委监委牵头，成立相关部门及各乡镇（街道）共同参与的督察组，加强管理和监督工作。

兰考县实践探索表明：做好动态防返贫监测与帮扶是巩固拓展脱贫攻坚成果的首要基础，做好产业和就业技能帮扶是巩固拓展脱贫攻坚成果的重要手段，不断提升内生发展动力是巩固拓展脱贫攻坚成果的关键方式，逐步增强县域发展的韧性是巩固拓展脱贫攻坚成果的重要目标。

（二）扛起粮食安全责任

1. 严格落实耕地保护政策。

兰考以保障粮食安全、农产品质量安全和农业生态安全为目标，落实最严格的耕地保护制度，树立耕地保护"量质并重"和"用养结合"理念，坚持生态为先、建设为重，以新建成的高标准农田、占补平衡补充耕地为重点，依靠科技进步，加大资金投入，推进工程、农艺、农机措施相结合，依托新型经营主体和社会化服务组织，构建耕地质量保护与提升长效机制，守住耕地数量和质量红线，奠定粮食和农业可持续发展的基础。重点抓好统筹规划，严格落实基本农田保护；坚持质量第一，确保"良田必须是良田"。

2. 全面推进高标准农田建设。

"三结合"做好科学规划。兰考按照与基层干部群众结合、与专家结合、与国家政策结合的"三结合"规划原则，严把科学规划关。

"三统一"严格施工建设。统一施工技术标准，严格执行《高标准农田建设通则》，严格按照《高标准农田建设项目竣工验收办法》执行，确保高标准农田建设项目长期发挥效益。

"五认可"强化监督监管。在推进高标准农田建设过程中，明确专职技术人员包片负责工程质量；监理人员全过程参与施工；乡镇有关技术人员全过程监测；项目村选聘老党员、老干部担任质量监督员，联合村干部共同监督工程质量，有效解决项目建设点多、面广、量大，施工质量监控难问题。

"一长两员+保险"长效管护。落实"一长（井长）两员（管护员）"制度，建立管护队伍，保障管护经费，建立健全管护制度体系和管护办法，落实全过程监护要求。

做好组织、制度和资金保障。将高标准农田建设作为"一把手"工程，成立了高规格高标准农田建设工作领导小组及设办公室，对项目实施全过程的重要方案、重大事项、重要举措等进行决策管理，协调部门之间的关系，形成全县一盘棋。开展多元化筹资，构建多元化投资格局，形成中央财政资金、地方政府资金与社会资金多元化投入模式。制定"六项制度"强化项目管理，即项目法人责任制、项目招投标制、项目工程监理制、项目工程施工管理制、工程验收制。

3. 强化改革和科技驱动。

探索有效农地经营模式。持续推进农地经营制度改革，探索土地入股、土地托管等有效实现形式。村集体把群众的承包土地统一流转给新型农业经营主体从事农业生产，村集体按流转费用提取一定比例的管理费作为村集体收益，同时规模流转溢出土地的流转费用也归村集体所有,增加集体收入。采取"龙头企业+村集体合作社+农户+保险公司"的模式,在不改变土地权属的基础上进行土地托管。通过土地规模化机械化托管种植,保证了农户土地增收,节省了农民劳动力投入再就业增收,增加了村集体组织管理服务收入。

培育新型农业经营主体。兰考县2019年启动农民教育培训三年提质增效行动,以全面提高农民的综合素质为目标,培训新型农业经营主体带头人、专业技能型和专业服务型农民。以现代农业为发展方向,紧紧围绕促进产业兴旺,坚持面向产业、融入产业、服务产业,全面优化农业生产发展资金效益,通过培训提高、吸引发展、培养储备等方式,发展壮大一支高素质农民队伍。

以科技护航粮食安全。优选主产作物小麦品种,持续推进智慧农业建设,提升农业综合减灾能力,持续开展技术下乡活动,完善农业科技推广和服务体系,助力农业增效、农民增收。

二、把强县与富民结合起来:发展县域经济促进乡村振兴

"把强县和富民统一起来",是县域经济高质量促进乡村振兴的重要实践路径。就是要在发展路径选择和发展成果共享上全面把握,既善于集中资源办大事、增强县域经济综合实力和竞争力,又注重激励城乡居民创业增收和勤劳致富、持续提高城乡居民生活水平。[1]

(一)找准县域经济高质量发展的路子

推进兰考县域经济高质量发展,是基于兰考处在黄河流域生态保护和高质量发展、促进中部地区崛起两大国家战略叠加的历史机遇期。

---

[1] 《习近平在兰考县委常委扩大会上的讲话》,新华网2015年9月8日。

1. 明确发展的基础、机遇、挑战与动力。

脱贫攻坚形成良好基础。初步形成了较为完善的产业体系，"3+2"主导产业（品牌家居制造、绿色畜牧、循环经济＋智能制造、文旅培训）和"5+5"特色扶贫产业体系和"龙头企业做两端、农民群众干中间、普惠金融惠全链"的工作思路。

前所未有的历史性机遇。乡土情结的回归为兰考的发展提供了良好的契机，乡村特色旅游、乡村特色农产品有了潜在的巨大市场。产业由东部沿海地区向中西部地区转移，成为国内大循环的战略腹地和产业转移目的地。产业由城市向农村进军，将兰考纳入郑开同城化进程迎来承接产业转移、加快自身发展的重大机遇。兰考县作为焦裕禄精神的发源地，是第二批党的群众路线教育实践活动点，是习近平总书记第二批党的群众路线教育实践活动联系点，国家新型城镇化综合试点县、全国普惠金融改革试验区、全国省直管县体制改革试点县、河南省改革发展和加强党的建设综合试验示范县，同时也叠加了构建新发展格局战略机遇、新时代中部地区高质量发展政策机遇、黄河流域生态保护和高质量发展历史机遇等。全县上下持续传承弘扬焦书记"对群众的那股亲劲、抓工作的那股韧劲、干事业的那股拼劲"，守正创新凝结成新时代拼搏创新"兰考精神"，领导领着干、干部抢着干在全县蔚然成风，人民群众获得感持续提升。

以焦裕禄精神作为县域发展的强劲动力。2014年，习近平总书记在兰考县委常委扩大会上的讲话中指出，兰考要将成为示范点的压力转化为动力，并指出动力应来自强烈的政治责任感和较高的标准。[1] 全县干部形成的高度的政治责任感，是推进兰考县域发展的

---

[1] 《习近平在兰考县委常委扩大会议上的讲话》，新华网2015年9月8日。

精神力量；较高的工作标准，有助于将县域发展中的每一项工作落细、落小、落实；兰考群众对美好生活的向往始终是兰考全县干部不懈奋斗的强大动力；兰考发展形成了良好发展态势。

（二）促进县域经济高质量发展带动乡村振兴

做好强县产业，壮大县域经济。一方面，集中力量，不断凝练县域主导产业，持续抓好县域特色优势产业建设，推动农村一二三产融合发展。另一方面，打造细分领域竞争优势。形成现代家居、绿色食品、节能环保、智能制造等产业特色优势的总体布局，持续引进一批国内外龙头企业，品牌家居制造、绿色畜牧、循环经济三个特色产业体系逐步形成。着力于补链延链强链，深入探索产业链、创新链、供应链、价值链、制度链"五链"耦合的有效路径，激发"链式效应"。

做优富民产业，支撑共同富裕。一是以带动就业能力强为依据，选准富民产业。着力引进电子加工、服装制造等劳动密集型产业；照顾到大龄群众学习新技能相对困难的客观现实，着力发展绿色畜牧、特色种植（新三宝，蜜瓜、花生、红薯）等技能需求低的产业，以增加这一部分群众的收入。二是以提升附加值空间为目标，积极创建品牌。加强农产品"三品一标"认证服务和支持，打造名优品牌，培育一批特色鲜明、质量稳定、信誉良好的本地知名农产品品牌，增强特色产业的核心竞争力。

统筹城乡发展，实现经济联动。一是在县域层面，产业发展突出比较优势、带动农业农村能力、扩大就业等特点，增强中心城区牵引县域经济增长能力。二是在中心城镇层面，将配套产业分布到乡镇工业园区，发展专业化中小微企业集聚区，提升乡镇就业吸收能力。三是在乡村层面，发展乡村作坊、家庭工场以及分散种养殖，为县域产业发展提供支撑。

（三）以新发展理念引领县域发展全局

创新发展引领县域经济。推动县域经济"从主要依靠资源和低成本劳动力等要素投入向更多依靠创新驱动转变"是兰考促进县域经济高质量发展的重要思路。一是发挥科技创新在做优县域产业中的引领作用。坚持以企业作为创新主体，培育新型创新主体。二是通过制度创新，化解兰考县域经济发展中一些亟待破解的难题。

协调发展促进城乡融合。首先，促进一二三产融合发展，坚持"粮头食尾""农头工尾"，大力发展"新三宝"特色种植产业，完善产业链条。其次，注重县乡村协调发展，着力于推进以人为核心的新型城镇化，深化户籍制度改革，推进产城融合，促进有能力在城镇稳定就业和生活的农业转移人口举家进城落户；加大基础设施和公共服务设施建设，不断增强城镇吸纳能力。在县域层面，大力发展比较优势明显、带动农业农村能力强、就业容量大的产业，增强中心城区牵引县域经济增长能力；在中心城镇，各乡镇根据自身产业定位，按照"一乡一业"或"多乡连片一业"的原则，将配套产业分布到乡镇工业园区，发展专业化中小微企业集聚区，提升乡镇就业吸收能力；在乡村，发展乡村作坊、家庭工场以及分散种养殖，为县域产业发展提供支撑，也充分照顾到低技能劳动力的就近就业需求。通过加快产城融合，配套完善恒大家居、绿色食品、绿色建材和汽车产业园生活服务功能，减少群众迂回摆渡，营造有利于人才集聚、企业生产的优良环境。

绿色发展建成美丽经济。一是以民族乐器、文旅培训为主导，探索生态资源向经济产业转化。一方面，充分发挥在泡桐种植、人力资源积累和生产工艺方面的优势，着力发展定位中低端的木制品加工业及其配套关联企业。另一方面，兰考持续推进沿黄地区探索"生态＋文化＋旅游＋绿色能源"模式。二是以循环经济、清洁能源为主导，构建市场导向的绿色技术创新体系，实现经济生态化。推进发展循环经济，实现经济生态化。大力发展清洁能源，建立可持续的能源开发利用模式。三是拓展护林员等岗位，实现生态富民环境惠民。

扩大开放汇聚资源。强化开放理念，主动融入中原经济区、航空港综合试验区、郑洛新国家自主创新示范区建设，抢抓东南沿海产业转移机遇，坚持更高水平"引进来"和更大步伐"走出去"并重，坚持招商引资和招才引智并举，在对外开放中增创发展新优势，开拓发展新空间，全面激发县域经济发展的内生动力。一方面，抢抓郑开同城化机遇，增强县城联系内外、联结城乡的作用和牵引、带动、辐射能力。另一方面，借助对外开放强劲态势，着力推进产业"引进来"。此外，兰考抓住证监会定点帮扶的契机，吸引上市企业、准上市企业在兰考投资，或以"飞地经济"形式，将生产型项目落户兰考，与企业总部形成经济发展共同体。

共享包容切实惠及民生。一是实施"兰商回归"工程，打造"回归经济"，让一部分先富裕的人回乡发展带动乡民，凝聚成一股建设兰考的强大力量，实现发展成果的共享。二是发展村集体经济，实现村级成员共享产业发展成果。三是推进就业的分类施策，充分考虑到每个群体的就业能力。就业方式包括通过"龙头企业＋产业园区＋贫困户"的模式实现就业带贫、通过"公司＋基地＋贫困户"的模式实现苗圃种植带贫、通过"政府＋基地＋贫困户"的模式实现土地流转带贫。按照"按需设岗、一岗一人、动态管理、总量控制"的原则，合理开发保洁员、护林员、管护员等公益性岗位，兜底安置弱劳力、半劳力。建立公益性岗位协同管理制度，完善公益性岗位人员数据库，实现资源共享。

（四）完善产业生态，优化营商环境

构建产业集群，完善产业生态。通过引进一个龙头项目带动一个产业链条，形成一个产业集群、打造一个产业基地，走出一条"龙头企业引领、农民合作社和家庭农场跟进、广大农户参与"的强县富民的兰考之路。一是做强产业园区，以园区带动县域产业发展。二是以"强链、延链、补链"为目标，推动产业链、创新链、供应链、要素链、制度链五链深度融合，实施"链长制"服务，激发"链式效应"。

优化营商环境，提升服务能力。一是出台具体制度规定，规范涉企执法工作。二是简化审批流程，为企业提供便利。三是通过加强与企业家的沟通交流，打造亲商、重商、爱商的营商环境。四是服务企业家，赋能企业家健康发展。

集聚智力资源，夯实人才基础。着力推进人力资本建设，加快人才智力支持政策，夯实引才育人根基，为县域发展提供人才。一是吸引优秀乡土人才创新创业；二是开展"人人持证、技能河南"建设；三是加强乡村两级干部、驻村工作队能力建设；四是建立乡级乡土人才信息库；五是积极推动与高校院所建立战略合作关系，大力发展回归经济，开辟高层次人才引进绿色通道。

（五）聚焦利益联结，激发群众动力。

通过建立完善的主体带贫激励约束机制，建立涉及多个产业的发展奖补政策，推行了多种形式的利益联结方式，"龙头企业+基地+农户"的产业发展模式完善到了新高度，兰考群众的积极性不断激活，产业对群众增收的带动能力也不断提升。

三、把城镇与乡村贯通起来：统筹新型城镇化和乡村全面振兴

（一）城乡融合规划引领

围绕"把城镇和乡村贯通起来"，兰考县坚持走具有地方特色的新型城镇化道路，在统筹考虑县域经济社会发展、国土空间、生态保护、人口发展等多重因素的基础上，高质量编制县域发展规划，从基础设施建设和基本公共服务入手，分类指导、梯次推进乡村建设。

科学做好国土空间规划。兰考县立足"全国知名红色文化名城，中原经济区新兴战略支点，开封地区副中心城市"等战略定位，从国土空间开发保护格局、合理配置各类自然资源、全面开展国土整治与生态保护修复等各个方面出发，高质量开展国土空间规划编制。首先体现了底线思维，就是要以资源环境承载能力评价为基础，在生态、农业、城镇等功能空间布局中，始终坚持国土开发与资源环境承载能力相匹配的原则，做到科学、有序、统筹。其次体现了创新思维。以农村改革创新为动力，以农村集体产权制度改革为抓手，着力打破城乡要素流通障碍，探索推进农村经营性建设用地入市，转为国有建设用地。再次体现了国土空间的整体性和系统性统一。

深入推进新型城镇化。立足于县域人口发展趋势，构建"一主、三副、十集镇、多节点"的县域空间一体化格局，打造"中心城区、副中心、特色集镇、示范村"四级城乡空间结构。在构建以人为核心的新型城镇化发展格局中，把兰考县纳入郑开同城化进程进行统

一规划布局，充分发挥郑州建设国家中心城市和开封对兰考的辐射带动作用，打造"串珠式、网络化、集约型"空间布局。

做好村庄分类规划。按照"城郊融合、集聚提升、特色保护、整治改善、搬迁撤并"的村庄分类原则，把全县463个行政村（社区）分成了5类（其中，城郊融合类77个，集聚提升类124个，特色保护类8个，整治改善类215个，搬迁撤并类19个行政村和54个自然村，其他类20个），实行分类指导、梯次推进村庄建设。统筹谋划污水管网、道路建设、强弱电整治以及人居环境提升；统筹考虑县域产业发展、基础设施建设和公共服务配置，引导人口向乡镇所在地、产业发展集聚区集中，引导公共设施优先向集聚提升类、特色保护类、城郊融合类村庄配套；用全域旅游的理念建设乡村，整体设计发展乡村游，让美丽乡村带来美丽景。坚持编制实用性村庄规划，不规划不施工，确保乡村规划的具体实施合理有序推进。

（二）城乡基础设施一体规划建设

兰考县坚持城乡统筹推进，完善乡村道路、管网、绿化等设施建设，健全运营管护长效机制，提升城乡基础设施，全面改善生产生活条件，为实现城乡融合发展奠定了坚实的基础。

1. 路畅兰考"交通+"模式。

高标准规划建设，推进县域路网升级。 以郑开兰同城一体化发展为规划，将交通融入兰考总体发展规划予以统筹谋划、优先推进。坚持"高标准就是最大的节约"，持续推进"四横六纵"路网升级，打造"半小时通勤圈"，打通断头路和完善路网结构。创新"六个一批"资金筹措机制。

"建养并重、养护为先",健全公路管养。建立管养规范化管理制度及农村公路养护管理考核办法,明确高质量管好、养好农村公路的理念和目标,压实县农村公路部门、各乡镇政府的责任,同时落实严格考核,把管养工作纳入年度各部门绩效考核,并引入奖惩机制,有效调动了工作积极性。按照"总路长+副总路长+县道路长+乡道路长+村级路长+村级专管员"的组织形式在全县农村公路推行路长制,建立覆盖县、乡、村的路长组织体系。

提升路域环境,打造"四好"农村公路。尊重自然规律,融入海绵城市理念,建设龟背形路面,实施全域廊道绿化、水系连通,形成路林沟渠的路域生态圈,织就路林相依、路河相伴、畅洁美安、生态多彩的美丽农村公路网。积极探索"四好农村路"升级版,形成"路河相伴、路林相依"的生态彩链。围绕"交通+"模式,以路既是景,修一条路、造一片景、富一方百姓为理念,有力促进了城乡产业融合发展,有效增强了农村地区发展内生动力,群众获得感、幸福感、满足感不断提升。

2. 水系连通建设水韵县域。

推进水系连通工程,实现县域水域贯通。深入推进水系连通工程,对全县支、斗、毛渠进行综合整治。一方面,加快河道疏通和水系工程建设,充分实现水域贯通,方便农田灌溉;要坚决杜绝农村生活污水乱排问题,确保河水水质;另一方面,通过河道两岸绿化和河内清淤等方面工作,构建自然、稳定、健康的水系连通生态体系,通过水系连通,织就水旁有路、路边有渠、路河相伴的生态景观。

"有水喝"到"喝好水",做好农村供水保障。按照"大水源、大水网、大水务"工作思路,坚持农村供水"规模化、市场化、水源地表化"发展方向,探索建立"合并集中、产权明晰、合理定价、市场运作、政府补贴"五项建管长效机制,持续提高农村供水保障水平。

完善协同治水管水,加强水利管理维护。加强水资源管理,落实计划用水和定额管理制度。推进地下水超采区综合治理试点工作,加快推进城乡供水地下水水源置换。推进农业水价综合改革,提高农民有偿用水意识和节水积极性,加强水资源管理。深化农村水利工程产权制度与管理体制改革,形成政府主导、市场运作、社会参与的工程运行管理体系,提高管理单位和用水户协同治水管水的积极性。积极推广以工代赈方式,吸纳更多脱贫人口和低收入人口就业,加大水利工程管护就业岗位向脱贫人口和低收入人口倾斜力度。

3. 生态宜居打造绿美兰考。

以"加减乘除"为路径,打通城乡绿化。"加"即按照不硬就绿的原则加硬化和绿化;"减"即减路肩,对国、省、县道路及重点乡道两侧路肩整体下沉至略低于地面,以便于常态化道路保洁冲洗;"乘"即乡镇(街道)综合执法队伍乘乡镇(街道)管区干部,组建乡镇(街道)综合管理队伍,形成强大工作合力;"除"即对残垣断壁、危房、违章建筑、河道杂物,进行清挖和拆除,为实现城乡生态宜居奠定了基础。

以"一宅变四园"为目标,提升人居环境。以建设"水清、树绿、干净、有序"人居环境为目标,健全"政府主导、全民参与、分类先行、奖惩推动"兰考模式,采取了农村垃圾整治、生活污水处理、农村厕所"五化管护"等一系列举措。在农村人居环境整治的基础上,以"一宅变四园"为抓手,以农村宅基地改革为契机,通过乡村自建、县财政奖补方式,对村内空心院、空闲地、荒废宅基地进行改造,或是拆除院墙和大门等,大力推进"一宅变四园",实现村内有游园、院中有花园、花园临菜园、菜园挨游园、游园靠果园，既美化村内环境又增加庭院经济，形成了村内"四季绿色可见，三季花香不断，深秋果香四溢，房前屋后不乱"的农村田园风光。

以"三类户"整治为重点，建立奖惩激励机制。为提升"三类户"（低收入户、边缘易致贫户、脱贫不稳定户）户容户貌，增强群众的获得感、幸福感，制定专项整治提升方案，明确提升整治标准，持续推进。

（三）推进城乡基本公共服务均等化

1. 促进义务教育均衡发展。

均衡配置教育资源，缩小城乡教育差距。首先，通过整合教育资源，推进义务教育"两集"发展，即初中学生集中到县城、农村小学生集中到镇（乡）区。实施义务教育"全面改薄"工程和农村寄宿制学校建设攻坚工程，不断缩小县域、城乡、校际间教育发展差距。其次，提高教育服务，促进城乡教育资源均衡发展。大力实施"五项计划"，即文化育人计划、"养成教育"计划、"素质提高"计划、"质量提升"计划和平安校园计划，全面提升教育教学质量。再次，通过加强教师队伍建设，强化师资力量。完成义务教育阶段"县管校聘"改革，完成对全县小学校长的交流轮岗，激发教师的工作活力和内生动力，同时强化骨干教师梯级培养；出台实施绩效工资的规范性文件，保障教师待遇。

开展控辍保学工作，保障义务教育全覆盖。成立"控辍保学"工作领导小组，建立健全控辍保学机制，进一步完善控辍网格体系，努力提高义务教育巩固率，确保零辍学。采取"教体局包乡、中心校包区、校长包村、老师包户"的形式，对部分辍学的学生进行疏导。

针对特殊群体分类施策，确保人人享有教育。大力开展"阳光教育"，通过对四类特殊群体（流动人口子女、农村家庭经济困难学生、农村留守儿童、残疾少年儿童）分类施策，保障人人享受教育的权利。

2. 促进城乡医疗联通。

推进县域医共体建设，整合医疗资源。在县域内建立以县级医院为龙头、乡镇卫生院为枢纽、村卫生室为基础的县乡村一体化管理模式，整合辖区内县级医院、乡镇卫生院、社区卫生服务中心，建设一个独立法人的县域紧密型医共体。通过组建医共体，减少病人县外就医。实现县域65%的患者在基层医疗卫生机构就诊，90%的患者在县域内就诊。

健全实施一站式服务，让群众少跑腿。在加快家庭医生签约服务扩面提质的基础上，实施县域内一站式结算和县域外一站式服务，全面提高人民的健康水平。县域内全面实施一站式结算。推行县域外就诊患者报销一站式服务。

加大政府托底救助政策，做到应保尽保。在推动农村人口基本医保应保尽保的政策基础上，对特殊困难群体在医疗保障政策方面予以倾斜。包括继续实行基本医保和大病保险对农村贫困人口倾斜政策、困难群体大病补充医疗保险、对农村贫困人口实施医疗救助、政府托底救助政策。通过落实医疗保障扶贫政策，进一步提高了参保群众特别是贫困群众的医疗保障水平，切实减轻了医疗费用负担，从根本上缓解了"因病致贫因病返贫"现象发生。

3. 完善城乡养老服务体系。

健全三级养老服务网络，统筹城乡养老资源。为推动城乡养老服务设施建设，创新探索县乡村衔接的三级养老服务网络，即在县级建成智慧养老服务中心，乡级依托敬老院或其他服务用房建成养老服务站，村级围绕乡村振兴示范村建设村级养老服务点，实现养老服务设施覆盖全部社区，逐步推进居住小区和行政村养老服务点建设。

探索社会化的运营模式，实现多元化养老。构建居家社区机构相协调、医养康养相结合的养老服务体系，即以居家养老为依托，在基础设施条件完善的基础上，拓展其日间照料、短期托养、居家养老服务等功能。同时，探索实施多元化的养老模式，鼓励社会资本参与养老服务，重点发展社区养老和农村普惠养老服务，探索敬老院社会化运营模式。此外，兰考县利用互联网、物联网、人工智能等信息技术，完成智慧养老服务平台建设，构建"互联网+养老"服务模式，逐步形成"10分钟养老服务圈"，通过信息化手段进行全面服务跟踪、服务评估、监督管理和资金补助，全面提升养老服务质量。

实施特困人员分类供养，提升服务供给的针对性。对于自理人员，通过政府购买居家养老服务的方式，实施助洁、助浴、助医等居家养老服务；对于半自理人员，以优质的生活条件和服务，吸引更多特困人员到敬老院入住；对于失能人员，在县社会福利园区建成失能特困人员集中托养中心，高标准建成肢体失能和精神智力失能特困人员供养站，有效提高失能特困人员供养水平。

四、把改革与发展结合起来：以县域高质量发展促进乡村振兴

（一）围绕"人"改

兰考县把乡村人力资本开发放在农村改革首要位置，从人事管

理制度改革、专业人才队伍建设、村干部队伍建设、村民内生发展动能建设四个层面出发不断创新乡村人才工作体制机制，吸引更多城市人才到乡村创新创业，充分激发了乡村现有人才活力。

深入推进人事管理制度改革。 以事业单位人事制度改革为抓手，以盘活"编制"、让人员"流动"为手段，发挥编制资源和人力资源的双优势，实现让吃苦的人不吃亏，让有为的人有舞台，增强了下沉人员干事创业的积极性、主动性和创造性。

加强专业人才队伍建设。 营造良好的营商环境吸引优秀企业、企业家到兰考创业，通过基础设施建设、产业补贴等各项政策支持和企业服务官等各项服务帮助企业和优秀人才稳步发展。通过选拔优秀农村实用人才担任村、镇干部吸引乡土人才在兰考扎根，进一步解决了乡土人才如何留下来的问题。通过实施人才强县战略和一揽子专业人才政策，吸引越来越多的中高端专业人才选择筑巢兰考。

加强村干部队伍建设。 真正树立"干与不干不一样、干好与干坏不一样"的村干部工作导向，让村干部工资待遇有保障，职业发展有奔头，切实激发了村干部这一乡村"领头羊"的内生动力，夯实了全面推进乡村振兴的基层组织力量。

加强村民内生发展动能建设。 一是充分利用好农村党员这一重要力量，为乡村无职党员设置产业发展带动岗、生产技术指导岗、环境卫生监督岗、乡风文明引导岗等为人民服务的工作平台，不断激发党员到群众中去，服务群众，引导群众的工作热情。二是通过技术培训增强乡村现有劳动力的农业技术能力，打造一支讲政治、懂经济、善管理、会技术、能引领的高素质农村专业人才队伍。三是兰考持续开展"文明户"评选、干劲比拼，结合积分兑换、荣誉表彰，形成了"比着干"的发展氛围。

（二）围绕"地"改

稳慎推进农村宅基地改革，解决土地从哪里来问题。随着农村人口的城市迁移，一些乡村出现了大量的"空心院"等处于"沉睡"状态的土地资源。"沉睡"的土地资源是激活乡村发展动力的关键资本，用足用活用好"沉睡"土地资源将为乡村持续发展带来强大活力。兰考县全面推广"一宅变四园"的宅基地改革创新实践。围绕"庭院美"和"集体富"，针对一户多宅、空心院以及宅基地超过半亩标准的农家院进行改造，鼓励农户拆掉高大的院墙改为低矮围墙和木栅门，由政府出资为农户改造为花园、果园、菜园和游园，实现庭前栽花，院后种树，林中有院。利用盘活的土地修建村庄养老服务中心等公共服务设施，不仅提升了村庄的美化，而且统筹协调好了农户利益和村庄长远发展之间的关系。通过宅基地改革腾退出大量的沉睡土地资源，缓和了乡村"无地可用"的结构性困境，充分均衡了稳定和发展之间的辩证关系。

稳步推进农村承包地改革，将小农户引入现代农业。一是发展土地流转、土地托管、土地入股等多种经营形式，发展规模种植。二是优选种源，为农业发展搞好"芯片"。通过与高校合作，从种源入手，深入推进产学研用，全面提升粮食种植的质量和产量。三是通过技术服务体系，为新型经营主体、小农户提供技术支持。在落实最严格的耕地保护制度的同时，搭建起农业技术服务体系，推进优质种质资源保护利用，解决了谁来种地、怎么种地的问题。

推进以发展壮大村集体经济的集体经营建设用地改革深化。从农村集体产权制度改革入手，通过赋权赋能农村集体经济组织，壮大村集体资产，夯实村党组织的群众凝聚力和号召力，为巩固脱贫成果、乡村公共服务发展、共同富裕提供保障。一是在高标准农田建设中少部分土地流转金归村集体所有，一般耕地建设成高标准农田中溢出的土地用于村集体经济发展，村集体对开展土地规模流转的新型农业经营主体收取一定的服务管理费用，增加集体收入。二是根据土地确权情况，盘活三类资源：通过土地整治，将路边、河边等空闲地、荒地和坑塘等资源交由村集体经营管理；村集体通过发包租赁、入股联营等方式将闲置的办公用房、校舍、土地等集体资产盘活；通过法律协商等途径重新盘活违法占用的集体资产。三是村集体为农户提供有偿技术服务或村集体牵头兴办各类经营性项目，壮大集体资产。如结合农业产业结构调整，村集体组织组建生产、加工和流通等环节的服务组织，为群众提供土地流转、科技培训、产品销售等产前、产中和产后有偿服务，获得集体收入。

（三）围绕"钱"改

统筹使用涉农资金。牢牢把握产业是拉动乡村振兴的动力引擎这一关键点，统筹整合涉农资金，按照"多个渠道进水、一个池子蓄水、一个龙头放水"以及"因需而整""因整尽整"的原则将其主要用于巩固、提升脱贫攻坚和推进乡村全面振兴。依托县金融机构，由县财政每年拿出400万元撬动银行贷款，按照"项目资金支持＋村集体贷款＋政府贴息＋村干部入股"模式解决产业发展资金问题，重点支持扶持项目空白村发展集体经济，实现村扶持项目资金全覆盖，解决村集体经济"无米而炊"的现实困境，真正用"小资金"撬动乡村的"大发展"。制定严格的资金使用操作程序，保障涉农资金有效利用，规范脱贫攻坚扶贫项目资金管理，防止扶贫资产闲置浪费。

创新普惠金融模式。一是构建线上综合服务平台,搭建普惠金融县乡村三级管理服务体系,打造集产品推介、生活缴费、普惠授信等功能为一体的线上金融超市,促进农村金融服务由"单一"到"多元",由"封闭"向"开放"转变。二是将普惠金融融入政府公共服务,构建"基层党建+普惠金融"服务平台,在乡镇、行政村设立金融服务站,招募协管员开展日常工作。三是逐步搭建普惠授信体系。将信贷前置,变"信用+信贷"为"信贷+信用",只要农户符合"两无一有"(无违法犯罪记录和不良嗜好、无不良信用记录、有产业发展意愿)即可获得"额度3-8万元""年利率不高于6.75%""一次授信,三年有效、随借随还、周转使用"的普惠授信贷款。

积极稳慎推进国资国企改革。兰考县深化投融资体制改革,有效撬动了国有资产,走出了一条国有经济助力乡村振兴的实践路径。国有企业一是加大基金投入,把国有土地装进国有公司,扩大举债空间;二是平台公司利用市场化手段进行政策性融资,与国开行、农发行合作,推动美丽乡村建设;三是依托国有公司促进产业项目落地,优先把基础配套做好,筑巢引凤承接招商;四是有效对接国家重大政策走向机遇。通过国有平台,兰考县统筹推进县域城乡发展、城乡建设,解决了养老、医疗、居住、教育等多方面与老百姓生活息息相关的大事,切实增加了人民的获得感、满足感和幸福感。通过国资国企改革,城投、兴工、农投三家国有独资企业不断加大乡村振兴领域资本投入,参与乡村基础设施建设、农村人居环境整治、农业产业化提升等民生工程,充分发挥了国有企业在乡村振兴工作中的示范带头作用,推动产业开发和乡村振兴工作融合发展。

(四)围绕"事"改

以大数据为依托,让惠民政策落地生根。一是定制开发兰速办小程序,研发上线健康宝、疫情监管、疫情协查3大功能10类模块应用,成为全省第一个实现人员行为追溯的区县。二是率先创新推出169项"刷脸办"事项,对接全县50个部门全县8部门9大类数据归集,实现兰速办、政务一体机"种粮直补、低保查询"等六大功能的自助查询,让惠民政策落地生根。

深化"放管服"改革,实现"一件事一次办"。将审批事项进行整合,依托数据共享交换平台,对申报材料、填报内容等信息,实现材料复用、数据共享,实施全员一线服务工作法,推进线上"企业开办+N项服务",建立部门联动机制,逐步实现"一件事一次办"集成服务,争创全省优化营商环境示范县。

以市场主体需求为导向,开展"店小二"服务。积极推行"一门、一窗、一站、一网、一条龙"一对一服务模式;实行即来即办;开通县领导现场解决企业困难专用通道,为企业提供高质量、一站式服务;将政务服务前移至市场主体。

五、坚持党对县域内城乡融合发展的全面领导

(一)完善党建引领制度体系

坚持思想引领。一是坚持思想引领认识。坚持通过深入学习习近平新时代中国特色社会主义思想,在读原著、悟原理中,搞懂弄通乡村振兴战略的科学内涵,把握县域乡村振兴的原理和方法。通过县委班子带头学,全县干部一起学,兰考县深刻更加深刻领悟到习近平总书记关于县域治理"三起来"的重要论述,对于乡村振兴具有根本性指导意义,为解决好县域乡村振兴"抓什么、怎么抓"

的问题提供了科学指引。二是坚持思想引领实践。首先，在谋划县域发展思路方面，要将新发展理念切实落实落地，通过主动融入国家重大发展战略、通过扩大开发为县域可持续发展寻找机遇；坚持城乡融合发展的路径和方法，促进城乡共同繁荣；坚持以不断满足人民对美好生活的向往为工作的出发点和落脚点，坚持以人民为中心，不断提升发展的包容性，逐渐探索和形成共同富裕的条件和机制。其次，按照"三起来"的路径和方法，全面深化县域改革，建立健全县域城乡融合发展体制机制和政策体系，统筹推进县域经济发展与乡村振兴、县域新型城镇化与乡村振兴，打造城乡发展共同体，实现城乡互促、互补、共同繁荣。再次，通过规划机制、激励机制、督查问责机制等将习近平新时代中国特色社会主义思想在县域发展实践中落实落地。

加强组织保障。实践表明，兰考在打赢脱贫攻坚战中积累了丰富的坚持党建引领、提供组织保障方面的经验。在乡村振兴推进过程中，需要坚持和发扬，特别是要注意把党组织的政治优势、组织优势和领导优势，转化为发展优势、内生动力，带领广大干部群众积极投身乡村振兴建设，充分发挥基层党组织战斗堡垒作用。

建强干部队伍。一是建强驻村帮扶干部队伍。从机关企事业单位选派科级干部和优秀党员干部组成驻村工作队，实现驻村帮扶全覆盖；鼓励引导退出领导岗位的科技干部下乡担任村（社区）第一书记；聚焦帮扶能力提升开展"靶向培训"，帮助驻村干部发现、解决问题，理清发展思路，有效提升乡村干部工作和治理能力。二是激发村党支部书记内生动力。通过打破村党支部书记入口、待遇、晋升三个"天花板"，激励其担当作为、拼搏创新、全身心投入推进乡村全面振兴工作。

完善体制机制。 坚持"党委政府同负责、四大班子齐上阵"的工作机制，坚持以乡村振兴统揽经济社会发展全局；把乡村振兴作为相关行业部门、各乡镇的首要任务来部署和推进；实施县乡村三级书记一起抓乡村振兴工作机制，抓手更具体、体制更完善；强化驻村帮扶机制，持续做好第一书记和驻村工作队选派，健全"支部联支部、干部联到户"1联2驻村帮扶工作机制（脱贫村选派一个工作队，同时联帮2个行政村），实现全县所有行政村全覆盖；深入贯彻落实《中国共产党农村工作条例》，切实配强基层党委班子，建章立制规范基层权力运行，在提升村干部经济待遇、拓展成长空间、建立荣誉体系等方面的同时，着力增强村级组织、村干部发动和带领村民推进乡村振兴的能力。

监督执纪问责。 构筑了双重督查问责机制。与派出单位和乡镇（街道）年度目标管理考核挂钩。

加强作风建设。 把"亲民爱民"作为根本：将为群众谋幸福作为一切工作的出发点和落脚点。把"以上率下"作为规矩：坚持四大班子齐上阵，领导干部以身作则、带头示范，形成"领导领着干、干部抢着干、群众比着干"的浓厚氛围。把"拼搏创新"作为动力：聚焦影响县域治理的突出矛盾、聚焦影响高质量的突出障碍、聚焦人民群众反映强烈的突出问题，发扬脱贫攻坚精神，进一步解放思想、大胆创新，激发发展动力，厚植发展优势。

（二）党建引领建设人民满意政府

加强党风廉政建设。 第一，实施"拆墙连心"工程。以建立亲民爱民型政府为导向，推动党委政府全部拆除围墙大门，县委、县政府率先行动，带动公检法等县直各部门积极跟进。围墙大门的拆除既方便了群众办事，也把各个单位里的绿化、车位等场地让位于群众，成为大家共享的资源，拉近了干群距离，增进了干群关系，也走进了群众心里。第二，打造廉政文化广场。将清廉思想、清廉制度、清廉文化等要素一体培育、一体建设，打造独具特色的廉政文化广场，将廉洁文化元素与广场的美化、绿化、亮化建设结合起来，让廉政文化广场成为兰考县倡导廉洁文化新风尚的"活课堂"，让党员群众在潜移默化中接受廉洁文化洗礼，在耳濡目染中崇廉尚贤。第三，多措并举提升党史学习教育。多措并举，深化运用"平时抓紧自学、以会代训领学、进高校党校讲课、沉到基层宣讲、在交流中互学"的"五位一体"模式，及时跟进学习习近平总书记最新重要讲话和重要指示批示精神；积极创新打造移动"指尖加油站"，使党史学习更便捷；结合兰考实际，深入挖掘红色资源，并借助"红色文艺轻骑兵"、新时代文明实践中心（所、站），开展"党史故事演绎"活动，推动焦裕禄精神入基层；制作思维导图"兰考党史"，发挥"空中课堂"乡村大喇叭作用，利用喜马拉雅电台录播"声"动学党史系列节目，确保党史学习教育"声"入人心，焦裕禄精神沁润人心，为广大党员、干部和人民群众提供思想引领与精神滋养。

提升便民服务水平。一是整合群工部、司法局、公安局、法院、国土局等部门资源，探索建立县乡村三级社情民意服务平台，实行县级干部社情民意服务中心全日坐班服务制度，让群众话有处说、理有处讲、事有处办；二是建成以县行政服务中心为龙头、乡镇（街道）为主体、村为补充的三级便民服务体系，用便民的硬件条件和暖人的物理空间筑牢服务基层阵地。优化提升三级便民服务体系，推动政务服务"一张网"向基层延伸，以"标准化"理念"零距离"

服务党员群众，实现基层政务服务全方位、无死角覆盖。在政务服务大厅新增设"办不成事"窗口，提升为基层办实事、解难事的工作能力。

创新网格化服务管理。一是建立"一中心四平台"网格化治理体系，将党建、综治、信访、卫健、市场、应急、宗教等部门资源整合为一个"一中心四平台"基层社会治理网格；二是推行"一网服务、一员多能、一线治理"的"三个一"网格服务管理模式，依托村（社区）党群服务中心设立基层社会治理网格服务工作站，优化网格队伍力量，统一整合政法、公安、计生、市场监管、宗教等部门条线协辅人员组成全科网格员。三是依托"全科网格"和"全要素网格"构建，形成立体化网格体系，提供"组团式服务"，形成"党建引领、网格为基、技术支撑、资源下沉、双向报到"的"互联网＋社会治理"的县域社会治理"兰考模式"，将服务管理延伸至治理网络末梢，实现了服务群众"零距离"、社会治理"零阻碍"。

加强服务型法治政府建设。推进依法行政和服务型行政执法建设：把推进服务型行政执法建设作为行政执法体制改革重点，创新思路，深化"放管服"改革，推行政务服务"一件事一次办"改革，不断扩充"一件事一次办"事项目录清单，建设融线下政务服务大厅、线上大数据中心和网上政务服务平台"三位一体"改革体系，构建管理、执法、服务三位一体的服务型行政执法模式，将政务服务落得更实、更细，营商环境进一步优化。完善社会矛盾纠纷多元预防调处化解机制：依托县乡村三级综治中心设立云上调解室，实现群众与调解专家的"面对面交流"，将群众矛盾解决在基层、化解在萌芽。推进县综治中心、县社情民意中心、县人民法院诉讼服务中心、便民服务中心、公共法律服务中心、基层社会治理服务保障中心连廊式贯通、一体化运作，打造集分析研判、矛盾化解、法律服务等功能和服务于一体的县级综治平台，推动"人民调解、行政调解、司法调解"三调联动，群众有事找政府，实现"大事不出县、小事不出村"，最终实现"零上访、零事故、零案件"，全面提升基层矛盾纠纷化解能力。构建特殊人群服务管理综合体系：建设县综治关爱服务中心，将县政法委、县公安局、司法信访局等部门职责进行统一整合，集中办公、实体运作，并结合坐班式会诊机制、多方联动机制、定向精准关爱机制，实现对重点特殊人群在管理中体现服务，在服务中实施管理。

（三）党建引领基层治理体系现代化

筑牢基层党组织战斗堡垒。坚持基层党组织阵地建设与人才队伍建设"一起抓""一体抓"。第一，聚焦党建阵地建设，筑牢组织堡垒。按照"七项"标准（健全便民服务网络、拆除围墙大门、统一场所标识、建设广场游园、实施绿化亮化、配齐文体器材、设置诊所超市），持续推进村级党群服务中心规范化建设提升行动。优化村级党群服务中心功能布局，构建党员活动室（新时代文明实践站）、社情民意服务站（综治中心、民兵连）、便民服务厅（普惠金融服务站）三大功能板块，村级党组织的凝聚力、战斗力、号召力不断增强，成为宣传党的主张、贯彻党的决定、领导基层治理、团结动员群众、引领乡村振兴的鲜明阵地和坚强堡垒。第二，灵活选人育人，建强基层党员队伍。以村委换届为契机，从育优"头雁"和选优配强驻村力量入手，结合乡村振兴重点，优化"四面红旗"村评选机制，开展"星级书记"评选，从经济待遇、成长空间、政治待遇诸方面完善干部激励机制，激发村干部担当作为、干事创业内生动力，为党领导乡村治理提供重要的人才队伍保障。

提升乡镇服务能力。 一是扩大乡镇政府服务管理权限。扩大乡镇政府服务管理权限成为加强乡镇政府服务能力建设的关键，通过实施"减县强乡"改革，将编制、管理、考核等资源和权限下沉乡镇。深入推进城乡综合执法体制改革，通过整合域内现有站所和下沉或派驻的执法力量资源充实到乡镇，通过推进权限下放、人员下沉、重心下移，提升乡镇政府服务管理权限和服务能力。二是优化乡镇公共服务资源配置。千方百计促进就业、完善县域收入分配机制，探索通过土地、资本等要素的使用权、收益权着力提高农村低收入人群的收入，推进城乡医共体、教共体建设，推动优质的教育、暖心的养老、完善的医疗、健全的保障等一系列民心工程逐步惠及乡镇、农村，不断提升城乡公共服务设施、公共服务供给均等化程度。

推动乡村"三治融合"。 "乡村振兴不能只盯着经济发展，还必须强化农村基层党组织建设，重视农民思想道德教育，重视法治建设，健全乡村治理体系，深化村民自治实践，有效发挥村规民约、家教家风作用，培育文明乡风、良好家风、淳朴民风。"[①] 一是完善自治制度，提升自治能力。深入开展基层民主协商和"四议两公开"有效衔接，形成民事民议、民事民办、民事民管的多层次基层协商格局，把基层民主自治真正落到实处。优化政协协商，建立"有事好商量"协商议事室，组建"党建＋有事好商量"协商议事会，以党支部书记、县政协委员为召集人，村务监督委员会、村"两委"干部、"四新力量"、党员群众代表为成员的协商主体，实现众人

---

① 《习近平看望参加政协会议的农业界社会福利和社会保障界委员》，中国政府网2022年3月6日。

之事众人商量，形成上下衔接、左右联动，共商产业发展、共抓人居环境整治、共育文明乡风、共同服务群众、共建美好家园的生动局面；优化"有事好商量"协商议事，把协商建在群众门口、建在田间地头、建在项目现场、建在产业链上，催化基层协商与基层治理的深度融合，提升基层自治能力，实现村民自我管理、自我教育、自我服务，助力构建共建共治共享的基层社会治理新格局。二是强化法治基础，提升"法"治水平。以"平安建设"工作为重要抓手，深化"一村一警一法律顾问一调解员一民兵连一天眼"建设，构筑"人防物防技防心防"四道防线，以"情指行一体化"为牵引，以村格警务、街面巡防、智慧村居为重点，全面构建立体化、智能化社会治安防控体系，为推进群防群治、预防打击犯罪和服务保障民生提供了有力基础支撑。推进"法律明白人"和"法治带头人"实现村社全覆盖，以创建"民主法治示范村"为载体，开展"法律下乡"活动，推进文化广场建设，开展主题法治宣传活动，培养群众法律意识，有效预防和减少矛盾纠纷，推动法律服务和法治宣传向乡村延伸。三是涵养文明乡风，激发"德"治活力。不断加大移风易俗力度，切实将村规民约工作作为加强农村基层治理的重要内容，建立红白理事会，指导村（社区）修改完善村规民约，倡导新时代文明新风。三治融合则是办好乡村实务的有效方法，建强村级组织、规范村级权力运转，在党的全面领导下，丰富自治形式、筑牢法治意识、弘扬德治力量，乡村就能够更加有序、和谐，而治理也是生产力，村庄治理方面的改善，会给村庄发展、村民生活条件改善带来更多机遇。

（参考了中国乡村振兴发展中心委托华中师范大学吕方教授团队完成的案例研究成果）

第七章　凝聚合力："多轮驱动"

乡村振兴是国家长期战略，涉及社会方方面面，不是阶段性、局部性、地区性的战略。乡村振兴实质是乡村全面振兴，是乡村产业、人才、生态、文化、组织等系统工程，是乡村机体和功能的整体性变革，而不仅仅是某一领域某一方面的改进和振兴。这一方面决定了推进乡村全面振兴必须坚持推进新型城镇化和乡村全面振兴有机结合，把农业农村现代化同新型工业化、城镇化、信息化进程协调谋划、一体推进、同步建设、融合发展；另一方面，必须形成"动轮驱动"凝聚推进乡村全面振兴合力，就是：强化科技创新提升振兴驱动力、强化改革驱动激发振兴活力、强化帮扶凝聚振兴合力、强化农民增收举措激发内生动力、强化示范创建提升振兴典型引领力。

一、强化科技创新提升乡村振兴驱动力

中央明确 2024 年"三农"工作聚焦"两确保、三提升、两强化"，底线是粮食安全和防止规模返贫，重点是乡村产业、建设和治理水平提升，农民有实实在在的获得感，而科技与改革双轮驱动则是方法路径。其中，科技进步和创新是农业强国建设的重要支撑，是推进乡村全面振兴、加快农业农村现代化的关键。

科技创新有力保障实现"两个确保"。 在确保国家粮食安全方面，科

技创新加快推进种业振兴，推动实施藏粮于地、藏粮于技战略，建设良种化、机械化、信息化的高标准农田，强化农业机械装备支撑，集成推广良田良种良机良法，大面积提升单产水平。科技创新促进设施生产、食品加工等领域开发应用多元技术，多途径开发食物来源，提升资源利用效率，构建多元化食物供给体系。科技创新立足大国小农的基本国情农情，加强基层农技推广体系条件建设，强化公益性服务功能，推动小农户和现代农业有机衔接。科技创新促进农业保险技术体系开发，提升网络化承保理赔技术水平，提升农业防灾减灾能力。在确保不发生规模性返贫方面，科技进步和创新，首先，助力完善"线上＋线下"结合的防返贫监测帮扶体系，加强动态监测，完善跨部门信息整合共享机制。其次，助力加快补上帮扶产业品种、技术、设施装备等短板，推动帮扶产业提质增效、可持续发展，带动低收入人口就业增收。再次，充分发挥科技特派员、科技推广员、科技志愿者、产业发展指导员等作用，推广组团式科技帮扶模式；通过完善科技小院、教授工作站等农业技术合作推广模式，建立校地、院地助力乡村振兴的常态化帮扶机制，持续增强欠发达地区内生发展动力。

科技创新有力支撑"三个提升"。首先，促进提升乡村产业发展水平。意味着要着眼于未来农业科技制高点，聚焦生物育种、农机制造、耕地质量提升、智慧农业、农业绿色投入品等关键领域，强化农业关键核心技术攻关，增强农业核心技术掌控力。通过推进科技与产业深度融合，积极培育现代种业、生物制造、新型食品、智能装备等农业领域战略性新兴产业和未来产业，加快形成农业农村新质生产力。围绕区域主导产业的种养、加工、流通、销售等多环节，建立产学研合作平台，加强产业共性关键技术研发与集成应用，解决全产业链的技术难题。引导社会资本和新兴企业参与乡村产业科技创新，提高乡村产业机械化、设施化、数字化水平，支撑乡村产业高质量发展。其次，促进提升乡村建设水平。将5G、物联网、大数据平台等设施列入农业农村优先发展领域，推动乡村地区交通水利、信息网络、智能电网、冷链物流等数字基础设施建设，加快信息技术在乡村的覆盖和渗透。构建乡村生态环境科技创新支撑体系,创新乡村绿色低碳发展模式,探索科技促进生态资源价值转化的体制机制,助力乡村地区可持续发展。再次,促进提升乡村治理水平。运用互联网、移动通信、智能终端等现代科技手段,提高农村基层治理能力和治理效能。构建党建信息化综合平台,推动基层党组织上"云"。加快构建数字化公共服务平台,构建农村治理有效新模式。

科技创新有力催生新业态新产业。一是以互联网、大数据、人工智能和新材料、新生物技术等现代科技赋能,加大新技术与农村一二三产业的渗透与融合力度,催生新场景、新模式、新产业、新业态。对传统农业进行数字化、绿色化改造,提高农业全要素生产率。加快农产品加工业提档升级,推动建设线上线下相结合的数字供应链体系,健全农产品溯源体系、冷链流通体系和市场大数据平台,提升农业产业链供应链现代化水平。二是利用现代科技拓展农业和乡村的生态、文化等多元功能价值,对乡村特色文化、民间技艺、历史遗迹、田园风光、特色景观等进行资源整合和品牌开发,发展乡村景观设计、自然资源管理、乡村文化创意、乡村康养服务等新业态。三是通过持续完善农业科技社会化服务体系,培育农业科技创新主体和新型科技服务主体,壮大专业化社会化科技服务组织,激发乡村要素潜能和创新活力。

科技创新有力驱动系统集成促进城乡融合发展。一是科技创新促进要素在城乡自由流动、平等交换。深化农业科技人才体制机制改革,构建农业科技人才队伍体系,加快双创平台载体建设,加强基层科技组织建设,创新数字普惠金融服务,强化城乡融合发展的科技赋能。二是统筹抓好现代农业产业园、农业科技园区、农业产业强镇等各类科技创新平台载体建设,促进科技示范基地、示范村镇和科技项目的联动融合发展。培养一批乡村科技人才,推动县域经济社会整体提升。三是以教育、医疗、养老、社保服务等民生保障领域为重点,发挥数字技术作用,推进线上线下深度融合发展,助力教育、医疗、养老等领域的联合体、共同体建设,提升公共服务供给能力，提高城乡基本公共服务均等化水平。

科技创新有力促进乡村振兴新质生产力加快形成。首先，科技创新推动乡村发展数智化。融合以生物技术、信息技术、智能装备为代表的现代农业三大生产力要素，推动互联网、物联网、区块链、人工智能技术深度渗透传统育种、种养、加工、储存、流通等环节，发展智慧农业。重视农业高端传感器、农业大数据智能、高端农业智能装备智慧农场的发展，催生数字育种、全天候智能温棚、智能畜牧养殖、智慧海洋牧场、遥控飞播飞防、北斗导航无人耕种、农业直播等新技术、新模式、新业态。其次，科技创新推动乡村发展绿色化。发展农业绿色低碳循环科技，农林牧副渔、山水林田湖草沙一体化保护、系统化布局，积极应对气候变化，改善生态环境。全方位多途径开发食物资源，促进农业生态价值和生态产品的价值转化，减轻耕地在传统粮食生产中的生态压力。再次，科技创新推动乡村发展机械化和设施化。应用机器人、物联网、自动化装备等新型劳动工具，实现智能机器人与高素质劳动力协调发展与优势互补。推动跨区农机社会化服务的数字信息平台建设，提升农机社会化服务水平。最后，科技创新推动人工智能技术在乡村振兴各个领域越来越广泛应用。如农业种植的大棚智能化管理、智能灌溉系统，养殖的智能化养殖、智能饲料投放，乡村旅游的路线智能化推荐、智能导游服务，农产品质量追溯、鉴别真伪，乡村教育辅助中的在线教育资源、智能教学辅助、语言翻译与文化传播、教育质量评估等。科技创新大力推进人工智能技术下乡，应用到乡村振兴的各个方面，特别是进行数字乡村建设，形成乡村振兴新质生产力，将能以更快的速度建设新时代文明乡村、和美乡村。

二、强化改革驱动激发振兴活力

党的十八大以来，以习近平同志为核心的党中央高度重视"三农"工作，高度重视深化农村改革。党中央先后出台《深化农村改革综合性实施方案》等二十多个文件，近七年的每年中央一号文件对深化农村改革作出安排部署，"新一轮农村改革'四梁八柱'的政策和制度框架基本建立。承包地确权登记颁证工作顺利完成，'三权'分置体系初步确立，第二轮土地承包到期后再延长30年，农民群众吃了'定心丸'。城乡融合发展的体制机制和政策体系不断健全，新型工农城乡关系加快形成"①。改革是乡村振兴的重要法宝。2024年中央一号文件指出，做好2024年及今后一个时期"三农"工作，必须强化科技和改革双轮驱动。以进一步全面深化改革推进乡村全面振兴，已成为新征程上国家深化改革的重要议题。

习近平总书记关于"三农"工作、深化农村改革的重要论述，为进一步全面深化农村改革推进乡村全面振兴提供了根本遵循和行动纲领。党的十九大提出实施乡村振兴战略以来，中央连续印发了七个中央一号文件进行部署。每个文件始终坚持以习近平总书记关于"三农"工作重要论述为指引，坚持以人民为中心，坚持从实际出发、与时俱进，坚持大历史观，坚持科学的方法论，都对深化农村改革工作进行了安排部署，在政策上建立健全了全面深化农村改革推进乡村振兴的路径体系。既从顶层设计上明确了基本原则，又对具体实践提出了行动指引。

以进一步全面深化改革推进乡村全面振兴，总的要求是坚持以习近平新时代中国特色社会主义思想为指导，深入学习贯彻习近平总书记关于"三农"工作的重要论述，在坚持底线前提下，鼓励各地实践探索和制度创新，强化改革举措集成增效，激发乡村振兴动力活力。

第一，深化农村土地制度改革。 党的十八大以来，按照党中央国务院要求，各地各部门围绕改革完善农村土地制度进行了改革探索，积累了经验。土地征收制度改革试点扎实推进，集体经营性建设用地入市积极稳妥推进，农村宅基地改革稳慎推进。进一步深化农村改革推进乡村全面振兴，

---

① 《做好新发展阶段"三农"工作的行动纲领》，《求是》2022年第7期。

核心是赋予农民群众更加充分的财产权益：一是要完善承包地"三权"分置制度。坚持集体所有权、稳定农户承包权、放活土地经营权，巩固和完善农村基本经营制度；扎实稳妥做好第二轮土地承包到期后再延长30年试点工作；引导农村土地规范有序流转，健全土地流转价格形成机制，探索防止流转费用不合理上涨有效办法；探索完善进城落户农民依法自愿有偿退出土地承包经营权的配套措施。二是要稳慎推进农村宅基地制度改革。持续推进宅基地权利分置和权能完善，推动建立多元化的农民户有所居保障机制，加强基层宅基地管理服务能力建设，完善闲置农房和闲置宅基地盘活利用政策，建设全国统一的农村宅基地管理信息平台，推动出台宅基地管理办法。三是要完善农村集体经营性建设用地入市制度。推进农村集体经营性建设用地与国有建设用地同等入市、同权同价，探索健全集体经营性建设用地使用权抵押融资相关制度，探索建立兼顾国家、集体和农民利益的土地增值收益调节机制。

第二，深化农村集体产权制度改革。 农村集体产权制度改革是管长远、管根本、管全局的重大制度安排，是具有"四梁八柱"性质的改革。这项改革的目标是要逐步构建权属清晰、权能完整、流转顺畅、保护严格的中国特色社会主义农村集体产权制度，包括发展新型农村集体经济，建立符合市场经济要求的农村集体经济运行新机制，形成有效维护农村集体经济组织成员权利的治理体系。深化农村集体产权制度改革需要把握好坚持正确改革方向、坚守法律政策底线、尊重农民群众意愿三项原则，重点改革任务包括：全面开展农村集体资产清产核资、全面确认农村集体经济组织成员身份、赋予农民集体资产股份权能、探索农村集体资源资产权利分置和权能完善的实现形式、严格控制农村集体经营风险、稳健发展新型农村集体经济。进一步深化农村集体产权制度改革，推进乡村全面振兴，一是要完善农村集体经济组织法人治理机制。加快构建产权关系明晰、治理架构科学、经营方式稳健、收益分配合理的农村集体经济组织运行机制。二是要强化农村集体资产监督管理。建立集体资产全链条全过程监督管理体系,健全农村集体资产监管长效机制,发挥全国农村集体资产监督管理平台作用,持续推动集体资产监督管理制度化、规范化、信息化。三是要探索新型集体经济形式。因地制宜探索资源发包、物业出租、居间服务、资产参股等多样化途径,严控农村集体经营风险,促进农村集体经济稳健发展。

第三,深化农业经营体制改革。 农村基本经营制度是中国共产党各项农村政策的基石,是乡村振兴的制度基础。当前农村基本经营制度改革的重点就是深化农业经营体制改革、构建现代农业经营体系,就是优化新型农业经营主体与小农户的联结模式,通过生产性、交易性、规制性制度安排,发挥有效市场和有为政府的作用,构建以农户家庭经营为基础、合作与联合为纽带、社会化服务为支撑的立体式、复合型现代农业经营体系。加快以家庭农场和农民合作社为重点培育多元化的新型农业经营主体,培育发展知识型、技能型、创新型的农业劳动者。支持有条件的小农户成长为规模适度家庭农场,支持家庭农场组建农民合作社,合作社根据需要办企业,着力提升家庭农场和农民合作社生产经营水平,增强服务带动小农户能力。推动农业社会化服务改革,建设农业社会化服务平台,加强标准体系建设,拓展服务领域和创新服务模式,大力发展以托管为主要形式的农业社会化服务,支持发展单环节、多环节、全程式托管服务,提升农机设备、农业科技服务小农户的能力。构建乡村组织+大学科研机构+社会服务组织联合实施机制,推广科技小院模式,鼓励科研院所、高校专家服务农业农村。发挥农村集体经济组织功能作用,因地制宜发挥村级集体经济组织资源统筹、组织协调、居间服务的优势,支持农村集体经济组织提供生产、劳务等居间服务。

第四,完善农业支持保护制度。 健全农业支持保护制度是深化农村改革的迫切任务和重要内容,是现代化国家农业政策的核心。完善农业支持保护制度,防范农业系统性风险,加强现代农业产业体系、生产体系、经营体系的安全,成为推进乡村全面振兴、推动农业现代化过程中的重要手段及路径选择。要完善价格、补贴、保险"三位一体"政策体系。完善最低收购价制度、耕地地力保护和生产者补贴政策、农资保供稳价应对机制，扩大完全成本保险和种植收入保险政策实施范围，鼓励发展特色农产品保险，推进农业保险精准投保理赔，完善巨灾保险制度。加大产粮大县支持力度，探索建立粮食产销区省级横向利益补偿机制。建立健全农村集体资产管理制度，探索建立以集体经济组织成员权为基础，统筹管理农民财产权利的有效机制，强化集体资产监督管理，完善农村集体经济发展扶持政策，探索推动农村集体经济组织、各类经营主体抱团发展、合作共赢的有效组织形式和引领农民实现共同富裕的利益联结机制。完善乡村振兴多元化投入机制，创新农业投资管理机制，逐步形成覆盖农业投资管理全过程的制度体系；落实土地出让收入支农政策，用好地方政府专项债券等政策工具；改进、加强乡村振兴的金融支持和服务，因地制宜探索"金融＋大数据"发展模式，以金融科技创新赋能乡村振兴；以企业为依托，植入产业化基金、农投、农担等财政资金，注入知识产权投资和社会资金，构建财政资金、企业研发投入、风险资本、私募基金、资本市场等多层级、多元化资金支持体系。创造良好的农产品国际贸易环境，建立健全我国农业贸易政策体系，构建农业对外开放新格局。

第五，建立健全以县域为切入点的城乡融合发展体制机制。统筹新型城镇化和乡村全面振兴，把县域作为重要切入点和突破口，逐步实现基础设施和公共服务县乡村统筹布局、一体化推进。推进城乡学校共同体、紧密型县域医共体建设。

三、强化帮扶措施凝聚振兴合力

东西部扶贫协作、中央单位定点扶贫、民营企业"万企帮万村"、驻村扶贫为打赢脱贫攻坚战作出重要贡献。中央要求，推进乡村全面振兴要坚持和完善驻村第一书记和工作队、东西部协作、对口支援、社会帮扶等制度，并根据形势和任务变化，在脱贫攻坚过渡期，巩固拓展脱贫攻坚成果、全面推进乡村振兴不同时期要求，完善创新东西部协作、定点帮扶、"万企兴万村"、驻村帮扶制度政策，凝聚成为振兴的强大合力。走好中国式现代化下的乡村振兴道路，必须完善创新东西部协作、定点帮扶、"万企兴万村"、驻村帮扶制度政策，凝聚振兴更大合力。

（一）强化东西部协作

"东西部协作"作为推进乡村振兴一项重要制度安排，是从"东西部扶贫协作"演进而来。脱贫攻坚全面胜利后，我国"三农"工作重心历史性转向全面推进乡村振兴，以扶贫脱贫为主要目的"东西部扶贫协作"转向以振兴乡村、缩小东西部发展差距为主要目标的"东西部协作"。本质上，"东西部扶贫协作""东西部协作"都是根据邓小平同志的共同富裕和"两个大局"战略思想，为加快西部贫困地区扶贫开发进程，缩小东西部差距、促进区域经济协调发展、全面推进乡村振兴做出的重大部署，是推进我国扶贫开发事业、打赢脱贫攻坚战、实施乡村振兴战略的一项重要制度安排。

新征程赋予了东西部协作的新内涵。在习近平总书记关于东西部扶贫协作、东西部协作重要论述的指引下，各地贯彻落实中央有关决策部署，在东西部协作实践中探索形成了产业协作、劳务协作、消费帮扶、社会帮扶、生态扶贫等机制路径，在助力脱贫攻坚取得决定性胜利的基础上，对促进城乡统筹发展、区域协调发展、乡村全面振兴产生重要推动和影响。集中体现在：一是以产业协作夯实农民增收基础。东西部产业协作有效连接了东西部要素禀赋，发挥了互补优势带来的协同效应；东部地区的科技人才优势和西部地区资源优势有效结合，激发市场主体的积极性和市场活力；东部地区着力推动西部落后地区从传统农业向现代农业转变，推动西部地区农业产业链条延伸；发挥西部地区在要素价格和资源环境的相对优势，促进东西部要素循环流动，加快东部地区劳动密集型产业和劳动密集型环节向西部转移。二是以劳务协作确保稳岗就业。实行政策奖补，促进了西部地区贫困人口外出务工；东部地区通过多维度遴选招工企业，有序推进劳务输转工作；通过确保将政策和信息进村入户推送，开展订单式培训，提升劳务输出成效。三是拓宽平台促进消费帮扶。主要是拓宽消费帮扶渠道，创新帮扶方式，进一步推动消费扶贫走进千家万户。四是动员社会力量强化人才支援。东部多省市成立对口帮扶工作小组，负责对口帮扶工作对接、组织与实施。各级民政部门积极发挥能动作用，动员引导社会组织积极参与东西部协作。采取结对支援、订单培训和挂职锻炼等有效方式，着力为西部地区培养经济社会发展人才，进一步提升劳动力就业质量和就业的稳定性。五是践行"两山"理念促进生态建设。

持续优化东西部协作机制和措施体系。一是把尊重市场规律和产业发展规律摆在强化东西部协作的突出位置。东西部协作的实践表明，在东西部协作中特别是产业帮扶、劳动协作、消费扶贫过程中，只有尊重市场规律和产业发展规律，注重发挥市场作用，才能够培育西部地区内生发展动力、构建长效脱贫机制。东部地区的企业援助西部，更要尊重商业规则和市场规律，在深度的帮扶中实现企业发展和群众受益。更加注重帮助引进企业和项目，更加注重帮助对接市场资源，进行市场化协作发展。二是把更加充分调动社会力量作为强化东西部协作的优先着力点。既要调动政府部门的积极性，又要调动企业的积极性；既要发挥经济部门的作用，又要发挥文化教育、医疗卫生等部门的作用，更广泛更有效地动员和凝聚各方面力量。东部地区调动企业、社会组织、公民个人的积极性，广泛发动机关事业单位、国企、民企、居委会、社会组织等力量参与，促进东西部医院、学校的结对帮扶，促进形成帮扶的巨大合力。在扩大双方的交流合作的基础上，推动区县、乡镇、村之间结对帮扶，为两地大中企业、科研院校、社会组织、民主党派组织等创造良好的条件，推动形成全社会参与互动合作的良好局面。三是把提升西部地区的人力资本质量作为强化东西部协作的核心领域。人才是支撑乡村振兴战略的重要保障，提高干部人才能力是促进脱贫地区可持续发展的重要抓手。东西部协作在制定政策、投入资源、实施具体措施的过程中，加强人才支援和协作，促进观念、思路和技术的互通互学，促进脱贫地区脱贫群众内生发展动力提升，奠定可持续发展基础。四是把促进区域协调发展作为东西部协作重要目标。东西部协作是助力脱贫攻坚战取得全面胜利的重要组成部分，也是继续推进乡村振兴、区域协调可持续发展的重要举措。充分发挥东西部协作对促进城乡统筹发展、区域协调发展、乡村全面振兴、中国式现代化的促进作用，将区域内外的物力、财力、人力、信息等要素进行合理整合、配置和优化利用，推动东西部协作双方实现共赢发展。五是把完善东西部协作工作机制作为巩固拓展脱贫攻坚成果、全面推进乡村振兴的重要举措。着力完善组织领导机制、巩固脱贫成果机制、区域协作机制、促进乡村振兴机制、工作创新机制等，围绕巩固拓展脱贫攻坚成果、全面推进乡村振兴和推动区域协调发展，推广东部地区乡村振兴经验做法，创新企业、社会组织等社会各方面力量参与机制创新，充分挖掘发展潜力、夯实发展基础、增强发展能力。

（二）加强定点帮扶

定点帮扶是指中央单位包括党政机关、企事业单位、金融机构、科研院所、社会团体等，按照政策文件的要求，帮助一个或若干个特定的、国家重点帮扶县发展的一种帮扶模式，目的是促进中央单位参与扶贫和乡村振兴工作。脱贫攻坚任务完成后，按照党中央的统一部署，共有305家中央单位定点帮扶中西部地区592个脱贫县。2021年4月，习近平总书记指出，中央定点帮扶单位要落实帮扶责任，发挥自身优势，创新帮扶举措，加强工作指导，督促政策落实，提高帮扶实效。[1]

---

[1] 《适应形势任务变化 弘扬脱贫攻坚精神 加快推进农业农村现代化 全面推进乡村振兴》，《人民日报》2021年4月9日。

定点帮扶的新要求。 脱贫攻坚战取得胜利后,"三农"工作重心历史性转向乡村振兴,"定点扶贫"调整为"定点帮扶"。2020年,中央出台《中共中央 国务院关于实现巩固拓展脱贫攻坚成果同乡村振兴有效衔接的意见》,要求在过渡期内保持主要帮扶政策总体稳定,明确继续坚持定点帮扶机制,适当予以优化,安排有能力的部门、单位和企业承担更多责任。[①]为落实上述部署要求,2021年中共中央办公厅印发了《关于坚持做好中央单位定点帮扶工作的意见》,提出了新发展阶段继续做好定点帮扶工作的要求,从共谋发展思路、指导政策落实、创新帮扶方式、推动乡风文明、加强基层党建、选派挂职干部六个方面对帮扶的主要任务进行了调整,将帮扶的重点聚焦到巩固脱贫攻坚成果、促进全面乡村振兴上来。开展定点帮扶是党中央着眼推动区域平衡发展、促进共同富裕的重大决策,是新时代全面推进乡村振兴的战略选择,是社会力量参与乡村振兴的重要途径。

定点帮扶工作创新发展。 打赢脱贫攻坚战后,定点帮扶工作延续了脱贫攻坚阶段的经验做法,同时与乡村振兴战略实施要求相适应,各单位对定点帮扶的工作机制和工作重点内涵进行了拓展、完善。一是帮扶工作重心逐渐转移聚焦到巩固拓展脱贫攻坚成果同乡村振兴有效衔接。更加重视产业帮扶,帮扶资金进一步向产业发展侧重(产业所占比例不少于60%),提升帮扶县自我发展能力。各单位深入挖掘帮扶县的资源禀赋和比较优势,因地制宜帮助发展壮大乡村特色产业,推动帮扶县一二三产融合发展,带动广大农民稳定增收,以发展的办法巩固脱贫攻坚成果。二是更注重脱贫地区和脱贫群众内生动力的激发。在资金和项目安排上,综合考虑了补齐乡村基础设施短板和促进城乡公共服务均等化,有的单位在文化建设等方面开展了积极探索,有的调整了产业帮扶方式,减少拿干股、硬分红等形式,探索把农民嵌入产业链、推动第一产业"接二连三"。注重

---

① 《中共中央 国务院关于实现巩固拓展脱贫攻坚成果同乡村振兴有效衔接的意见》,中国政府网2020年12月16日。

发挥各类经营主体的作用和地方干部群众能力建设，开展主题多样的培训，更加注重农村精神文明建设，推动形成文明乡风、良好家风、淳朴民风。三是帮扶工作方式拓展到县域经济社会综合发展的诸多方面。帮扶单位紧密围绕县里的发展需求，与帮扶县形成积极有效互动。主要包括促进产业转型升级，推动县域经济高质量发展，通过开展各类试点，不断推进产业发展和乡村治理数字化、科技化、智能化。

充分发挥定点帮扶在推进乡村全面振兴中的重要作用。一是从政治维度看，定点帮扶工作彰显了中国特色社会主义制度优势。中央单位积极响应中央号召，加强顶层设计，选派帮扶干部队伍到定点帮扶县，提供资金和产业就业方面的支持，指导当地深入开展脱贫攻坚和乡村振兴工作，帮助解决面临的问题，充分体现了中国共产党集中力量办大事的制度优势。二是从发展维度看，定点帮扶有助于促进定点帮扶县由内而外地提升。一方面，中央单位的资金投入、消费帮扶、招商引资、就业培训等直接带动了当地群众增收。另一方面，中央与地方在工作过程中产生的理念交流，有助于定点县拓宽发展视野，打开发展思路，促进全面推进乡村振兴推进成效提升。三是从治理能力维度看，定点帮扶是中央单位加强自身建设和直通基层的有效渠道。县域作为国家最基本的经济社会单元，是最直接地接触改革与发展的前沿，定点帮扶为各中央单位提供了直通基层的有效渠道。国家党政机关，尤其是中央和国家机关得以借由定点帮扶直接了解基层发展现状，定点帮扶成为中央单位贴近民生、了解基层、切实为人民服务的重要途径之一。定点帮扶还使得各帮扶单位充分融入了巩固拓展脱贫攻坚成果、全面推进乡村振兴的国家战略，通过实际行动贯彻了党中央决策部署，充分彰显了旗帜鲜明讲政治的本色，对地方和社会具有鲜明的示范引领作用。同时，各中央单位将定点帮扶工作和干部培养有机结合起来，挂职干部在应对和处理各种复杂问题、复杂矛盾的实践过程中，获得宝贵基层工作经验，对于中国共产党的组织建设和干部个人成长都具有深远意义。

（三）深化"万企兴万村"行动

经各方努力，民营企业"万企帮万村"精准扶贫行动，取得了良好的政治、经济、社会效益，为脱贫攻坚取得全面胜利作出了特殊贡献。进入新时代新征程，全国工商联及有关部门运用"万企帮万村"行动成果，接续组织启动"万企兴万村"，聚焦"三区三州"和160个国家乡村振兴重点帮扶县，明确行动边界、途径、组织方式和振兴手段，分类指导、重点推动，不断夯实脱贫攻坚成果，助力新征程上全面推进乡村全面振兴。

"万企兴万村"助推乡村全面振兴发挥重要作用。民营企业最具活力和创造力，参与乡村振兴具有很多独特优势。如，市场反应灵敏、决策机制灵活，能够把市场经济意识、先进管理理念带到乡村，激发内生动力；敢闯敢干敢试、集聚创新要素，能够把先进技术模式、现代生产要素引入乡村，发展新产业新业态；劳动密集产业居多、就业形势灵活多样，能够把更多的就业岗位留在乡村、留给农民，更好地带动就业增收。实现从"万企帮万村"到"万企兴万村"的转移，必须准确理解和把握中央全面推进乡村振兴战略的丰富内涵，借鉴脱贫攻坚宝贵制度成果，完善政策体系、制度体系和工作体系，逐步实现从集中资源支持脱贫攻坚向全面推进乡村振兴平稳过渡。一是聚焦目标任务转变。"万企兴万村"的目标任务要从解决"两不愁三保障"转向推动乡村全面振兴，工作方式要从突出到人到户转向推动区域发展，帮扶举措要从单一投入为主转向政府与市场有机结合。在巩固脱贫帮扶成果、促进长远发展、深化东西部协作、继续做好定点帮扶等重点任务的基础上，进一步在发展特色产业上用力、在稳就业带创业上用力、在参与乡村建设上用力，组织动员民营企业重点聚焦160个国家乡村振兴重点县，以点带面，促进乡村全面振兴。二是聚焦关键问题的转移。要通过"万企兴万村"，进一步支持这些产业做大做强，解决好不好的问题，要延长产业链、打造供应链、提升价值链，引导壮大地域特色鲜明、乡土气息浓厚的优势特色产业。要通过"万企兴万村"，带动家庭农场、农民合作社等新型农业经营主体做大做强，注重培养一批产业发展带头人和农村职业经理人，培育打造一支留得住、用得上的乡村振兴人才队伍，为乡村聚拢人气，增强脱贫地区发展后劲和内生动力。三是聚焦发挥市场作用。脱贫地区在发展绿色优质农产品方面有着得天独厚的资源禀赋，好产品产得出来，更要卖得出去、卖上好价钱。通过"万企兴万村"面向市场需求，推进品种培优、品质提升、品牌打造和标准化生产，着力培育质优价好的特色产品，打造知名品牌，把生态优势、资源优势转化为产品优势、价格优势。四是聚焦农民致富的根本。积极培育让龙头企业牵头，家庭农场和农民合作社跟进，让广大小农户参与的农业产业化，帮助提升发展社会化服务，壮大新型农村集体经济，健全联农带农机制，在产业链上形成企业、合作社和小农户优势互补、分工合作的格局，让农民有更多就业创业机会，分享更多产业链增值收益。五是聚焦全面发展。引导民营企业参与村内道路、小型供水工程、公共照明等设施建设和管护，到乡村兴办养老托幼、文化体育等社会事业，将整村发展和村内农户纳入支持范围，系统推进帮扶产业、人才、文化、生态、组织全面振兴。六是聚焦用好平台。充分用好中国光彩会、"万企兴万村"系统机制台账和中国社会扶贫网等机制平台与基础资源品牌优势，打造"联企兴村贷"金融服务模式，为民营企业瞄准难点开展振兴行动提供安全可靠的参与渠道和政策信用保障。

有力有效促进民营企业参与乡村振兴。一要深化理念宣传，进一步提升民营企业对参与乡村振兴的社会认知、价值认同。二要树立典型强化示范效应，真正将主动参与乡村振兴并实现"双赢"的民营企业的"典型"树立起来，推广经验，提高社会认知，凝聚人心，鼓励有情怀、有想法的民营企业家回归农村，反哺农村。三要优化资源配置夯实政策支撑，让民营企业切身感受到参与乡村振兴战略应有的利益获得感，真正让民营企业在参与乡村振兴的过程中有盼头、有甜头、有前景、可持续。四要优化公共平台提升服务质量，坚持政府引导、企业主体，加快平台、产业、企业之间的信息交流，加强乡村大数据平台建设，实现"互联网＋企业""互联网+农业"，为民营企业高效参与乡村振兴提供"大舞台"。五要以高度的政治认同团结广大民营企业家，激发民营企业参与乡村振兴的积极性。六要建立健全组织机制以强化组织力。

（四）持续加强驻村帮扶

2021年5月，中共中央办公厅印发的《关于向重点乡村持续选派驻村第一书记和工作队的意见》（以下简称《意见》）指出，为深入贯彻落实党中央有关决策部署，总结运用打赢脱贫攻坚战选派驻村第一书记和工作队的重要经验，在全面建设社会主义现代化国家新征程中全面推进乡村振兴，巩固拓展脱贫攻坚成果，把乡村振兴作为培养锻炼干部的广阔舞台，"对脱贫村、易地扶贫搬迁安置村（社区），继续选派第一书记和工作队"[1]，健全常态化驻村工作机制，为全面推进乡村振兴、巩固拓展脱贫攻坚成果提供坚强组织保证和干部人才支持。这一重大举措的延续拓展不仅为乡村振兴带来了有生力量，巩固了党在基层的执政基础，并在乡村振兴实践中锻炼了队伍，为党培养了干部。2023年中央一号文件明确，"要派强用好驻村第一书记和工作队，强化派出单位联村帮扶"[2]。

驻村帮扶乡村振兴取得新成效。中国扶贫发展中心2022年9月组织专家对7省（市）14县28村进行驻村帮扶效果评估调研，先后与14个县的组织部门、乡村振兴部门进行座谈，并在调研村开展问卷调查，走访驻村干部、基层干部193人，村民1307人，共完成1500份问卷。结果显示，各地结合实际，围绕乡村振兴任务需要和驻村帮扶工作要求，出台了一系列政策措施，建立健全了驻村帮扶工作机制，不断发挥驻村干部作用，调研各地对帮扶效果总体满意。总的来看，驻村帮扶乡村振兴工作成效明显：《意见》印发一年多来，各地结合实际，围绕乡村振兴任务需要和驻村帮扶

---

[1] 《关于向重点乡村持续选派驻村第一书记和工作队的意见》，中国政府网2021年5月11日。
[2] 《中共中央 国务院关于做好2023年全面推进乡村振兴重点工作的意见》，中国政府网2023年1月2日。

工作要求，出台了一系列政策措施，建立健全驻村帮扶工作机制，努力发挥驻村干部的积极作用。一是巩固了脱贫攻坚成果。各地驻村干部切合实际，完善了常态化预警机制和防返贫监测措施，充分发挥制度优势，依靠包括所驻村两委干部等基层力量，确保守住防止规模性返贫底线。驻村干部下沉到村，日常走访慰问脱贫不稳定户、边缘易致贫户、因特殊变故致基本生活严重困难户等三类重点人群，进一步解决群众实际困难，宣传惠民政策、落实基本保障，巩固了党在农村的执政基础。二是助力了乡村产业发展。根据当地自然禀赋，驻村干部立足各地特色资源、关注市场需求，培育特色优势产业，结合派出单位的优势特点实施一村一策，带领群众找到产业思路和发展方向，制定了乡村产业振兴整体规划。驻村干部积极引进先进理念和发展模式，联结外部资源，助力产业升级，延伸了村级产业发展链条，壮大农村集体经济，增加帮扶地区农民收入。三是推动基层治理提质增效。以组织振兴引领乡村振兴，驻村干部全面提升了基层党组织的组织力、凝聚力、战斗力，有效助力宣传贯彻党的方针政策；不断净化优化村"两委"干部队伍，通过规范村务运行，影响对本地党员干部的管理培养，持续完善基层党支部规范化建设。以实际行动在乡村振兴和疫情防控中协助党组织开展工作。帮扶干部进驻后作为网格员或信息员常态融入乡村治理，协助村干部进行矛盾调处，推进村组事务协商办理，支持和保障村民依法开展自治活动，进一步密切了干群关系。四是推动提高乡村建设综合水平。从问卷调查结果分析并结合实地调研和访谈情况，多数驻村干部选得优、下得去、融得进、干得好，作用发挥明显，体现出派出单位的帮扶优势和业务特色；能够因地制宜，充分利用资金、资产和资源，一门心思带领群众谋发展，体现出派出单位对驻村帮扶工作的重视和支持。从派出单位的全力支持到驻村干部下沉基层开展帮扶工作，均得到了当地群众和基层干部的一致好评。

持续提升驻村帮扶成效的举措。一是持续优化帮扶干部结构。要把握好驻村干部的选派关，以帮扶需求为导向，坚持"重点派、精准派、派精干"原则,注重派驻质量,精选派驻人员。要以帮扶村庄的发展需求为导向,推进帮扶单位、干部选派与帮扶村庄的发展禀赋和现实需求精准匹配。要以激励帮扶成效导向,在驻村帮扶工作中心任务、底线任务基础上,把业务创新和帮扶成效作为评优奖先重要依据,明确把敢于探索、结果导向作为驻村帮扶工作的目标。二是持续完善驻村帮扶工作激励机制。推动完善驻村干部激励机制,切实打消驻村干部工作顾虑,提振信心;拟制负向激励制度,坚持权责一致,激励和约束并重,对群众不满意、不称职、不胜任的驻村干部坚决召回调换,被召回的驻村干部,要在评奖评优、年度考核、提拔使用等方面进行限制;对弄虚作假、失职失责、造成恶劣影响的予以问责。真正把驻村帮扶工作作为培养锻炼干部的广阔舞台。三是持续建立健全驻村帮扶协调机制。统筹结对帮扶双方的强弱搭配,在安排结对帮扶时充分考虑帮扶村发展水平和派出单位的资源动员能力,实力强的单位向发展慢的村庄倾斜,有针对、差异化地选派驻村干部。探索村庄发展与驻村帮扶部门及干部双向选择机制,开展村庄经济社会发展需求评估,拓宽县域层面的村庄需求发布渠道,建立健全帮扶单位认领机制,实现派驻村与省内帮扶单位的精准对接,从而实现驻村干部选派的精准有效。四是持续优化驻村帮扶成效评估办法。(1)开展专题研究:组织第三方力量,对驻村干部的选派范围、派驻规模和帮扶成效等相关问题继续开展细致深入的专题研究,为乡村振兴阶段做好驻村帮扶工作提供理论和学术支撑,推动构建一套合理有效的驻村帮扶工作评价体系。(2)有效开展培训:由各级组织部门会同本级乡村振兴部门及相关业务部门,加强对驻村干部的实务培训,在其上任前和任期中进行岗前培训和任中指导,提高驻村干部的工作能力和实践能力,培养全面推进乡村振兴的长远视野和综合素养。(3)加强过程督导和结果管理:对驻村干部引进的项目从前期规划设计、中期落实执行、后续管护、预期成效等方面进行追踪考察,将驻村第一书记和工作队在任期间的新建项目、资产使用和收益变更情况全部纳入监督评价范围,同时加大对驻村干部的考核力度,让有为者有位,推动驻村帮扶工作在乡村振兴进程中发挥更大作用。

四、强化农民增收举措激发内生动力

党的二十大报告中指出，"巩固拓展脱贫攻坚成果，增强脱贫地区和脱贫群众内生发展动力"①。2024年中央一号文件强调，"要强化农民增收举措。②"对于脱贫地区而言，强化农民增收的根本在于脱贫地区和脱贫人口内生发展动力的不断增强。

贯彻落实习近平总书记关于增强脱贫地区和脱贫人口内生发展动力的重要论述和党中央的相关决策部署是强化农民增收激发内生动力的基础。习近平总书记高度重视脱贫地区和脱贫群众内生发展动力，发表了一系列重要论述，彰显了中国共产党以人民为中心的发展思想，体现了深厚的为民情怀。这些重要论述一是鼓励坚定信心，二是倡导以发展的办法摆脱贫困、巩固成果，三是坚持扶志扶智，促进人的全面发展，四是尊重人民群众的主体地位。中国共产党历来高度重视激发内生发展动力。20世纪90年代形成了开发式扶贫方针，把发展作为解决贫困问题的根本路径。党的十八大以来，党中央实施精准扶贫精准脱贫方略，将扶贫与扶志扶智相结合，发展产业、鼓励就业、支持教育、引导群众克服等靠要思想，以发展的办法巩固脱贫成果。《中国共产党农村工作条例》将"尊重农民主体地位和首创精神"作为党的农村工作的基本原则的重要内容；《乡村振兴战略规划（2018—2022年）》将"增强农业农村自我发展动力"作为基本原则。《乡村振兴责任制实施办法》将"增强脱贫地区和脱贫群众内生发展动力"作为巩固拓展脱贫攻坚成果的重要任务。党的十九大以来，中央一

---

① 《习近平著作选读》第1卷，人民出版社2023年版，第26页。
② 《中共中央 国务院关于学习运用"千村示范、万村整治"工程经验有力有效推进乡村全面振兴的意见》，《人民日报》2024年2月4日。

号文件每年都对内生动力提出要求，既强调精神上自强自立，也强调物质上加快发展，还特别要求通过深化改革的办法激发农村地区发展的内生动力。2023年中央一号文件将增强脱贫地区和脱贫群众内生发展动力作为巩固脱贫攻坚成果的总抓手，明确提出把增加脱贫群众收入作为根本要求，把促进脱贫县加快发展作为主攻方向，更加注重扶志扶智，聚焦产业就业，不断缩小收入差距、发展差距。

认真总结并用好各地实践中探索形成的成功经验。第一，培育提升产业是重要支撑。产业兴旺是解决农村发展问题的前提。各地在选准产业发展方向、补齐产业短板弱项、选好产业经营模式、健全和落实联农带农机制方面进行了有益实践。如云南大理宾川县蔡甸村探索出"党支部＋合作农场＋托管"的全产业链利益联结机制，通过提成、返利、分红、工资等利益联结机制实现农民利益最大化，得到了群众的普遍认可；四川省苍溪县从小果园、小桑园、小药园、小鱼塘、小养殖"五小"经济起步，逐步形成"庭院经济"模式，进而发展壮大成为家庭农场，促进当地特色产业规模和利润的增长，持续带动脱贫群众增收致富；浙江省常山县紧抓胡柚、香柚两大"土特产"，聚力打造"柚香谷"，开发"双柚汁"饮品，现已风靡浙江、进驻北京；沙县小吃、柳州螺蛳粉、大同黄花等经过多年产业转型升级打造成为消费扶贫区域性品牌。第二，积极扩大就业是现实路径。实践证明，脱贫人口稳岗就业是脱贫人口增收最直接有效的途径。如贵州省黔西市化屋村加强帮扶车间与以工代赈的村庄基础设施建设，激发村民的村庄主体意识并培育致富内生动力；山西省汾西县开发县直各单位机关后勤、安保卫生等公益性岗位，为县城周边居住的脱贫劳动力稳岗就业机会；吕梁护工已经成为家喻户晓的劳务品牌，让4万多人走出大山，甚至走出国门。第三，发展新型农村集体经济是助推力量。各地深入开展农村集体产权制度改革，因地制宜探索资源发包、物业出租、居间服务、资产参股等多种模式，自我造血能力有效增强。如浙江省杭州市萧山区凤凰村结合村民经商需求，让"村集体赚房租钱，村民赚产业钱"；陕西省延安市南沟村有序推进"资源变资产、资金变股金、农民变股东"的"三变"改革，积极探索多元化发展模式实现了"村集体收入丰了，村民钱袋子鼓了"；重庆市酉阳县何家岩村采取"公司＋企业＋高校＋村集体＋农户"经营模式，让农民加入"花田贡米"的"智慧认养"新业态。第四，壮大县域经济是关键所在。各地通过引进落地一批劳动密集型企业、培育认定一批联农带农、富民强县的龙头企业、扶持壮大一批新型农业经营主体，鼓励推动一批社会力量着眼脱贫地区发展等具体举措，推动脱贫地区持续发展、促进脱贫人口持续增收。如，新疆利用原料、电力、区位等优势，主动承接东中部纺织服装业产业转移，促进了区域经济发展、就业人数大幅增加；江苏省常州市通过东西协作机制，推动安康抢抓东部产业转移机遇，大力发展毛绒玩具产业，加快促进了相关产业的集聚，推进了对江浙地区配套产业链条的转移承接，有效带动脱贫人口就业增收；广东省动员龙头企业在毕节市建设多品类农产品产业核心种植示范基地、农畜产品加工配送中心等项目带动周边农村劳动力就业增收。第五，提升脱贫群众高技能素质是治本之策。各地针对脱贫群众需求大力实施"雨露计划＋"就业促进行动，开展多形式职业技能培训，切实增强脱贫群众信心和能力。如山东省德州市对脱贫家庭子女主动提供"1次职业指导、3次岗位推介、1次技能培训或就业见习机会"、"131"就业服务，发补贴、给托底，精准落实"雨露计划＋"就业促进行动；河南省兰考县创新推出"三个工作机制、三项培训需求、持证就业增收三种比率"、"三三三"措施，逐步实现"人人持证、技能上岗"；安徽省潜山县为易地扶贫搬迁安置点脱贫妇女提供家政服务技能培训，赋予"一技之长"；广西壮族自治区隆安县依托"小梁送工"就业服务模式，持续开展电工、焊工、修剪工等订单式技能培训，实现脱贫劳动力人工匹配。

久久为功持续增强脱贫地区脱贫群众的内生发展动力。一是做好做优"土特产"文章。统筹指导各地科学做好"土特产"文章，遵循市场规律，瞄准现代需求，把握目标定位，突出"小而精"，支持以中央财政衔接资金为先导、撬动社会资本共同精准培育"土特产"产业，并引导各地"土特产"均衡布局专业细分市场、特色小众市场。二是积极创造新就业。依托数字乡村建设，支持脱贫地区因地制宜培育共享农业、体验农业、创意农业、农商直供、个人定制等农村数字化新产业、新业态，进而为脱贫群众创造更多家门口就业的新机会和新岗位。三是创新扶贫项目资产运营管理。研究探索接轨市场、具备弹性的扶贫项目资产管理制度，稳慎引入社会资本和投融资平台，分类试点项目资产整合利用，推动确权到村的经营性扶贫项目资产逐步实现高效运营管理。四是优化脱贫地区营商环境。指导脱贫地区对标先进，以"降成本""优服务"为重点改善营商环境，强化基础设施配套和规划布局，对经东西部协作渠道转移而来的劳动密集型产业落地运行所需基本要素予以优先保障。五是发挥返乡回流脱贫人口作用。指导各地积极破除返乡回流脱贫人口尤其是50岁以上中老年劳动力的再就业制度障碍。对返乡回流脱贫人口强化"以工代训"，帮助其增强发展生产和务工经商技能，培养成"土专家""田秀才"。六是实施农民增收促进行动。（1）提高乡村产业比较效益：推动完善农业支持保护制度，健全种粮农民收益保障机制，确保农民种粮能挣钱、多得利；促进农村一二三产业融合发展，完善联农带农益农机制，把产业增值收益更多留在农村、留给农民。（2）促进农村劳动力高质量就业：推动发展就业容纳力强的县域富民产业，为农民提供更多身边的工作机会；继续实施高素质农民培育计划，支持农村创业，提高农民自我发展能力。（3）完善现代农村产权制度：扎实搞好确权，稳步推进赋权，有序实现活权，深化农村土地制度和集体产权制度改革，发展新型农村集体经济，推进农村产权流转交易规范化建设，赋予农民更加充分的财产权益。（4）加强农村低收入人口常态化帮扶：运行好防止返贫动态监测和帮扶机制，做到监测及时到位、帮扶精准到位；分类推进帮扶产业发展，深入实施防止返贫就业攻坚行动，助力脱贫劳动力持续稳定增收；用好各类公益性岗位、帮扶车间，推动落实以工代赈政策，坚决守住不发生规模性返贫的底线。

五、强化示范创建提升典型引领力

开展乡村振兴示范创建是中央关于实施乡村振兴战略的重大部署。示范创建是指各地区各部门为提高政策落实水平，推动高质量发展，对某项工作设置科学合理的考评指标体系，采取必要的推动措施，动员组织相关地方或者单位开展创建，通过评估、验收等方式，对符合标准的对象以通报、命名、授牌等形式予以认定，总结推广经验做法，发挥示范引领作用的活动。实践证明，示范创建是重要的国家治理工具和工作机制，是一场通过集成、整体的方式推进社区治理的创新性活动；示范创建是具有鲜明中国特色的治理手段。

（一）示范创建也是推进"三农"工作的宝贵历史性经验，是实施各项乡村发展战略和政策的重要机制

2022年农业农村部和国家乡村振兴局印发的《农业农村部　国家乡村振兴局关于开展2022年"百县千乡万村"乡村振兴示范创建的通知》对乡村振兴示范创建工作提出了"突出差异性、突出针对性、突出时效性、突出共享性"的四项具体要求。在2023年中央农村工作会议上，习近平总书记强调要"因地制宜、分类施策，循序渐进、久久为功"[①]，推进乡村全面振兴，集中力量抓好办成一批群众可感可及的实事，为乡村振兴示范创建提供了遵循。

（二）乡村振兴示范创建具有多维重要作用

乡村振兴的艰巨性、复杂性、紧迫性和长期性，决定了乡村振兴示范创建是推进乡村振兴的重要举措。示范创建作为"一般和个别"相结合，"领

[①] 《中央农村工作会议在京召开　习近平对"三农"工作作出重要指示》，中国政府网2023年12月20日。

导和群众"相结合的政策工具拥有诸多优势：既可以激励下级官员积极行动，又可以实现横向同级部门和单位间的激励相容；既可以实现采取资源聚焦的方式进行攻坚克难，又可以形成资源优化配置；既可以形成政府和社会资源汇聚和整合的有效界面，又可以进一步动员社会更广泛参与；既关乎阶段性目标的实现，也关乎总体性目标的达成；既需要解决当前难题，更需要着眼于长远发展。总的来看，乡村振兴示范创建可以有效地应对乡村振兴面临的新问题、新任务和新要求，是习近平新时代中国特色社会主义思想在乡村振兴领域的创造性运用，是对党中央重大决策部署的全面贯彻落实，是对实现共同富裕道路的有益探索。

（三）乡村振兴示范创建的政策体系

乡村振兴示范创建是我党有力有效推进乡村全面振兴的重要举措，按照相关政策文件出台时间可以将其划分为发展阶段和全面推进阶段。

1. 发展阶段（2018—2023年）乡村振兴示范创建政策的演进

2018年9月30日，农业农村部办公厅印发《乡村振兴科技支撑行动实施方案》，方案提出从2019年起，在全国各地区重点打造4大类，共计1000个乡村振兴科技引领示范村（镇）[①]。这是部委层面首次提出乡村振兴科技引领示范村的实施方案，为其他类型乡村振兴示范村的发展提供了借鉴。

2022年中央一号文件《中共中央 国务院关于做好二〇二二年全面推进乡村振兴重点工作的意见》[②]明确提出抓点带面推进乡村振兴全面展开。开展"百县千乡万村"乡村振兴示范创建，采取先创建后认定方式，分级创建一批乡村振兴示范县、示范乡镇、示范村。《农业农村部关于落实党中

---

① 《农业农村部办公厅关于印发〈乡村振兴科技支撑行动实施方案〉的通知》，中华人民共和国农业农村部网站2018年9月30日。
② 《中共中央 国务院关于做好二〇二二年全面推进乡村振兴重点工作的意见》，中国政府网2022年1月4日。

央国务院2022年全面推进乡村振兴重点工作部署的实施意见》[1]进一步明确，坚持分级负责、分类推进，采取先创建后认定方式，建设100个左右乡村振兴示范县、1000个左右示范乡（镇）、10000个左右示范村，聚焦乡村振兴重点任务和薄弱环节，发挥示范引领和要素集聚作用。2022年4月，《农业农村部 财政部 国家发展改革委关于开展2022年农业现代化示范区创建工作的通知》[2]提出，各地要及时总结示范区推进农业现代化的好经验好做法，提炼形成典型案例。综合利用传统媒体和新媒体，多渠道全方位立体式宣传示范区建设亮点成效。开展模式发布、范例交流、现场观摩等活动，推广具有区域特色、可复制可借鉴的模式路径，示范带动同类地区农业现代化发展。2022年5月，中共中央办公厅、国务院办公厅印发的《乡村建设行动实施方案》也明确要求，结合"百县千乡万村"乡村振兴示范创建，统筹开展乡村建设示范县、示范乡镇、示范村创建。[3]

2022年7月20日，农业农村部和国家乡村振兴局两部委共同发布《农业农村部 国家乡村振兴局关于开展2022年"百县千乡万村"乡村振兴示范创建的通知》[4]，明确了"百县千乡万村"乡村振兴示范创建的时间节点、创建任务、创建条件、创建流程等。要求各地要结合年度重点工作部署，扎实推进示范创建工作：（1）突出差异性：根据区位条件、资源禀赋、产业基础等特征，确定东中西、县乡村差异化目标任务，各有侧重地探索乡村振兴路径模式。（2）突出针对性：在统筹推进乡村振兴各项工作的同时，聚焦区域发展的短板弱项，强化制度创新、政策创设，集中力量在重点领

---

[1] 《农业农村部关于落实党中央国务院2022年全面推进乡村振兴重点工作部署的实施意见》，中华人民共和国农业农村部网站2022年1月14日。

[2] 《农业农村部 财政部 国家发展改革委 关于开展2022年农业现代化示范区创建工作的通知》，中华人民共和国农业农村部网站2022年4月25日。

[3] 《中共中央办公厅 国务院办公厅印发〈乡村建设行动实施方案〉》，新华社2022年5月23日。

[4] 《农业农村部 国家乡村振兴局关于开展2022年"百县千乡万村"乡村振兴示范创建的通知》，中国政府网2022年7月14日。

域和关键环节寻求突破，形成重点突破带动整体提升的格局。（3）突出实效性：立足国情农情特点、农业产业特性、乡村地域特色，遵循乡村发展建设规律，注重示范创建的可复制、可推广，创一个成一个，避免盲目拔高标准，防止"垒大户""造盆景"。（4）突出共享性：尊重农民意愿，发挥农民主体作用，引导农民全程参与示范创建，共享发展成果，不断增强农民群众获得感、幸福感、安全感。

2022年10月14日，《农业农村部 国家乡村振兴局关于公布2022年国家乡村振兴示范县创建名单的通知》[1]指出，各级农业农村部门、乡村振兴局要主动担当作为，加强统筹协调，加大工作力度，扎实抓好示范创建工作：（1）强化组织领导推动：省级农业农村部门、乡村振兴局要建立健全协同推进机制，加强协作，形成合力。示范县创建单位党委政府要承担主体责任，细化创建方案，实化创建措施，强化责任落实，确保各项创建任务落地见效。（2）聚焦重点领域带动：坚持为农民而兴，把握好时度效，着力在乡村发展、乡村建设、乡村治理等重点领域寻求突破，形成重点突破带动整体提升的格局，各有侧重地探索不同类型地区乡村振兴路径模式。（3）集聚资源要素促动：强化政策创设、制度创新，构建多元投入、高效利用的要素保障机制，深化农村改革，引导资金、人才、技术、信息等向示范县创建单位集聚。（4）动员社会力量联动：发挥农民主体作用，建立健全农民参与机制，引导农民全程融入示范创建。引导工商企业、科研院所、社团组织等与示范县创建单位建立紧密联系，加强项目和技术合作，共同推进示范创建。

2. 全面推进阶段（2023年至今）乡村振兴示范创建政策的重点

2023年1月2日，2023年的中央一号文件，《中共中央 国务院关于做好2023年全面推进乡村振兴重点工作的意见》，提出要扎实开展乡村振

---

[1] 《农业农村部 国家乡村振兴局关于开展2022年国家乡村振兴示范县创建名单的通知》中国政府网2022年10月14日。

兴示范创建。①

2024年1月1日，《中共中央　国务院关于学习运用"千村示范、万村整治"工程经验有力有效推进乡村全面振兴的意见》（2024年中央一号文件）发布，对2024年及今后一个时期的"三农"工作作出全面部署②。提出要学习运用"千万工程"蕴含的发展理念、工作方法和推进机制，把推进乡村全面振兴作为新时代新征程"三农"工作的总抓手，坚持以人民为中心的发展思想，完整、准确、全面贯彻新发展理念，因地制宜、分类施策，循序渐进、久久为功，集中力量抓好办成一批群众可感可及的实事，不断取得实质性进展、阶段性成果。

2024年1月10日，《农业农村部关于落实中共中央国务院关于学习运用"千村示范、万村整治"工程经验有力有效推进乡村全面振兴工作部署的实施意见》③指出，当前和今后一个时期，要学习运用"千村示范、万村整治"（以下简称"千万工程"）蕴含的发展理念、工作方法和推进机制，全力抓好以粮食安全为重心的农业生产，统筹推进以乡村发展建设治理为重点的乡村振兴，持续夯实农业基础，扎实推动乡村产业、人才、文化、生态、组织振兴，加快建设农业强国，加快农业农村现代化，为更好推进中国式现代化建设提供有力支撑。

各部门结合实际开展了各种示范创建实践，如交通运输部的"四好农村路"全国示范县示范创建，司法部、民政部的民主法治示范村创建，住建部的传统村落集中连片保护利用示范创建。生态环境部的"两山"实践创新基地创建，国家文物局的国家文物保护利用示范区创建等等。

---

① 《中共中央　国务院关于做好2023年全面推进乡村振兴重点工作的意见》，中国政府网2023年1月2日。

② 《中共中央　国务院关于学习运用"千村示范、万村整治"工程经验有力有效推进乡村全面振兴的意见》，中国政府网2024年1月1日。

③ 《农业农村部关于落实中共中央国务院关于学习运用"千村示范、万村整治"工程经验有力有效推进乡村全面振兴工作部署的实施意见》，中华人民共和国农业农村部网站2024年1月10日。

（四）乡村振兴示范创建工作的主要特征

一是乡村振兴领域示范创建项目数量大，类型多，涉及内容丰富。根据全国评比达标表彰工作协调小组领导批准后，由中华人民共和国人社部公布的《全国创建示范活动项目目录（2022年7月）》，各部门开展的全国创建示范活动项目254个，其中主要涉及乡村振兴内容的30多个。其中，由农业农村部开展的示范创建工作近20项。同时，各省根据省内乡村振兴发展现状和需求，有针对性地开展诸如"四好农村路"示范县、美丽乡村示范县等省级示范创建工作。

二是开展乡村振兴相关示范创建工作的部门众多、各具特色，多部门联合开展趋势更明显。除了农业农村部（国家乡村振兴局）开展乡村振兴相关示范创建工作以外，还有多个部委开展乡村振兴相关示范创建工作。比如，住建部开展了全国农村生活污水治理示范县（市、区）、改善农村人居环境示范村等示范创建工作；交通运输部开展"四好农村路"全国示范县创建工作。另外，农业农村部和其他部门还联合开展示范创建工作，比如，自2022年起，农业农村部和住建部共同开展美丽宜居村庄创建示范工作。

三是乡村振兴相关示范创建工作更加科学、更具有操作性。以"百县千乡万村"乡村振兴示范创建为例，示范创建通知文件明确工作要求：一是突出差异性。根据区位条件、资源禀赋、产业基础等特征，确定东中西、县乡村差异化目标任务，各有侧重地探索乡村振兴路径模式。二是突出针对性。在统筹推进乡村振兴各项工作的同时，聚焦区域发展的短板弱项，强化制度创新、政策创设，集中力量在重点领域和关键环节寻求突破，形成重点突破带动整体提升的格局。三是突出实效性。立足国情农情特点、农业产业特性、乡村地域特色，遵循乡村发展建设规律，注重示范创建的可复制、可推广，创一个成一个，避免盲目拔高标准，防止"垒大户""造盆景"。四是突出共享性。尊重农民意愿，发挥农民主体作用，引导农民全程参与示范创建，共享发展成果，不断增强农民群众获得感、幸福感、安全感。

（五）乡村振兴示范创建中存在的问题

一是乡村振兴示范县在规划时缺乏统筹规划。各乡镇都有规划，但缺乏龙头产业，没有形成合力，影响力不大。

二是农业生产标准化水平不高，规模产业有待提质升级，产业科技支撑后劲不足。农业产业化水平不高，新型农业经营主体带动能力不强，一二三产业融合规模小，层次低[1]。

三是基础设施仍有短板。农村基础设施、示范村居创建、村容村貌改善、公共服务建设等仍有待提高。

四是乡风陋习难以扭转，不良价值观念在农村依然存在。农村人才资源匮乏，农业农村工作环境相对艰苦，工资报酬相对较低，难以留住示范区建设需要的人才[2]。

五是农民的文化素质、技术能力和市场意识等有待提高[3]。

六是乡村振兴示范创建的监测评价机制不够完善。

（六）加强乡村振兴示范创建工作经验的总结研究

主要聚焦四个方向及重点：

一是构建乡村振兴示范创建理论体系。乡村振兴作为统揽经济社会发展全局的抓手之一，首先需要政治学、管理学等多学科交叉融合，梳理国内外多学科相关理论，结合中国共产党百年来开展示范创建发展历程，从

---

[1] 艾德强、陈雪莲：《高安市绿三角乡村振兴示范区建设思考与探索》，《江西农业》2020年第8期。

[2] 陈志诚：《奋进新征程 争当排头兵——全南县推进乡村振兴先行示范县建设的有益探索》，《老区建设》2022年第14期。

[3] 邱巧玲：《桂林市现代特色农业示范区建设存在的问题及对策》，《现代农业科技》2020年第5期。

不同时期、不同类型的示范创建中提炼精华，总结理论基础，从各行业寻找经验方法，奠定推进此项工作的基础。其次，挑选典型县域，研究其现代化经济体系、县域治理体系、县域全面从严治党工作与党建体系、干部能力作风建设体系等，基于实践形成理论逻辑。一次为基础，结合乡村振兴示范创建实践分析，推动中国乡村振兴示范创建的理论体系和话语逻辑构建。

二是梳理国家区域平衡发展和试点示范的关系。梳理、总结和借鉴国家重大区域发展战略的规律和经验，回答好区域间平衡发展和试点示范的关系问题，是推动中国发展的重要工作。党的十六届三中全会提出区域协调发展战略，要积极推进西部大开发、振兴东北等老工业基地、促进中部地区崛起、鼓励东部地区率先发展；党的十八大以来，习近平总书记提出五大国家战略关系包括长江经济带发展、黄河流域生态保护和高质量发展、京津冀协同发展、粤港澳大湾区建设、长三角一体化发展，以及高标准高质量建设雄安新区、推动成渝地区双城经济圈建设、加快建设海南自由贸易港等，以上均属于区域协调发展战略。推动区域协调发展战略，离不开示范创建工作。必须始终思考如何解决区域间平衡发展问题，如何让发展起来的区域带动其他区域发展。

三是总结、提炼、构建示范创建的方法论和评价体系。我国地域辽阔，情况复杂，如何分类示范创建县始终是很重要的理论和实践问题。通过阅读和分析国家乡村振兴示范创建县申报文本、进展报告和总结材料等，多渠道搜集相关资料，拓宽视野，创新思考方式，形成基础性认识，总结、提炼、构建示范创建的方法论和评价体系。

四是基于实践基础进行学理性总结和理论创新。根据示范创建的理论基础和连续几年大样本实践研究，理顺思路，进行学理性总结，并在对示范创建实践总结的基础上开展理论创新。

（七）提升乡村振兴示范创建水平的对策

坚持和加强党的全面领导，提高政治认识，各级政府要严格落实示范创建主体责任；坚持走群众路线；加大市场引导，建立科学的进退机制，不断优化市场；多部门协调共建，科学建立指标划分乡村振兴示范区；强化乡村振兴示范创建的过程管理；完善乡村振兴示范创建的政策保障；完善示范创建的日常监测路径，强化示范创建的监测机制；科学评价成效，加强示范创建经验复制推广。

案例 8

广东省高州市创建乡村振兴示范县的实践与探索

高州市位于广东省西南部，属茂名市代管县级市，处于我国沿海经济带最南端，是粤港澳大湾区、环北部湾经济区、海南自由贸易试验区三个国家发展战略地区的交会之地，属于广东沿海地区与中西部地区联结的门户。高州市生态良好，是全国绿化模范县，森林覆盖率63.7%。水资源丰富，高州水库是全国大Ⅰ型水库。公路、铁路配套发展，交通优势明显。高州市位于热带和亚热带的过渡带，总面积3276平方公里，下辖23个镇、5个街道，有439个行政村、49个社区，5822条自然村，现有人口186.9万，其中乡村人口102万人。高州市是广东省农业大市、全国水果第一市、中国荔乡。2020年，高州市生产总值（GDP）达633.58亿元，年均增长5.9%。高州市是广东省农业大市，农业总产值连续多年名列广东各县（市）第一，曾被誉为"广东省山区综合开发的一面旗帜"，先后获得全国整县粮食高产创建示范县、全国农机安全示范县等殊荣。2020年农村居民人均可支配收入19702.2元。近年来高州市致力于打造新时代高质、高效、高融合的新"三高"农业。

一、高州市开展乡村振兴示范创建的背景

2023年4月11日，习近平总书记到茂名高州市根子镇柏桥村考察调研时强调，推进中国式现代化，必须全面推进乡村振兴，解决好城乡区域发展不平衡问题。要坚持走共同富裕道路，加强对后富的帮扶，推进乡风文明，加强乡村环境整治和生态环境保护，让大家的生活一年更比一年好。习近平总书记的重要论述为推进高州市乡村振兴高质量发展、逐步实现共同富裕指明了方向。

2023年底，广州大学乡村振兴研究院师生受中国扶贫发展中心（现名中国乡村振兴发展中心）委托，以乡村振兴示范创建为重要抓手赴高州市开展为期一个月的蹲点调研，全面了解高州深入推进乡村振兴战略实施情况，深入梳理、勾画、总结与提炼乡村振兴示范创建的基础条件、主要做法、经验启示、制约因素与对策建议。总的看，高州市始终坚持党建引领，充分发挥基层党组织战斗堡垒作用，用活用好发动乡贤、群众等力量，探索实践一条"改革驱动型、平台辐射型、产业孵化型、城乡融合型"的乡村产业发展之路，以乡村产业振兴为基础，推动乡村建设、乡村治理等重点工作，加快中国式农业农村现代化发展步伐。这充分体现了习近平新时代中国特色社会主义思想的强大力量。

高州市作为广东省山区县、100多万人口的农村人口大县，发展有其特殊性，开展示范创建有多方面的有利条件。一是组织领导有力，工作机制明晰。二是农业实力雄厚，示范带动能力强。三是政策支持有力，创建积极性高。高州市示范创建成效。

高州市紧抓"百县千镇万村高质量发展工程"（以下简称"百千万工程"）实施机遇，将乡村振兴示范创建工作与全面落实"百千万工程"紧密结合，积极探索乡村振兴示范创建高州典范，一幅宜居宜业和美乡村图景的雏形正在展现出来。从调研情况看，高州乡村振兴示范县建设主要有以下突出成效：一是乡村产业"兴"起来了；二是文旅融合"活"起来了；三是村容村貌"美"起来了；四是乡村治理"强"起来了；五是农民精神"旺"起来了。

总结宣传推广高州乡村振兴示范县示范创建的经验做法，为全国乡村振兴示范县建设提供可供参考的样板，各地区各部门做好乡村振兴工作，具有重要参考价值；对推动学习贯彻习近平新时代中国特色社会主义思想走深走实，完成艰巨繁重的改革发展稳定任务，具有重要借鉴意义。

二、高州市推进乡村振兴示范县创建的主要做法

高州紧抓省委"百千万工程"的实施机遇，将示范创建工作与全面落实"百千万工程"紧密结合起来，围绕"乡村建设、乡村发展、乡村治理、城乡融合"四个方面开展十大行动，即：县城扩容提质行动、壮大工业经济行动、公共服务升级行动、美丽圩镇建设行动、特色乡镇创建行动、乡镇提能行动、乡村产业发展行动、乡村建设行动、乡村治理行动、深化改革创新行动，一体化推进富县强镇兴村，有效推动示范创建各项工作任务落地落实。

（一）以落实省级百千万工程为纲，衔接县镇村，实现县镇村三级联动

一是确定共同目标。出台《高州市全面推进"百县千镇万村高质量发展工程"促进城乡区域协调发展三年行动计划（2023年—

2025年）》，三年行动聚焦"十大行动"，重点推进70个重点工作、建设88个重点项目，明确县镇村三级工作内容、建设内容，确保2025年成功创建国家乡村振兴示范县，迈进综合型全国百强县行列。

二是提升路网通达力。推进城区外联交通项目建设，形成"三环九射十三联"交通大路网，将四好农村路、碧道、乡村振兴示范带、旅游线路结合建设，主要乡镇、产业园区和重点旅游景点实现二级及以上公路连通，主动融入茂名"两轴—两个圈层"城市布局。

三是推动差异化发展。围绕"镇有亮点、村有特色"，明确乡镇、村庄类型，分类指导圩镇建设、村庄建设，建设中心镇镇级产业园，扶持专业镇做强主导产业，打造农文旅融合发展特色镇，形成一批在全国全省有较强影响力和竞争力的名镇名品，打造一批农文旅融合发展的乡村旅游示范点，提升县镇综合服务、承载能力，强化集镇联城带村功能作用，更好地促进城乡区域协调发展。

四是完善工作运行机制。"百千万工程"指挥部设立"一办七专班"，示范创建工作由指挥部办公室与乡村振兴专班共同负责，建立指挥部办公室与专班工作协作机制，通过专题会、现场办公、每周例会等形式定期研究部署，以"周督办、月通报、季分析"方式推动重点工作落实。

五是强化乡村振兴用地保障。确保每年预留不少于10％的建设用地用于优先保障农业农村产业发展用地，积极争取上级用地指标支持。2022年乡村振兴项目使用土地29.3175亩，占当年用地指标的18.36％。

六是强化资金保障。深化涉农资金统筹整合，提高财政资金使用效益。2022年统筹安排涉农资金共97023万元，下达债券15亿元，用于现代农业设施建设和县镇村建设项目的9.55亿元。

七是强化人才支撑。构建具有高州特色的"1+N+X"人才政策体系，设立市人才专项资金，注重在乡村振兴工作一线选拔干部。2022年在乡村振兴工作中成绩排名靠前的8个镇街提拔8名干部、晋升16名同志。

（二）以打造区域性公用品牌为干，联结产供销，架起"产供销一体化"的联结桥梁

一是建立标准体系。建立一套荔枝、龙眼、香蕉等产业质量标准体系和县、镇、村、基地、市场"五位一体"的监管体系，严格把牢从农田到餐桌中质检、准入、包装、品管、价格、营销的各个环节，对小农户开展供种、技术指导、农资配送、农机服务等一体化经营扶持，从源头上确保农产品质量安全。

二是建强产业园区。借力建设荔枝、龙眼、香蕉、丝苗米4个省级现代农业产业园，吸引相关企业进驻，推动要素向园区集中、产业向园区集聚，持续完善提升9个国家级省级现代农业产业园、产业集群，构建完整高效的现代化农业产业链条。

三是壮大产业平台。在服务企业、品牌培育、项目争取等方面精准发力，多举措扶持农业龙头企业，实行"公司＋基地＋农户""专业协会＋基地＋农户"等订单式种植模式，采取"点对点"进行"送科技下乡"田间指导，培育推动龙头企业参加订单农业模式全覆盖，推动规模化种植、产业化经营、品牌化运作。

四是开拓销售市场。着重推进高州农产品"12221"市场体系建设，开展"迎进来走出去"系列营销活动，如"赏花叹蜜游"、"寻味高州荔枝"、采购商大会和"我在高州有棵荔枝树"等定制行动，组建成立高州市荔枝产业链党委，发挥组织、引领、指导、协调的作用，开展"我为荔农办实事"活动，推出"助荔十条"措施，为荔枝龙眼等农产品产销对接搭建平台。

五是提升科技含量。建设国家荔枝种质资源圃，打造荔枝种业"硅谷"，目前，高州共汇集了国内外荔枝种质资源700多份、3500多株。攻克保鲜技术难题。三年投入2000万元，推动企业与11家省级以上科研单位合作开展加工、保鲜等技术攻关。推动华南农业大学、省农科院等科研院所与农业企业开展产学研合作，解决荔枝产业化过程中保鲜技术难题。如华南农业大学与广东铭景农业公司协同解决荔枝出口保鲜技术难题，将荔枝鲜果贮藏期延长到30至40天。鲜润生态农业公司经过企业自主攻关，研究出不同品种荔枝保鲜的氧气、二氧化碳和氮气等气体最佳浓度与比例，减缓荔枝的新陈代谢速度，延长了荔枝的保鲜期和保持其品质。

六是传承荔枝文化。对200年以上的古荔枝树建档立卡，"一树一法"保护。上线"年份荔"，推出千年荔、五百年荔、百年荔。办好荔枝文化节、龙眼文化节、美食节。建成了大唐荔乡广场、贵妃广场、储良龙眼母树公园等一批人文景点，擦亮了"杨贵妃吃的荔枝来自高州根子贡园""大唐贡品""世界储良龙眼发源地"等历史文化牌。

七是强化宣传工作。结合参加省第一、二、三届乡村振兴大擂台赛，加大宣传力度，全面提升影响力。2023年高州59万亩荔枝产量超28万吨，相比去年增产30%。果农平均总收益比去年增20%。高州采鲜园果蔬合作社社长林常珍说："受到习近平总书记接见之后，我们产品品牌更加出名了，现在60%的产品都是通过电商销售出去，效益大幅增长。"

(三)以创建乡村振兴示范带为径,推动"农文旅"融合发展

一是坚持规划先行。强化全域规划理念,立足资源禀赋、地理环境与区位优势,在县层面规划5条示范带,其他27个镇街各规划一条镇级示范带,构成"5+27"条覆盖高州全域的乡村振兴示范带。动员沿线村的村民参与规划编制,确保规划设计接地气、能落地、可操作。

二是加强农房建设管控。落实"一户一宅、建新拆旧、带图审批、现场办公、管好工匠、管住材料"的工作要求,规范建房行为,实行"三个一"工作机制,加强农房风貌管控,塑造具有高州特色的岭南乡村新风貌。

三是全域建设和美乡村。以市为单位,镇(街道)为责任主体,自然村(村民小组)为基本单元,建立人居环境整治"户长制",组织发动群众全面整治村庄脏乱差环境,通过整治"三边"提升"四化",打造"四小园",全域提升农村人居环境水平和品质。如根子镇元坝村以党建凝聚力量,调动群众积极推进人居环境整治,共修高州特色岭南房屋,如今蝶变成了十里生态碧道、百户岭南民居、千年荔枝文化、万亩甜美果海的生态美丽宜居乡村。

四是以擂台赛为抓手。结合"一村一品、一镇一业",深化实施"百墟千村振兴计划",坚持打造"县一片、镇一村、村一组",每年开展"镇一村、村一组"PK赛等活动、镇村两级书记抓"乡村振兴示范村(社区)擂台赛"活动,打造一批节点、亮点,将沿线的基地、景点、人文自然资源等串珠成链,打造示范带线路,推进农业、文化、资源深度融合。

五是丰富带上业态。在示范带上大力发展乡村旅游、休闲农业、

生态康养和农产品电商、乡村夜市、特色民宿等业态,挖掘并壮大乡村经济的"微"增长点。如"甜美果海"示范带上,既有千年荔枝贡园、储良龙眼母树公园,又有中国荔枝博览馆。同时,示范带还囊括了广东十大美丽乡村、中国美丽休闲乡村,以及民宿、露营、农创园、乡村夜市等新业态,成为一条农业生产带、乡村风貌带、特色旅游带。

六是创新治理方式。推广高州基层治理"微十条"措施,运用"清单制"、文明新风"积分制",实践"联村党建、联村共建、镇村同建"等乡村治理模式,开展全市"平安大走访"活动,安排干部定期下沉到全市488个村居开展走访、接访,切实解决群众信访走访、急难愁盼等问题。

(四)以发展新农村电商产业为网,联合科工贸,充分发挥农村电商在对接科工贸的结合点作用。

一是加强电商培训。依托市电子商务协会和电商直播协会,定期举办直播带货、产品运营、售后客服等技能培训,指导企业、销售大户、农民开店、直播带货、短视频制作、美工等实用技巧,提高其利用抖音、快手等平台销售荔枝的能力,大力发展电商直播经济。目前,已培育电商龙头企业20多家,创建知名电商品牌30多个,电商企业发展到1700多家,微商企业超3000家,电商从业人员3万多人,确保高州农产品始终不愁卖。

二是整合优化资源。持续推动与淘宝、京东、抖音、拼多多等平台的沟通对接,联合开展品牌宣传推介会。鼓励电商企业、大户利用"互联网+"模式,运用抖音、拼多多、小红书等平台账号推广宣传产品,加快线上+线下+实体市场的深度融合。建设高州市电子商务产业园，整合现有邮政、快递、电商、交通网络等既有物流资源。例如，为支持根子镇农创园发展，推出了租金减免等优惠政策条件，最终形成了有22家电商企业入驻的"多位一体"的创业园区，形成了集聚效应。电商"有密度"的集聚，加速了直播电商等新业态的发展。

三是建设产地冷藏保鲜设施。落实习近平总书记到根子镇调研时指出的"进一步提高种植、保鲜、加工等技术"要求，针对荔枝等对保鲜要求高的水果，把农产品产地冷藏保鲜设施建设作为重要抓手，持续抓好保鲜技术提升，2021年以来，高州共利用中央财政奖补资金2740万元，撬动76个建设主体投入资金1亿多元，按照"果蔬主产区全面建、水果优势区连片建、散点区集体建"的模式，整县布局，建成冷藏保鲜设施263个，新增库容9.8万立方米，提升冷藏能力1.42万吨。创新建设集智能分拣、数据发布、新技术示范推广、仓储保鲜等十个功能于一体的"田头小站"，有效延长2到4倍储藏时限。结合田头小站建设，引导市场主体在产地建设产地冷链集配中心，强化预冷、分拣、配送、直销等功能，将田头小站打造成为支撑农产品上行的产地综合服务平台。

四是做好物流降费提效工作。与物流企业沟通制定优惠方案，鼓励电商企业抱团发展，以更大的销售量换取更优惠的物流折扣，不断降低电商物流成本，努力实现果农、电商、物流及消费者四方共赢。探索"荔枝冷链直运落地配"模式，即"目标城市达人带货+荔枝冷链直运落地配"相结合销售荔枝，与航空运输相比可节省物流成本近75%。2023年已完成60车次30万件以上的荔枝销售，荔枝销售量1000吨以上、销售额2000多万元，相比航空件节省物流成本约1000万元。同时把这种模式覆盖到辣椒、黄皮、百香果等时令蔬果运输中，让高州的新鲜农产品走得更远、销得更多，真正做到"鲜销全国"。

五是建立农村物流体系。健全覆盖"县镇村三级"电子商务公共服务体系。建设1个县级物流服务中心，24个镇级农村物流服务站，220个村级农村物流服务点，4个以中心镇为单位的物流配送中心，实现县、乡、村三级物流配送全覆盖。目前，已实现全市439个行政村物流覆盖率100%，镇级电商服务站点覆盖率100%。

六是带动农民致富。发动全市4000多名致富带头人，通过农业合作社带动农户发展产业，利用电商网络为农产品打开销售市场，引领帮助"小农户"对接"大市场"。例如，根子柏桥龙眼荔枝专业合作社形成"农业重点龙头企业＋专业合作社＋农民"的现代产业发展模式，社员的荔枝龙眼实现"统一技术、统一加工、统一品牌、统一销售"四个统一，其产品长期供货杭州娃哈哈、北京同仁堂、好想你等知名厂家1700多家门店，进入华润万家、大润发等大型商超销售，在北京、上海、南京、杭州等20多个大中城市批发市场打响了品牌，实现联农带农富农。2022年，该社组织或帮助销售荔枝鲜果2400多吨，桂圆肉300多吨，营业额达1320万元。

三、高州市开展乡村振兴示范创建的启示

高州市创建乡村振兴示范县之所以取得突出成效，最根本在于习近平总书记的关心厚爱和关怀指导，在于习近平新时代中国特色社会主义思想的科学指引，在于抓住推进乡村振兴的绝好历史机遇，把握蕴含在习近平新时代中国特色社会主义思想的世界观和方法论，不断将其转化为推进高州乡村振兴发展的思路办法和具体成效。

高州市创建示范创建的启示集中体现在：一是组织联建，党建引领，突出一个中心，将党建优势转化为发展优势，促进荔枝产业融合发展。二是资源联用，通过乡村振兴示范带建设和"三变"改革，实现"强村联结弱村、先进联结落后"的双重联结效应。三是利益联结，统筹调动，逐步积累生存基金、发展基金和风险基金。四是发展联盟，走向市场，壮大政治效益、经济效益、社会效益、文化效益。

　　进一步推进乡村振兴示范县高质量创建，一要破解土地要素瓶颈，推进产业园区落地。二要助推企业质量提升，加快产业结构升级。三要优化农业技术指导，深化农业产业集群。四要优化运管引进策略，助力运管人才发展。五要突破相关政策牵制，推动市域综合发展。

　　（注：本案例参考了广州大学谢治菊教授团队关于高州市开展乡村振兴示范创建的调研报告。）

第八章　强化领导："党建促兴"

党的十八大以来，以习近平同志为主要代表的中国共产党人持续推进实践基础上的理论创新，创立了习近平新时代中国特色社会主义思想，并以这一创新理论为指导，用党的创新理论统一全党的思想和行动，为党和国家事业发展提供思想引领、精神动力和根本遵循。习近平总书记指出，党的全面领导是我们全部事业的基础和根本，这是最可宝贵的经验。党的二十大提出的一系列新论断，从多重维度揭示了新时代新征程坚持党的全面领导的深刻意蕴，表明坚持党的全面领导是历史、理论与实践的有机统一，是经实践检验证明正确的基本原理，是党在长期实践中得出的规律性认识。新征程上，必须更加自觉地坚持和加强党的全面领导，坚定拥护"两个确立"，坚决做到"两个维护"，确保中华民族伟大复兴沿着正确方向前进。实施乡村振兴战略旨在解决城乡区域发展的不平衡问题，补齐农业农村发展短板，促进城乡融合发展，为社会主义现代化国家建设提供强有力支撑。作为中国式现代化的重要组成部分，推进乡村全面振兴，必须坚持始终加强党对"三农"工作的全面领导。

2024年中央一号文件对"加强党对'三农'工作的全面领导"作出新的部署，而且，在"提升乡村治理水平"部分就"推进抓党建促乡村振兴"提出明确要求。本章以习近平总书记关于抓党建促乡村振兴的重要论述为指引，聚焦抓好党建促进乡村全面振兴的主题，在解读中央一号文件关于"推进抓党建促乡村振兴"部署的基础和要点的基础上，阐述了抓党建促乡村振兴的理论逻辑和实践逻辑，基于工作实际提出了对策建议。

一、抓党建促乡村振兴的基础是加强党对"三农"工作的全面领导

办好农村的事情，实现乡村振兴，关键在党。2024年中央一号文件以学习运用"千万工程"经验为主线，进一步明确了推进乡村全面振兴的战略要求和主攻方向。必须坚持把解决好"三农"问题作为全党工作重中之重，坚持农业农村优先发展，加强党对"三农"工作的全面领导，把党的领导政治优势和组织优势转化为抓落实的行动优势，汇聚起全党上下、社会各方推进乡村全面振兴的强大力量。[①]

一是要全面落实乡村振兴责任制。乡村振兴是一项历史性任务和系统性工作，必须动员更多力量、用更大的力度来推进。2023年，党中央专门印发《乡村振兴责任制实施办法》，明确了乡村振兴的部门责任和地方责任，建立了中央统筹、省负总责、市县抓落实的工作机制。要把五级书记抓乡村振兴责任落到实处，落实部门推进乡村振兴责任，推动各级党政"一把手"把责任真正扛在肩上、抓在手上，特别是发挥县委书记"一线总指挥"作用，真正把"三农"重中之重的战略定位、农业农村优先发展的战略要求体现出来。注重发挥督查考核"指挥棒"作用，既要突出实绩实效，推动各类涉农督查检查考核能整合的整合、能简化的简化，减轻基层迎检迎考负担，又要通过督查考核推动真抓实干。

二是要改革完善"三农"工作体制机制。农村工作是涉及多个部门的综合性工作。各级党委要加强农村工作体系建设，强化统筹推进乡村振兴职责，健全议事协调、督查考核、上下衔接等机制，加强各级党的农村工作机构建设，把涉及多个部门、多个领域、多个环节的工作统筹起来，形成推进乡村振兴强大合力。无论农村社会结构如何变化，无论各类经济社

---

① 中央一号文件起草组：《加强党对"三农"工作的全面领导》，《中国财政》2024年第5期。

会组织如何发育成长，农村基层党组织的领导地位不能动摇、战斗堡垒作用不能削弱。要建好建强农村基层党组织，健全村党组织领导的村级组织体系，加强村干部队伍建设，为乡村全面振兴提供坚强的政治和组织保证。

三是要加大乡村振兴要素支撑。 2024年中央一号文件着眼强化乡村振兴要素保障，提出了一系列政策措施。在人才方面，提出实施乡村振兴人才支持计划，加大乡村本土人才培养，有序引导城市各类专业技术人才下乡服务，全面提高农民综合素质，强化乡村振兴人才支撑。在用地方面，提出稳妥有序开展以乡镇为基本单元的全域土地综合整治，整合盘活农村零散闲置土地，保障乡村基础设施和产业发展用地。在投入方面，提出将农业农村作为一般公共预算优先保障领域，创新乡村振兴投融资机制，确保投入与乡村振兴目标任务相适应。同时，强化财政金融协同联动，综合运用信贷、保险、期货等政策，加大金融服务乡村振兴力度。针对一些地方农业补贴跑冒滴漏问题，文件强调加强涉农资金项目监管，严厉查处套取、骗取资金等违法违规行为。要把这些政策要求真正落实到位，让"人地钱"等资源要素更多汇聚乡村、服务乡村。

四是要坚持从实际出发办实事、见实效。 我国各地农村情况千差万别，自然条件、风土人情、发展水平、工作基础各不相同。学习运用"千万工程"经验，有力有效推进乡村全面振兴，要因地制宜，不能生搬硬套、搞"一刀切"。要充分尊重地域差异性，多给基层一些自主权，创造性抓好贯彻落实，不能不顾实际交任务、层层加码压指标。各级党政领导干部要落实"四下基层"制度，深入调查研究，推动解决农民群众反映强烈的问题。要坚持保护农民利益、维护农民权益，干任何工作都要把农民利益摆在首要位置，真正惠民生、暖民心，坚决反对搞形象工程、做表面文章，更不能劳民伤财甚至侵害农民利益，要让广大农民在乡村振兴中有实实在在的获得感。

抓党建促乡村振兴，既是加强党对"三农"工作全面领导的重要内容，也是落实党的领导的具体途径。2024年中央一号文件，对"推进抓党建促乡村振兴"[①]作出了详细部署和提出了具体工作要求。在县级层面，就是要坚持大抓基层鲜明导向，强化县级党委抓乡促村责任，健全县乡村三级联动争创先进、整顿后进机制。在乡镇层面，就是要全面提升乡镇领导班子抓乡村振兴能力，开展乡镇党政正职全覆盖培训和农村党员进党校集中轮训。在村级层面，就是要建好建强农村基层党组织，健全村党组织领导的村级组织体系，推行村级议事协商目录制度。在能力建设层面，就是要加强村干部队伍建设，健全选育管用机制，实施村党组织带头人后备力量培育储备三年行动。优化驻村第一书记和工作队选派管理。在责任落实层面，就是要进一步整合基层监督执纪力量，推动完善基层监督体系，持续深化乡村振兴领域不正之风和腐败问题专项整治。加强乡镇对县直部门派驻机构及人员的管理职责，加大编制资源向乡镇倾斜力度，县以上机关一般不得从乡镇借调工作人员，推广"街乡吹哨、部门报到"等做法，严格实行上级部门涉基层事务准入制度，健全基层职责清单和事务清单，推动解决"小马拉大车"等基层治理问题。

二、抓党建促乡村振兴的理论逻辑与实践逻辑

（一）抓党建促乡村振兴具有多重价值

党的二十大报告指出，全面建设社会主义现代化国家，最艰巨最繁重的任务仍然在农村。乡村工作纷繁复杂，党建工作任重道远，抓好农村基层党建是谋划全局工作的根本和关键。抓党建促乡村振兴的重大意义主要体现在以下多个方面。

抓党建是把准推进乡村振兴正确政治方向的根本保证。乡村振兴战略是一项涵盖社会治理、生态保护、产业发展、文化建设等多个领域的系统

[①] 《中共中央 国务院关于学习运用"千村示范、万村整治"工程经验 有力有效推进乡村全面振兴的意见》（2024年1月1日），《人民日报》2024年2月4日。

性工程，具有实施的复杂性，这就要求基层党组织充分发挥党建引领优势。新形势下，把"党建强村、党建富民"的理念扎根于农村基层建设，将农村基层党建工作与农业农村现代化、扎实推动共同富裕有机结合起来，始终确保党成为实现乡村振兴的坚强领导核心。

抓党建是夯实乡村振兴根基、提升基层治理水平的根本路径。乡村振兴战略的实施与乡村治理是相辅相成的，夯实乡村治理这一根基，巩固好脱贫攻坚成果，才能固本强基，续力乡村振兴。在乡村治理过程中，农村基层党组织团结带领广大干部群众齐心协力建设美丽乡村。加强农村基层党组织自身建设，发挥好农村治理领导力量，打造"基层党建＋乡村治理"新模式，使二者有效衔接、深度融合，有助于提升乡村治理水平，加快推动实现农村社会治理现代化。

抓党建是激发群众内生动力、汇聚乡村振兴力量的根本手段。《中华人民共和国乡村振兴促进法》在全面实施乡村振兴战略要遵循的原则中明确提出："坚持农民主体地位，充分尊重农民意愿，保障农民民主权利和其他合法权益，调动农民的积极性、主动性、创造性，维护农民根本利益"[①]。坚持党在农村的基本政治路线，维护农民主体地位和各项权益，发挥好基层党组织联系群众的作用，才能激活农民内生动力，汇聚乡村振兴合力，这也是以人民为中心的发展思想在乡村振兴战略中的生动体现。推进乡村全面振兴是有效促进农村基层党组织党建工作水平持续提升的重要动力。首先，面对新形势新要求，推进乡村全面振兴对农村基层党组织的党建工作提出新的要求，只有不断加强农村基层党组织建设，才能适应乡村全面振兴的新要求，从而对农村基层党组织建设产生倒逼作用。其次，农村基层党组织建设引领乡村振兴，需要农村基层党组织建设与乡村振兴有效融合，在融合中发展、在发展中融合，形成互通互融的过程。农村基层党组

---

① 《中华人民共和国乡村振兴促进法》（2021年4月29日第十三届全国人民代表大会常务委员会第二十八次会议通过），《人民日报》2021年5月20日。

织建设以提升组织力为重点，以"党建+"平台模式为抓手，引领乡村实现经济发展、农民增收、生态整治；在抓好党建促进乡村振兴过程中，既探索建立农村现代化的治理模式和方法，又为基层党组织建设创新发展提供借鉴。再次，推进乡村全面振兴为农村基层党组织建设提供良好的发展环境。实现乡村全面振兴必然要实现农业农村现代化，实现农村治理现代化。现代化的农村治理通过构建农村党群服务中心，创新治理模式，从而有效化解矛盾问题，从而构建起生活富裕、乡村文明和谐的农村环境，为农村基层党组织建设提供高质量的发展平台。

（二）抓党建促乡村振兴的两大实践路径

抓党建引领基层治理和建设。推进农村基层党建利于农村社会治理纵深发展。基层党建引领是推进农村社会发展的关键力量。乡村社会治理涉及乡村社会生活的方方面面。就治理主体而言，人民群众是历史的创造者，农村村民是其中的重要参与力量。在多元主体参与乡村社会治理的过程中，包括各类合作经济组织、村民自治组织和企业类市场团体等，这都激发了农民参与的积极性、主动性和创造性。然而，要想整合这些力量，引领是其重要环节。就治理客体而言，在乡村社会治理中存在很多社会问题，如村民矛盾纠纷、村庄基础设施建设问题等，这些治理问题涉及的范围广、程度深、难度大，因此，必须发挥新时代基层党建的引领作用，通过利益相关者的多元主体配合治理，共同承担义务，分担治理责任。从中国共产党成立百年的光辉历程看，乡村社会的发展是坚持党的领导的结果，只有始终全心全意坚持党的领导，努力通过基层党建引领这一形式来提升乡村社会治理水平，才可能构建安定有序的乡村社会治理新格局。

抓党建引领乡村人才振兴。党的领导是中国式现代化道路的本质特征和最大政治优势，而乡村振兴是建设现代化强国的必经之路。实施乡村振兴战略不仅有利于促进共同富裕，而且关系到巩固党的执政根基。因此，无论何时何地，必须坚持党在实施乡村振兴战略中的领导核心地位。农村基层党组织必须提高政治站位和大局意识，加强自我建设，使自己成为"有效实现党的领导的坚强战斗堡垒"[①]，进而推动乡村全面振兴。人才是乡村振兴的第一资源，人才振兴是乡村可持续发展的内在要求和动力源泉。农村基层党组织要以人才振兴作为实施乡村振兴战略的重要抓手，把乡村人力资源建设放在党建工作的关键位置，多措并举，培育一支"懂农业、爱农村、爱农民"、能够担当乡村振兴使命的乡村人才队伍。

（三）抓党建促乡村振兴面临多方挑战

挑战之一：基层党组织领导核心能力还不够突出。基层党组织领导核心能力不突出制约了农村基层党组织的社会号召力。全面推进乡村振兴，要求最大限度地、最广泛地动员一切力量，形成推进乡村振兴的合力。当前部分农村基层党组织难以激发和调动各类群体参与乡村振兴的热情，出现社会号召力不足的现象。比如，农村基层党组织在"两新"组织中的引领作用发挥不够。新经济组织与新社会组织作为新兴的社会力量，在乡村发展、乡村建设、乡村治理中发挥的作用越来越突出。在全面推进乡村振兴的新发展阶段，提升农村基层党组织社会动员力的一个重要方面就是提升党组织在"两新"组织中的有效覆盖率，增强党对"两新"组织的指导。当前农村基层党组织在"两新"组织中的有效覆盖率明显偏低，同时在经济、政治、文化、社会、生态等方面发挥的引领指导作用有限。基层党组织在"两新"组织中偏低的覆盖率和覆盖质量使得党组织对"两新"组织难以实现有力的领导，从而严重制约了基层党组织社会动员力的提升，导致"两新"组织在乡村振兴、履行社会责任等重点工作中没有体现出应有的责任与担当。再比如，乡村振兴过程中发挥农民主体作用不够。广大农民是乡村振兴的主体，坚持农民主体地位是实施乡村振兴战略的基本原则。乡村振兴要靠广大农民奋斗。但一些地方，各级政府都出台了大量的乡村振兴战略规划，在产业建设、农村环境治理、农村基础设施建设等方面都

---

① 《习近平著作选读》第 1 卷，人民出版社 2023 年版，第 55 页。

投入了大量的精力，可农民群众的反应却非常平淡，参与积极性不高，出现"剃头挑子一头热""政府拼命干，农民一边看"的问题，这既有农民"等、靠、要"的依赖思想和"安贫守贫"认命心理的原因，但很大程度上又是因为政府工作和群众需求脱节，乡村振兴的政策举措和农民生产生活关联性不强，干部没有干到点子上，更没有干到群众心坎上。群众对此不关心、不看好、不信任。

挑战之二：基层党组织党员干部素质还不够强。第一种表现在思想观念落后、政治思想素质不适应发展要求。农村党员干部学习理论知识的自觉性不高，对重要思想缺乏系统、深入、完整的学习、理解和掌握。由于理论上的不成熟，导致贯彻执行党的政策时不到位，出现偏差甚至是失误；思想观念保守陈旧，市场经济和科技意识不强，面对激烈的市场竞争，无所适从，带头致富的意识和能力较弱。从整个农村来看，党员的生活水平只处于中间甚至偏下水平，有小部分党员仍处于相对贫困状况，在群众中造成了"党员不如群众"的负面影响；缺乏进取精神，有的乡村干部小富即安，不思进取，不求有功，但求无过，工作上得过且过，缺乏领导和带领群众致富的进取精神；存在"等、靠、要"的依赖思想。第二种表现在乡村干部管理水平低、工作方式不适应农村经济的发展要求。一些乡村干部由于文化基础差，又不重视学习，管理水平得不到提高，工作缺乏市场意识、创新意识，工作思路不清，视野不宽，在贯彻执行中央、省、地有关农村政策上缺乏创造性，照搬照套。随着市场经济的发展，一些干部的独断专行与农民参与管理的要求产生了尖锐矛盾，缺乏科学民主的工作作风，不能为农民提供有效的信息、科技服务和必要的管理经验。有的干部工作方法简单粗暴，不善于解决问题，对国家政策理解不深、宣传不够，造成干群关系紧张。有的干部不注意掌握乡情、村情，调整农业产业结构、帮助农民增产增收拿不出有用的"招法"。第三种表现在基层党组织管理监督等相关制度不健全。比如，当前农村在监督管理机制上存在着诸多漏洞，使得群众无法对党员干部进行有效监督。民主监督是村民在自治过程中应享受的基本权利，也是实现村民自治最有效的方法，但是许多的村民会自动放弃监督的权利。对村干部的监督仅仅是通过村民监督或者是上级领导的监督，而纪检监察部门非常难以将工作延伸到村级。由于监督管理机制中对党员的针对性和全面性覆盖率低，特别是在党员工作时间之外的监督没有形成有效的机制。只有通过全面拓宽监督的领域，才能从根源上防止党内不良风气的蔓延。第四种表现在监管方式落后且监管模式较为单一。在农村基层，组织部门的党建管理工作，民政部门的社会工作，纪检部门处理违纪违法工作，使用的监管方式比较单一，直接导致村级管理中出现多头的管理，如果出现违纪的事件，各个部门协调沟通不足，很容易出现无头管理，这就使上级部门监管成为一个空架子。

挑战之三：监督管理制度有待完备。首先，制度化建设薄弱。我国农村社会自治的制度建设整体情形不容乐观，受传统农村社会条件的影响，法治体系建设仍是薄弱环节，缺乏相应的制度保障，村级依法自治、依法行政的自觉性不够，没有充分认识到依法自治、依法行政的重要性和紧迫性。其次，村民自治制度的监管作用发挥不够。在农村最高的监管机构是村民会议，但在实际生活中，缺乏相关配套制度的保障，实际却是没有落实监管。再次，基层群众性自治组织与基层政府之间多存在职能定位不清、职责分工模糊等问题，导致职能错位、越位，甚至胡乱作为的现象，加上农民的主人翁意识明显缺失，使得对党员干部的监督管理存在盲区。最后，关于资金监管的问题，村级财务的管理机制流于形式。虽然在形式上建立了财务管理机制，并且形成了理财专门小组，实质上在真正实施监管时，总是会力不从心，甚至出现了由于人员长期出差，这个机制形同虚设的情况。因此，建立健全农村财务监督管理制度是十分有必要的，同时也是当下农村财务基层建设的重中之重。

三、推进抓党建促乡村振兴的路径探索

（一）全面提升基层党组织的领导力和战斗力

农村基层党组织作为农村各种组织和各项工作的领导核心，提升其领导力是实施乡村振兴战略的题中之义。而如何提升农村基层党组织的领导力和战斗力，如何巩固拓展脱贫攻坚成果，如何全面推进乡村振兴是实施乡村振兴战略亟待解决的问题。

优化组织体系建设。 增强政治功能，提升农村基层党组织政治领导力，充分发挥农村基层党组织对于全面实施乡村振兴战略的政治引领作用，必须要解决部分农村基层党组织存在的软弱涣散问题。要按照有利于加强党的领导、有利于开展党的组织生活、有利于党员教育管理监督、有利于密切联系群众的原则，调整优化农村基层党组织设置方式，以确保对每一名党员都能实施有效管理，尤其是对大量外出务工的流动党员要管理好服务好。要善于运用网络信息技术、数据资源等现代管理方式建立党员的动态管理体系，切实解决农村基层党组织"人找组织难"和"组织找人难"的突出问题。同时，要结合乡村社会生产生活实际开展党组织活动，严格组织生活，严明组织纪律，不断提升党组织活动实效性，高质量地将乡村振兴战略的决策部署在农村基层全面贯彻落实。

加强农村基层党组织领导班子建设。 实践证明，脱贫攻坚成果能否巩固，乡村振兴战略能否有效推进，农村基层党组织的战斗堡垒作用能否充分发挥，关键是要选优配强农村基层党组织领导班子，尤其要选优配强村党组织书记。要注重从致富能手、产业大户、大学生"村官"、返乡创业农民工、复员退伍军人等党员中把思想政治素质好、有能力、敢担当、作风实、品德好的选拔培养成农村基层党组织带头人，为乡村全面振兴育优配强"掌舵人"。

提升农村党员干部的政治素养。 要强化经常性的政治学习和理想信念

教育，坚定农村党员干部的政治信仰，着力解决部分党员干部政治意识不强、组织观念淡化、精神不振、党员的先锋模范作用发挥不足等问题。要加强党的作风建设，加大基层腐败惩处力度，建立健全农村权力运行监督制度，持续整治侵害农民利益的不正之风和群众身边的腐败问题。在改进党员干部的作风中提升农村基层党组织政治领导力，领导农民群众为实现乡村全面振兴而奋斗。

（二）全面提升基层党员的能力水平

将理论学习与实践学习相结合，通过多样化培训方式强化基层党员业务素质。

在理论培训方面，深入实施习近平新时代中国特色社会主义思想教育培训计划，按照学习贯彻党的二十大精神等部署，对党员干部进行多层次全覆盖的学习培训。举办乡镇领导干部、村党组织书记专题轮训班，推动基层党员干部政治素养和理论水平高速高质提升。

在实践培训方面，深化"一抓两整"示范县乡创建行动，创建党建示范村。在不同镇（乡）、村打造了一批基层党建引领乡村振兴示范点，如先锋农场、露营基地、特色种植基地等，并形成了基层党建引领乡村振兴的多样化实践经验。

统筹各类宣讲资源，打造"送学上门"的党员培训模式。组建市级宣讲团，增强党员教育的精准性、实效性，并与各乡镇（街道）、村（社区）宣讲小分队形成理论宣讲"联盟"，围绕政治理论、业务素质、产业技能等主题开展"送学上门"理论宣讲活动。打通了党员培训的"最后一公里"，以"入门、入耳、入脑、入心"的方式推动基层党员进一步学习党的理论，掌握党的方针政策，促进其业务能力与实践能力的持续提升。

（三）全面提升党建引领强度、有效度

不断增强制度的实效性。 实行细化监管规章和制度，明确党员干部管

理监督机制当中存在的不足之处，进而加大优化和改进的步伐。

强化监督执纪。 正风肃纪工作的触角要向基层延伸，加大对征地、拆迁、信访等工作的查处力度，强化对权力运行机制的监督，进一步健全有效的监督机制，特别是要探索出智能化的监督形式或者是民主监督的有效渠道，切实将权力关进制度的笼子里。明确领导班子的监督责任，积极主动配合监督工作的推行。强化干部群众的监督管理工作。

（四）全面提升乡村振兴人才培养效果

2024年中央一号文件明确，培养壮大乡村振兴人才队伍包括培养农业科技创新人才、农村产业经营管理人才、农村基层治理人才、农村生态保护人才。

为了培养壮大乡村振兴人才队伍，中央相关文件提出了一系列有力的措施：一是加大对农村人才培养的投入。各级政府要加大对农村人才培养的经费投入，提高农村人才培养的质量和效益。二是优化农业科技创新人才培养机制。要建立完善的农业科技创新人才培养机制，通过设立奖励机制、培训计划等方式，吸引更多的人才从事农业科技研究和创新。三是加强农村产业经营管理人才培养。包括开展培训班、设立专门的职业学校等方式，提高农村产业经营管理人才的素质和能力。四是优化农村基层治理人才培养模式。要探索建立科学合理的农村基层治理人才培养模式，通过培训、实践等方式，提高农村基层治理人才的素质和能力。五是加强农村生态保护人才培养。通过设立专门的环保培训机构、加大生态环境保护专业人才的引进等方式，提高农村生态保护人才的素质和能力。

（五）全面提升党的基层组织引领乡村治理的能力

健全以党组织为领导的村级组织体系。 畅通村级党组织负责人能上能下的机制。探索从高校毕业生、机关企事业单位、乡镇党员干部中选派村党组织书记；健全从优秀村党组织书记（不是村委会主任，不是村级集体经济组织带头人）中选拔乡镇领导干部、考录乡镇机关公务员、招聘乡镇事业单位编制人员制度，或者基层执行职级并行制度扩大到村党组织书记，打通优秀村党组织书记的上升渠道。要从严落实基层党建责任制。健全农村基层党建考核评价体系，认真落实"三会一课""民主评议党员"等制度，把全面从严治党的责任承担好、落实好。在基层党组织领导下，探索明晰农村集体经济组织与村民委员会的职能关系，有效承担集体经济经营管理事务和村民自治事务，实行政经分开制度。

完善农村基层党组织领导下的村民自治组织和集体经济组织运行机制。可全面推行村民委员会等村级其他组织向党组织定期报告工作制度、党员村委会主任任村党组织副书记制度。建立村党组织提名村委会委员、主任候选人制度。提倡由非村民委员会成员的村党组织班子成员或党员担任村务监督委员会主任，村民委员会成员、村民代表中党员应当占一定比例。依托农民专业合作经济组织、村民理事会等"两新"组织设立党的基层组织，扩大党的工作覆盖面，在生产、加工、销售等各种产业链上，设立党支部或党小组，增强党员活动的同质性，延伸党建工作触角。

健全村级重要事项、重大问题由村党组织研究讨论机制。提倡村党组织书记由县级党委组织部门备案管理。全面推行村党组织书记目标责任管理制度，探索建立基层民主科学决策、矛盾调解化解、便民服务和党风政风监督检查等制度，巩固党在农村的执政基础。

完善"四议两审两公开"工作机制。在"四议两公开"基础上增加"两审"程序。一是村务监督委员会审核。在村级党组织领导下，村务监督委员会按照有关程序对决策、实施过程进行全面审核审查，对决议事项进行事前、事中、事后的全程监督；二是村党组织审批。村党组织对决议事项进行审批执行。"四议两审两公开"通过制度性安排，用提议权、审批权实现党组织的全面领导、全过程领导，体现了党组织的把关定向作用。

建立健全党组织领导的自治、法治、德治相结合的乡村治理体系。在农村经济、政治、文化、社会各个发展领域及时跟进党组织设置工作，注重整合社会管理资源，充分发挥农村民间组织的作用。村党组织可进一步下沉到组，以村民小组或连片自然村寨为单元，探索和创新"党组织+"模式，党员人数超过3人的成立党小组，将基层党组织设置由原来的"乡镇党委—村党支部（总支）"向"乡镇党委—村党支部（总支）或联村党支部（总支）—联组党支部（村民党小组）或联业党支部（联业党小组）"延伸，扩大党的组织和工作覆盖面，建强村民小组的党组织战斗堡垒。同时，明确党小组为村民小组或自然村发展的核心，破除依靠强人和资本主导村治的路径依赖，强化基层党组织联系群众、服务群众的能力，有效解决党建工作和基层治理"两张皮"的问题。

案例 9

以党的建设引领县域高质量发展促进乡村全面振兴的饶河实践

自2021年以来，黑龙江省双鸭山市饶河县积极落实党中央巩固拓展脱贫攻坚成果、全面推进乡村振兴的决策部署，坚持加强和完善党的领导，坚持以党建品牌建设引领县域高质量发展和边疆乡村振兴，通过落实"七域四化五领"党建提升工程、大力实施"双五"工程、深入开展"百局联百村"活动等一系列富有成效的探索，系统优化了党组织建设的工作体系，切实加强了党对乡村振兴的全面领导，充分发挥了组织振兴对乡村振兴的推动作用，具有较强的借鉴意义。

一、饶河党建引领全面推进乡村振兴的难点分析

在全面打赢脱贫攻坚战的过程中，饶河县各级党组织的执政能力和治理水平得到了锻炼与提高，"三农"工作制度体系建设愈发完善，农村基层党组织建设明显加强，党群干群关系更加密切，党在农村的执政基础更加牢固。然而，在农业农村发展形势快速变化的条件下，面对实施比脱贫攻坚对象更广、范围更宽、任务更重、困难更大的全面推进乡村振兴这一历史任务，饶河县在提升党的建设水平和引领功能、改善党领导县域发展和乡村振兴的体制机制等方面仍面临着不少的挑战。

第一，部分基层党员干部的思想认识存在分散性和盲目性。脱贫攻坚和乡村振兴虽然同属"三农"领域的重大战略，但二者在任务目标、对象范围、标准要求、实施周期等诸多方面都存在着较大差异，可以说，脱贫攻坚是乡村振兴的先决前提，乡村振兴是脱贫攻坚的目标递进。然而，由于对"三农"工作重心历史性转移的定位不清晰和对全面推进乡村振兴的认识不充分，饶河县部分基层党员干部在实际工作中，无论在政策把握还是在具体实践方面，都存在一定的困惑。个别同志粗略地将乡村振兴与脱贫攻坚等同起来，认为乡村振兴就是继续扶贫，还有个别同志沉醉于脱贫攻坚的胜利，认为乡村振兴是轻轻松松就可以完成的。事实上，习近平总书记早在2019年4月重庆考察期间就曾指出，一些脱贫县在"脱贫摘帽后工作放松，有的摘帽县出现撒摊子、甩包袱、歇歇脚的情况，有的摘帽县不是把精力物力用在巩固成果上"，还"有的转移重心、更换频道"[①]。总书记的上述判断在饶河部分基层党员干部的衔接

---

① 习近平:《在解决"两不愁三保障"突出问题座谈会上的讲话》，《求是》2019年第16期。

实践探索中均有不同程度的呈现。可以想见，如果不能解决基层认识上的"零散化和碎片化特征"，"如果不能实现乡村振兴与脱贫攻坚系统而有效的机制衔接，不仅会导致重复建设和资源的浪费，而且可能会给农业农村工作带来较大的问题"①。

第二，各级党组织的建设水平和引领能力仍需加强。自脱贫攻坚以来，饶河县各级党组织的政治功能更加凸显、工作推进更加有力，但面对"三农"工作水平要求更高的全面推进乡村振兴，饶河县在党建思路、党建创新和党建设置等方面上仍存在一些不足，主要包括：各级各部门各领域的党的建设工作各自部署、分别实施，没有形成系统性合力；党建创新能力不足，实践载体不明确，工作覆盖面和影响力有待强化；党的工作作风建设尚未形成常态长效的推进机制，部分党员干部开拓意识、竞争意识、带头意识仍需加强；党员干部队伍的能力建设不到位，部分干部存在本领恐慌，特别是运用系统观念推动工作的能力不足等等。这就要求饶河县必须着眼于构建大党建体系，进而在更深层次和更广范围全面提升党组织领导力、组织力、号召力，为全面推进乡村振兴提供坚强保证。

第三，农村基层党组织仍存在行政化、形式化风险。一方面，一些脱贫村的基层党组织在历经精准脱贫工作后，无论是领导能力还是治理水平都有了很大提升，甚至明显优于非脱贫村，而一些非脱贫村则因早期积累的发展优势不再明显，从而在村庄治理方式和乡村建设实践等方面缺乏经验和活力；另一方面，一些农村基层党组织无法处理好自上而下地完成社会治理任务与引导和服务好基层工作之间的关系，更偏向于按照科层式的思路进行治理，不仅抑制

---

① 豆书龙、叶敬忠：《乡村振兴与脱贫攻坚的有机衔接及其机制构建》，《改革》2019年第1期。

了基层党建的创新可能,还降低了基层党建与乡村发展、乡村治理、乡村建设的融合程度。此外,一些农村党员的先锋模范作用没有充分发挥,对于在乡村振兴中带领和团结群众奔向更美好生活缺乏热情或无从着手。这些都必须认真改进和解决。

第四,饶河乡村社会所呈现出来的新的治理格局要求党的建设和党的领导工作予以及时回应与调整。不同于脱贫攻坚的对象是贫困群众、标准是"两不愁三保障",乡村振兴的对象扩展至全体农村人口,总要求则是更全面更高标准的"产业兴旺、生态宜居、乡风文明、治理有效、生活富裕"。这就意味着,实施全面推进乡村振兴的总体导向应从短期快速脱贫转向长期可持续发展,政策供给应从特惠特殊人群转向普惠全体农民,实现方式应从专项扶贫工作转向城乡融合发展。可以说,脱贫攻坚转向乡村振兴所呈现出的"由点及面"的特征[1],要求其必须着眼于县域整体治理。另一方面,饶河乡村社会的治理条件、资源禀赋、主体情况和工作方式等方面都面临着一些具体的现实性困境,如饶河县地处偏远,交通闭塞,加之受国家级、省级自然保护区禁限开发的影响,农业产业占比达70%左右,工业仅占4%左右,如何有效促进县域内一二三产业融合进而带动农村发展是一个亟待解决的问题;再比如第七次全国人口普查显示饶河县全县总人口下降了12.77%,而在乡村中不仅人口流失情况更为严重,还存在着城乡两栖、半工半耕等新现象,这显然会给乡村人力资源的凝聚和乡村治理资源的承载带来困扰。总之,饶河乡村社会所呈现出来的新的治理格局,需要党的建设和党的领导工作及时作出回应与调适,发挥党建的引领功能与政治功能,从

---

[1] 王文彬:《由点及面:脱贫攻坚转向乡村振兴的战略思考》,《西北农林科技大学学报(社会科学版)》2021年第1期。

县域层面实现对乡村治理结构的嵌入与整合。

二、饶河县以党的建设引领县域高质量发展促进乡村振兴的做法与成效

实现乡村振兴，关键是要强化党建引领，全面提升党对县域治理和农村工作的领导水平。自2021年进入全面推进乡村振兴的新阶段以来，饶河县在沿用党建引领脱贫攻坚的既有体制机制的同时，因地制宜、因时而变，针对党建薄弱环节和现实治理需要，在完善党领导县域发展的体制机制、强化基层党组织的乡村治理功能、提升基层党员先锋模范作用等方面进行了很多探索，着重通过创建县域党建品牌、提高党建精准性和有效性、实施"双五"工程等措施，全面加强了党的集中统一领导，及时确保了"三农"工作领导体制、工作体系、规划实施、项目建设和考核机制的衔接，有效推动了党的组织建设与巩固拓展脱贫攻坚成果、全面推进乡村振兴的紧密结合，为新时代以县域高质量党建引领边疆乡村振兴提供了较好的范例。

（一）以党建品牌创建推动党建引领县域高质量发展

首先，谋划党建创新，创建"船歌向党"边疆县域党建品牌。饶河县委认为，党组织凝心聚力要有抓手，这个抓手既要彰显县域特色、有突出主题，又要有丰富内涵、有鲜明辨识度，既要调动党员主动性、有广泛群众基础，又要传递时代价值、有传播效能，因此用品牌化思路推进县域党建工作，培育创建县域边疆特色党建工作品牌，应该成为提升党组织建设水平、领导能力和组织形象的可行路径。根据这个思路，2022年8月15日饶河县出台了《关于创建"船歌向党"边疆党建品牌的实施方案（2022年—2024年）》，

积极打造弘扬伟大建党精神、助推兴边富民思想和行动的"船歌向党"边疆特色党建品牌，切实激活了党的建设这一引领县域高质量发展的"第一引擎"，为建设生态、宜居、开放、活力、富裕新饶河提供了坚强的组织保障。正如饶河县委常委、组织部部长谭志成所说："我们打造的'船歌向党'党建品牌，以'船歌'体现《乌苏里船歌》歌曲诞生地的边陲小城特色，体现饶河人民固守边疆的奉献精神，以'向党'彰显饶河人民的政治忠诚。"[①]

其次，聚焦党建短板，推动党建领域和党建载体全覆盖。为深入推进党建品牌创建，饶河县立足边境实际、县域禀赋和发展思路，确立了"一领域一载体"的党建标准，着重强调党建领域全覆盖、党建载体有活力和党建内容有针对性。在"三农"工作领域实施"双五"工程，解决乡村振兴发展瓶颈问题；在县城治理领域实施"情暖乌苏"工程，解决城市基层党建统筹推进不够、联驻联建联治联享未形成常态问题；在党政机关中实施"三转一增"工程，解决能力作风不实、营商环境不优问题；在事业单位中实施"敬业在边城"工程，解决甘于奉献意识弱、专业不精问题；在企业和社会组织中实施"兴边有我"工程，解决有效覆盖不全、发展乏力问题；在离退休干部中实施"乌子霞光"工程，解决服务管理缺位、作用发挥不强问题；在稳边固边工作中实施"联建戍边"工程。

再次，推进党建深化，实施"七域四化五领"党建提升工程。品牌创建、领域覆盖、载体创新的目标都是通过党建工作引领和推动县域经济社会的全面发展，这就要求把"船歌向党"边疆县域党建品牌体系建设工作同生态立县、经济发展、基层治理、乡村振兴等重点工作有机结合，围绕县域发展和县域治理的全局开展党建活

---

① 《饶河县"船歌向党"赋能兴边富民》，《黑龙江日报》2023年5月24日。

动、落实党建任务。为此，饶河县于2023年4月7日接续出台了《关于进一步深化"船歌向党"边疆党建品牌的实施方案》，在继续强化载体落实的基础上，提出实施团队化建设、项目化推进、等级化评估、品牌化创建等"四化"推进方式，并采用"全闭环链条式"的模式予以高效推进。此外，为进一步明确以"船歌向党"品牌创建嵌入和引领县域经济社会建设这一核心目标，还提出了引领乡村振兴提速、引领治理效能提升、引领经济质效提升、引领民生事业水平提升、引领边疆和谐安宁等增强"五领"效能、实现"融中心润民心"促进发展的具体任务导向。上述包含了"七域四化五领"的党建举措，让"船歌向党"党建品牌建设内涵可解读、任务可分解、实践可操作，真真正正把党建质效转化成了高质量发展动能。

最后，严格党建考评，推动党建工作深度融入县域发展各项事业。以高质量党建引领县域高质量发展的关键，在于使党建工作与县域发展、县域治理的各项具体工作目标同步、部署同步、考核同步。为此，饶河县着重在督查指导、考评问效上下功夫，通过全面梳理党建工作与业务工作的结合点和关键点，将推动县域各项事业发展的任务目标分解细化为七个党建载体的工作重点，并构建了一套指标细化明确、考核手段丰富、七个党建载体各自有量化评价标准的党建绩效考核评价体系。同时，饶河县委将推进各领域党建载体创建活动作为党委、党组书记抓基层党建述职评议的重要内容，成立专项考评组，定期深入各基层党组织进行督查考评，通过实地查看、查阅资料、听取汇报、党员群众民主评议等方式，对重点目标任务落实情况进行综合考核评估，将其结果与领导干部政绩考核、提拔任用以及村（社区）干部报酬挂钩。对落实成效明显、创新工作亮点突出的，每年按照全县党委（总支）、党组总数15%左右的比例予以表彰奖励。通过把"船歌向党"融入具体工作全过程，并且变成看得见、摸得到的台账式管理和联动式考核，饶河县不仅构建了以高质量党建引领县域高质量发展的可行机制模式，还使二者在融合发展中统筹推进、相互促进。

（二）以党建精准发力实现县域高质量发展带动乡村振兴

第一，深化能力作风建设，提升县域治理现代化水平，带动乡村振兴发展。针对部分党员干部思想解放不到位、认识水平不到位、能力提升不到位和作风转变不到位的问题，饶河县委成立全县深化能力作风建设领导小组并推出了《饶河县巩固提升能力作风建设成效工作实施方案》，由县委班子成员分别牵头成立了解放思想专项组、重大决策部署督办落实专项组、政法专项组、服务民营经济高质量发展专项组、监督问责专项组等多个专项工作组，针对10个领域的专项行动重点难点任务形成系统化问题清单，建立工作例会制度、实地调研制度、问责通报制度，以目标具体、责任到人的方式逐项改进。以解放思想专项行动为例，2023年上半年扎实开展"充电星期六"学习活动、"一人一课"活动10余场次，带动全县各党委（党组）开展解放思想研学240场次；制定了《饶河县解放思想工作问题台账》，共查摆产业结构、发展定位、改革推进、思想束缚、营商环境等方面问题45个，制定整改措施109条，预期取得成果84个；聚焦群众急难愁盼问题，开展"解放思想办实事"实践服务活动161次。通过一系列巩固提升能力作风的专项措施，饶河县广大党员干部中掀起了一股自我学习、自我批评、自我提升、自我改进的浓厚风尚，党员干部们对推动县域发展、实施乡村振兴的认识高度提升了，坚持系统思维、锻造硬核本领、服务乡村振兴的能力水平提升了，服务广大群众、解决急难愁盼、敢于攻坚克难的责任意识提升了。

第二，落实"边城聚才"政策，提升县域引才聚才水平，汇聚乡村振兴力量。有学者用村落"过疏化"这一概念，来描述因乡村人口数量减少而引发的村组织及邻里支持系统弱化、生产互助体系消解、村落公共服务崩坏等一系列导致乡村社会走向衰落的现象，而化解"过疏化"风险主要是通过"联动"策略激活村落的社会性。[①] 其中，捋顺县—乡（镇）—村的联动关系，运用好县城的辐射带动作用是关键。这就需要"加快完善县域人才政策，提升县域人才引聚质量，带动更多资源要素向县域集聚"[②]，进而实现乡村人才振兴。以此为着眼点，饶河县委将引贤聚才作为党建引领县域高质量发展促进乡村振兴的重要工作来抓，由县委、县政府出台了《饶河县"边城聚才"政策27条（试行）》，针对各类人才在饶河工作期间的住房安家、生活补贴、职称职级、就医就学、配偶安置等诸多事项均予以政策保障。2023年上半年，饶河为落实全县人才待遇共使用资金137万元，使298名"边城英才"享受政策待遇并切实受惠，充分营造了使人才在饶河安身安业安心的优良环境，强化了乡村振兴的人才支撑。

第三，完善帮扶制度体系，提升县域资源整合水平，凝聚乡村振兴动能。我们之所以能够高质量全面打赢脱贫攻坚战，宝贵经验之一是以党建为先导，依托党组织严密的组织体系和高效的运行机制，通过充分发挥各级党组织的牵头、搭桥作用和共产党员先锋模

[①] 田毅鹏、闫西安：《过疏化村落社会联结崩坏对脱贫攻坚成果巩固拓展的影响——基于T县过疏化村落的研究》，《南京社会科学》2021年第7期。

[②] 周湘智：《突破县域发展"人才瓶颈"》，《光明日报》2022年12月25日。

范作用，构建了一个庞大的帮扶体系。进入全面推进乡村振兴阶段后，深入开展党建帮扶，做好帮扶制度体系的衔接与优化，依旧是实现农业农村现代化目标的重要保证。为此，饶河县委、县政府推出了《关于在全县开展"百局联百村"活动三年实施方案》，针对各乡镇、村的不同实际，依托各党政机关、群团组织、事业单位的不同优势，以"双五"工程为核心，坚持科学分类结对、锤炼能力作风和强化监督落实，通过联村单位与被帮扶村落党组织的"联动联建"，找准党建工作的共同点和协调发展的共赢点并使之联责任、联目标、联工作，进而推动产业发展"联动联谋"、生态宜居"联动联做"、文明乡风"联动联创"、基层治理"联动联抓"、生活富裕"联动联享"。另一方面，饶河县委还部署了《饶河县聚焦"驻村帮扶工作质效提升"实施方案》，进一步明确了驻村工作建强组织、兴村富民、加强治理、为民服务等四项职责，健全了工作例会、考勤请假等六项制度，完善了月度考核、年终考核、结果运用等三项机制。上述党建帮扶措施进一步促进了党建工作与帮扶工作的深度融合，有效统筹了帮扶制度体系的规划布局、政策资源和工作保障，为构建饶河城乡联动发展的新格局提供了坚实组织基础。

（三）以"双五"工程保证农村基层党建嵌入乡村振兴实践

全面推进乡村振兴，必须充分发挥农村基层党组织在乡村产业发展、基层公共服务、村落日常事务等各项工作中的领导作用和引领职能，这就需要加快构建党建引领的乡村治理体系，以基层党组织建设和党的领导筑牢乡村振兴的政治保障和组织保障。其中的关键问题有三，一是如何优化农村基层党组织建设体系，扩大其对乡村振兴各项事业的"有形覆盖和有效覆盖";二是如何"抓实建强农村基层党员干部队伍","切实发挥广大农村党员在乡村振兴中的先锋模范作用";①三是如何积极创新农村基层党组织设置形式,因地制宜地构建一系列各具特色的乡村振兴基层战斗堡垒。围绕上述三个问题,饶河县以化解农村基层党组织行政化、形式化风险,推动农村基层党建全面提升为目标,在"船歌向党"边疆县域党建品牌体系建设的总体思路下,创新实施了"双五"工程,加速推动解决制约乡村振兴、乡村发展的各项问题。

一方面,以深入实施"双五"工程为抓手,健全农村基层党组织领导下的乡村治理机制。为进一步增强农村基层党组织政治功能,饶河县委提出在农村开展争创"五型"红旗村党组织和"五星级"党员工程(简称"双五"工程),其中,"五型"红旗村党组织标准是"优特引领"促产业兴旺型红旗村、"党员带头"促生态宜居型红旗村、"乡贤带动"促乡风文明型红旗村、"村干善治"促治理有效型红旗村、"多元增收"促生活富裕型红旗村,"五星级"党员标准是遵章守纪、共同富裕、无私奉献、正义和谐、文明新风。这里需要强调的是,"双五"工程中的每一型与每一星都是根据饶河乡村振兴重点任务指标来进行评比考核的。如评选"优特引领"促产业兴旺型红旗村,需要考察村农业产业化经营、特色产业发展以及村集体产业三方面的情况,包括农民专业合作社的打造、管理、产值以及吸纳本村劳动力就业,特色种植养殖产业的发展规划、利益联结与带动效应,庭院经济的覆盖和增收,村集体产业的经营项目、年均增长幅度、"三资"清理、债务化解以及新增资源

---

① 周永伟、李彦霖:《新时代农村基层党建引领乡村振兴:价值意蕴、现实困境与实践进路》,《宁夏社会科学》2023年第2期。

收费率等共12个指标项。此外，饶河县委每年还根据乡村振兴重点工作的变化情况对"五型"红旗村党组织每一型具体考核细则作出相应调整，经综合考核评价报县委审议后确定每一型红旗村党组织和"五星级"党员，实行动态管理，并与村干部奖金和党员评先评优挂钩。通过深入实施"双五"工程，饶河县农村基层党员干部的思想认识更加统一，对于为什么要全面推进乡村振兴、如何全面推进乡村振兴有了更深层次的领悟，每一个农村基层党组织和每一位农村党员对于干什么、怎么干、如何评、如何干得好都有了更为清晰一致的理解，且初步形成了业绩导向、争先创优、耻居人后的党建引领乡村振兴的治理机制和浓厚氛围。

另一方面，以乡村党建品牌创新为突破口，因地制宜培育农村基层党建特色模式。实施"双五"工程是结合饶河区域特点和乡村振兴任务目标，从县域层面统筹部署、推动形成的农村党建模式。而饶河作为一个抵边村、少数民族村、城乡接合部村、人口稀疏村等各种村落类型交错共存的边境县，在农村基层党组织建设上必然不能只强调垂直性和一致性，还应着力凸显开放性和多元性。为此，饶河县委在"船歌向党"边疆县域党建体系的总体思路下，依托"双五"工程，积极鼓励各级基层党组织创建党建品牌、创新组织设置。以饶河县饶河镇昌盛村为例，该村树立"红色蜂巢"村级党建品牌，寓意村党组织和党员像蜂巢一样，紧密团结带领群众实现共同富裕，通过大力实施基层党建铸纯思想之基、铸牢基层之本、铸实争先之旗的"三铸"工程，并且坚持"产业发展到哪里，党组织就建到哪里，党的工作就跟进到哪里"的党建工作思路，昌盛村党支部积极引领村落产业融入全县"乌苏里船歌"百里黄金旅游带建设，全力打造农文旅融合产业特色村，在推动产业兴旺、促民增收、环境整治、乡风文明等方面取得了良好的效果，昌盛村也先后被授予省级美丽家园示范村、双鸭山市党建工作示范村等荣誉称号。

三、饶河县以党的建设引领县域高质量发展促进乡村振兴的经验启示

2021年以来，饶河县围绕党建引领巩固拓展脱贫攻坚成果、全面推进乡村振兴进行了一系列有益探索，在县域层面全力构建富有饶河特色的边疆县域党建体系，以党的建设引领县域高质量发展和乡村全面振兴，创新和优化党对县域治理和"三农"工作的领导方式，促进党的领导与乡村发展、乡村建设、乡村治理各项事业有机融合，不断提升农村基层党组织的富村强民水平，这些措施对于进一步完善新时代党建引领乡村振兴工作具有较强的启示意义。

（一）以党的建设统筹推进县域发展和乡村振兴

随着中国特色社会主义进入新时代，在实现中国式现代化的进程中，我国发展最大的不平衡是城乡发展不平衡，最大的不充分是农村发展不充分。为此，党中央从统筹中华民族伟大复兴战略全局和世界百年未有之大变局的高度，作出全面推进乡村振兴的重大决策部署。振兴乡村，不能就乡村论乡村，而是要着眼于县域发展建设全局。要知道，新时代的县域发展在我国经济社会全面高质量发展的总体布局和运行结构中发挥着重要作用。截至2021年年底，我国内地（大陆）共有县域1866个，占全国国土面积的90%左右，占中国内地（大陆）人口和GDP比重分别为52.5%和38.3%。[①] 县还是我国国家结构和治理体系的基本单元，党的十八大以来，我国打

---

① 《〈中国县域高质量发展报告2022〉发布》，《中国企业报》2022年8月2日。

赢脱贫攻坚战、实施乡村振兴战略、推进新型城镇化建设等无一不需要在县一级承上启下、传导落实。与此同时，促进县域发展、推进乡村振兴都必须加强党的集中统一领导，只有坚持不断完善党的建设，提高党的领导的全面性、系统性、整体性，才能统筹优化县域发展和乡村振兴各项政策的落实机制。因此，摆布好处理好党的建设、县域发展以及乡村振兴三者之间的关系，是当前阶段推动新型城镇化、新型工农城乡关系建设以及农业农村现代化同步发展的关键。

从饶河的做法来看，其基本发展思路是牢牢把握县域视野对于全面推进乡村振兴的重要意义，以习近平总书记重要论述为指引，从县域高质量发展引领乡村振兴的维度通盘谋划党的建设、全面加强党的领导。饶河之所以从县域党建出发强调以县域高质量发展推进乡村振兴，看似有工业扩张受限、人口流失严重因此必须走生态立县、农文旅融合、商业体系建设等县域资源整合之路的现实需要，但从新时代党的建设规律以及县域治理的特点和规律出发，饶河思路正是对通过党建引领把强县和富民统一起来、把改革和发展结合起来、把城镇和乡村贯通起来，推动形成工农互促、城乡互补、协调发展、共同繁荣的县域内城乡融合发展格局的发展路径的准确把握、必然选择和实践范本。具体而言：其一，以习近平总书记重要讲话精神作为科学指导和根本遵循。饶河准确判断党建工作所面临的新形势、新问题、新任务，牢牢把握党建引领县域高质量发展全面推进乡村振兴这一前进方向，不断在各领域突破发展瓶颈、取得建设成就，靠的是把学习贯彻习近平总书记重要论述、重要指示、重要讲话精神作为重大政治任务抓紧抓好。通过学好用好、融会贯通习近平总书记关于党的建设的重要思想、关于脱贫攻坚重要论述、关于"三农"工作重要论述、关于强边固防重要论述、关于生态文明建设重要论述以及习近平总书记在黑龙江考察调研时重要讲话和重要指示精神等，饶河县委、县政府带领全县党员干部武装了头脑、增强了本领，找到了新时代兴边富民、振兴乡村的可行路径，以深入推进新时代县域党建把思想和行动统一到了县域高质量发展助推乡村振兴上，奋力开创了全面推进乡村振兴新局面。其二，系统谋划推进县域党建的整体提升。乡村振兴是一项周期长、要求高的系统工程，需要举全党全社会之力予以全面推进。就一县之地而言，需要县委、县政府构建权责明晰、各负其责、落实有力的领导体制，及时做好巩固拓展脱贫攻坚成果和全面推进乡村振兴在资源投入、制度设置、顶层设计、项目实施、组织保障等方面的有机结合和一体推进。从饶河"船歌向党"的党建经验来看，只有从党的建设出发在县域统筹的高度不断织密党组织这张网，进而形成系统严密的组织体系、工作体系和制度体系，才能总揽全局、协调各方，才能完善统合全县力量的领导体制，才能确保实现全县一体推进的效果。这就要求不仅要提高农村基层党建质量，更要注重从政策设计、制度模式、方法路径上对全县各领域、各行业党建工作进行总体谋划和系统安排，实现党建设计的整县视野、党建工作的整县推进、党建质量的整县提升，不断推动全县各级党组织和全体党员的全面进步、全面过硬。其三，以县域高质量党建探索县域高质量发展引领乡村振兴的发展模式和实现路径。饶河经验表明，高质量的县域党建才能带动高质量的县域发展，高质量的县域发展才能为乡村全面振兴提供更多支撑和动能。具体言之：以高质量的县域党建构建党建引领统筹协调机制，推动县域发展和乡村振兴一体设计、一并推进；以高质量的县域党建构建县域资源整合机制，推动有益于县域发展和乡村振兴的空间利用、资源开发、产业布局以及人才流动等城乡资源要素的平等交换；以高质量的县域党建构建基层党组织能力提升机制，推动健全县域城乡基层治理体系。

（二）以开拓创新不断提高党的建设质量

从饶河创建"船歌向党"边疆县域党建品牌、实施"七域四化五领"党建提升工程、因地制宜培育农村基层党建特色模式等做法和成效来看，提高党的建设的制度化、规范化、科学化水平关键要靠坚持开拓创新。党的十九届六中全会通过的《中共中央关于党的百年奋斗重大成就和历史经验的决议》将"坚持开拓创新"概括为党百年奋斗的十条历史经验之一。习近平总书记指出："这十条历史经验是经过长期实践积累的宝贵经验，是党和人民共同创造的精神财富，必须倍加珍惜、长期坚持，并在新时代实践中不断丰富和发展。"[①] 可以说，饶河正是按照新时代党的建设总要求，在党建的理念、思路、机制、方法等方面不断谋求开拓创新，以更高的要求和更高的标准加强党的全面领导和党的建设，全面推进党的政治建设、思想建设、组织建设、作风建设、纪律建设，才为党建引领县域高质量发展助推乡村振兴提供了坚实的领导制度体系。具体而言，包括以下几个方面：

第一，坚持开拓创新推动县域党建的系统布局和全面提升。以饶河个案为例，正是以新时代改革创新精神为逻辑基点，饶河才能在与时俱进、锐意进取、勤于探索、勇于实践的精神推动下，打破

---

① 习近平：《关于〈中共中央关于党的百年奋斗重大成就和历史经验的决议〉的说明》，《求是》2021年第23期。

条条框框的固化思维的限制，以县域内党的建设的整体性和系统性为布局思路，谋划、选择、培育县域党建品牌作为党组织凝心聚力的核心抓手，在合理安排和强化党的建设的各要素的配置状态与配置效果的同时，收获了县域党建品牌创建的认同度、知名度和美誉度，为开启县域党建的新篇章开好局、起好步。

第二，坚持开拓创新构建党建引领体系，推动形成工作合力。饶河经验表明，全面提高新时代党的建设质量，必须要以开拓创新精神构建党建引领体系，即"在组织设置、干部队伍、活动内容和方式等方面，既要加强规范化、标准化建设，又要注重创新建设"[①]。如结合实际开展党支部"联建戍边"创新党组织设置形式，不断扩大党的组织联结和工作覆盖；推动"一人一课""充电星期六"创新党员干部培训方式，丰富党员武装头脑、学习交流的平台等等。

第三，坚持开拓创新推动党建机制变革，直面自身存在的问题。饶河突出党建机制变革，着力化解认识不足、本领恐慌、作风不强、人才匮乏以及党建帮扶分散等风险的经验表明，新时代坚持开拓创新，要敢于面对自身存在的问题、勇于实现自我革新。一方面，应运用诸如"全闭环链条式"高效推进的方式，不断建立健全确保党的高质量建设的长效机制；另一方面，应因势利导、因时而变，不断调整、优化党建理念、方式、内容以适应把握新发展阶段、贯彻新发展理念、构建新发展格局的要求。

第四，坚持开拓创新实现因地制宜探索强村路径。"开拓创新是国家、政党、企业及至个人把握变化、应对变化、追求变化，创造更有利的环境空间的自觉努力，是历史主动精神、主体能动精神

---

① 余国琦:《党支部建设要注重创新》，《人民日报》2020年7月23日。

的重要体现。"①从饶河实践来看，开拓创新不能仅在县域党建的层面部署落实，也应在各领域、各行业、各部门特别是基层的各乡镇村落全面贯彻。应推动村党组织根据本村的特点、难点、薄弱环节，依托县域党建体系，围绕本村人、地、业、文化、环境、组织等要素的独特情况，提出具体化、个性化的党建方案，让党建引领乡村振兴工作村村出方案、立品牌、成体系，让基层治理更有特色、更具智慧、更加精细，有力提升基层治理效能。

（三）以党建工作深度融合并系统引领县域发展和乡村治理各项具体工作

牢固树立党建引领和嵌入各项工作的基本理念。在实践中，一些地方和一些基层党组织之所以容易出现党建工作与县域发展、乡村振兴的具体业务工作"两张皮"问题，主要是因为一些领导干部没有认识到两者之间目标同向、相互促进、有机统一的关系。因此，应严防党建工作的认识虚化，深刻体悟党建引领县域发展、乡村振兴过程中的政策变现过程，即一方面党建工作可以"通过组织、权威、理念嵌入行政系统制定政策和执行政策，实现国家治理的政党统筹，推进政党主导的国家社会的规划治理战略"，而另一方面党建工作可以"以效率为导向，依托于党的权威体制，以强介入的方式迅速实现层级联动和部门整合"②。可以说，党建工作引领、嵌入各项具体工作是坚持和加强党的全面领导的根本要求和实现路径。

统筹设计党建引领和嵌入各项工作的具体部署。饶河经验表明，

---

① 颜晓峰：《开拓创新走出前人没有走出的路》，《红旗文稿》2022年第3期。
② 马华、石文杰：《论党建引领乡村振兴的中国式现代化道路》，《江苏行政学院学报》2023年第2期。

推动党建工作与县域发展、乡村振兴的具体业务工作的深度融合，一定要做好统筹一体推进。要以系统思维通盘考虑党建工作目标、县域发展方向、乡村振兴任务以及各部门条块直至村落的具体实际，统筹兼顾县域党建与基层党建、县域发展与乡村振兴、党建引领与具体工作之间纵横交错、互为联动的有机统一关系，用党建工作引领、推动各项工作，并用各项工作来检验党建成效，实现党建工作与业务工作的部署同步、相互配合。

深入挖掘党建引领和嵌入各项工作的问题节点。在县域层面推动党建引领、嵌入各项工作，必须坚持节点导向，准确理解各项具体工作的领域关键点、过程任务点、最终目标点，牢牢把握党建工作引领融合各项具体工作的切入点、结合点和提升点。必须适应形势变化，充分考虑进入全面推进乡村振兴阶段的工作重点，即县、乡、村各级党组织要从抓日常事务和脱贫人口转向统筹领导城乡经济社会全面发展，从贯彻执行上级部门任务转向创新引领乡村的全面振兴，从帮扶脱贫户产业发展转向带动全村增收致富。此外，在找准结合点、明确新任务的基础上，还要实行党建工作与业务工作一体化、一本账的台账式管理，明确责任主体、进度时限和工作措施。

全面夯实党建引领和嵌入各项工作的制度基础。坚持党建引领和嵌入各项工作，就要建立健全有关统一部署、统一落实、统一检查的制度和机制。以饶河"双五"工程为例，必须要促进农村基层党建工作机制更加精准对接乡村振兴工作需要，从制度安排上做到乡村振兴的任务目标设定到哪里、具体业务工作开展到哪里，党建工作就要求到哪里、延伸到哪里，必须推动党组织领导和党员团结带领作用融入乡村治理日常工作全过程，建立确保党建工作与业务工作目标融合、过程融合、考核融合的工作体系。此外，还要进一步完善党建考核评价体系，使党建考核评价与县域发展、乡村振兴各项具体工作的考核评价同频共振、联动联考，并进一步完善奖惩机制，发挥考核的指挥棒作用。

县域党建品牌建设是衡量县域党建质量水平的重要标准，是统筹县域党建工作开展的有力支点，是发挥县域党建引领作用的关键范式，是解决县域党建存在问题的有效举措，据此为切入点，本章全面总结梳理了饶河县以县域党建品牌建设推动县域高质量发展引领乡村振兴的基本背景、主要举措、重要成就以及经验启示。

在我国"三农"工作重心发生历史性转移的关键时期，在充分梳理、总结诸如认真落实习近平总书记重要指示精神、积极构建脱贫攻坚的责任体系、充分发挥基层党组织战斗堡垒作用等党建引领脱贫攻坚的机制模式和有益经验的基础上，饶河县委、县政府深切感受到，面对推动乡村产业振兴、人才振兴、文化振兴、生态振兴和组织振兴等一系列重要任务，成功的关键仍在于党的领导，具体路径仍在于加强党建引领。然而，面对实施比脱贫攻坚对象更广、范围更宽、任务更重、困难更大的全面推进乡村振兴这一历史任务，饶河县在提升党的建设水平和引领功能、改善党领导县域发展和乡村振兴的体制机制等方面仍面临着不少的挑战，如部分基层党员干部的思想认识存在分散性和盲目性，各级党组织的建设水平和引领能力仍需加强，农村基层党组织仍存在行政化、形式化风险，饶河乡村社会所呈现出来的新的治理格局要求党的建设和党的领导工作予以及时回应与调整，等等。

自 2021 年进入全面推进乡村振兴的新阶段以来，饶河县在沿用党建引领脱贫攻坚的既有体制机制的同时，因地制宜、因时而变，针对党建薄弱环节和现实治理需要，通过创建"船歌向党"边疆县域党建品牌、推动党建领域和党建载体全覆盖、实施"七域四化五领"党建提升工程、促进党建工作深度融合县域发展各项事业，以党的建设引领县域高质量发展；通过深化能力作风建设、落实"边城聚才"政策、完善帮扶制度体系，着力化解认识不足、本领恐慌、作风不强、人才匮乏以及党建帮扶分散等一系列有碍以县域高质量发展推进乡村振兴的风险；通过深入实施"双五"工程和乡村党建品牌创新，健全农村基层党组织领导下的乡村治理机制，因地制宜培育农村基层党建特色模式，使党的建设真正嵌入饶河乡村振兴实践。

饶河的上述措施对于进一步完善新时代党建引领乡村振兴工作具有较强的启示意义。第一，牢牢把握县域视野对于全面推进乡村振兴的重要意义，以习近平总书记重要论述为指引，从县域高质量发展引领乡村振兴的维度通盘谋划党的建设、全面加强党的领导。这就要求以习近平总书记重要讲话精神作为科学指导和根本遵循，系统谋划推进县域党建的整体提升，以县域高质量党建探索县域高质量发展引领乡村振兴的发展模式和实现路径。第二，在党建的理念、思路、机制、方法等方面不断谋求开拓创新，以更高的要求和更高的标准加强党的全面领导和党的建设，为党建引领县域高质量发展助推乡村振兴提供坚实的领导制度体系。具体包括，坚持开拓创新推动县域党建的系统布局和全面提升；坚持开拓创新构建党建引领体系，推动形成工作合力；坚持开拓创新推动党建机制变革，直面自身存在的问题；坚持开拓创新实现因地制宜探索强村路径等。第三，高度重视党的建设引领县域高质量发展助力乡村振兴的体制机制建设，强化党建工作深度融合、系统引领县域治理、乡村治理各项具体工作的理念树立、顶层设计、问题导向和制度基础。包括牢固树立党建引领和嵌入各项工作的基本理念，统筹设计党建引领和嵌入各项工作的具体部署，深入挖掘党建引领和嵌入各项工作的问题节点，全面夯实党建引领和嵌入各项工作的制度基础等方面。

（本案例参考了华中师范大学刘杰团队关于中国式现代化饶河实践研究报告的相关章节内容。）

第九章　道路拓展：中国特色乡村振兴道路的基本问题

党的十九大提出实施乡村振兴战略，党的二十大就"全面推进乡村振兴"作出新部署。实施乡村振兴战略、实现乡村全面振兴，承载着中华民族的千年梦想和中国共产党的不变初心，是中国特色社会主义道路的重要内容。2018年以来连续发布的七个中央一号文件和《乡村振兴战略规划（2018—2022年）》《中国共产党农村工作条例》《中华人民共和国乡村振兴促进法》《中共中央　国务院关于实现巩固拓展脱贫攻坚成果同乡村振兴有效衔接的指导意见》，以及各部门相关配套政策，共同构成实施乡村振兴战略顶层设计的"四梁八柱"。随后，在习近平总书记关于"三农"工作的重要论述指引下，各地各部门坚决贯彻落实党中央、国务院的决策部署，乡村振兴战略制度框架不断健全，规划体系、政策体系、工作体系和考核机制不断完善，党对乡村振兴的全面领导不断加强，乡村产业、人才、文化、生态、组织振兴全面推进，统筹新型城镇化和乡村全面振兴不断进展，乡村振兴战略实施取得新成效。乡村振兴和新型城镇化双轮驱动、协同发展，乡村生产生活生态空间布局更加优化；脱贫攻坚战取得全面胜利，巩固拓展脱贫攻坚成果衔接乡村振兴的长效机制基本建立；农村水电路通信等基础设施提速建设、提档升级，具备条件的建制村全部通硬化路、通客车，农村自来水普及率持续提高；农村基本公共服务水平稳步提升，农村劳动力就业质量不断提高。2023年全国农村居民人均可支配收入21691万元，城乡居民收入倍差由2017年的2.71缩小到2.39。农村发展短板加快补齐，农民收入水平不断提高,城乡融合发展有序推动。

新时代乡村振兴战略的全面实施,不仅为扎实推动农民农村共同富裕奠定了坚实基础,而且走出了一条中国特色乡村振兴道路。这条道路是中国特色社会主义道路的重要组成部分,是中国共产党领导中国人民推进乡村全面振兴、城乡融合发展道路探索的总结,是中国人民寻找更安全、更高效、更绿色、更可持续、更文明的乡村发展道路的时代实践,是中国实施乡村振兴战略、推动实践创新理论创新制度创新的动态呈现。中国特色乡村振兴道路蕴含许多基本问题,比如道路形成发展的理论框架、夯实振兴基础、统筹推进"三个乡村"、促进融合发展、凝聚振兴合力、创新发展路径、坚持党的领导、中国特色乡村振兴道路的丰富发展等等。对这些基本问题的系统阐述,对于理解把握中国特色乡村振兴道路的丰富内涵,对于推进乡村振兴基于实践基础上的理论创新,对于推动中国乡村振兴理论体系构建,对于讲好中国式现代化的乡村振兴故事,具有重要的理论和实践意义。

一、理论框架

(一)习近平总书记关于全面推进乡村振兴的重要论述为新时代新征程全面推进乡村振兴、中国特色乡村振兴道路的丰富发展提供了根本遵循和行动指南

习近平总书记关于全面推进乡村振兴的重要论述根植于总书记深切的"三农"情怀,是总书记将马克思主义基本原理同我国国情农情实际相结合、同中华优秀传统农耕文化相结合取得的农村工作最新理论成果,蕴含着深刻的时代背景、丰富的理论渊源、厚实的实践基础、严密的科学内涵、深邃的精神实质、鲜明的理论品格、科学的实践价值、突出的时代贡献、重

要的世界意义。

从时代背景看,全面推进乡村振兴重要论述是在中国共产党领导解决"三农"问题百年成就及其历史经验的基础上形成的,这一重要论述确立了农业农村优先发展总方针,回答了乡村发展的中国之问、世界之问、人民之问、时代之问。

从理论渊源看,主要是基于马克思主义关于对农村基础地位的思想、关于城乡发展的思想,为中华优秀传统农耕文化特别是中国传统社会乡村治理文化的继承性发展和创造性转化提供了理论支撑。这一理论体系也是对党历届领导人关于乡村建设思想理论的继承与发展。

从实践基础看,习近平总书记关于全面推进乡村振兴重要论述是对中国共产党百年领导乡村建设实践的发展,是习近平同志在不同地方主政期间乡村建设实践经验的升华。其中,习近平总书记从当年陕北梁家河大队党支部书记到河北正定县委书记、福建宁德地委书记、浙江省委书记、上海市委书记等基层和地方工作、主政的丰富历练,形成了他对"三农"的深厚情怀。他解决"三农"问题、推进乡村建设的创新性探索与实践,奠定了推进乡村全面振兴理论体系的实践基础。

从科学内涵看,按照理论的体系性、系统性和思想性等多个维度,可以从以下方面理解和把握全面推进乡村振兴重要论述的丰富内涵:(1)实施乡村振兴战略是决胜全面建成小康社会、全面建设社会主义现代化国家的重大历史任务,这是全面推进乡村振兴的战略定位;(2)加强党对乡村振兴工作的全面领导,这是全面推进乡村振兴的根本保障;(3)加快推进农业农村现代化,这是全面推进乡村振兴的目标要求;(4)发展壮大乡村产业,这是全面推进乡村振兴的前提;(5)强化乡村振兴人才支撑,这是全面推进乡村振兴的基础;(6)走乡村文化兴盛之路、焕发乡村文明新气象,这是全面推进乡村振兴的紧迫任务;(7)建设生态宜居和美乡村,这是全面推进乡村振兴的内在要求;(8)加强农村基层党组织建设,这是全面推进乡村振兴的重要保障;(9)健全乡村治理体系,加快推进乡村治理体系和治理能力现代化,这是全面推进乡村振兴的关键;(10)保障和改善农村民生,这是全面推进乡村振兴的兜底性保障;(11)建立健全城乡融合发展体制机制和政策体系,这是全面推进乡村振兴的必然途径。

从精神实质看,党的十八大以来农业农村领域取得的历史性成就、发生的历史性变革表明,习近平总书记关于全面推进乡村振兴重要论述体系完整、内涵丰富、博大精深,蕴含着强大的真理力量、独特的思想魅力、巨大的实践伟力、深厚的为民情怀,其精神实质集中体现了中国共产党人民至上的根本立场,凝聚了社会主义实现共同富裕的本质要求,反映了新时代新征程中国式现代化的乡村振兴道路,推动了马克思主义城乡融合发展思想的中国化时代化。

从理论品格看,习近平总书记关于全面推进乡村振兴重要论述以其深厚的理论渊源、科学的理论体系及一系列创新的理论观点,回答了新时代我国农业、农村、农民现代化进程中的重大理论实践问题,深化了党对新发展阶段"三农"工作的规律性认识,丰富发展了新时代党的农村工作理论,呈现了鲜明的中国化时代化的马克思主义理论品格,集中体现了鲜明的政治性、人民性、系统性、科学性、创新性。

从实践价值看,习近平总书记关于全面推进乡村振兴重要论述不仅深刻揭示了新时代"三农"发展的规律和趋势,明确了顶层设计和前进方向,而且为全面推进乡村发展、乡村建设、乡村治理提供了科学指南,在指导实践中展现了强大的真理力量和巨大的实践价值。一是指引制订实施乡村振兴战略的顶层设计;二是指引巩固拓展脱贫攻坚成果守住不发生规模性返贫底线;三是指引全面推进乡村振兴落地见效。

从时代贡献看,理论维度的时代贡献体现在:推动形成了马克思主义城乡融合发展思想中国化的最新成果,丰富发展了习近平新时代中国特色社会主义思想,构建了中国特色社会主义乡村振兴道路的理论框架。实践维度的时代贡献主要是:全面推进乡村振兴是解决我国社会主要矛盾的必然路径,是全面建设社会主义现代化国家的重要保障,是推动共同富裕的必由之路。

从世界意义看，中国乡村振兴为世界乡村发展贡献了中国智慧和方案；全面推进乡村振兴的城乡融合发展道路为世界正确处理城乡关系提供了借鉴。此外，随着中国乡村振兴的深入推进，全面推进乡村振兴的行动纲领指导乡村振兴实践深入推进，基于实践基础的持续的理论创新，将成为全球乡村建设理论丰富发展的重要来源和推动力量，也必将在助力构建共同发展的人类命运共同体进程中发挥重要作用。

（二）习近平总书记深刻阐述的"七条之路"，[①] 构建了中国特色社会主义乡村振兴道路的理论框架

一是重塑城乡关系，走城乡融合发展之路。就是要坚持以工补农、以城带乡，推动形成工农互促、城乡互补、全面融合、共同繁荣的新型工农城乡关系。关键是加快推动公共服务下乡，完善统一的城乡居民基本医疗保险制度和大病保险制度，健全农村留守儿童和妇女、老年人关爱服务体系，解决好农民最关心最直接最现实的利益问题。

二是巩固和完善农村基本经营制度，走共同富裕之路。坚持农村土地集体所有，坚持家庭经营基础性地位，坚持稳定土地承包关系，完善农村产权制度，健全农村要素市场化配置机制，实现小农户和现代农业发展有机衔接。

三是深化农业供给侧结构性改革，走质量兴农之路。坚持以农业供给侧结构性改革为主线，坚持质量兴农、绿色兴农，加快推进农业由增产导向转向提质导向，加快构建现代农业产业体系、生产体系、经营体系，不断提高我国农业综合效益和竞争力，实现由农业大国向农业强国的转变。走质量兴农之路，树立大农业观、大食物观，做好"特"字文章，实现乡村经济多元化，完善利益联结机制。

---

① 参见习近平：《论"三农"工作》，中央文献出版社 2022 年版，第 241—260 页。

四是坚持人与自然和谐共生,走乡村绿色发展之路。守住生态保护红线,推动乡村自然资本加快增值,让良好生态成为乡村振兴的支撑点。健全以绿色生态为导向的农业政策支持体系,建立绿色低碳循环的农业产业体系,加强农业面源污染防治,持续开展农村人居环境整治,聚焦农村生活垃圾处理、生活污水治理、村容村貌整治,梯次推动乡村山水林田路房整体改善。

五是传承发展提升农耕文明,走乡村文化兴盛之路。弘扬和践行社会主义核心价值观,深化中国特色社会主义和中国梦宣传教育,弘扬民族精神和时代精神,加强爱国主义、集体主义、社会主义教育。丰富农民精神文化生活,推动文化下乡,整合乡村文化资源,培育挖掘乡土文化人才。深入挖掘、继承、创新优秀传统乡土文化,把保护传承和开发利用有机结合起来,把我国农耕文明优秀遗产和现代文明要素结合起来,赋予新的时代内涵。

六是创新乡村治理体系,走乡村善治之路。加强和创新乡村治理,建立健全党委领导、政府负责、社会协同、公众参与、法治保障的现代乡村社会治理体制,健全自治、法治、德治相结合的乡村治理体系。发挥好农村基层党组织的战斗堡垒作用。

七是打好精准脱贫攻坚战,走中国特色减贫之路。坚持精准扶贫、精准脱贫,把提高脱贫质量放在首位,注重扶贫同扶志、扶智相结合,要激发贫困人口的内生动力,培育贫困群众发展生产、务工经商的基本技能。开展扶贫领域腐败和作风问题专项治理,脱贫攻坚要力戒形式主义,不能搞数字脱贫、虚假脱贫。

二、夯实振兴基础

习近平总书记指出,"打好脱贫攻坚战是实施乡村振兴战略的优先任务。"① "乡村振兴的前提是巩固脱贫攻坚成果,要持续抓紧抓好,让脱贫群众生活更上一层楼。要持续推动同乡村振兴战略有机衔接,确保不发生规模性返贫,切实维护和巩固脱贫攻坚战的伟大成就。"② "保障粮食和重要农产品稳定安全供给始终是建设农业强国的头等大事。""只有把牢粮食安全主动权,才能把稳强国复兴主动权。"③ 可见,解决绝对贫困问题、牢牢守住保障国家粮食安全和不发生规模性返贫两条底线,是全面推进乡村振兴的基础。

(一)守住不发生规模性返贫底线

巩固拓展脱贫攻坚成果是全面推进乡村振兴的底线任务,换言之乡村振兴的前提是巩固拓展脱贫攻坚成果、确保不发生规模性返贫。首先,巩固拓展脱贫攻坚成果具有多重历史必然性。从政治高度看,巩固拓展脱贫攻坚成果,就是巩固党的建设成果,体现了巩固党的执政根基的必然要求。从发展维度看,巩固拓展脱贫攻坚成果是精准扶贫精准脱贫基本方略的自然延伸,是"脱贫成效"赢得人民认可、经得起历史检验的关键。从治理视野看,巩固拓展脱贫攻坚成果是进一步完善县域治理体系、提升治理能力的需要,是县域推进国家治理体系现代化的重要内容。其次,巩固拓展脱贫攻坚成果是一项必须完成的政治任务。巩固、拓展是一个有机的整体,"巩固"的方向是"拓展",脱贫攻坚成果巩固必然需要在脱贫攻坚形成的物质成果、制度成果、精神成果的继承运用中才能实现,也就是必须用拓展、发展的办法实现脱贫攻坚成果的巩固。巩固拓展脱贫攻坚成果,坚持系统观念是关键,要坚持精准思维,把巩固拓展脱贫攻坚成果融入推进乡村治理体系和治理能力现代化进程,以巩固拓展脱贫攻坚成果,推动县乡村三

---

① 习近平:《论"三农"工作》,中央文献出版社2022年版,第280页。
② 《中央农村工作会议在京召开 习近平对做好"三农"工作作出重要指示 李克强提出要求》,《人民日报》2021年12月27日。
③ 习近平:《加快建设农业强国 推进农业农村现代化》,《求是》2023年第6期。

级治理体系和治理能力现代化建设。

巩固拓展脱贫攻坚成果、守住不发生规模性返贫底线是一项复杂的系统工程。第一，要着力提升监测帮扶机制效果。建立监测标准年度调整机制，精准、快速发现监测对象的返贫风险类别和帮扶需求，及时分类落实生产性或保障性帮扶措施，把防止返贫致贫关口前移。规范退出标准和程序，既要稳定消除返贫致贫风险，又要避免"福利陷阱"。第二，要着力促进脱贫群众持续增收。发展劳动力密集的特色优势富民产业，完善联农带农机制，切实提高脱贫群众家庭经营净收入比重。从劳务输出组织化程度提高、省际和省域内劳务协作深化、就地就近就业渠道拓展等方面支持脱贫人口自主创业和灵活就业，多措并举确保脱贫劳动力稳定就业。第三，要着力加大对国家乡村振兴重点帮扶县和易地扶贫搬迁集中安置区的支持。对160个国家乡村振兴重点帮扶县，统筹整合各类资源实施一批补短板促发展项目，增强自我发展能力，提高脱贫基础的可持续性。对3.5万个易地扶贫搬迁集中安置点（社区），开展搬迁群众就业帮扶专项行动，加大安置区产业培育力度，完善安置区配套设施和公共服务，促进搬迁群众融入社会。第四，要着力抓好各项举措落实。压实责任——保持主要帮扶政策总体稳定，结合实际完善和创设政策措施，形成上下联动、统一协调的政策体系；凝聚合力——深化东西部协作，完善中央单位定点帮扶，动员社会力量广泛参与，充分发挥驻村第一书记和工作队抓党建促乡村振兴作用；持续提升乡村振兴系统干部能力和水平，确保党中央决策部署落地见效。

把实现巩固拓展脱贫攻坚成果同乡村振兴有效衔接作为守住不发生规模性返贫底线的根本举措。要准确把握党中央关于实现巩固拓展脱贫攻坚成果同乡村振兴有效衔接的决策部署，在实现巩固拓展脱贫攻坚成果同乡村振兴有效衔接过程中充分汲取脱贫攻坚的历史经验、大力弘扬脱贫攻坚精神。夯实统筹推进巩固拓展脱贫攻坚成果同乡村振兴有效衔接工作的思想基础，做好过渡期内领导体制、工作体系、发展规划、政策举措、考核机制等有效衔接。比如，做好政策举措衔接，就是要落实好过渡期脱贫攻坚调整优化后的涵盖财政、税收、金融、土地和教育、健康、医保、住房、饮水、产业、就业等方面的33项政策，特别是财政扶贫资金支持、资金整合、信贷保险、土地支持、人才智力支持等政策。

（二）守住保障国家粮食安全底线

粮食安全是国家安全的重要战略基础。粮食安全不仅仅是经济问题，更是政治问题。我国的粮食安全是世界粮食安全的"稳定器"和"压舱石"。我国成功解决了14亿人口的吃饭问题，走出了一条中国特色粮食安全之路。我国粮食产量连续9年稳定在1.3万亿斤以上。但从中长期看，我国粮食供求仍处于紧平衡状态，特别是面对复杂的国际形势，确保国家粮食安全这根弦一刻也不能放松。

一是藏粮于地。强化责任落实，健全党领导下的耕地保护组织体系、管理制度、考核方式、监管手段，集合多方力量，形成齐抓共管的机制。按照耕地和永久基本农田、生态保护红线、城镇开发边界的顺序，统筹划定落实三条控制线。落实和完善耕地占补平衡政策，扎实推动高标准农田建设，提高粮食综合生产能力。打好政策"组合拳"，完善耕地保护体系、构建管理体系、坚持靶向施策等多措并举，确保耕地数量，提升耕地质量，盘活耕地存量，控制耕地变量。

二是藏粮于技。鼓励和支持开发、推广应用先进农业技术；强化种业自主创新，开展种源"卡脖子"技术攻关，加快构建种业创新体系，开展种源关键核心技术攻关，实施农业生物育种重大科技项目，强化新品种选育和推广。强化企业创新主体地位，健全知识产权评价体系，加快实现种业科技自立自强。

三是在增产和减损两端同时发力。既要调动农民的种粮积极性，也要让节约粮食在全社会蔚然成风。抓好藏粮于储，科学确定粮食储备功能和规模，改革管理体制，健全运行机制，强化内控管理和外部监督，加快构建粮食安全保障体系，强化粮食产购储加销协同保障。

四是充分调动"两个积极性",即农民的种粮积极性和地方政府重农抓粮积极性。加大对农业的补贴和支持力度,让农民种粮有利可图,调动农民种粮积极性。健全农业专业化社会化服务体系,支持家庭农场、农民合作社、农业产业化龙头企业多种粮、种好粮。继续完善产粮大县、产油大县、制种大县等综合奖励政策体系,完善粮食主产区利益补偿机制。

五是大力发展农产品全产业链保障重要农产品稳定安全供给。提升粮食等重要农产品供给保障能力既是全面推进乡村振兴的首要任务,也是全面推进乡村振兴的有力支撑。要提升大豆和油料产能,保障"菜篮子"产品供给,统筹做好重要农产品调控,大力发展农产品全产业链,延伸农产品产业链条。着力培育产业集群,汇聚更多资源要素,拓展乡村功能价值,为形成国内大循环提供坚实的战略支点。

六是确保粮食安全是各级党政机关的政治责任。要从政治的高度看待粮食安全问题,高度强调粮食安全的重要性。粮食安全党政同责要求很明确,关键是要严格考核,督促各地真正把责任扛起来。

三、统筹推进"三个乡村"

在巩固拓展脱贫攻坚成果的基础上,聚焦产业促进乡村发展,扎实稳妥推进乡村建设,加强和改进乡村治理。统筹推进乡村发展、乡村建设、乡村治理这"三个乡村",是乡村振兴系统性特征的要求,是系统观念、系统思维在全面推进乡村振兴中的体现,是加快农业农村现代化、建设农业强国的有效举措。习近平总书记关于产业振兴、乡村建设、乡村治理的重要论述,为统筹推进"三个乡村"提供了根本遵循。新时代新征程上,推进乡村全面振兴,必须顺应发展规律持续一体推进"三个乡村"。

（一）聚焦产业促进乡村发展

产业是乡村振兴之基、富民之本、致富之源，产业兴旺是解决农村一切问题的前提。习近平总书记高度重视产业振兴，多次考察乡村产业发展，多次在重要场合发表重要讲话，就乡村振兴中的产业如何振兴、怎么振兴等一系列问题作出重要指示，深刻阐明了乡村产业发展的重要意义、推动产业振兴的原则方法、产业振兴的价值取向，为乡村产业振兴指明了前进方向、提供了根本遵循。党的十九大提出乡村振兴战略以来，在习近平总书记关于产业振兴重要论述的指引下，促进产业兴旺的政策体系初步形成。特别是从2018年至2024年，党中央每年印发的一号文件都是以推进乡村振兴战略实施为主题，都对发展乡村产业进行专题部署。每年的相关文件关于推进产业振兴的政策措施、工作重点安排，促进乡村产业振兴的路径、策略体系逐步完善，各地各部门推动农村一二三产业深度融合，新产业新业态蓬勃发展，农村创新创业活力不断激发，乡村产业发展水平不断提升，走出了一条具有中国特色的乡村产业发展道路。

尽管各地乡村产业发展基础不断夯实、取得了积极成效，但仍存在一些共性的风险和问题。一是乡村产业基础设施仍不够健全，制约了特色产业发展。二是乡村产业链条短，同质化程度高，市场竞争力总体有限。三是乡村产业抵御风险能力不强，削弱农户增收稳定性。四是资金、土地等要素保障压力大，影响后续项目稳步推进。五是乡村产业技术人才仍然短缺，制约特色产业提档升级。

更加有力有效推进现代乡村产业体系构建，加快形成城乡融合发展格局，为建设农业强国奠定坚实基础，提升乡村产业发展水平，一要优化产业空间布局，二要做强现代特色种养业，三要推进一二三产业融合发展，四要发展壮大新型经营主体，五要打造产业园区，六要实施质量兴农绿色兴农，七要促进农村创新创业，八要推动脱贫地区帮扶产业发展迈上新台阶。

（二）扎实稳妥推进乡村建设

乡村建设是农村居民过上现代文明生活的必然要求，是全面推进乡村振兴、实现农业农村现代化的重要任务，是国家现代化建设的重要内容。习近平总书记高度重视乡村建设，对建设怎样的乡村、怎样建设乡村提出了一系列新论断新思想，作出一系列重要指示批示和决策部署，明确了乡村建设的战略定位、目标任务、原则方法，为扎实推进乡村建设提供了根本遵循。党的十九届五中全会提出实施乡村建设行动。2021年以来每年的中央一号文件都对实施乡村建设行动作出了具体部署。党的二十大报告提出统筹乡村基础设施和公共服务布局，建设宜居宜业和美乡村。2022年5月，中共中央办公厅、国务院办公厅印发《乡村建设行动实施方案》，对扎实推进乡村建设行动、进一步提升乡村宜居宜业水平进行了部署，标志着乡村建设的顶层设计已完成。

实施乡村振兴战略以来，各地乡村建设取得明显成效，大幅度增强了群众的幸福感、满意度。各类实地调查结果显示，当前在推进乡村振兴行动的政策支持和要素保障方面仍存在诸多短板，主要体现在：乡村建设行动绩效考核目标和内容还不够清晰，缺乏以多部门沟通协调为基础的整体统筹推进机制，村庄分类设定模糊、可操作性不够强，缺乏村庄规划编制指导，乡村建设受到建设空间的限制，乡村建设人才队伍力量不足，公共基础设施长效管护机制建立存在多重挑战，等等。

扎实推进乡村建设，需要创新思路、创新路径、创新方法，逐步构建完善乡村建设政策体系与机制保障。一是推进乡村建设的思路创新。从区域维度分区施策，从县域维度分类指引，从村庄维度分型建设。二是推进乡村建设的路径创新。重点是构建县域统筹推进乡村建设路径，县域内统筹推进交通畅通工程、农村防汛抗旱和供水保障工程、乡村清洁能源建设工程、仓储保鲜冷链物流设施建设工程、数字乡村建设发展工程和农村基本公共服务体系、基层组织与精神文明服务体系建设等。三是推进乡村建设的方法创新。重点是瞄准农村基本具备现代生活条件的目标，以普惠性、基础性、兜底性民生建设为重点，稳步有序推动乡村建设重点工程实施。四是推进乡村建设的机制创新。重点创新责任落实机制、建立项目库管理制度、创新农民参与机制、健全党组织领导的村民自治机制。

（三）加强和改进乡村治理

乡村振兴，治理有效是基础。乡村治理是国家治理的基础性工程，也是国家治理的"神经末梢"，直接关系着农业发展、农村繁荣、农民富裕。乡村治理事关党在农村的执政根基，实现乡村有效治理是乡村振兴的重要内容。习近平总书记高度重视乡村治理工作，发表一系列重要讲话、重要指示批示，深刻阐明了改进和加强乡村治理的重大意义、指明了加强和改进乡村治理的目标任务，明确了加强和改进乡村治理的原则方法，为加强和改进乡村治理提供了根本遵循。以此为指引，2019年6月，中共中央办公厅、国务院办公厅印发《关于加强和改进乡村治理的指导意见》，对全国乡村治理工作作了全面部署，标志着加强和改进乡村治理工作顶层设计的完善。

各地各部门实施乡村振兴战略以来，首先，把培育优化乡村振兴的组织力量作为组织振兴的根本举措，着力提升乡镇党委统筹能力，提升村党组织治理能力，提升党对农村组织的引领能力。其次，把组织振兴融入加强基层治理体系和治理能力现代化建设进程中，不断创新基层"党建+治理"的工作模式，完善"综治中心+网格化+信息化"治理体系，不断提高基层治理社会化、法治化、智能化、专业化水平。农村移风易俗进一步深化，村规民约实现全覆盖。农村土地制度、集体产权制度等重大改革持续深化，乡村发展内生动力不断增强。从总体看，乡村治理仍面临一些突出矛盾和问题，主要有：许多农村出现空心化、农民老龄化现象，农村利益主体社会阶层日趋多元化，农村教育、文化、医疗卫生、社会保障等社会事业发展滞后，农村治安状况不容乐观，一些地方干群关系紧张，一些地方基层民主管理制度不健全，农村基层党组织软弱涣散，公共管理和社会服务能力不强。[①]

面对乡村治理实践中的挑战，需要创新路径，加强和改进乡村治理。一是提高农村基层组织建设质量。着重从提升农村基层党员干部的战斗力、加强农村基层党组织的领导力、提高农村基层权力运用的约束力三个方面促进农村基层组织建设质量的持续提升。二是坚持农民主体地位。找准焦点，从农民群众最关心最迫切的突出问题入手开展乡村治理，满足农民群众的现实需要。要以农民群众满意度作为衡量乡村治理成效的根本依据。三是健全县乡村三级治理体系功能。加强县级统筹协调，强化抓乡促村职能；推动乡镇增权增能，发挥承上启下作用；健全村级组织体系，提升具体执行效能；加强县乡村三级治理联动，提升乡村善治水平。四是健全自治、法治、德治相结合的乡村治理体系。以党组织统合引领优化基层管理体制，以构建长效激励机制提升村民各阶段公共参与的积极性，因地制宜地探索健全自治、法治、德治相结合的乡村治理体系。五是加强农村精神文明建设。要进一步加强党对农村精神文明建设的引领作用，注重农村精神文明建设的人才培养与榜样力量，发挥新时代文明实践中心的载体作用。六是推进更高水平的平安法治乡村建设。加快完善农村治安防控体系，提升老百姓安全感；加强农村法律服务供给，推进法治乡村建设，坚持和发展新时代"枫桥经验"。七是创新治理方式与手段。积极利用云计算、大数据、区块链等最新的数字化手段拓宽村民参与乡村治理的渠道，进一步激活农民的主观能动性和创新性。八是完善协同推进机制。强化统筹协调，强化政策、资源和力量配备，加强工作指导，做好协同配合，形成工作合力。

---

① 中央农村工作领导小组办公室：《习近平关于"三农"工作的重要论述学习读本》，人民出版社、中国农业出版社 2023 年版，第 100—101 页。

四、促进融合发展

习近平总书记指出，要把乡村振兴战略这篇大文章做好，必须走城乡融合发展道路。① 可以说，中国特色乡村振兴道路从本质上就是中国融合发展道路。

（一）易地扶贫搬迁安置区的社会融入

易地扶贫搬迁是针对生活在"一方水土养不好一方人"地区贫困人口实施的一项专项扶贫工程。易地扶贫搬迁安置区的社会融入是开展易地扶贫搬迁后续扶持工作的优先重点。解决好易地扶贫搬迁安置区社会融入问题是帮助近千万通过搬迁方式脱贫人口逐步实现稳得住、有就业、能致富目标的基础和关键。

从全国面上看，"三区三州"等原深度贫困地区经济基础薄弱、社会发展滞后，大多属于高海拔地区或跨省交界的山区，搬迁群众要实现"稳得住"，首先要解决好社会融入问题。大型、特大型城镇安置区就业需求高度集聚、社区管理难度大，只有尽快解决好社会融入问题，心理上的调适、生活上的适应才有坚实基础。2019年5月，人力资源社会保障部、国家发展改革委、财政部、国务院扶贫办等四个部门联合印发《关于做好易地扶贫搬迁就业帮扶工作的通知》；2019年6月，国家发展改革委等十个部门印发《关于进一步加大易地扶贫搬迁后续扶持工作力度的指导意见》；2020年3月，国家发展改革委等十二个部门印发《2020年易地扶贫搬迁后续扶持若干政策措施》；2021年4月，国家发展改革委等二十个部门联合印发《关于切实做好易地扶贫搬迁后续扶持工作巩固拓展脱贫攻坚成果的指导意见》。这一系列文件目的都是聚焦原集中连片特困地区、原深度贫困地区、乡村振兴重点帮扶县的大中型安置点，按照分区分类、精准施策

---

① 习近平：《论"三农"工作》，中央文献出版社2022年版，第279页。

的原则做好后续扶持，多渠道促进就业，强化社会管理，促进社会融入，确保搬迁群众"稳得住、有就业、逐步能致富"。

各地在促进易地扶贫搬迁安置区社会融入实践探索中形成了不少好的做法经验，如党建引领，构建社会融入帮扶体系；科技助力，落实精细化管理；社会帮扶，探索新途径；分类施策，关爱特殊群体；等等。2021年4月国家发展改革委等二十个部门联合印发的《关于切实做好易地扶贫搬迁后续扶持工作巩固拓展脱贫攻坚成果的指导意见》，明确了推进易地扶贫搬迁安置区社会融入的政策路径，包括切实把稳定就业摆在首要位置，坚持把发展产业作为根本途径，着力促进安置社区和谐稳定，加快补齐公共服务短板等，着力解决易地扶贫搬迁安置区社会融入中存在的主要问题。加快推进易地扶贫搬迁安置区社会融入的具体对策：一是推行精细化管理体系建设；二是探索安置区物业管理模式多元化；三是出台安置区住宅维修资金管理办法；四是构建安置区"刚需"住房保障体系；五是持续引导搬迁群众融入社区生活。

（二）产业融合发展

推动农村一二三产业融合发展，不仅是中国城乡一体化发展的重要组成部分、促进农民增收的重要手段，也是实施乡村振兴战略、加快推进农业农村现代化的重要途径。党中央、国务院对产业融合发展进行了一系列部署。各地区有关部门认真贯彻党中央决策部署，把农村一二三产业融合发展作为农业农村经济转型升级的重要抓手和有效途径，积极推动政策落实和示范带动，取得了积极的成效。具体体现在：一是农村产业融合主体不断涌现；二是优质安全农产品供给大幅增加；三是农村新产业新业态提档升级；四是农企利益联结机制更加紧密；五是农民增收与就业渠道日益多元。

促进农村一二三产业融合发展面临的主要问题：一是开展农村三产融合发展的目的指向不够明确。目前，农户与新型经营主体之间的利益联结机制还不够紧密，农户不能充分分享二三产业增值收益，农民在产业融合过程中的利益分配占比并不高。二是农村产业融合同质化严重，产业融合发展层次不高。三是农村产业融合主体力量缺失，农民主体作用不显著。应对上述挑战，需要采取综合措施促进农村一二三产业融合发展：完善利益分配制度，构建紧密利益联结机制；聚焦要素需求，完善要素供给政策体系；培育市场主体，激发融合发展市场活力；强化应急管理，有效应对各种风险挑战；大力推动现代农业产业园建设。

（三）城乡融合发展

党的十八大以来，习近平总书记对加快城乡融合与协调发展进行了一系列的重要部署，努力加快完善城乡一体化发展的体制机制，促进城乡要素平等交换和公共资源均衡配置，形成经济、政治、文化、社会、生态"五位一体"的新型城乡融合机制。习近平总书记关于城乡融合发展的重要论述，为建立健全城乡融合发展体制机制和政策体系、全面推进乡村振兴提供了根本遵循。

实践中，各地推进县域内城乡融合发展的路径包括：一是坚守"两条底线"，巩固拓展衔接。要守住不发生规模性返贫的底线，取得的脱贫攻坚成就必须要巩固得住，在巩固的基础上实现工作重心和制度体系的衔接和转换，之后再朝向更加美好的生活迈进，逐步实现共同富裕。发挥好农业"压舱石"作用，守护耕地保护红线，坚守粮食安全底线，为中华民族伟大复兴提供基础和支撑。二是抢抓发展机遇，壮大县域经济。实现县域经济发展与促进乡村振兴的良性互动，是推动县域乡村振兴的有效抓手。三是统筹规划布局，实现城乡贯通。党的十九大以来，习近平总书记关于城乡融合发展相关重要论述，为科学谋划城乡建设提供了科学指引。具体来说，要破除城乡分离、城乡分治的旧式思维，从城乡发展共同体、生命共同体的视角看待城乡关系，从而在实践层面要统筹规划，合理布局城乡经济社会基础设施。四是深化县域改革，盘活各类资源。县域是城乡间要素聚合、交换的主要场景，畅通要素下乡渠道，盘活乡村各类资源，是壮大县域经济的重点也是难点所在。在推进改革中要坚持底线思维、系统思维，统筹发展与安全、发展与生态、发展与共享等重要关系。五是坚持人民至上，提升治理能力。

五、创新发展路径

脱贫攻坚取得全面胜利后，各地深入贯彻习近平总书记关于"三农"工作的重要论述，全面落实中央及国家各部委关于巩固拓展脱贫攻坚成果同乡村振兴有效衔接的系列政策，在推进巩固拓展脱贫攻坚成果同乡村振兴有效衔接进程中开展了多种类型的创新实践，积累了许多好做法好经验，丰富了中国特色乡村振兴道路。

（一）推动全面深化农村改革

党的十八大以来，习近平总书记亲力亲为抓改革，部署推动了农村承包地"三权分置"改革、农村集体产权制度改革等一系列重大改革任务，强调"全面推进乡村振兴，必须用好改革这一法宝"[①]。习近平总书记关于深化农村改革的重要论述，明确了农村改革的价值取向和根本方向，阐明了农村改革的根本方法，阐述了农村改革的途径和内容，强调了农村改革的基本要求，为持续全面深化农村改革提供了根本遵循。

新时代按照习近平总书记提出的新思想新观点新论断，党中央、国务院坚定不移深化农村改革，每年的中央一号文件，都围绕乡村振兴对深化农村改革作出部署。如，2024年中央一号文件明确要求："（二十六）强化农村改革创新。在坚守底线前提下，鼓励各地实践探索和制度创新，强化改革举措集成增效，激发乡村振兴动力活力。启动实施第二轮土地承包到

---

① 习近平：《论"三农"工作》，中央文献出版社2022年版，第14页。

期后再延长 30 年整省试点。健全土地流转价格形成机制，探索防止流转费用不合理上涨有效办法。稳慎推进农村宅基地制度改革。深化农村集体产权制度改革，促进新型农村集体经济健康发展，严格控制农村集体经营风险。对集体资产由村民委员会、村民小组登记到农村集体经济组织名下实行税收减免。持续深化集体林权制度改革、农业水价综合改革、农垦改革和供销合作社综合改革。"[①] 明确了深化农村改革的目标任务、实践要求。

（二）推动实践路径创新

2021 年以来，各地深入贯彻习近平总书记关于"三农"工作的重要论述，全面落实中央及国家各部委关于巩固拓展脱贫攻坚成果同乡村振兴有效衔接的系列政策，紧紧围绕守底线、抓发展、促振兴的主题主线，压实责任、细化政策、强化措施，在推进巩固拓展脱贫攻坚成果同乡村振兴有效衔接进程中开展了多种类型的创新实践，积累了许多好做法好经验，丰富了中国特色乡村振兴道路。

以集成创新为特点推进巩固拓展脱贫攻坚成果同乡村振兴有效衔接的陕西经验。集中体现在以下方面：一是创新体系，健全防止返贫动态监测和帮扶机制。全面建立网格化摸排机制，实行全方位信息化监测机制，实行"双库清单式"交办机制，实施"双随机"抽查核查机制，建立"双连续"通报督导考核机制。通过一系列机制创新，全省全面落实了精准帮扶措施，返贫致贫风险得到有效化解。二是创新模式，发展产业夯实有效衔接基础。因地制宜谋划陕北黄土高原、关中八百秦川、陕南创新模式秦巴山区"三大区域"发展，多维发力打造乳制品、生猪、茶叶、蔬菜、苹果、家禽、食用菌、肉牛肉羊、猕猴桃等九大产业链，统筹协调明确加强政府规划引领、加强企业牵头带动、引导群众参与共建"三大发力方向"，探索创新形成自主发展、合作共建、企业搭载、组织带动"四大联带模式"。

[①] 《中共中央 国务院关于学习运用"千村示范、万村整治"工程经验有力有效推进乡村全面振兴的意见》（2024 年 1 月 1 日），《人民日报》2024 年 2 月 4 日。

三是创新路径，印发多个文件支持企业纾困稳岗、扩宽就业渠道、支持就业创业、强化技能培训，持续加大稳岗就业帮扶力度。四是持续优化帮扶方案，创新协作帮扶思路，创新帮扶方式，打出重点帮扶政策"组合拳"。五是创新思路，发展壮大县域经济促进有效衔接。具体做法：（1）县域主导产业精准谋划；（2）县域园区提质增效；（3）县域城镇化补齐短板；（4）县域创新激发动能。六是创新平台，发挥智库作用助力有效衔接。建设省乡村振兴专家库和智库共同体，建立乡村振兴实践基地、培训基地，完善师资库、教材库、课程库、案例库，形成培训保障大格局，形成了"授课有教师、学习有教材、辅导有课程、点拨有案例、培训有基地、实践有场所"的培训保障体系；发挥智库调查研究建言献策作用，为市县乡村振兴示范创建提供服务。

用发展办法实现脱贫攻坚成果巩固拓展、全面推进乡村振兴的湖北创新实践。 一是以共同缔造作为工作理念和方法，贯彻落实到乡村振兴全领域。共同缔造的灵魂是坚持"五共"工作方法，强调村民参与的核心作用，以美好环境与幸福生活共同缔造实践为例，其实践要点包括坚持以问题为导向的决策共谋，发挥村民主人翁意识来凝聚群众经验共识；发展共建中的分类施策，根据建设项目特征探索家庭自建、集体共建、能人组织共建等方式；以村规民约、财务监督、流程监管等方式实现建设共管，建立健全项目管理的长效机制；建立以村民为评价主体的奖惩激励体系，实现建设项目的效果共评；通过乡风文明、美好环境和产业发展的共同享受，实现了村民幸福生活的缔造。二是以强县工程为抓手，走县域共同发展之路。全面实现乡村振兴的短板在县域，潜力也在县域。湖北省坚持以强县工程作为全面推进乡村振兴的抓手，走县域共同发展之路。在发展壮大县域经济基础上，坚持以工促农、以城带乡、城乡有序互动的实践路径，走出了一条县乡村三级共同发展之路，有效缩小了城乡差距。三是发挥科教大省优势，坚持以科技赋能乡村产业增值。实施"百校联百县——高校服务乡村振兴科技支撑行动计划"，充分发挥高校科技创新和人才资源优势，着力解决乡村振兴中的实际问题。四是以小型化、分布式设施的模式创新，解决偏远山区垃圾处理难题。如湖北偏远山区县探索了就近就地布局小型化、分布式垃圾焚烧处理设施，对垃圾就地收集、就地消化，降低了成本的同时避免了二次污染。五是改革县域寄递物流运作模式，打通"最后一公里"与"最初一公里"。以湖北省麻城市为例，首先是打造县级共配中心，健全乡村两级服务体系；其次，加强标准化和信息化建设，降本增效。

（三）有力有效开展示范创建

开展乡村振兴示范创建是中央的要求，是由乡村振兴战略实施的复杂性和区域发展的差异性所决定的，是我们党"抓点带面推进工作"历史经验的时代运用，是有效降低创新成本提高面上推进工作成效的根本路径，开展乡村振兴示范创建具有多重功能和价值。党的十八大以来，围绕"三农"领域、乡村振兴工作，国家层面先后开展了30项示范创建活动。乡村振兴示范创建在创新政策先行先试和体制机制改革等方面取得了显著成效。各级政府在乡村发展、乡村建设和乡村治理领域都进行了有益探索。其中的一些政策措施经过进一步试点后可以推广到全国实施。与此同时，各省（区、市）积极响应，按照国家及有关部门政策落实要求，结合实际，积极在农村一二三产业融合发展、示范园区建设、乡村产业发展、乡村治理体系建设等方面推出了一系列先行先试措施。系列示范创建活动的开展，充分调动了地方推进乡村振兴的积极性，有力激发了乡村振兴过程中各类参与主体的活力，有效发挥了试点示范作用，形成了一批可复制、可推广的经验，为巩固拓展脱贫攻坚成果、全面推进乡村振兴探索了新路径、新模式，成为贯彻新发展理念、构建新发展格局、引领高质量发展的重要力量。

从示范创建活动的内容看，主要集中在以下方面：一是粮食和重要农产品稳定安全供给。二是突出壮大乡村产业，拓宽农民增收致富渠道。三是改善乡村基础设施和公共服务。四是加强和改进乡村治理。从示范创建活动的层级看，创建的层级分省市县乡村，与省市县乡村五级书记抓乡村振兴相契合。乡村振兴示范创建活动具有竞争性、规范性、周期性、动态性等主要特点。总体看，乡村振兴示范创建活动取得了积极成效：一是明确了发展目标，解决了突出问题；二是促进了地方先行先试；三是树立了一批示范典型；四是为乡村振兴营造了良好氛围。

六、坚持党的领导

"全面建设社会主义现代化国家、全面推进中华民族伟大复兴，关键在党。"[①] 农业、农村、农民问题是贯穿我国现代化建设和实现中华民族伟大复兴进程中的基本问题。全面建设社会主义现代化国家，最艰巨最繁重的任务仍然在农村。中国共产党始终高度重视农业、农村和农民问题，强调"三农"工作在党和国家全局工作中的基础性地位，在革命、建设、改革各个历史时期，始终牢牢掌握对农村工作的领导权，形成了党管农村工作的历史经验和政治要求。党的十九大报告提出乡村振兴战略，党的二十大报告明确全面推进乡村振兴，成为新时代"三农"工作的总抓手。全面推进乡村振兴、加快建设农业强国，关键在党。新征程上全面推进乡村振兴，必须把坚持党对乡村振兴的全面领导落到实处。

（一）坚持党对乡村振兴的全面领导蕴含严密的理论逻辑、厚重的历史逻辑、深刻的现实逻辑

从理论逻辑看，党的初心决定了全面领导乡村振兴是党的重要使命，坚持对"三农"工作的领导是党的优良传统，党的强大组织动员能力在推动乡村振兴发展中发挥整合性作用，党引领乡村振兴有坚实的能力基础。

---

① 习近平：《高举中国特色社会主义伟大旗帜　为全面建设社会主义现代化国家而团结奋斗——在中国共产党第二十次全国代表大会上的报告》，人民出版社 2022 年版，第 63 页。

从历史逻辑看，中国共产党始终围绕广大农民的根本利益，领导"三农"工作在曲折中艰难探索，逐步走出一条实现农业农村现代化的乡村振兴道路。党成立以来始终同广大农民和农村的前途命运紧密联系在一起，始终把解决农业、农民和农村问题作为中国革命、建设、改革和发展的首要问题，根据不同时期的历史任务制定关于乡村的路线、方针、政策。

从现实逻辑看，坚持党管农村工作，确保党在农村工作中始终总揽全局、协调各方是实施乡村振兴战略的基本原则，也是中国共产党带领中国人民取得脱贫攻坚胜利、为世界减贫事业作出巨大贡献和提供中国样本的经验总结。党建是推进乡村振兴的坚强保障和有力支撑，乡村振兴是推进党建工作的重要抓手。加强党对"三农"工作的全面领导，是做好新发展阶段"三农"工作的根本政治保障。健全党对农村工作的全面领导有助于巩固党在农村的执政基础，进一步发挥党中央集中统一领导的政治优势，强化农村农业优先发展的政策导向，为全面推进乡村振兴，走中国特色社会主义乡村振兴道路提供根本保证。[①]中央统筹、省负总责、市县乡抓落实的农村工作机制的建立健全为坚持党对乡村振兴的全面领导奠定了制度基础。

（二）五级书记抓乡村振兴是落实坚持党对乡村振兴的全面领导的关键和保证

习近平总书记强调，各地区各部门要充分认识实施乡村振兴战略的重大意义，要把实施乡村振兴战略摆在优先位置，坚持五级书记抓乡村振兴，让乡村振兴成为全党全社会的共同行动。[②]第一，五级书记抓乡村振兴是党的初心和宗旨的坚守；第二，五级书记抓乡村振兴有助于农村组织力引导力的进一步增强；第三，五级书记抓乡村振兴有助于加大资源动员、协调

---

① 赖扬恩：《中国共产党对农村工作领导的探索实践与启示》，《奋斗》2021年第15期。
② 《把实施乡村振兴战略摆在优先位置 让乡村振兴成为全党全社会的共同行动》，《人民日报》2018年7月6日。

推进乡村全面发展。总的来看，五级书记抓乡村振兴，是我国政治制度优势的体现，是党对农村工作全面领导的实现载体。通过党的组织体系，实现政府、市场、社会资源的更充分调动，各方关系的更好协调，既为农村发展提供了动力，又保证了农村发展的方向。落实五级书记抓乡村振兴，需要政策保证。从2018年起，每年的中央一号文件中都对五级书记抓乡村振兴进行部署，形成了系统化、逐年递进的政策体系。

强化优化五级书记抓乡村振兴的实践路径：一是进一步强化组织领导的工作机制；二是进一步完善资源配置的工作机制；三是进一步做实村庄资源落地的工作机制；四是健全五级书记抓乡村振兴考核机制。

（三）农村基层党组织是党在农村全部工作和战斗力的基础

习近平总书记指出："乡村振兴各项政策，最终要靠农村基层党组织来落实。"[①] 总书记一系列关于加强农村基层党组织建设的重要论述，深刻阐明了加强基层组织建设对于乡村振兴的重要意义，指出了加强基层组织建设的内容、关键和主要途径，对于如何加强基层组织建设明确了方向、提出了要求，为加强农村基层组织建设、全面推进乡村振兴提供了根本遵循。

把全面从严治党落实到乡村振兴的全过程、各环节为加强农村基层组织建设奠定了基础。推动全面从严治党向纵深发展、向基层延伸；坚持抓乡促村，整乡推进、整县提升，加强基本组织、基本队伍、基本制度、基本活动、基本保障建设，持续整顿软弱涣散村党组织；加强农村基层党风廉政建设，强化农村基层干部和党员的日常教育管理监督；充分发挥纪检监察机关在督促相关职能部门抓好中央政策落实方面的作用；全面执行以财政投入为主的稳定的村级组织运转经费保障政策；重视发现和树立优秀农村基层干部典型，彰显榜样力量。

加强基层组织建设为全面推进乡村振兴提供稳定的社会基础。一是促

---

① 习近平：《论"三农"工作》，中央文献出版社2022年版，第18页。

进资源整合，引导各类资源在乡村经济社会发展中的合理配置与流动，实现了乡村发展的秩序化和有序性；二是推动利益整合，农村基层党组织作为执政党的向下延伸，其核心利益统一于党的整体利益，其行动的逻辑则会超越组织的自我利益，从而整合了不同的利益关系、协调了不同的利益主体；三是实现价值整合，农村基层组织在乡村振兴过程中通过培育和践行社会主义核心价值观将乡土价值与城市文明进行有效融合，减少了价值冲突和文化隔阂，共同支撑农村发展。

自党提出实施乡村振兴战略以来，国家制定出台一系列旨在提高农村基层组织建设质量的政策文件，意在从顶层设计上为乡村善治提供支撑。一系列重要举措，切实提高了党领导下的农村基层组织建设质量。从各地实践看，提高农村基层组织建设质量必须解决好以下面临的现实问题：第一，农村基层干部能力水平亟须提高。第二，农村基层党组织建设有待强化。第三，农村基层权力使用亟须有效监督。各地在实践中，主要采取以下举措着力提高农村基层组织建设质量：一是提升农村基层党员干部的战斗力；二是加强农村基层党组织的领导力；三是提高农村基层权力运用的约束力。提高农村基层组织建设质量，必须着力提升基层乡村振兴干部的综合能力，包括：着力提升政治能力、抓落实能力、发展经济能力、群众工作能力、依法办事能力和应急处突能力。

七、发展道路的新拓展

推进乡村全面振兴、加快农业农村现代化、建设农业强国，是中国式现代化的重要内容，也是中国式现代化的重要支撑。习近平总书记关于乡村振兴、关于中国式现代化的重要论述，为新时代新征程全面建成社会主义现代化强国、以中国式现代化全面推进中华民族伟大复兴提供了科学指南，也为走好中国式现代化下的乡村振兴道路提供了行动纲领。

在以中国式现代化全面推进中华民族伟大复兴的战略背景下，新征程上的乡村振兴，在中华民族伟大复兴战略全局和世界百年未有之大变局"两个大局"中，必然面临新的战略机遇、新的战略任务、新的战略阶段、新的战略要求和新的战略环境，也必然面临诸多新的挑战，这些挑战在理论和实践上呈现为一系列的前沿问题，对这些前沿问题的认识和把握，是解决好问题的基础。解决好不断出现的新问题，也形成了中国特色乡村振兴道路发展的新实践，连同基于实践的理论创新，推动了中国特色乡村振兴道路的丰富发展。

中国特色乡村振兴道路的新发展，首先来源于从理论到实践对党的二十大关于全面推进乡村振兴战略部署提出的新的时代课题的科学回答。新时代新征程，全面推进乡村振兴、建设农业强国、扎实推动共同富裕、实现中国式现代化，一系列的新目标新要求，需要科学回答好乡村振兴的中国之问、世界之问、人民之问、时代之问。其次来源于对在全面实施乡村振兴战略中面临的新问题新挑战的及时解决和科学应对。比如，中央对乡村振兴系统作出并入农业农村系统的机构改革决策部署，需要有关方面在理论上、实践中深化认识、统一思想，形成改革合力。再比如，如何从总书记重要批示中，加强规律性研究，找出系统性解决办法，是一个需要重视并回答好的新课题。再次来源于"十五五"时期巩固拓展脱贫攻坚成果、全面推进乡村振兴急需回答好的前沿问题。加强新征程上乡村振兴前沿问题的研究，为完善顶层设计、优化政策提供参考，助力各方面着力提升在新征程上全面推进乡村振兴的政治能力、思维能力、实践能力，从而推动中国特色乡村振兴道路实现新发展。

以下十个方面问题的理论认识和实践探索的新发展，正是新征程上中国特色乡村振兴道路新内涵形成的基础。

（一）政治逻辑

乡村振兴的政治逻辑，是指理解和把握全面推进乡村振兴的有关问题如乡村振兴的历史方位、战略定位、推进路径等，都需要始终从政治立场、政治站位上认识问题、分析问题、理解问题，作出决策、推进工作也都需要以政治逻辑为基础。

理解乡村振兴的政治逻辑，需要从以下五个方面着力。一是全面推进乡村振兴是彰显"四个自信"的重要载体。从政治逻辑看，乡村振兴不是一项单纯的行业工作，而是需要从坚定"四个自信"的政治高度来认识的重大发展领域。二是乡村振兴是夯实党的执政基础的重要抓手。中国共产党的执政基础和根基在人民群众，而乡村振兴的根本目标就是让几亿农民充分分享现代化发展成果，确保在共同富裕进程中不掉队。乡村振兴的政治意蕴就是夯实党的执政基础。三是五级书记抓乡村振兴体现了中国共产党领导的独特政治优势。五级书记抓乡村振兴机制蕴含的政治逻辑，就是全党服从中央、党员领导干部要树牢"四个意识"。五级书记抓乡村振兴的落实，归根到底就是要体现对"两个确立"的决定性意义的深刻领悟，体现"四个意识"的增强。四是乡村振兴的出发点和落脚点是要强化党领导下的基层组织建设。面对大约三分之一脱贫村仍存在基层组织建设薄弱的现实情况，必须在乡村振兴中采取更有力的措施，切实加强基层组织建设，确保基层党组织的凝聚力与号召力。五是乡村振兴要发挥驻村帮扶作用。提高驻村帮扶效果，在推动乡村振兴的过程中同步推进干部能力建设，对于推进国家治理体系和治理能力现代化具有基础性作用。

（二）指导思想

推进乡村全面振兴的指导思想，就是习近平新时代中国特色社会主义思想，具体主要体现在中国特色反贫困理论、全面推进乡村振兴重要论述、建设农业强国方略、中国式现代化理论的学习运用、贯彻落实上。

在指导思想中，具体发挥作用的是四个方面的重要理论。一是中国特色反贫困理论，这是蕴含普遍性、具有时代性的科学理论。从理论逻辑看，习近平总书记在脱贫攻坚期间关于扶贫工作的重要论述，形成了中国特色反贫困理论；在脱贫攻坚过渡期，形成了以稳定脱贫为指向的"有效衔接"理论。从实践维度看，如何实现可持续稳定脱贫，至今仍然是世界难题，运用经过大规模实践证明的科学理论指导这一难题的解决，具有重要的时代价值。"有效衔接"理论是中国特色反贫困理论的延伸、丰富和发展，这一理论的基本原理对于推进乡村全面振兴、城乡融合发展具有科学指导意义。二是全面推进乡村振兴重要论述，这是新时代新征程上推进乡村全面振兴的科学指南。在新时代新征程上，指引"三农"工作的重要论述和指引全面推进乡村振兴的重要论述本质上是一致的，"三农"工作就是乡村振兴，主要以全面推进乡村振兴推动农业农村现代化、建设农业强国，发挥指导作用的就是全面推进乡村振兴重要论述。三是建设农业强国方略，这是建设农业强国的基本方略。这一方略充分阐述了为什么要建设农业强国、建设什么样的农业强国和怎样建设农业强国，是做好当前直至2035年的全面推进乡村振兴工作的指导思想，是乡村振兴指导思想的重要组成部分。四是中国式现代化理论，这是中国式现代化下推进乡村全面振兴的重要指导思想。其理论和实践逻辑就是，乡村振兴必须在中国式现代化理论的视野和框架下进行设计和安排，农业现代化、农村现代化、农民现代化是中国式现代化的重要组成部分。乡村的全面振兴，实质上就是农业、农村、农民都实现了现代化。

（三）两条底线

"两条底线"是指保障国家粮食安全底线和不发生规模性返贫底线。守住"两条底线"是重大政治任务，具有动态性特征，在不同的发展阶段，随着发展条件的变化，会出现不同的形式和要求。

守住粮食安全底线就是要确保粮食安全。守住粮食安全底线需要夯实粮食安全根基，抓住耕地、种子这两个要害，保持农民种粮的积极性和地方政府特别是产粮大省的种粮积极性。要树立大食物观，拓宽粮食的内涵。确保粮食安全还要厉行节约、反对浪费、减少损耗。守住粮食安全底线是一项具有极强政治性、安全性的系统工程。守住不发生规模性返贫底线，就是要建立常态化的监测帮扶机制，及时因地制宜地实现精准帮扶，发展产业、稳定就业、大力发展新型农村集体经济等。从脱贫地区整体看，发生规模性返贫的风险尽管存在，但是总体上是完全可控的。需要引起注意的是，在局部，返贫风险还是存在的，而且一些地方防止返贫的难度也需要引起足够重视。

（四）统筹推进

统筹推进乡村振兴是坚持系统观念在全面推进乡村振兴领域的运用。"统筹推进"就是全面回答"是什么问题""怎么统筹推进"。

统筹推进"五个振兴"。一些地方把"五个振兴"独立起来看，没有充分认识到"五个振兴"之间是相互支撑、相互依赖、相互制约的，是一体化的关系。比如，产业振兴，就与人才、文化、生态、组织这几个振兴密切相关，如果相关政策设计没有体现出体系化设计的要求，"五个振兴"的推进就会出现欲速则不达的现象。统筹推进"三个乡村"。2022年中央一号文件提出，"扎实有序做好乡村发展、乡村建设、乡村治理重点工作。"[①]这三个重点任务也即"三个乡村"是三位一体的。乡村发展包括一二三产业融合发展、县域富民产业发展、促进农民就地就近就业创业、发展新型农村集体经济、拓宽农民增收渠道等；乡村建设包括人居环境整治、基础设施建设、公共服务完善等；乡村治理包括基层组织建设、移风易俗、农村精神文明建设、依法治村等。统筹推进"三个现代化"。也就是农业、农村和农民的现代化。农业农村现代化，是中国式现代化的重要组成部分，是建设农业强国的基础和重要内容。统筹推进乡村振兴的过程中，"三个现代化"的一体化推进具有内在需求和客观必然性。

[①]《中共中央　国务院关于做好二〇二二年全面推进乡村振兴重点工作的意见》，《人民日报》2022年2月23日。

（五）融合发展

战略融合。乡村振兴的融合发展，首先应该是战略融合，就是把乡村振兴战略融进国家区域重大战略、区域协调发展战略体系中，具体就是把乡村振兴融入京津冀协同发展、长江经济带发展、长三角一体化发展、粤港澳大湾区建设、黄河流域生态保护和高质量发展等区域重大战略和西部大开发、东北全面振兴、中部地区崛起、东部率先发展等区域协调发展战略体系中。

产业融合。产业振兴是乡村振兴的重中之重。产业融合就是要按中央要求，深入推进农村一二三产业融合发展。做好"土特产"文章，依托农业农村特色资源，向开发农业多种功能、挖掘乡村多元价值要效益，向一二三产业融合发展要效益，强龙头、补链条、兴业态、树品牌，推动乡村产业全链条升级。同时，加大建设产业园、形成产业集群的力度，力争通过产业链、价值链、生产链、产品链的延伸实现产业融合。

城乡融合。坚持把推进新型城镇化和乡村全面振兴有机结合。坚持以工补农、以城带乡，推动形成工农互促、城乡互补、全面融合、共同繁荣的新型工农城乡关系。乡村振兴必然是城乡融合发展下的乡村振兴。

要素融合。一是"人"，即人口、人才融合。二是"地"，即农村土地改革。其实就是要解决农村土地和城市土地如何同价进入市场的问题。三是"钱"。如果城乡资金流无法实现融合互通，乡村同样无法实现振兴。四是"技术"。当前不是缺少技术，而是各类先进农业技术只局限在较小范围使用，无法实现先进技术与使用者的有机融合。五是信息、数字、智慧等层面新技术新形态与乡村振兴实现融合发展。

（六）县域经济

习近平总书记高度重视县域发展，深刻指出，"要把县域作为城乡融合发展的重要切入点，推进空间布局、产业发展、基础设施等县域统筹，把城乡关系摆布好处理好，一体设计、一并推进。"①发展县域经济促进乡村振兴首先要转变发展理念。只有把强县和富民结合起来，乡村才有可能实现全面振兴。必须把推动乡村发展、乡村建设、乡村治理融入县域经济发展的全过程，把强县和富民结合起来，形成县域经济发展和乡村振兴的良性互动，在共同富裕目标指引下实现同步发展。

发展县域经济促进乡村振兴的重点任务，是要让县域的产业布局体现出城乡融合发展的理念，把"强县富民"的发展理念贯穿县域发展全过程。要以县城为载体，与乡村实现联动发展，把县域内的产业连成一体，创造出更多的新业态，因地制宜推动乡村现代产业体系构建。注重发挥产业联农带农的效果，发展壮大新型农村集体经济，带动就业，拓宽增收渠道，富裕农民。推进县域经济发展促进乡村振兴，需要构建资金、技术、人才、土地等要素的供给保障体系。从乡村振兴维度看，只有在发展县域经济中，只有在产业布局、产业园区建设、产业集群培育、乡村现代产业体系构建中，转变发展思路，把实现县域经济的高质量发展和乡村振兴良性互动贯穿其中，中国式现代化才能如期实现。

（七）多轮驱动

习近平总书记强调，坚持把解决好"三农"问题作为全党工作重中之重，举全党全社会之力推动乡村振兴，促进农业高质高效、乡村宜居宜业、农民富裕富足②。乡村振兴的系统性、复杂性、艰巨性必然要求多方面力量的驱动。

构建多轮驱动乡村振兴合力，一是要构建政府、市场、社会互动的机制。乡村振兴，只有实现政府、市场、社会之间的良性互动，才能构建起全党全社会支持乡村振兴的大格局。二是要强化东西部协作。以东部加快发展带动西部更快发展，形成东西双向良性互动发展格局，这是推动脱贫

---

① 习近平：《论"三农"工作》，中央文献出版社2022年版，第16页。
② 习近平：《论"三农"工作》，中央文献出版社2022年版，第5页。

地区实现快速发展、跨越式发展的重要契机。如何推动乡村振兴，需要在强化东西部协作上研究设计更有利的政策体系甚至制度体系，这是需要继续加强研究并加快解决的问题。三是要做好定点帮扶。要在原有的基础上，以创新动员机制和方式，凝聚更大的定点帮扶力量，实施更精准、更有效的帮扶。四是要加强社会动员。从当前实践看，"万企兴万村"是一个重要抓手和不可忽视的社会帮扶力量。组织动员更多社会力量返乡、入乡助力乡村振兴，需要构建更适应实际、高效的平台和渠道。

（八）深化改革

改革是释放推进乡村振兴活力的重要途径，也是取得发展、加快发展的关键一招。当前全面深化农村改革推进乡村全面振兴，重点从五个方面发力：一是扎实做好承包期再延长 30 年的各项工作。在执行中按照中央的要求把各项政策宣传好、落实到位，确保绝大多数农户原有承包权保持稳定、顺利延包。二是稳慎推进农村宅基地制度改革试点。既要积极稳妥、完善政策，加强监管，也要因地制宜探索多种盘活利用方式，提高土地资源利用效率，增加农民财产性收入。三是深化农村集体产权制度改革。对于属于村集体的产权，关键是在产权清晰以后，如何通过市场化的方式盘活这些资产，使之成为村集体经济来源，更多地让农民受益。四是城乡二元结构的突破。要顺应城乡融合发展大趋势，破除妨碍城乡要素平等交换、双向流动的制度壁垒，促进发展要素、各类服务更多下乡，率先在县域内破除城乡二元结构。五是明确改革的原则和方法。农村改革涉及广大农民切身利益，非常复杂和敏感。改革一定要有历史耐心、久久为功。中国地域广阔、国情复杂，任何一项改革都不宜急于求成，否则可能影响整个社会的稳定。

（九）国际合作

我国乡村振兴对于促进人类命运共同体的构建必将发挥重要作用。从长远看，人类作为一个整体，发展趋势必然是共建命运共同体。各个方面围绕构建人类命运共同体这一目标着力，必然成为做好乡村振兴工作的重要内容，需要在乡村振兴研究中强化自愿和自觉意识。

全球发展倡议、全球安全倡议、全球文明倡议为推进乡村振兴国际合作提供了根本遵循。这三个倡议本质上体现的是中国共产党探索构建新型国际关系的主张和努力方向，也是中国共产党执政理念中时刻以人类命运为观照的重要体现。乡村振兴作为中国发展重要组成部分，必然需要蕴含世界眼光，在推动多样化国际合作中体现出对倡议的落实。

讲好中国发展故事和中国共产党故事。在外交关系上越紧张，西方国家对我国意识形态上的打压就会更剧烈，就越需要中国共产党将其执政理念和发展成果更充分地展现给世界，这就特别需要讲好中国发展故事，展示中国是如何为全人类更好地发展提供中国智慧中国方案，彰显我国在人类文明新形态的探索过程中所付出的努力和贡献。在这些方面，乡村振兴正是最有力、最有效的抓手。

（十）党的领导

在乡村振兴领域，坚持党的领导就是要全过程体现和贯彻党的全面集中统一领导。一是"五级书记抓乡村振兴"。回答好"如何在五级书记抓乡村振兴中更充分体现、更彻底落实党的领导"这一问题，是抓好党建促乡村振兴的基础。二是加强干部能力建设。当前基层干部的能力建设主要在三个方面着力：体系化设计、差异化推进、精准化实施的能力。三是强化人才支撑。乡村振兴，关键在人。在乡村振兴工作中，要注重人才的发现、引进和培养，包括本土的人才、外来引进的人才、回乡的人才等各类人才培养，更充分发挥人才的作用。要推动县域内人才打通使用，要着力打造一支沉得下、留得住、能管用的乡村人才队伍，强化乡村振兴的智力支持、人才支撑。四是加强农村基层党组织的领导力、凝聚力、动员力建设。

第十章　文明探索：走好中国特色乡村振兴道路

党的十九大提出"乡村振兴战略"主要是为了加快解决好城乡发展不平衡、农村发展不充分这个新时代中国社会主要矛盾的主要方面，目的在于重塑中国工农城乡关系，加快农业农村现代化进程，使广大农民能够和全国人民一道，实现对美好生活的需要。党的二十大对"全面推进乡村振兴"作出新的战略部署，提出"加快建设农业强国"的新目标，根本目的在于我国面临世界百年未有之大变局加速演进、不确定难预料因素明显增多的复杂外部环境，要牢牢掌握住发展和安全的主动权。可见，乡村振兴的着眼点在于解决好国内社会的主要矛盾，实现包括农民在内的全体人民对美好生活的需要；而在乡村振兴过程中加快建设农业强国，着眼点在于守住农业基本盘、强化粮食安全和食物保障这个国家安全"压舱石"的作用，增强中国在世界大变局中的自主、自立、自强能力。前者是"民之所盼"，后者是"国之大者"，两者必须相辅相成，才能使中国的现代化事业立于不败之地。[①] 新征程上，全面推进乡村振兴、加快农业农村现代化、建设农业强国，推动中国特色乡村振兴道路的丰富发展，是扎实推动共同富裕、实现中国式现代化的必然要求和重要内容。新征程上，走好中国特色乡村振兴道路，必须以"国之大者"的视野认识乡村振兴，必须以科学世界观方法论为遵循，必须深入分析中国发展的新趋势、新环境和新变化及其对乡村振兴提出的新要求、新思路，必须聚焦中国特色乡村振兴道路

---

① 陈锡文：《当前农业农村的若干重要问题》，《中国农村经济》2023年第8期。

的发展方向，必须加强推进乡村全面振兴的理论和实践前沿问题研究。

一、以"国之大者"的视野理解新征程上的乡村全面振兴

国之大者，就是事关党和国家前途命运、事关中华民族伟大复兴、事关人民幸福安康、事关社会长治久安的大事。习近平总书记关于乡村振兴的重要论述，特别是关于实施乡村振兴战略、全面推进乡村振兴、建设农业强国等关于乡村振兴战略定位的重要论述表明，乡村振兴就是事关党和国家的强国命运，事关中华民族伟大复兴的大事。以中国式现代化推进中华民族伟大复兴是中国共产党在新征程上的历史使命，如果没有几亿依然在乡村居住的人民的幸福安康，社会长治久安就缺乏坚实支撑；没有乡村的稳定，就不会有现代化国家的建成。目前，全国各级乡村振兴部门都面临中央新一轮机构改革和职能职责重大调整的新形势，但无论机构怎么改，乡村振兴是"国之大者"的根本属性不会减弱，乡村振兴的职能职责无论放在哪个部门，都是党中央对这项工作的高度重视。习近平总书记强调，要继脱贫攻坚战之后再打一场漂亮仗，这就是乡村振兴。再次凸显了乡村振兴是"国之大者"的鲜明特征。

乡村振兴是中国共产党初心使命的充分体现。 第一，党的初心使命就是为人民谋幸福。正如习近平总书记所指出的那样："必须看到，我国幅员辽阔，人口众多，大部分国土面积是农村，即使将来城镇化水平到了百分之七十，还会有四五亿人生活在农村。"[①] 因此，没有乡村振兴，就不可能有宜居宜业和美乡村，就不可能确保居住在农村的四五亿人与全国人民一道，实现对美好生活的需要，享受幸福生活。第二，乡村振兴是扎实推动共同富裕的底线。中国共产党是全心全意为人民服务的政党。如果还

---

① 习近平：《论"三农工作"》，中央文献出版社2022年版，第100—101页。

有几亿人在共同富裕的底线以下，就不能叫实现了共同富裕。当然，十几亿人共同富裕不可能是整齐划一的，必然会有一个区间和不同实现阶段。正如同脱贫攻坚是为了解决绝对贫困问题，脱贫攻坚就是要让近亿贫困人口达到全面建成小康社会的底线，同样地，乡村振兴是共同富裕的底线。共同富裕是未来愿景，共同富裕比全面小康水平更高，确保全体人民共同富裕更加关键，为此，从乡村振兴走向共同富裕，必然成为中国共产党初心使命的重要内容。第三，中国特色社会主义进入新时代，进入新发展阶段，我国人民日益增长的美好生活需要和不平衡不充分的发展之间的矛盾，最突出的表现在农村。"全面建设社会主义现代化国家，实现中华民族伟大复兴，最艰巨最繁重的任务依然在农村，最广泛最深厚的基础依然在农村。"[①] 广大的乡村和农民就是我们党能不能实现共同富裕、能否实现中国式现代化的最短板和最底线。

乡村振兴是实现中华民族伟大复兴的一项重大任务。 可以从以下三个层面来理解这一重大论断。首先，全面推进乡村振兴是中国式现代化的重要组成部分。乡村的全面振兴，对于全面建成社会主义现代化强国，实现第二个百年奋斗目标，实现中华民族伟大复兴的中国梦，具有划时代的里程碑意义。如果没有乡村的全面振兴，就说中华民族伟大复兴已经实现，是没有底气的。同样，如果没有乡村的全面振兴，就无法宣布建成了社会主义现代化强国，中国共产党有能力带领中国实现现代化也就没有充分的说服力。可见，乡村振兴就是中国式现代化的重要组成部分，是最底线、最艰巨的内容。其次，乡村振兴是新型城镇化和市场建设的大后方。习近平总书记强调："从世界百年未有之大变局看，稳住农业基本盘、守好'三农'基础是应变局、开新局的'压舱石'。对我们这样一个拥有十四亿人口的大国来说，'三农'向好，全局主动。"[②] 深刻阐述了乡村振兴在国家

---

① 习近平：《论"三农工作"》，中央文献出版社 2022 年版，第 3 页。
② 习近平：《论"三农工作"》，中央文献出版社 2022 年版，第 4 页。

经济社会发展中的地位和作用，也深刻指明了在经济社会良性发展中把乡村作为新型城镇化、市场建设大后方的意蕴。什么叫大后方？后方相对于前线，发挥缓冲作用，也就是说乡村振兴不是单纯追求乡村所做的贡献，推动经济增长加快，而是对全国而言，更重要的作用是在推动新型城镇化和统一市场建设中发挥作用。比如，受新冠肺炎疫情冲击和经济下行的影响，全国一度有近三万名农民工留乡返乡。"今年受新冠肺炎疫情冲击和国际经济下行影响，一度有近3000万农民工留乡返乡。在这种情况下，社会大局能够保持稳定，没有出什么乱子，关键是农民在老家还有块地、有栋房，回去有地种、有饭吃、有事干，即使不回去心里也踏实。"① 可见，夯实社会稳定基础，保持粮食、猪肉等重要农产品的基本供给，这就是乡村作为大后方的重要意义。从这个角度说，之所以要全面振兴乡村，最重要的并不是需要乡村贡献多大的经济增长价值、为国家加快发展贡献多大力量，而是乡村振兴要为农民提供现代化的生产生活条件，让农民就地过上现代化的美好生活，为现代化国家建设提供基础性支撑。全面建设社会主义现代化国家是一个长期过程，乡村振兴不可能一蹴而就，需要保持历史耐心，久久为功。如同浙江"千万工程"经验案例，经过二十年的持久着力和发展，才取得了今天的成就，乡村发展为浙江整体发展带来活力、助力。需要从"国之大者"的角度来理解乡村振兴的历史性过程，防止操之过急、急功近利。再次，乡村振兴是我国现代化进程中应对风险挑战的特殊优势。如上所述，近三千万农民工如果没有现在这样进可入城、退可返乡的机制和路径，就不会有乡村的稳定、全社会的稳定。

发展农业是应对世界百年未有之大变局风险挑战的重要支撑。 农村稳定、农业发展包括粮食安全是中国式现代化推进的底线，具有极端重要性。"我反复强调要办好自己的事，其中很重要的一个任务就是始终立足自身抓

---

① 习近平：《坚持把解决好"三农"问题作为全党工作重中之重 举全党全社会之力推动乡村振兴》，《求是》2022年第7期。

好农业生产，以国内稳产保供的确定性来应对外部环境的不确定性。"[①] 特别是对农村环境的维护、农村生态保护必须贯穿乡村振兴的全过程各环节，以防止带来不可持续的后果。同时，如果没有以农业、农民、农村作为出发点和落脚点，社会的稳定发展就必然存在风险。

乡村振兴为全球解决乡村问题贡献中国智慧和中国方法。 从全球整体看，普遍存在乡村衰退和城市贫民窟并存的现象，如拉美、南亚的一些国家，一方面是乡村快速衰退，大量农村人口进城，另一方面是城市难以有序消纳大量涌进的农民，无序的流动人口聚集，形成了各种各样的贫民窟。中国实施乡村振兴战略探索形成的成功发展路径，为解决全球城乡发展中普遍存在的问题提供了方案。同时，乡村全面振兴也是构建人类命运共同体的有益实践。人类命运共同体从区域划分可以分为城市和乡村，相应居住着城市人口和农村人口，由此人类命运共同体既包含着城市人口，也包括乡村人口。只有这两者之间找到一条相互认同、城乡互动、良性发展的路子，构建人类命运共同体才能变为现实。

乡村全面振兴是人类文明新形态的生动呈现。 人类社会不断地走向文明，走向更高级的文明状态，直至实现马克思提出的"人的自由全面发展"的终极形态，这是人类发展的必由之路。在中国的现代化进程中，如果没有乡村振兴，就没有农业、农村、农民的现代化，国家的现代化也就无从谈起。换言之，只有乡村振兴，农业、农村、农民现代化持续推进，才有可能为人类发展探索形成更多符合人类发展规律的文明新形态。

二、推进乡村全面振兴必须遵循科学的世界观和方法论

必须坚持人民至上、必须坚持自信自立、必须坚持守正创新、必须

[①] 习近平：《坚持把解决好"三农"问题作为全党工作重中之重 举全党全社会之力推动乡村振兴》，《求是》2022年第7期。

坚持问题导向、必须坚持系统观念、必须坚持胸怀天下，这"六个必须坚持"，是习近平新时代中国特色社会主义思想的立场观点方法的重要体现。习近平总书记强调："只有准确把握包括'六个必须坚持'在内的新时代中国特色社会主义思想的立场观点方法，才能更好领会这一思想的精髓要义，才能把思想方法搞对头，认识问题才站得高，分析问题才看得深，开展工作也才能把得准，确保张弛有度、收放自如。"① "六个必须坚持"为研究新时代新征程上乡村振兴的前沿问题指明了方向，提供了根本遵循。

人民至上的立场体现在乡村振兴领域，就是乡村振兴为农民而兴，乡村建设为农民而建。坚持人民至上，是贯穿习近平新时代中国特色社会主义思想的一条红线，只有坚持人民至上，坚持以人民为中心的发展思想，坚持发展为了人民、发展依靠人民、发展成果由人民共享，才会有正确的发展观、现代化观。把人民至上贯穿全面推进乡村振兴全过程各环节，首先是要尊重乡村振兴中农民的主体地位，确保农民的全过程参与。建立健全农民参与的机制办法和路径，总结推广农民参与式的典型案例，提炼经验办法。其次是要注重增强农民的内生发展动力。对于有劳动能力的劳动力，要通过发展，推进实现巩固拓展脱贫攻坚成果同乡村振兴有效衔接，才能坚决守住不发生规模性返贫的底线，确保脱贫人口稳定脱贫，确保全体农民与时俱进，找到实现稳定脱贫、促进共享发展、扎实推动共同富裕的办法路径。再次是要及时概括提炼人民群众的新鲜经验，形成为人民所喜爱、所认同、所拥有的理论，使之成为指导人民认识世界和改造世界的强大思想武器。人民的创造性实践是理论创新的不竭源泉，深深植根于亿万人民的生动实践。推进基于乡村振兴实践的理论创新，必须坚持向人民学习、拜人民为师，尊重人民创造、集中人民智慧。

---

① 习近平：《在二十届中央政治局第四次集体学习时的讲话》，《求是》2023 年第 10 期。

中国特色乡村振兴道路就是中国式现代化乡村振兴道路，是党领导人民独立自主探索开辟出来的，我们要始终坚持自信自立，坚定不移走自己的路。在人类历史上，没有一个民族、没有一个国家可以通过依赖外部力量、跟在他人后面亦步亦趋实现强大和振兴。中国特色乡村振兴道路是中国式现代化道路的重要组成部分，走好中国特色乡村振兴道路，首先要坚持以习近平总书记关于全面推进乡村振兴重要论述指引全面推进乡村振兴。从新的实际出发，科学回答好乡村振兴的中国之问、世界之问、人民之问、时代之问。其次要不断总结探索中国式现代化乡村振兴道路。这条道路就是以习近平总书记关于全面推进乡村振兴重要论述为指导思想，以坚决守住"两条底线"（保障国家粮食安全底线和不发生规模性返贫底线）为基础，统筹推进"三个乡村"（乡村发展、乡村建设、乡村治理），促进产业、产城、城乡融合发展，凝聚振兴合力，创新发展路径，坚持党的领导的乡村振兴道路。

中国特色乡村振兴道路行稳致远的前提，就是必须坚持守正创新，处理好变与不变、继承与发展、原则性与创造性的辩证统一关系。习近平总书记指出："我们从事的是前无古人的伟大事业，守正才能不迷失方向、不犯颠覆性错误，创新才能把握时代、引领时代。"[1]守正与创新相辅相成，体现了变与不变、继承与发展、原则性与创造性的辩证统一。守正创新，既与中华民族几千年来恪守正道、革故鼎新的文化传统相承袭，又与我们党一贯坚持的解放思想、实事求是、与时俱进、求真务实的品格相贯通，是贯彻党的思想路线的内在要求。全面推进乡村振兴，必然会遇到各种可以预料和难以预料的新情况新问题。解决好这些问题，唯有全面深化农村改革，这是全面推进乡村振兴的重要法宝。推进农村改革，一是要始终坚持农村改革成功的标准，就是任何改革举措必须契合农业和农村特点，兼

---

[1] 习近平：《高举中国特色社会主义伟大旗帜　为全面建设社会主义现代化国家而团结奋斗——在中国共产党第二十次全国代表大会上的报告》，人民出版社2022年版，第20页。

顾国家、集体、农民三者利益，真正调动农民积极性，能够解放农村的社会生产力。二是要深化农村土地制度改革。立足国家发展历史阶段，在坚持土地集体所有制的前提下，与时俱进地深化土地制度改革，充分利用好、发挥好农村土地的功能作用，保障农民的基本权益，提高土地要素配置效率，充分释放农村土地的市场价值，增强乡村振兴重要推动力量。深化农村土地制度改革要始终符合生产关系适应生产力发展的客观规律，坚决守住土地公有制性质不改变、耕地红线不突破、农民利益不受损三条底线，审慎稳妥推进，不能把农村土地集体所有制改垮了，不能把耕地改少了，不能把粮食产量改下去了，不能把农民利益损害了，促进农村土地资源优化配置，增强土地要素活力，助推乡村振兴大发展。三是要巩固和完善农村基本经营制度。要深化农村承包地管理与改革，稳步推进农村承包地"三权分置"改革，丰富集体所有权、农户承包权、土地经营权的有效实现形式，进一步规范农村土地流转过程以保障农村土地用途的规范性与科学性，发展多种形式适度规模经营。健全农业专业化社会化服务体系。培育壮大新型农业经营主体。四是要完善农业支持保护制度。建立健全农村集体资产管理制度，完善农业投资管理机制。把守正创新贯穿于全面推进乡村振兴全过程，必须持续推进乡村振兴实践基础上的理论创新。进一步深化对中国特色乡村振兴道路的内涵和本质的认识，概括形成中国乡村振兴的中国特色、本质要求和重大原则，构建中国乡村振兴的理论体系。

乡村振兴的长期性、艰巨性、复杂性决定了前进道路上必然不断面临新问题，唯有坚持问题导向才能不断提出真正解决新问题的新理念新思路新办法。每个时代都有属于它自己的问题，只有科学地认识、准确地把握、正确地解决这些问题，才能够把我们的社会不断向前推进。抓住问题就找到了实践前进的突破点，也就找到了理论创新的生长点，党的理论就是在不断回答时代课题中创新发展的。坚持问题导向，是党的十八大以来党治国理政的突出特点，也是习近平新时代中国特色社会主义思想的鲜明风格。党的十九大提出实施乡村振兴战略，党的二十大就全面推进乡村振兴作出战略部署，面对中华民族伟大复兴战略全局和世界百年未有之大变局，新征程上乡村振兴必然面临诸多新挑战，这些挑战呈现为一系列对于全面推进乡村振兴工作和加快农业、农村、农民现代化发展具有重要性、全局性、战略性、时代性的问题，也就是乡村振兴的前沿问题。比如乡村振兴的政治逻辑、指导思想、"两条底线"、统筹推进、融合发展、县域经济、多轮驱动、深化改革、国际合作、党的领导等问题，对这些问题进行系统、深入研究、阐述，回答好"为什么是前沿问题""问题的内涵是什么""怎么把握、领会和理解这一问题"等内容，必将为客观认识、准确把握和有效解决问题奠定基础。坚持问题导向就要增强问题意识，时刻保持清醒头脑和敏锐眼光，敢于正视问题、善于发现问题，不回避、不躲闪，瞄着问题去、迎着问题上，不断提出真正解决问题的新理念新思路新办法，不断开创事业发展的新局面。不断推动乡村振兴的理论创新是坚持问题导向的必然结果。在新征程上，乡村振兴所面临问题的复杂程度、解决问题的艰巨程度明显加大，对理论创新提出了全新要求。只有聆听时代声音，回应时代呼唤，认真研究解决重大而紧迫的问题，才能真正把握住历史脉络、找到发展规律，推动理论创新。

乡村振兴是历史性任务、复杂的社会系统工程，只有坚持系统观念，用普遍联系的、全面系统的、发展变化的观点观察事物，才能把握乡村振兴高质量发展规律。 系统观念是辩证唯物主义的重要认识论和方法论，是具有基础性的思想和工作方法。坚持系统观念全面推进乡村振兴、实现高质量发展，就是要守住"两条底线"、统筹推进"三个乡村"、一体推进"三个现代化"、构建大帮扶格局、促进融合发展。第一，要牢牢守住保障国家粮食安全底线和不发生规模性返贫底线。始终把保障粮食和重要农产品稳定安全供给作为建设农业强国的头等大事，把巩固拓展脱贫攻坚成果作为全面推进乡村振兴的底线任务。第二，要融入构建新发展格局。着力更充分挖掘农村巨大的内需空间，把乡村一二三产业融合发展作为目标，通过大力发展高标准农田、现代农业、特色产业、农产品加工业、农村电商、新型服务业、乡村休闲旅游、田园综合体等新产业、新业态，打造农业全产业链，建设现代农业产业园、优势特色产业集群、三产融合发展示范园、农业绿色发展先行区，推进现代农业经营体系建设等，促进农业供给侧质量效益和竞争力的提升，促进城乡融合发展，着力提高发展的平衡性、协调性、包容性，实现城乡经济社会协调发展。第三，要统筹推进"三个乡村"。聚焦产业促进乡村发展，扎实稳妥推进乡村建设行动，加强和改进乡村治理。提高农村基层组织建设质量。第四，要扎实推进"三个现代化"。就是以农业高质高效发展推进农业现代化，以乡村宜居宜业建设为中心推进农村现代化，以农民富裕富足为目标推进农民现代化。第五，要坚持党对农村工作的全面领导。坚持五级书记抓乡村振兴，把全面从严治党落实到乡村振兴的全过程各环节，落实好《中国共产党农村工作条例》，全面实施《中华人民共和国乡村振兴促进法》，要营造好乡村振兴良好氛围。第六，要把坚持系统观念贯穿全面推进乡村振兴始终，就是要从把握全局中提升战略思维能力，从聚焦重点中提升辩证思维能力，从统筹推进中提升系统思维能力，从改革创新中提升创新思维能力，从汲取智慧中提升历史思维能力，从依法推进中提升法治思维能力，从防范风险中提升底线思维能力。

中国乡村振兴是中国式现代化的重要组成部分，具有胸怀天下的特性和使命。 从全球乡村发展维度看，全面推进乡村振兴、实现中国乡村振兴，具有重要的世界意义。首先，中国乡村振兴为世界乡村发展贡献了中国智慧和中国方案。习近平总书记指出，"迄今为止，还没有哪个发展中大国能够解决好农业农村农民现代化问题。我国干好乡村振兴事业，本身就是对全球的重大贡献。"[①] "实施乡村振兴战略也是为全球解决乡村问题贡献中国智慧和中国方案。"[②] 中国地域广大、发展类型丰富，乡村振兴呈现多

---

① 习近平：《论"三农"工作》，中央文献出版社 2022 年版，第 240 页。
② 习近平：《论"三农"工作》，中央文献出版社 2022 年版，第 240 页。

种样态，形成的各种类型乡村发展模式及蕴含其中的理论、制度、文化等元素，都是中国为世界乡村发展贡献的中国智慧、中国方案。其次，全面推进乡村振兴的城乡融合发展道路为世界正确处理城乡关系提供了借鉴。在现代化进程中，如何处理好工农关系、城乡关系，在一定程度上决定着现代化的成败。"党的十九大提出实施乡村振兴战略，就是为了从全局和战略高度来把握和处理工农关系、城乡关系。"[1]城乡融合发展是当今时代的新命题，标志着我国的发展方式转向高质量发展，转向多渠道、多样化发展。历史经验表明，当一个国家的经济发展到一定程度时，城市和乡村的发展会从刚开始发展的对立面转向互相融合发展，在这种融合模式下，会充分地发挥彼此的优势，城市、乡村取长补短，形成一个整体性的而不是分离的社会综合体。城乡融合发展将打破原有的乡村习惯，带来更高效、更便利、更文明的生活方式。中国发展的多样性带来了城乡融合发展类型的多种样态、多种模式。中国在城乡融合发展上的进步及经验，将为其他发展中国家推进城乡融合发展提供经验，坚定信心。此外，随着中国乡村振兴的深入推进，全面推进乡村振兴的行动纲领指导乡村振兴实践深入推进，基于实践基础的持续的理论创新，将成为全球乡村建设理论丰富发展的重要来源和推动力量，也必将在助力构建共同发展的人类命运共同体进程中发挥重要作用。

三、准确把握中国特色乡村振兴道路的发展方向

新征程上，中国发展面临新的趋势、新的变化、新的环境，由此对推进乡村全面振兴提出了新的要求、指明了新的思路，决定了乡村振兴理论创新和实践创新的发展新方向、新重点，也规定了中国特色乡村振兴道路

---

[1] 习近平：《论"三农"工作》，中央文献出版社2022年版，第274页。

的发展方向。

中国发展面临的新趋势。研究乡村振兴，必须摆在国家发展的大格局中，用全球发展的视野分析发展趋势，特别是需要从国家发展大局中分析和判断未来乡村的发展趋势。由此，乡村振兴领域研究需要特别关注以下方面：一是中国发展战略作出的重大调整。过去的发展，更多注重的是数量，现在更加注重质量，总的要求是，进入新发展阶段，必须全面、准确、完整贯彻新发展理念，努力构建新发展格局，实现高质量发展。比如过去发展注重经济的GDP增长，现在需要更多关注GEP（生态系统生产总值）的增长，也就是要更注重人与自然的和谐发展。这是国家发展的重大战略调整，必然对乡村振兴目标定位、战略实现路径提出新的要求，核心就是要追求高质量发展。新发展阶段，国家发展每一步都要沿着高质量发展的方向，中国未来发展的重大产业调整最根本的原则就是符合高质量发展要求。拼经济、大抓招商引资，最根本的变化就是要把高质量发展摆在首要位置。这同样是推进乡村振兴、研究乡村振兴的重大原则和调整方向。二是中国经济结构发生的革命性变化。这些革命性变化蕴含着各种机遇，对于脱贫地区而言，一定注意观察和研究，抢先抓住变化所带来的机会，比如新能源、新经济、数字经济、高端制造所带来的新发展方式。再比如，新征程上的乡村振兴不能固守原来老基建的模式，也就是不能再单纯追求实现村级通水、通路、通电、通网等，因为一些村庄必然是会消亡的，如果还以现有村为单元推进振兴，就有可能造成部分资源和投资浪费。若想让促进乡村振兴的措施更聚焦、更精准，需要转变发展理念，特别是通过新能源、新经济，释放出更大新红利。三是新发展战略（如"双碳"行动和新能源革命）带来的结构性变化。集中体现在新的产业、新的经济增长点、新的消费方式、新的生产模式、新的发展需求和新的青年群体等方面。特别是青年群体的结构性变化，代表着社会变化的趋势，是引领着社会前进的新力量。目前，广大乡村出现没人种地、无法吸引人员回乡返村等现象，实际上是乡村青年群体发生了结构性变化。从实践上看，单向希望通过改善条件吸引外出人口回乡创业,效果并不明显。如果对于各类青年群体离开家乡、离开土地进城后的心态了解不够、把握不精准,也就是当前乡村振兴的路子并不能满足上述青年群体的想法和需求,那么,年轻人返乡回乡就业创业就难以成为振兴乡村的新动能。尽管各地各部门每年在乡村人才振兴、人才培育方面做了大量工作,取得一定成效,也确实有部分年轻人选择返乡回乡。但总体上,城乡之间尚未形成一种良性的人员流动。新的发展方式,比如"双碳"行动和新能源革命带来的结构性变化,必然强调产业、经济、消费模式的更新迭代,各种发展模式的不断出现,与居民生活的需求达到统一和深度适应的根本途径在于城乡之间的良性互动。四是城镇化进入中后期。目前城镇化率已经超过60%,城镇化在都市圈和城市群中的作用越来越突出和明显。如此宏观背景,必然要求乡村振兴的研究必须结合城镇化、都市圈和城市群发展现状与趋势,要力戒把研究仅停留在微观的社会调查层面上。必须看到,城镇化中后期,新型城镇化发展所提出的质量要求、城乡良性互动的需求,构成了乡村振兴研究的重要背景。五是以县城为载体的新型城镇化推进乡村振兴与城乡融合的作用不断增强。发挥县城的载体作用就是要按照县乡村三级统筹,在统筹发展中构建新的县域发展促进乡村振兴的模式。从已有实践看,能很好将县乡村三级统筹发展促进乡村振兴的成功案例还比较少见,脱贫地区在发展县域经济促进乡村振兴方面,也还没有太多好的案例和做法提供支撑。如果乡村振兴部门仅仅聚焦全国几百万脱贫人口的稳定脱贫上,显然难以支撑起乡村振兴事业的发展,这对于乡村振兴研究提出了新的挑战。

中国发展面临的新变化。这些新变化对于乡村振兴研究带来的影响可以归纳为以下六个方面。一是科技新作用。第三次技术革命已经到来,技术对于经济社会发展的影响,对于乡村振兴、农业农村现代化的巨大影响显而易见。技术突破给乡村振兴带来了巨大的变化,这就需要乡村振兴研究更主动去适应新技术,将更多精力放在科技创新、突破性技术的攻关上,这些新技术都可能给乡村振兴带来革命性变化。比如,要树立大食物观,通过技术创新向森林、海洋要粮食为守住粮食安全底线提供了更多选择。二是农民现代化的新需求。传统意义上的"农民"概念已经发生变化。对新农村、新农民的要求，除了基本素质要提高，现代理念也必须提升。现代理念的提升不仅仅是靠政府主导或包办的项目实现，更需要的是科学引导，有针对性地提高他们的现代意识、现代观念，使他们接受现代化的技术，拥有卫生健康的生活方式和交往方式，持续推进农民现代化。没有几亿农民的现代化，就无法实现完整的中国式现代化。三是新型城乡关系。脱贫攻坚过渡期的主要任务是实现巩固拓展脱贫攻坚成果同乡村振兴有效衔接。学习贯彻落实关于乡村振兴要建立健全城乡发展新形势的工作要求，就是要把建立健全城乡融合发展体制机制和政策体系作为乡村振兴的根本途径，要深刻领会没有城乡融合发展就不可能有乡村的全面振兴的重要论断。实践上比较成功的城乡关系，包括浙江的"千万工程"经验案例，出发点都是构建新型的城乡关系。因此，没有包括新型城乡关系在内的乡村振兴研究，无论是战略上，还是理论上都是不完整、不严谨的。四是乡村新格局。我国行政村数量已经从 2000 年的约两百万个减少到 2021 年的约四十八万个。实地调研了解到，未来五年内，全国行政村有可能还会缩减 30% 左右。为此，未来的乡村振兴就必须充分考虑围绕乡村新格局来推动乡村振兴。这就需要充分考虑未来村庄合并、缩减的可能性，分析未来五年、十年、二十年我国乡村的格局及形态，加强前瞻性、战略性研究，提出精准、务实、管用的振兴对策。五是文化新使命。中国共产党要推动国家的现代化建设，其中一个重要部分就是文化建设，包括文化的传承、创造性转化和创新性发展。乡村文化振兴，需要在习近平文化思想指引下，挖掘乡村文化价值、更充分发挥乡村文化作用，让乡村文化"活"起来。六是人口老龄化新挑战。应对人口老龄化是推动共同富裕的重要内容，是衡量中国式现代化的重要标准，根本目的是让老年人过上较为满意的老年生活，享受到现代化的基础设施和公共服务。如果连治病、养老问题都解决不好，就谈不上实现乡村振兴和农民生活现代化。城乡人口老龄化问题日趋严重是不可逆转的社会问题，在乡村振兴进程中解决好养老问题，乡村才能真正实现全面振兴。

中国发展面临的新环境。 从国内环境看，中国发展的新环境对乡村振兴也提出了新要求，同样面临新挑战。国内的环境实际上有三个趋势不可逆，也就是：推动中国式现代化中华民族伟大复兴不可逆，推动扎实实现共同富裕不可逆，推动建设农业强国不可逆。在这三个趋势中，乡村振兴能为国家战略和发展作出哪些贡献？建设农业强国与乡村振兴之间是什么关系？如何把握好国内环境，抓住机遇，同时把这种形势变化作为目标，更好推动乡村振兴事业？如何更深刻把握二者之间的辩证关系？等等。我们要做的，就是及时对当前国家大局和形势进行分析研究，适应国家发展大趋势，找准乡村振兴研究发力点。从国际环境看，全球正处于大周期的末期。所谓大周期，其实是百年未有之大变局。在这个周期内，旧秩序逐渐瓦解，新秩序正在重建。经济、金融、地缘、思潮等动荡不断加大，贫富差距、民粹主义、逆全球化、强人政治、地缘冲突，国际秩序重建现象纷涌呈现，比比皆是。目前，国际环境最明显的特征就是美国对中国的战略遏制将长期存在，一旦中美发生正面冲突，必是两败俱伤，谁也得不到好处。现阶段中美之间的贸易摩擦实际上就是美国对我们的战略遏制，这种遏制必然是长期存在的。普遍的共识是，战争解决不了根本问题，任何极端方式最直接最严重的受害者都是普通民众。

新征程上推进乡村全面振兴需要适应的新要求、新思路。 按照上述分析的新趋势、新环境、新变化，乡村全面振兴必然需要制定新目标、开拓新思路、提出新要求。推进乡村全面振兴，特别需要关注以下七个"新"：一是关于新目标，就是"农村要具备现代生产生活条件"。党的二十大报告中提出农村基本具备现代生活条件的目标。习近平总书记在2023年9月6日赴黑龙江调研考察时发表重要讲话，提出农村具备现代化的生产生活条件，着重要把生产加进去，丰富了乡村振兴的新目标的内涵。二是关于新动力，就是培育新质生产力。新质生产力就是在当代科技进步条件下新兴产业特别是战略性新兴产业、未来产业所产生的具有新性质、新属性的利用自然、改造自然的能力，是经济发展的新动能。新质生产力必然给乡村振兴带来新的动力。三是关于新路径，乡村振兴的根本目标是实现城乡共建共享、融合发展。为此就必须改变就乡村谈乡村振兴的理念，需要将视野和举措摆在城乡融合发展的大背景下，通过推进新型城镇化、城乡统筹发展探索乡村振兴的路径。四是关于新布局，乡村的进一步分化必然形成新的发展格局。这里所谓的分化，本质上是在城市群发展带动下，部分乡村在未来发展中会自然合并或自然消失。乡村振兴的目标实际上就是要推动城乡均衡发展，形成新的城乡融合发展格局。五是关于新功能，乡村呈现的多元价值决定了未来的乡村发展潜力在于更多挖掘乡村的多种功能，放大乡村的多种属性，发挥乡村的多元价值。《中华人民共和国乡村振兴促进法》中已有明确规定，但在实践中，涉及经济、生态、文化等功能，还不足以具体化，还需要深入挖掘。要形成一种新型的产业、新型的消费、新型的推动模式。六是关于新重点，公共服务基础设施要全面涵盖，就是通过健全养老体系、培养本土人才、文化赋能、保护传统农耕文化、推动移风易俗等，持续推进农村现代化。七是关于新机制，包含责任落实机制、精准实施机制、资源使用机制、帮扶带动机制、社会动员机制、考核评估机制等等。这些机制大部分在脱贫攻坚时期已经建立并运转，需要根据中国发展的新趋势、新环境、新变化，特别是乡村振兴呈现的新特点，对相关机制做出新的完善与优化。

中国特色乡村振兴道路发展的新方向、新重点。一是乡村振兴是"国之大者"。乡村振兴事关党和国家前途命运、事关中华民族伟大复兴、事关人民幸福安康、事关社会长治久安。二是习近平总书记关于全面推进乡村振兴的重要论述。乡村振兴是新时代"三农"工作的总抓手，意味着"三农"工作任务是长期存在的，农村、农业、农民问题也是长期存在的。新时代新征程就是以全面推进乡村振兴做好"三农"工作，加快实现农业、农村、农民现代化，由此，指导乡村振兴实践的理论就是习近平总书记关于全面推进乡村振兴的重要论述，客观上已经形成了新时代新征程上党的

"三农"理论创新的重要内容。三是乡村振兴战略的新内涵。2018—2023年的中央一号文件、《中华人民共和国乡村振兴促进法》都对乡村振兴的新内涵作出规定或阐述，提出要求，需要深化研究以为顶层设计、基层创新提供支撑。四是党的二十大后五年乡村振兴战略及举措。在这五年，脱贫攻坚过渡期结束，全面推进乡村振兴、农业农村现代化、建设农业强国同步推进，如何确保守住粮食安全、不发生规模性返贫两条底线？如何统筹推进乡村发展、乡村建设、乡村治理？如何健全农村低收入人口常态化帮扶政策体系和建立健全欠发达地区常态化帮扶机制？这些都是需要深入研究的全局性、战略性问题。五是乡村振兴中的融合发展。这是一篇大文章，乡村振兴必须融入国家区域发展战略、重大发展战略，持续推进实现产业融合、城乡融合、要素融合。而且城乡融合，包括人、地、钱、技术、信息等全方位流动。六是中国特色的乡村振兴道路。习近平总书记提出了"七个之路"的理论框架，是研究中国式乡村振兴道路的理论框架，为乡村振兴研究提供了理论指引。在中国式现代化乡村振兴道路研究的框架下，发达地区、民族地区、生态恢复区、生态保护区、生态功能区、限制开发区、边疆地区等不同区域的乡村振兴发展道路研究的紧迫性日趋凸显。七是低收入人口和欠发达地区的常态化帮扶机制。2023年中央一号文件明确提出，要"研究过渡期后农村低收入人口和欠发达地区常态化帮扶机制"[①]。脱贫攻坚过渡期结束，低收入人口和欠发达地区的发展需要继续扶持，就需要在系统研究的基础上，通过完善、创设等方式，建立健全精准、高效、常态化帮扶农村低收入人口、欠发达地区的体制机制和政策体系。八是"五个振兴"协同推进。产业、人才、文化、生态、组织"五个振兴"是相互联系、相互支撑、相互促进的有机统一整体，如何在城乡融合发展框架下，统筹部署、协同发力，需要对影响全面推进乡村振兴的效力效能问题深入

[①] 《中共中央 国务院关于做好二〇二三年全面推进乡村振兴重点工作的意见》，《人民日报》2023年2月14日。

研究。九是准确理解把握"乡村振兴""农业农村现代化""建设农业强国"和"三农"工作的科学内涵与理论体系。中央明确要求"要铆足干劲，抓好以乡村振兴为重心的'三农'各项工作，大力推进农业农村现代化，为加快建设农业强国而努力奋斗"。[①] 这实际上提出了新征程上研究乡村振兴的新方向新重点，如何从理论上理解领会习近平总书记提出上述战略性概念的系统性、战略性，需要强化理论认识，为顶层设计优化、政策制定、工作举措落实提供支撑。十是全球视野下中外乡村发展的比较研究。发达国家，特别是周边国家的乡村发展做法、经验、教训及路径模式系统研究，对于完善优化我国乡村振兴的理论实践研究具有现实意义，对于讲好共建人类命运共同体下的中国乡村发展故事具有重要价值。

四、中国特色乡村振兴道路的发展要求加快形成城乡融合发展新格局

新时代以来，在以习近平同志为核心的党中央坚强领导下，在习近平新时代中国特色社会主义思想科学指引下，党对乡村振兴的全面领导持续加强，乡村振兴战略制度框架持续健全，规划体系、政策体系、工作体系和考核机制持续完善，乡村产业、人才、文化、生态、组织振兴全面推进。特别是农村发展短板的加快补齐，农民收入水平的不断提高，城乡融合发展的有序推动，为加快农业农村现代化、建设农业强国奠定了坚实基础。

2023年中央经济工作会议强调要统筹新型城镇化和乡村全面振兴，明确要求"把推进新型城镇化和乡村全面振兴有机结合起来，促进各类要素双向流动，推动以县城为重要载体的新型城镇化建设，形成城乡融合发展新格局"。这既为以融合发展统筹推进新型城镇化和乡村全面振兴指明了

---

① 《锚定建设农业强国目标 切实抓好农业农村工作》，《人民日报》2022年12月25日。

方向，也表明在今后一个时期，我国将进一步加大对城乡融合、区域协调等国家空间结构的调整优化力度，积极破解县域经济发展、农业转移人口市民化、城乡发展理念转变等现实难题。

（一）城乡融合助推乡村全面振兴

习近平总书记指出，在现代化进程中，如何处理好工农关系、城乡关系，在一定程度上决定着现代化的成败。城镇化是城乡协调发展的过程，不能以农业萎缩、乡村凋敝为代价。在全面推进乡村振兴的过程中，不应孤立地就乡村发展乡村，而是要对城镇和乡村发展进行统筹规划，注重乡村振兴战略和新型城镇化战略的协同推进。没有乡村的发展，城镇化就会缺乏根基。新型城镇化和乡村全面振兴发展构成了中国式现代化的最核心内容，高水平的城镇化和农业农村现代化体现了社会主义现代化的基本内涵与本质要求。在新时代新征程上，有力、有效推进乡村全面振兴，必须锚定建设农业强国目标，学习运用"千万工程"经验，以确保国家粮食安全、确保不发生规模性返贫为底线，以提升乡村产业发展水平、提升乡村建设水平、提升乡村治理水平为重点，强化科技和改革双轮驱动，强化农民增收举措，集中力量抓好办成一批群众可感可及的实事，建设宜居宜业和美乡村，走城乡融合发展之路。

一方面，新型城镇化战略的深入实施为乡村振兴战略奠定了现实基础，提供了良好的制度保障。城镇化不能单兵突进，而是要协同作战、融合发展。只有通过建立健全城乡融合发展体制机制，破除城乡二元结构，才能更好地推动城市人才、技术、资金等要素出城入乡，更好地实现以工促农、以城带乡、工农互惠、城乡一体发展。

另一方面，城乡融合发展是一项系统工程，必须以系统思维谋划顶层设计。一是要通盘考虑城乡发展规划编制，破除城乡分割的体制弊端，加快打通城乡要素平等交换、双向流动的制度性通道，包括健全城乡一体的管理制度、财政支出体制等。积极学习运用"千万工程"的系统观念，纵向上省市县乡都要通盘谋划、设计和开展前瞻性思考，横向上市与市之间甚至乡村之间要加强协同协调。二是通过优化城乡产业发展、基础设施、公共服务设施等布局，促进现代农业和现代农村建设，提升农村经济发展水平，并逐步实现全民覆盖、普惠共享、城乡一体的基本公共服务体系，切实缩小城乡差距，推进城乡协调发展。

（二）把县域发展作为重要切入点

习近平总书记指出，要积极推进以县城为重要载体的新型城镇化建设，提升县城市政公用设施建设水平和基础公共服务、产业配套功能，增强综合承载能力和治理能力，发挥县城对县域经济发展的辐射带动作用。他强调，要因地制宜发展小城镇，促进特色小镇规范健康发展，构建以县城为枢纽、以小城镇为节点的县域经济体系。同时发展比较优势明显、带动能力强、就业容量大的县域富民产业。这些重要论述，为以融合发展统筹推进新型城镇化和乡村全面振兴提供了根本遵循。

县城作为城乡融合发展关键纽带，具有满足人民群众就业安家需求的巨大潜力。 从农民的角度看，县域对农民的吸引力和亲近度较高。县域内县城是联系广大农村最紧密、最直接的城市空间结构单元，县城公共设施的共建、共享有助于农村常住人口公共服务的完善。2022年，我国县域就业的农民工已超1.6亿人，增加这些群体的工资性收入、帮助他们实现就地城镇化的需求非常强烈。

县域经济以县城为中心、乡镇为纽带、农村为腹地，发展壮大县域经济对乡村产业振兴具有不可替代的辐射带动作用。 因此，加快县域内城乡融合发展，统筹推进新型城镇化和乡村全面振兴，一是要推进以人为核心的新型城镇化，促进大中小城市和小城镇协调发展。二是要把县域作为城乡融合发展的重要切入点，统筹县域产业、基础设施、公共服务、基本农田、生态保护、城镇开发、村落分布等空间布局，强化县城综合服务能力，把乡镇建设成为服务农民的区域中心，实现县乡村功能衔接互补。三是要加快小城镇发展，完善基础设施和公共服务，发挥小城镇连接城市、服务乡村的桥梁作用，加快推进以县城为重要载体的新型城镇化建设。四是要推动在县域就业的农民工就地市民化，增加适应进城农民刚性需求的住房供给，加快将进城落户农业转移人口全部纳入城镇住房保障体系。

（三）推进城乡基本公共服务均等化

习近平总书记指出，要把乡村振兴战略这篇大文章做好，必须走城乡融合发展之路。党的十八大以来，党中央对加快城乡融合与协调发展进行了一系列重要部署，城乡一体化发展的体制机制加快完善，城乡要素平等交换和公共资源均衡配置持续优化，经济、政治、文化、社会、生态"五位一体"的新型城乡融合机制初步形成。中共中央、国务院在《关于建立健全城乡融合发展体制机制和政策体系的意见》中，围绕建立健全有利于城乡要素合理配置的体制机制，提出了健全农业转移人口市民化机制、建立城市人才入乡激励机制、改革完善农村承包地制度、稳慎改革农村宅基地制度、建立集体经营性建设用地入市制度等多项举措，为破除妨碍城乡要素自由流动和平等交换的体制机制壁垒，促进各类要素更多流向乡村提供了制度保障。

与此同时，统筹新型城镇化和乡村全面振兴离不开推进城乡基本公共服务均等化。一是优先发展农村教育事业，加快建立以城带乡、整体推进、城乡一体、均衡发展的义务教育发展机制，让每一个孩子都能享受公平而有质量的教育。二是提升乡镇卫生院医疗服务能力，选建一批中心卫生院。加强县级医院建设，持续提升县级疾控机构应对重大疫情及突发公共卫生事件能力。加强县域紧密型医共体建设，实行医保总额预算管理。加强妇女、儿童、老年人、残疾人等重点人群健康服务，全面推进健康乡村建设。三是加强农村社会保障体系建设，全面建成覆盖全民、城乡统筹、权责清晰、保障适度、可持续的多层次社会保障体系。完善统一的城乡居民基本医疗保险制度和大病保险制度，健全医疗救助与基本医疗保险、城乡居民大病保险及相关保障制度的衔接机制，完善城乡居民基本养老保险制度，统筹城乡社会救助体系，完善最低生活保障制度，进一步做好社会救助兜底保障工作。构建以居家为基础、社区为依托、机构为补充的多层次农村养老保障体系，健全县乡村衔接的三级养老服务网络，推进村级幸福院、日间照料中心等建设，推动乡镇敬老院升级改造。同时，加快健全农村留守儿童和妇女、老年人以及困境儿童关爱服务体系，推进残疾人社会保障体系和服务体系建设。四是始终把发展公共文化服务摆在重要位置，健全乡村公共文化服务体系，加快实现城乡基本公共文化服务均等化，更好发挥公共文化服务在引导社会、教育人民、推动发展等方面的关键作用。

五、中国特色乡村振兴道路的前景展望

推进乡村全面振兴是中国式现代化的重要内容和底线任务。中国式现代化是一个历史进程，决定了乡村振兴也是一个战略性过程。发展阶段不同、地域不同，决定了中国特色乡村振兴道路发展的长期性、延续性、时代性。总体上看，需要不断完善顶层设计、持续推进基层实践，及时总结各地各部门的理论创新和实践创新，不断丰富和发展中国特色乡村振兴道路。

（一）推进中国特色乡村振兴道路丰富发展需要加强新征程上乡村振兴前沿问题研究

问题是创新的起点，也是创新的动力源。随着乡村振兴战略深入推进，所面临问题的复杂程度、解决问题的艰巨程度必然明显加大，这也就给乡村振兴领域的理论创新提出了全新要求。实践没有止境，理论创新也没有止境。习近平总书记在党的二十大报告中强调："我们要增强问题意识，聚

焦实践遇到的新问题、改革发展稳定存在的深层次问题、人民群众急难愁盼问题、国际变局中的重大问题、党的建设面临的突出问题，不断提出真正解决问题的新理念新思路新办法。"① 可见，在全面建设社会主义现代化国家新征程上，乡村的全面振兴不可或缺，乡村的全面振兴不可能轻轻松松就实现，乡村振兴任务伟大而艰巨，任重道远。面对全面推进乡村振兴实践中不断出现的新问题新挑战，需要我们坚持解放思想、实事求是、与时俱进、求真务实，一切从实际出发，着眼解决新问题、应对新挑战，只有加强前沿问题研究，得出符合客观规律的科学认识，形成与时俱进的理论成果，才能更好指导乡村振兴的实践。

（二）推进中国特色乡村振兴道路丰富发展需要持续推进乡村振兴的理论创新和实践创新

习近平总书记关于全面推进乡村振兴的重要论述在科学指引乡村振兴实践的同时，持续推进实践基础上的理论创新。这就需要不断瞄准乡村振兴问题，加强乡村振兴前沿问题研究，凝练理论，丰富发展党的创新理论。习近平总书记指出："推进理论的体系化、学理化，是理论创新的内在要求和重要途径。"② "用以观察时代、把握时代、引领时代的理论，必须反映时代的声音，绝不能脱离所在时代的实践，必须不断总结实践经验，将其凝结成时代的思想精华。"③ 这为我们研究乡村振兴前沿问题、推进理论创新指明了方向。"要尊重人民首创精神，注重从人民的创造性实践中总结新鲜经验，上升为理性认识，提炼出新的理论成果，着力让党的创新理论

---

① 习近平：《高举中国特色社会主义伟大旗帜　为全面建设社会主义现代化国家而团结奋斗——在中国共产党第二十次全国代表大会上的报告》，人民出版社 2022 年版，第 20 页。
② 《不断深化对党的理论创新的规律性认识　在新时代新征程上取得更为丰硕的理论创新成果》，《人民日报》2023 年 7 月 2 日。
③ 《不断深化对党的理论创新的规律性认识　在新时代新征程上取得更为丰硕的理论创新成果》，《人民日报》2023 年 7 月 2 日。

深入亿万人民心中，成为接地气、聚民智、顺民意、得民心的理论。"[①]这为我们推进乡村振兴实践基础上的理论研究、理论凝练提供了根本遵循。

（三）推进中国特色乡村振兴道路丰富发展需要持续加强新征程上乡村振兴的理论实践研究

以科学理论指引为根本。习近平新时代中国特色社会主义思想贯通马克思主义哲学、马克思主义政治经济学、科学社会主义，贯通历史、现在、未来，贯通改革发展稳定、内政外交国防、治党治国治军等各领域，构成了系统全面、逻辑严密、内涵丰富、内在统一的科学理论体系。民族要复兴，乡村必振兴。乡村振兴研究必须始终坚持以习近平新时代中国特色社会主义思想为指导，以深化对新时代党的乡村振兴创新理论的研究阐释为方向，在体系化研究、学理化阐释上下功夫，特别是要基于实践，重点研究阐释乡村振兴新理念新论断中的原理性理论成果，把握其内在逻辑，把握发展规律，为顶层设计和基层创新提供学理支撑。

以凝聚共识为基础。一方面，要深刻认识推进习近平总书记关于全面推进乡村振兴重要论述的体系化、学理化的重大意义。全面推进乡村振兴理论是新时代新征程党的创新理论重要内容，加强研究促进理论的体系化、学理化是推进理论创新的内在要求和重要途径。习近平总书记关于全面推进乡村振兴的重要论述，是习近平新时代中国特色社会主义思想的重要组成部分，来源于新时代中国特色社会主义伟大实践，思想内涵丰富，是一个科学的理论体系。只有不断深化对这一重要理论的体系化研究和学理化阐释，深刻阐明其科学性和真理性，加强其重大论断、重要命题的理论背景和学理依据研究，才能为深刻把握其科学内涵和精神实质提供学理支撑，更好把握全面推进乡村振兴中的原理性理论成果及其相互的内在联系，充分发挥理论创新对实践创新的指导作用。另一方面，要深刻认识建设全国

[①] 《不断深化对党的理论创新的规律性认识　在新时代新征程上取得更为丰硕的理论创新成果》，《人民日报》2023年7月2日。

乡村振兴研究智库平台的重要现实意义。一是服务国家重大战略的需要。乡村振兴是国家重大战略，也是决定中国式现代化发展成效的重要战略。围绕国家重大战略加强研究、为提高战略成效提供支撑是乡村振兴智库的使命所在、职责所在。二是助力乡村高质量发展的需要。助力乡村振兴的高质量发展，需要全国范围内各类乡村振兴智库的全面参与。三是凝聚协同攻关合力的需要。更多研究机构参与，更多的专家学者发声，乡村振兴研究成果就会发挥更大作用。

以构建全国性平台为载体。首先，要明晰思路，协力推进全国乡村振兴研究智库平台建设。一是建设研究平台，为整合智库资源、发挥比较优势提供机制保障。二是持续完善专家库，丰富专家来源，以研究机构为主，实现政府、企业、媒体领域专家全覆盖。三是组建研究型智库共同体，采取多种形式联合各智库，共同为国家重大战略实施、为地方推进乡村振兴高质量发展提供决策和经验总结支持服务。四是打造智库品牌，如举办年度论坛和系列主题研讨会，建立全领域、标准化的乡村振兴案例库，打造乡村振兴文库，联合建设一批定点观测基地，围绕地方需要组建权威专家领衔的团队提供服务，为决策层提供建言献策等。五是构建与传播话语体系。以传播为导向开展典型案例的总结研究、出版交流、宣传推介等活动，引起关注，营造氛围。六是开展国际交流。围绕习近平总书记提出的全球发展倡议、全球安全倡议、全球文明倡议、构建人类命运共同体等系列重要思想和实践开展总结研究，奠定开展乡村发展领域的国际交流合作的基础。其次，要加强合作、广泛动员。探索多种加强合作、形成合力的路径模式，扩大乡村振兴研究的影响范围和层面。创新智库平台建设，完善专家库的机制，发挥好智库平台的决策咨询作用。

以推进乡村振兴理论的体系化研究和学理化阐释为目标。在研究定位上，通过体系化构建、借助学科体系和专业知识，进一步强化新时代党的创新理论的学科支撑和学术表达，彰显其真理性和科学性。在研究方法上，更加注重古今中西比较，在比较中阐明新时代乡村振兴理论是顺应时代潮流、符合人民意愿的理论；更加注重系统阐述乡村振兴理论的时代意义、理论意义、实践意义、世界意义；更加注重坚持唯物史观，把乡村振兴的核心命题与中国历史发展紧密联系，与中华优秀传统文化的概念话语相贯通；更加注重理论是对现实问题的回答，乡村振兴的研究要贴近现实生活。在研究特色上，要突出乡村振兴研究的整体性、逻辑性，注重从整体上进行深入研究，着重阐明"五个振兴"、城乡融合发展及其各部分内容之间的逻辑、关系和结构，揭示各组成部分之间的有机联系和演进规律；要突出继承性、发展性，融通古今中外各种资源特别是马克思主义的资源、中华优秀传统文化的资源和世界哲学社会科学的资源，科学回答新征程上乡村振兴的中国之问、世界之问、人民之问、时代之问；要突出原创性、时代性，深化实践经验凝练，形成具有强大解释力和说服力的理论概括；要突出系统性、专业性，善于利用不同学科的理论和方法进行深入研究。在研究方法上，要着重处理好政治话语与学术话语、专题阐释与系统化研究、理论体系的稳定性与开放性、对内宣传与对外传播等关系。在研究途径上，要坚守马克思主义这个魂脉和中华优秀传统文化这个根脉，始终坚持正确方向；要聚焦乡村振兴的重大理论和实践问题，从理论与实践的结合上提交答案；要开展多学科、多领域、多地区协同攻关研究，不断推出新征程上乡村振兴理论研究阐释的高质量成果；要坚持集中攻关和长期研究相结合，持续拓展乡村振兴理论实践研究的广度和深度。

（四）明确中国特色乡村振兴道路丰富发展的方向与路径

在中国式现代化五个基本特征和九条本质要求的框架下，基于"千万工程"的生动实践，中国特色乡村振兴道路将从以下五个方面丰富发展。一是从解决群众反映最强烈的环境脏乱差问题做起，统筹抓好乡村环境整治与乡风文明培育、产业发展与生态保护、人才振兴与乡村治理等工作；从创建示范村、建设整治村，以点带线、连线成片，再到全域规划、全域建设、全域提升、全域管理，实现和美乡村建设水平的整体提升，走出一条产业、人才、文化、生态、组织全面振兴的发展道路。二是始终坚持农村物质文明和精神文明两手抓,硬件与软件相结合,把改造传统农村与提升农民精神风貌、树立乡村文明新风有机结合起来,将文明村、文化村、民主法治村等建设和美丽乡村建设紧密结合起来,不断提高农民的民主法治意识、科学文化素质和思想道德素质,实现农村农民由点到面、由表及里的全面发展、全面提升,走出一条物质文明与精神文明协调发展道路。三是坚持人与自然和谐发展方向,为广大农民找到"绿水青山"转化为"金山银山"的增收之道。经营美丽乡村、发展美丽经济、共享幸福生活、增强村民利益共同体意识,依靠共同奋斗建设美丽富饶的共富乡村,走出了美丽乡村与美丽经济互促互进发展道路。四是始终贯彻以工促农、以城带乡的思想,做到城市基础设施向农村延伸,城市公共服务向农村覆盖,城市现代文明向农村辐射,促进城乡一体化发展,走出一条统筹城乡发展、缩小城乡差别、推动城乡一体化发展的城乡融合发展道路。五是从农村人居环境大整治到美丽乡村大建设,再到乡村振兴大提升,形成产业兴旺的特色乡村、生态宜居的花园乡村、文化为魂的人文乡村、四治合一的善治乡村、共建共享的共富乡村"五村联建"的联动发展格局,走出一条农业农村现代化一体设计、一并推进,农民共同富裕的发展道路。以上五条发展道路,将是新征程上中国特色乡村振兴道路丰富发展的方向与重点。

后　记

党的十九大提出乡村振兴战略，旨在加快解决好城乡发展不平衡、农村发展不充分这个新时代中国社会主要矛盾的主要方面，目的在于重塑中国工农城乡关系，加快农业农村现代化进程，使广大农民能够和全国人民一道，实现对美好生活的需要。党的二十大就"全面推进乡村振兴"作出新部署，2023年中央经济工作会议明确要求推进乡村全面振兴，《中华人民共和国乡村振兴促进法》《中国共产党农村工作条例》和党中央、国务院及有关部门的一系列政策文件共同构成实施乡村振兴战略顶层设计的"四梁八柱"。2024年10月，党的二十届三中全会要求必须统筹新型工业化、新型城镇化和乡村全面振兴。全面推进乡村振兴、加快农业农村现代化、建设农业强国，推动中国特色乡村振兴道路的丰富发展，是促进城乡融合发展、扎实推动共同富裕、实现中国式现代化的必然要求和重要内容。

新时代新征程，在习近平总书记关于"三农"工作的重要论述指引下，各地各部门坚决贯彻落实党中央、国务院的决策部署，乡村振兴战略制度框架不断健全，规划体系、政策体系、工作体系和考核机制不断完善，党对乡村振兴的全面领导不断加强，乡村产业、人才、文化、生态、组织振兴全面推进，统筹新型城镇化和乡村全面振兴不断进展，乡村振兴战略实施取得新成效。乡村振兴和新型城镇化双轮驱动、协同发展，乡村生产生活生态空间布局更加优化；脱贫攻坚战取得全面胜利，巩固拓展脱贫攻坚成果衔接乡村振兴的长效机制基本建立；农村基础设施提速建设、提档升级，农村基本公共服务水平稳步提升，农村劳动力就业质量不断提高。农村发展短板的加快补齐，农民收入水平的不断提高，城乡融合发展的有序推动，乡村振兴战略的全面实施，不仅为扎实推动农民农村共同富裕奠定了坚实基础，而且走出了一条中国特色乡村振兴道路。这条道路是中国特色社会主义道路的重要组成部分，是中国共产党领导中国人民推进乡村全面振兴、城乡融合发展道路探索的总结，是中国人民寻找更安全、更高效、更绿色、更可持续、更文明的乡村发展道路的时代实践。中国式现代化视野下乡村全面振兴的理论创新、实践创新、制度创新、文化创新及其他各方面创新进展成效，为本书创作提供了的坚实基础。

实践没有止境，理论创新也没有止境。习近平总书记关于全面推进乡村振兴的重要论述在科学指引乡村振兴实践的同时，持续推进实践基础上的理论创新。客观上需要不断瞄准乡村振兴问题，加强乡村振兴前沿问题研究，凝练理论，丰富发展党的创新理论。习近平总书记指出，推进理论的体系化、学理化，是理论创新的内在要求和重要途径。用以观察时代、把握时代、引领时代的理论，必须反映时代的声音，绝不能脱离所在时代的实践，必须不断总结实践经验，将其凝结成时代的思想精华。我理解，这些重要思想为我们研究乡村振兴前沿问题、推进理论创新指明了方向。总书记强调，要尊重人民首创精神，注重从人民的创造性实践中总结新鲜经验，上升为理性认识，提炼出新的理论成果，着力让党的创新理论深入亿万人民心中，成为接地气、聚民智、顺民意、得民心的理论。我体会，这实际上是为我们推进乡村振兴实践基础上的理论研究、理论凝练提供了根本遵循。

上述正是写作本书的主要思想基础和动力的主要来源。和自己已经出版的同主题著作相比，本书无论是框架结构、内容取舍、总结分析、观点阐述、思想提炼等等，难度都要大得多。要避免重复，就必须对根本遵循有更深、更新的领悟，对中央决策部署有更精确的把握，对实践呈现有更客观的认识。

基于此，本书从创作到成稿，始终突出以下三个方面特征和要求：第一，以科学理论指引为根本。习近平新时代中国特色社会主义思想贯通马克思主义哲学、马克思主义政治经济学、科学社会主义，贯通历史、现在、未来，贯通改革发展稳定、内政外交国防、治党治国治军等各领域，构成了系统全面、逻辑严密、内涵丰富、内在统一的科学理论体系。本书的研究和写作始终坚持以习近平新时代中国特色社会主义思想为指引，以深化对新时代党的乡村振兴创新理论的研究阐释为方向，在体系化研究、学理化阐释上下功夫，特别是基于实践，重点研究阐释乡村振兴新理念新论断中的原理性理论成果，把握其内在逻辑，把握发展规律，以为顶层设计和基层创新提供学理支撑。第二，以体系化研究、学理化阐释为目标。我理解，全面推进乡村振兴理论是新时代新征程党的创新理论重要内容，加强研究促进理论的体系化、学理化是推进理论创新的内在要求和重要途径。本书以习近平总书记关于全面推进乡村振兴的重要论述为对象，以各地各部门的生动实践为支撑，始终把对这一重要理论的体系化研究、学理化阐释作为主题，把深刻阐明其科学性和真理性贯穿全书，旨在为广大读者更深刻把握这一理论的科学内涵、精神实质提供学理支撑，帮助读者更好把握全面推进乡村振兴中的原理性理论成果及其相互的内在联系，从而以理论认识凝聚共识，为更充分发挥理论创新对实践创新的指导作用营造氛围。第三，更加注重理论和实践的有机结合。一方面，本书讲理论基础，更加注重系统阐述乡村振兴相关基础理论的丰富内涵及其蕴含的时代意义、理论意义、实践意义、世界意义；更加注重理论是对现实问题的回答，使本书更加贴近实际。另一方面，本书也讲实践创新，更加突出乡村振兴理论研究和实践总结的整体性、逻辑性，以习近平总书记相关论述为指引，用理论指导下的生动实践，辅以精选的九个典型案例，系统整体地展现了推进乡村全面振兴的方法路径。同时，本书从中国特色乡村振兴道路拓展、人类文明新形态探索两个维度，聚焦新征程上乡村振兴的重大理论和实践问题，从理论与实践的结合上通俗易懂地回答乡村振兴的中国之问、世界之问、人民之问、时代之问，阐述了中国特色乡村振兴发展道路的前进方向。

此外，本书写作中注意着重处理好政治话语与学术话语、专题阐释与系统化研究、理论体系的稳定性与开放性、对内宣传与对外传播等关系，期待在拓展乡村振兴理论实践研究的广度和深度上不断超越。

问题是创新的起点，也是创新的动力源。随着乡村振兴战略深入推进，所面临问题的复杂程度、解决问题的艰巨程度必然明显加大，这也就给乡村振兴领域的理论创新提出了全新要求。在全面建设社会主义现代化国家新征程上，乡村的全面振兴不可或缺，乡村的全面振兴不可能轻轻松松就实现，乡村振兴任务伟大而艰巨，任重道远。面对全面推进乡村振兴实践中不断出现的新问题新挑战，需要我们坚持解放思想、实事求是、与时俱进、求真务实，一切从实际出发，着眼解决新问题、应对新挑战，只有不断加强前沿问题研究，得出符合客观规律的科学认识，形成与时俱进的理论成果，才能更好指导乡村振兴的实践。

在本书出版之际，衷心感谢广东人民出版社卢雪华副总编辑、曾玉寒主任等的真诚鼓励和专业付出，感谢家人、同事和朋友一如既往的无私支持。

黄承伟

2024 年 5 月 28 日于广州